KB092958

근대 중국철로의 역사 1 ● 청조 시기(1840~1911)

철 로 의 등 장 과
청 조 봉 건 체 제 의 붕 괴

인천대학교 중국학술원 중국·화교문화연구소 기획

김지환 지음

동아시아

근대 중국철로의 역사 1 ● 청조 시기(1840~1911)

철로의 등장과 청조 봉건체제의 붕괴

ⓒ 김지환, 2019. Printed in Seoul, Korea

초판 1쇄 찍은날	2019년 6월 4일
초판 1쇄 펴낸날	2019년 6월 12일
기획	인천대학교 중국학술원 중국·화교문화연구소
지은이	김지환
펴낸이	한성봉
편집	안상준·하명성·이동현·조유나·박민지·최창문·김학제
디자인	전혜진·김현중
마케팅	이한주·박신용·강은혜
경영지원	국지연·지성실
펴낸곳	도서출판 동아시아
등록	1998년 3월 5일 제1998-000243호
주소	서울시 중구 소파로 131 [남산동3가 34-5]
페이스북	www.facebook.com/dongasiabooks
전자우편	dongasiabook@naver.com
블로그	blog.naver.com/dongasiabook
인스타그램	www.instagram.com/dongasiabook
전화	02) 757-9724, 5
팩스	02) 757-9726
ISBN	978-89-6262-290-4 94910
	978-89-6262-289-8 94910(세트)

이 도서의 국립중앙도서관 출판예정도서목록(CIP)은
서지정보유통지원시스템 홈페이지(http://seoji.nl.go.kr)와
국가자료공동목록시스템(http://www.nl.go.kr/kolisnet)에서
이용하실 수 있습니다.(CIP제어번호: CIP2019021756)

이 도서는 2009년도 정부(교육과학기술부)의 재원으로
한국연구재단의 지원을 받아 출판되었음(NRF-2009-362-A00002)

※ 잘못된 책은 구입하신 서점에서 바꿔드립니다.

만든 사람들

편집	김경아
본문조판	김경아
표지디자인	김경주

이 책을 사랑하는 부모님께 바칩니다

일러두기

- 이 책에서 서술하는 철로와 관련 인물들은 대부분 신해혁명 이전과 이후 시기에 모두 걸쳐 있는 까닭에 철로명, 지명, 인명을 중국어 원어로 표기하지 않고 우리말로 하였음.
  단, 머리말에 거론된 현재의 인물(예: 시진핑, 후진타오)은 중국어 원어로 표기하였음.
- 일본 지명이나 인명은 모두 일본어 원어로 표기하였음.
- 혼춘(琿春), 제제합이(齊齊哈爾), 합이빈(哈爾濱), 해랍이(海拉爾) 등은 오랫동안 사용하여 익숙한 명칭인 훈춘, 치치하얼, 하얼빈, 하이라얼 등으로 표기하였음.
- 처음 등장하는 지명이나 생소한 단어의 경우 괄호 안에 한자를 병기하였음.
- 설명이 필요한 용어나 고유명사의 경우 각주로 설명하였음.
- 철로명이 시기나 관행상 여러 명칭으로 불렸을 경우 각 철로의 서두 부분에 노선명으로 모두 표기하였음.
- 사진이나 도표, 지도의 경우 모두 출처를 밝혔으며, 자료가 존재하지 않아 스스로 그리거나 제작한 경우 별도로 출처를 표기하지 않았음.
- 특히 상해시도서관과는 협약을 체결하여 원문사진이나 그림을 다수 사용하였으며, 각 문건에 출처를 제시하였음.

차례

사진·그림·표 목차

사회심리학에서 등장하는 개념 가운데 하나로 '경로의존성(經路依存性, Path dependency)'이라는 용어가 있다. 일상생활에서 되풀이함으로써 자연스럽게 굳어져 일정한 경로에 의존하게 되는 생활방식을 가리킨다. 이렇게 본다면 경로의존성이란 관행과 습속의 넓은 의미와 표현이라고 이해할 수 있겠다.

2007년 미국이 우주왕복선 엔데버호를 발사할 때에 이전보다 큰 추진 로켓인 솔리드 로켓 부스터(SRB)를 제작하려는 계획을 수립하였다. 로켓 부스터는 흔히 원통형으로 설계되며, 연료의 양이 정해진 이상 원통의 지름을 크게 한다면 길이는 줄일 수 있고 작게 한다면 길어질 수밖에 없는 것이다. 제작된 추진 로켓은 플로리다의 나사 발사대까지 철로를 통해 실어 날라야 하였다.

미국철로의 레일은 남북전쟁 이전만 하더라도 궤간(폭)이 다양하였다. 그러나 남북전쟁 이후 4피트 8과 2분의 1인치(1.435미터)의 표준궤로 통일되었다. 철로의 궤간(rail gauge)을 살펴보면, 영국 등 대부분의 유럽국가들과 한국, 중국 등이 표준궤(standard gauge)를 채택하고 있으며, 러시아, 카자흐스탄, 몽골, 인도 등은 광궤(wide gauge)를 채택하고, 일본, 이탈리아, 스코틀랜드 등은 협궤(narrow gauge)를 채택하고 있다. 현재 전 세계의 철로 가운데 약 70퍼센트 내외가 표준궤에 속한다.

미국철로의 레일이 표준궤간으로 통일된 이유는 영국철로 레일의 표준 수치를 그대로 받아들였기 때문이다. 영국에서 미국으로 이주한 이민자들이 영국의 수치를 그대로 적용하였던 것이다. 추진 로켓을 기차로 옮기기 위해서는 철로의 터널을 통과해야 하며, 어쩔 수 없이 철로 레일의 폭에 맞게 설계할 수밖에 없었다. 그렇다고 해서 정밀기기를 진동이 심한 도로 운송으로 실어 나르기도 불가능하였다.

영국의 레일은 왜 표준궤로 설계되었을까. 기차가 발명되기 이전에 영국에서는 이미 석탄 운반용 마차선로가 일반 도로에 부설되어 운행되고 있었다. 증기기관차는 동력이 마력에서 증기로 바뀌며 속도의 혁명을 이끌어내기는 하였지만, 바퀴가 지나는 선로는 기본적으로 마차선로와 동일한 것이었다. 물론 육중한 열차가 달리기 위해서는 이전보다 더욱 내구성이 강한 레일이 필요하기는 했지만, 기본적으로 종래의 노선 위에서 이루어진 발전일 뿐이었다. 즉 마차 선로의 폭과 동일하게 철로의 노선이 부설된 것이다.

그렇다면 영국의 마차는 왜 표준궤로 제작되었을까. 일찍이 2,000년 전 영국을 정복한 로마군이 로마의 마차 폭에 맞추어 영국의 마차 선로를 만들었다. 당시 마차의 폭은 두 필의 말이 나란히 달릴 수 있는 말 엉덩이 폭에 맞추어 결정되었다. 이와 같이 로마의 전차가 마차 선로의 폭을 결정하고 그것이 다시 철로의 레일 폭을 결정하였으며, 또 다시 우주선의 추진 로켓 부스터의 폭과 크기를 규정한 것이다.

이러한 경로의존성은 비단 개인의 영역을 넘어 역사와 법률, 제도, 관습, 문화, 과학적 지식과 기술에 이르기까지 폭넓게 적용되는 개념이라 할 수 있다. 관행이 사회의 환경과 조건을 기반으로 하여 생성됨으로써 고유한 성격을 지니고 있는 이상 이러한 관성이 쉽게 변화되기는 어려울 것이다.

관행이 경로에 의존하면서 인간의 삶에 투영될 경우 타성이 되어 독창성이나 창의성을 감소시키는 요인으로 작용할 가능성이 있다는 부정적 측면도 존재한다. 물체의 관성이 질량의 크기에 비례하여 커지는 것과 같이 중국이라는 거대한 역사체는 시간이 지속될수록 관성에서 벗어나기 어렵다. 하지만 역사적으로 지속하며 담지해 온 관행은 어찌 보면 그 사회를 둘러싼 환경과의 상호 작용 속에서 가장 편리하고 합리적이며 이상적인 결과로서 도출되어 검증된 것이라고도 볼 수 있다. 이렇게 보자면 인류 역사의 전개와 발전이라고 해도 기본적으로 이전부터 내려온 전통문화의 기반 위에서 이루어진 것이라 할 수 있겠다. 그러기에 하늘 아래 새로운 것은 없다고도 하지 않던가.

중국의 역사에서 천하질서는 중국을 세계의 보편으로 인식하게 만드는 핵심적 개념이었으며, 자신들의 문화를 '세계의 유일한 보편성'으로 절대화하였다. 중국인의 천하질서는 중국의 절대적 보편성(Chinese Standard)을 전제로 한 위계적이며 불평등한 질서였다. 아편전쟁 이후 중국 중심의 천하관은 크게 동요되었으나, 개혁개방 이후의 성취를 기반으로 '중화'에 대한 자신감을 회복하며 '굴기하는 중국'이 확산되고 있다. 물론 이러한 변화를 신중화주의, 중화패권주의 등으로 해석하는 견해도 있다.

중국의 굴기와 대국화의 길은 중국의 역사성, 즉 중화제국 운영의 경험과 역사적으로 축적된 사회경제, 문화적 자원을 자양분으로 적극 활용하고 있다. 다시 말해 중국 특유의 사회경제적 관행과 문화를 토대로 중국적 특색의 사회건설을 추진하고 있는 것이다. 이는 과거를 모델로 미래를 기획하는 중국의 문화사적 관성을 의미하는 것이라 하겠다.

인류 역사상 가장 뛰어난 발명품 가운데 하나를 꼽으라면 많이 거론되는 것 가운데 하나가 바퀴이다. 바퀴는 2,000년 전 로마를 세계에서 가장 강대한 제국으로 만들었으며, 수많은 말과 마차를 운용하여 모든 길은 로마로 통한다고 할 정도로 교통과 물류 유통을 장악하였다. 로마의 거대한 힘은 바로 여기에서 비롯된 것이었다. 바야흐로 21세기는 철로의 시대이며, 바퀴의 변형인 철로가 새로운 시대를 열어가고 있다고 해도 과언이 아니다.

이 책이 서술하고 있는 철로는 역사성을 농후하게 담지하며 오랜 세월 동안 경로의존성에 따라 부설되고 운행되어 왔다. 중국에서 최초로 부설된 철로는 1876년에 개통된 오송(송호)철로였다. 이 철로 노선을 최초로 운행한 기관차는 파이오니어호로서, 운행 속도는 시속 30~40킬로미터에 달하였다. 2014년 중국 국영철로공사인 '남차(南車)'가 자체 개발한 시속 605킬로미터의 고속열차 운행에 성공했다고 중국시보가 보도하였다. 이는 2007년 4월에 프랑스 고속철로 테제베(TGV)가 기록한 574.8킬로미터를 능가하는 속도였다. 2017년 북경 - 상해 구간의 중국 고속철로가 2017년 9월부터 시속 350킬로미터 시대를 연다고 중국 관영 신화사통신이 보도하였다. 상업 운행 기준 시속 350킬로미터는 일본의 신칸센, 독일의 이체에(ICE), 프랑스 테제베(TGV)의 운행 속도(320킬로미터)를 능가하는 세계 최고 속도이다.

중국은 지난 2008년 최초로 시속 350킬로미터의 고속철로를 운행했으나, 2011년 절강성(浙江省) 온주(溫州)에서 충돌사고로 40명이 숨지고 192명이 다친 이후 운행 속도를 시속 250~300킬로미터로 낮췄다. 현재 중국 고속철로의 최고 운행 속도는 후진타오(胡錦濤) 시대에 개발된 화해호(和諧號)의 시속 300킬로미터이다. 북경에서 상해까지 1,318킬로미터 거리를 운행하는 데 약 5시간 30분이 소요된다.

일부 구간에서 첫 상업 운행을 시작한 부흥호(復興號)는 시진핑(習近平) 주석이 주창하는 '위대한 중화민족의 부흥'이라는 슬로건에서 이름을 따왔다. 부흥호는 같은 구간을 4시간 30분 만에 주파한다. 고속철로 시속 350킬로미터 시대 개막에는 19차 당대회를 앞두고 시진핑 시대를 홍보하려는 의도도 담겨 있었다.

시진핑 집권 시기에 들어서면서 '일대일로(一帶一路)'는 이미 중국 전역에서 일상적인 화두가 되었으며, 중국 이외 지역에서도 이는 초미의 관심사이다. 그런데 바로 일대일로의 핵심에 중국의 고속철로가 있다. 중국은 세계 최고 수준의 고속철로 및 철로 네트워크를 통해 물류, 운송, 유통 등의 경제뿐만 아니라, 중국적 가치를 세계로 전파하여 21세기 새로운 세계질서로 자리매김하려는 구상을 숨기지 않고 있다. 이러한 새로운 질서를 선도하는 중국적 가치가 바로 '중국적 표준'인 것이다.

중국은 시진핑 시대를 맞이하여 동아시아 지역질서를 넘어 미국과 함께 세계질서 형성의 주체임을 천명하고 있다. 그 핵심에는 중화민족의 위대한 부흥을 실현한다는 '중국몽(中國夢)'이 자리한다. 이를 실천하기 위한 방편이 바로 현대판 실크로드인 '일대일로'라고 할 수 있다. 중국은 이러한 문화적 이데올로기와 사회경제적 영향력의 확대를 통해 글로벌 표준과 구별되는 중국적 표준(Chinese Standard)을 21세기 세계질서로 확산하려 노력하고 있다. 그리고 일대일로의 중심에 바로 고속철로와 철로 네트워크를 통해 '현대판 실크로드'를 구축한다는 야심찬 계획이 있다.

차이니즈 스탠다드, 즉 중국적 표준은 과거 중국의 역사와 전통문화를 주요한 자산으로 삼고 있다. 실상 일대일로의 핵심인 고속철로라는 것도 알고 보면 중화인민공화국 수립 이후 갑자기 생겨난 것이 아니다. 영국자본이 부설한 오송철로(吳淞鐵路)로부터 시작하여 수많은 역정과 곡절을 거치면서 발전해 온 결과가 바로 고속철로인 것이다. 이처럼 중국적 표준은 역사적 토대와 맥락에서 형성되어 온 것이다. 따라서 과거로부터 현재에 이르기까지 중국사회의 역사적 연속성을 탐구하는 일은 현재를 이해하기 위해서도 매우 중요한 의미를 가진다고 하겠다.

현재 우리 사회에서 화두가 되고 있는 남북한 철로 연결과 이를 통한 한반도 종관철로(KTR) 부설, 유라시아철로와의 연계를 통한 '철의 실크로드' 구상은 역사적으로 이미 실현된 적이 있으며, 실현 가능한 프로젝트이기도 하다. 실제로 한반도 종관철로나 시베리아횡단철로(TSR), 중국횡단철로(TCR) 등의 연계를 통한 육상 철로 네트워크와 유라시아철로와의 연계 구상이 회자되고 있다.

오늘날 일대일로의 핵심인 고속철로는 기실 과거의 철로 노선을 바탕으로 한다. 마치 우리의 경부선과 경의선, 경원선 등이 일제강점기에 부설된 노선의 연속선상에 있는 것과 마찬가지이다. 물론 현재의 철로는 복선화되고 전기를 동력으로 사용하여 과거와 구별되지만, 이전의 철로 위에서 개량된 것임을 숨길 수 없다. 마찬가지로 중국 일대일로에서 핵심인 고속철로 역시 과거 부설되어 운행되어 왔던 기반 위에서 이루어지는 것이다. 따라서 일대일로와 고속철로 네트워크란 역사적 연속성과 자산 위에서 발전되어 온 것이라 할 수 있겠다. 이러한 점에서 1949년 중화인민공화국 수립 이전에 최초 중국철로의 부설로부터 유구한 역정과 굴곡, 발전의 역사를 이해하는 일은 현재의 문제를 이해하기 위해서도 반드시 필요하다고 생각된다.

중국근현대사는 철로의 출현 및 부설, 발전과 상호 불가분의 관계를 가지고 전개되어 왔다. 다시 말해 철로는 중국근현대사의 전개와 이를 이해하기 위해 매우 주요한 매개가 될 수 있다고 하겠다. 아편전쟁 이후 중국은 반봉건, 반식민지 사회로 전락하였으며, 이후 근대화를 달성하고 자주독립의 국민국가를 수립하는 일이 절대적 명제가 되었다.

근대 이후 산업화 과정은 철로의 부설 및 발전과 불가분의 관계를 가지고 전개되어 왔다. 산업혁명은 증기기관 등 원동기의 발전을 기축으로 하여 발전된 증기기관차와 기계, 면방직공업 등을 통해 이루어져 왔다. 산업화는 기계를 통한 생산을 의미하며, 기계를 가동하기 위해서는 석탄이 꼭 필요한 원료였다. 공업 및 원동설비의 발전은 기본적으로 철강, 석탄 등 광업의 개발 및 발전 없이는 불가능하였으며, 광업의 발전은 다시 수송을 위한 철로의 부설 및 발전을 전제로 해야만 하였다. 이러한 의미에서 중국에서 양무운동과 함께 등장한 강병과 부국 등 근대화 과정에서 철로 부설은 매우 중요한 의미가 있었다.

이와 함께 근대 중국에서 철로의 부설과 발전은 제국주의 열강이 식민지를 개척하고 경영하기 위한 매우 효과적인 수단이기도 하였다. 철로 부설은 단순히 교통 운수를 넘어 석탄, 목재, 광물 등 주변자원의 개발권과 자국 거류민의 안전을 위한 치외법권, 철로의 수비를 위한 군대와 경찰의 주둔권, 철로 연선(沿線)지역에서의 사법, 행정, 외교에 대한 일정한 권리 등을 포괄한다. 이와 같이 철로 부설권은 단순한 교통운수를 넘어 그것이 관통하는 지역에 대한 광범위한 배타적 지배를 의미하며, 따라서 철로 부설권의 분포는 바로 각 지역 간 열강의 세력범위와 분포를 그대로 보여준다. 일찍이 러시아의 재무상 세르게이 비테(Sergei Y. Witte)가 "철로야말로 중국을 평화적으로 정복할 수 있는 수단"이라고 갈파한 바와 마찬가지로 철로는 은행과 더불어 제국주의 침략의 상징적 도구이기도 하였다.

철로는 근대화와 자주독립이라는 양대 과제를 달성하기 위한 불가결한 수단인 동시에 제국주의가 중국을 침략하는 전형적인 방식이기도 하였다. 이와 같이 철로는 문명의 이기로서 근대의 전파자인 동시에 국민경제의 형성을 왜곡하고 현지의 주체적 성장을 억압하는 성격을 태생적으로 지니고 있었다. 철로의 도입 과정에서 경제·군사적 유용성과 함께 열강의 수탈이라는 침략적 성격이 병존하였기 때문에 중국에서는 철로의 부설에 대해 자연히 그 필요성과 위험성이 동시에 제기되고 논의될 수밖에 없었던 것이다.

이러한 이유에서 근대 이후 청일전쟁, 러일전쟁, 신해혁명, 만주사변, 중일전쟁 등 중대한 역사적 사건은 으레 철로문제와 불가분의 관계를 형성해 왔다. 따라서 철로는 중국역사를 이해하기 위한 유용한 통로가 될 수 있다. 철로를 통해 중국의 역사를 빠짐없이 설명할 수는 없겠지만 적어도 관계성과 비중을 고려할 때 역사적 사건의 실체와 본질적 이해를 위해 매우 적절한 실마리를 제공해 줄 수 있을 것이다. 이렇게 볼 때, 근대 이후 중국의 철로를 이해하는 것은 중국의 역사를 이해하고 그 연속선상에서 오늘의 문제를 심도 있게 이해할 수 있는 첩경이라고 할 수 있다.

이 책은 근대 이래 중국 최초의 철로인 오송(송호)철로로부터 시작하여 1911년 신해혁명 시기에 이르기까지 모든 철로의 역사에 대해 부설 동기에서부터 자본의 내원, 차관 도입, 부설공사의 진행과 개통, 그리고 열차의 운행과 경영, 철로의 역할, 나아가 지역사회에 대한 철로의 영향 및 효과 등 전 과정을 간략히 서술하고 있다. 또한 각 철로의 궤간과 기공, 개통시기, 총연장, 열차가 지나는 지역과 역을 제시하였으며, 개별 철로에 대한 지도와 상세 노선도를 첨부하였다. 한마디로 이 책은 근대 이래 모든 중국철로를 이해하기 위한 철로지(鐵路志)이자 개설서이며, 중국 근대 철로의 총람(總攬)이라 하겠다.

이 책의 내용을 서술하는 과정에서 개별 철로와 관련된 풍부한 사진 자료 및 도화(圖畫), 철로 상호 간의 네트워크 및 상호관계, 그리고 철로 노선도를 가능한 한 찾아 첨부하였으며, 이를 통해 철로에 대한 이해와 가독성을 제고하고자 하였다. 철로 노선도가 기존에 존재하는 경우 이를 찾아 원용하였으며, 노선도가 존재하지 않는 경우 지도와 구(舊)지명을 대조하며 노선도를 하나하나 그려 냈다. 사진이나 그림이 존재하지 않는 경우 기존의 자료를 조사하여 실물과 가장 가깝게 그려서 표현하였다.

특히 중국 최대의 도서관인 상해도서관(上海圖書館)과 계약을 체결하여 중국 근대 철로와 관련된 귀중한 사진자료를 제공받을 수 있었다. 특히 이러한 과정에서 많은 도움을 준 상해도서관의 구메이(顧梅) 주임께 심심한 감사를 전한다. 이 밖에 하북사범대학(河北師範大學) 당서기 다이지엔빙(戴建兵) 교수와 안휘사범대학(安徽師範大學) 마링허(馬陵合) 교수의 도움으로 일부 철로와 관련된 사진과 지도 등을 구할 수 있었다. 개별 노선도와 지도, 그리고 각종 그림을 제작하고 표현하는 데 김미화와 전보혜 두 사람의 헌신적인 노력과 도움이 있었다. 이 자리를 빌려 감사의 마음을 전한다.

인천대 중국학술원은 이갑영 원장님의 적극적인 노력하에 새로운 도약을 준비하고 있다. 중국학술원은 중국의 관문 인천 지역의 유일한 국립대학인 인천대학교가 중국과 관련된 연구와 교육을 위해 전문적으로 설립한 국내 최고의 중국 전문 학술기관이다. 바야흐로 중국의 시대인 21세기에 들어 시대정신을 구현하고 중국과 관련된 연구와 교육, 연구성과의 사회적 확산이라는 본연의 목적을 달성하기 위해 본격적인 도약을 준비하고 있다. 장정아 선생님과 안치영 선생님의 적극적인 지지가 없었다면 이 책은 출판이 어려웠을 것이다. 이 자리를 빌려 감사의 마음을 전한다. 올해 여든 중반이신 자랑스런 어머님이 옆에 건강하게 계셔 주는 것만으로도 필자에게 힘이 되고 기쁨이 된다는 말씀을 전하고 싶다. 항상 옆에서 응원해 주는 아내가 조속히 건강을 회복하길 기원하며, 딸과 아들 우리 가족 모두에게 고마움을 전한다.

현재 중국에서는 일대일로가 학계와 일반 사회를 막론하고 일대 화두가 되고 있다. 이러한 차에 일대일로의 핵심인 철로와 관련하여 과거로부터 현재에 이르는 역사를 살펴보고 이를 통해 현재를 심도 있게 이해하며, 미래에 대비하는 우리의 자세를 점검하는 작은 계기가 되기를 희망해 본다.

인천 송도 연구실에서
김지환

22

중국철로 발전사 간력

1. 중국철로의 초보적 발전(1840~1894)

철로는 영국에서 출현하여 산업혁명의 원동력이 되었으며, 곧 유럽 전역과 세계 각국으로 확산되었다. 비록 중국 등 동아시아 지역에서 유럽과 동시기에 출현하여 발전하지는 못하였지만, 철로와 관련된 정보와 지식은 일찍부터 전래되었다.

중국에서는 아편전쟁 전후 시기인 1830~1840년대에 철로와 관련된 지식이 선교사들을 통해 전래되기 시작하였다. 중국에 처음으로 철로와 관련된 지식이 소개된 것은 아편전쟁 이전에 서양 선교사들의 중문판 번역서적을 통해서였다. 예를 들면 귀츨라프(Karl Gutzlaff)의 『만국지리전도집』(1839년), 『무역통지』(1840년), 브리지먼(Elijah Bridgman)의 『미리가합성국지(美理哥合省國志)』(1838년), 『지구도설(地球圖說)』(1838년), 모리슨(John Robert Morison)의 『외국사략』(1845년) 등에서는 모두 철로 혹은 열차에 관한 내용을 소개하고 있다.

이에 힘입어 중국의 선각자들인 임칙서, 위원, 서계여 등은 다투어 저서를 출판하고 철로와 관련된 지식을 보급하였다. 1839년 임칙서(林則徐)는 『사주지(四洲志)』를 편역하여 철로가 1시간에 20~30리나 달릴 수 있다고 소개하였으니,

이것이 중국인이 철로와 기차를 소개한 최초의 일이다. 위원(魏源)의 『해국도지(海國圖志)』 중에도 화륜차(火輪車)는 1,000명을 수용할 수 있고 1시간에 180리를 달릴 수 있다고 소개하였다. 서계여(徐繼畬)도 『영환지략(瀛環志略)』(1848년)에서 "철로를 부설하면 하루에 300여 리를 달릴 수 있다"라고 소개하였다.

1859년 태평천국의 홍인간(洪仁玕)은 『자정신편(資政新篇)』에서 철로를 부설하면 하루 밤낮으로 7,000~8,000리를 달릴 수 있다고 하면서, 전국의 21개 성(省)에 21개 노선의 철로를 부설하여 상호 소통하는 교통네트워크를 만든다면 국가가 부유하고 강대하게 될 것이라고 주장하였다. 1872~1875년 사이에 창간된 『중서견문록(中西見聞錄)』 역시 「차륜궤도설(車輪軌道說)」에서 철로 레일 및 열차의 발전에 대해 상세히 소개하였다.

이와 같은 영향하에서 양무운동의 주창자인 이홍장(李鴻章)은 철로 부설의 필요성을 일찍부터 인식하였다. 1870년대 이홍장이 철로 부설을 주창한 것은 주로 일본의 위협에 대비하기 위한 군사적 목적이 있었다. 유구사건*과 대만사건이 발생하자 이홍장은 일본의 세력 팽창에 깊은 우려를 표명하면서, 무엇보다도 해방(海防)의 중요성을 강조하였다. 이때 좌종당(左宗棠)과 이홍장을 중심으로 해방과 육방, 즉 해군과 육군의 양성 가운데 어디에 우선을 둘 것인가를 두고 치열한 논쟁이 전개되었다. 논쟁은 중국의 주적이 어느 나라인가로 확대되었다. 좌종당은 청의 주적은 러시아로서 이를 방비하기 위해서는 신강(新疆) 수복이 시급하며, 이러한 이유에서 국방예산 역시 육방(陸防)과 육군의 양성에 우선적으로 배정해야 한다고 주장하였다. 반면 이홍장은 주적인 일본을 방비하기 위해서는 해방과 해군 양성을 우선해야 한다고 주장하였다.

대만사건 직후인 1876년 12월 16일 복건순무(福建巡撫) 정일창(丁日昌)도, 대만은 사면이 바다로서 적이 어느 곳에서나 배를 정박하여 상륙할 수 있음을 지

---

* 1874년 유구의 표류민이 대만의 토착민에게 살해되자 일본이 이를 구실로 대만에 원정군을 보낸 사건을 말한다. 청조는 살해된 유구민에 대한 보상금과 일본이 대만에 설치한 시설물에 대한 배상금을 지불하기로 합의하면서, 사실상 유구를 일본의 속국으로 인정한 결과가 되었다.

적하면서, 철로 부설을 통해 신속히 병력을 이동시켜 집중시킬 수 있는 역량을 갖추지 않으면 안 된다고 역설하였다. 이후 1877년 7월 20일 정일창은 다시 대만의 군사적 방비에 철로 부설이 절실함을 조정에 상주하였다. 이홍장을 중심으로 한 양무파 관료들의 철로 부설 주장은 청조 중앙과 지방의 관료들 사이에서 찬반의 격론을 야기하였는데, 그 계기가 된 것은 1880년 11월 양무파 관료인 유명전(劉銘傳)이 청조에 철로의 부설을 상주한 사건이었다. 이를 기점으로 1880년에서 1887년까지 양무파와 보수파 사이에는 철로 부설 문제로 격론이 전개되었다.

1884년 청프전쟁[淸佛戰爭] 이후 청조 정부는 각 대신에 해방(海防)의 대책을 강구하라는 조서를 내렸는데, 이에 이홍장, 좌종당, 증기택(曾紀澤) 등이 해방의 요체는 시급히 철로를 부설하는 데 있다고 주청하였다. 청프전쟁은 철로 부설에 관한 본격적인 찬반의 논쟁을 불러일으키면서 철로 발전에 중요한 계기를 마련해 주었다. 이 전쟁을 기점으로 청조 역시 군사력을 강화해야 할 필요성을 절감하였으며, 이를 위해 철로 부설이 불가결함을 인식하지 않을 수 없었다. 다시 말해 중국의 정치·군사적 환경의 변화는 철로 부설 논쟁에서 양무파의 입지를 강화시켜 주었으며, 이는 중국철로의 부설에 중요한 계기가 되었던 것이다. 특히 청프전쟁을 통해 청조는 해군력의 취약성을 절실히 깨닫게 되었으며, 이러한 결과 청조는 1885년에 총리해군사무아문(總理海軍事務衙門)을 설립하여 순친왕(醇親王) 혁현(奕譞)을 총리해군사무대신으로, 직예총독(直隸総督) 겸 북양대신(北洋大臣) 이홍장을 회판(會辦)으로 임명하여 모든 철로 업무를 주관하도록 하였다. 해군아문의 설립은 이홍장과 좌종당 등 양무파 관료들의 주장을 청조가 수용한 것으로 볼 수 있다.

1847년 영국 해군이 대만에서 철로를 부설하기 위해 측량을 시도하였는데, 이는 대만의 석탄을 개발하기 위한 목적에서 비롯된 것이었다. 아편전쟁 이후 영국은 중국의 대외무역 총액의 85퍼센트라는 절대적 비중을 차지하고 있었다. 따라서 철로를 부설하는 일은 바로 중국에서 영국의 이익을 극대화하기 위한 수단이 아닐 수 없었다. 1863년 7월 20일 상해에 거주하던 27명의 외국 상인은 당시 강소순무(江蘇巡撫)였던 이홍장에게 상해에서 소주에 이르는 철로의 부설을 청원하였다. 이것은 외국인이 처음으로 중국 관헌에게 철로의 부설을 승인해 주도록 요청한 사례이다.

일찍이 인도에서 최초의 철로를 설계한 영국 철로공정사 스티븐슨(Stephenson)은 1863년 10월 한구(漢口)를 기점으로 동으로 상해(上海)에 이르는 1,050킬로미터의 철로와 남으로 광주(廣州)와 홍콩에 이르는 1,450킬로미터, 서로는 사천(四川), 운남(雲南)을 거쳐 인도 및 미얀마에 이르는 2,600킬로미터, 그리고 광주에 이르는 지선 및 진강(鎭江)에서 천진(天津)과 북경(北京), 상해에서 영파(寧波), 복주(福州)에서 복건(福建) 내지에 이르는 노선의 부설 계획을 수립하였다. 그러나 이러한 계획이 실현되지는 못하였다.

1865년 8월 영국상인 두란트(Durant)는 북경 선무문(宣武門) 밖으로 길이 600미터의 노선을 부설하여 열차를 운행하면서 시민의 호기심을 자아냈다. 영국자본 이화양행(怡和洋行)은 영국상 위주의 영미합자공사를 조직하고 이름을 오송도로공사(吳淞道路工事)라 명명하였다. 이들은 도로를 부설한다는 명목으로 상해에서 오송구에 이르는 토지를 구매하고, 1876년 6월 30일 오송에서 상해에 이르는 철로를 개통하였다. 그러나 열차에 사람이 치어 죽는 사고가 발생하자 영업은 1년여 이후 철거되고 말았다. 오송철로의 출현은 철로가 매우 유용하다는 인식을 사람들에게 각인시켜 주었다. 중국 최초의 철로인 오송철로가 실제로 부설되어 운행되었다는 사실은 중국에서도 철로가 부설되고 운행될 수 있음을 증명해 주었다.

청조는 외국세력이 철로를 통해 중국 내지로 세력을 확장할 가능성을 경계하였다. 총리아문대신인 공친왕(恭親王) 역시 철로가 부설되면 논밭이 상실되고 수부(水夫)가 일자리를 잃을 것이라 우려하며 철로 부설을 반대하였다. 그러나 양무운동의 진전과 더불어 철로에 대한 일반의 태도가 점차 변해갔다. 양무운동은 철로가 중국에 도입되기에 양호한 환경을 조성하였다. 이미 서양의 신식 기술을 도입하여 광산을 개발하였으며, 증기 기선을 운행하고 있던 상황에서 철로의 부설은 필연적인 일이었다.

1870년대부터 청조 내부에서 철로 부설에 대한 요구가 속속 제기되었다. 군수산업의 흥기를 주요한 내용으로 하는 양무운동의 발전에 따라 1870년대부터 부국강병의 구호 아래 군사공업의 흥판과 동시에 채광, 제련, 방직, 항운 등 공광기업(工鑛企業, 공업·광업 관련 기업)이 속속 설립되었다. 1850~1960년대 서방에 대한 중국인의 이해는 주로 선견포리(船堅砲利, 선박이 튼튼하고 대포가 날카로움)에 집중되었다. 1872년 중국 최초의 미국 유학생 중 한 명인 용굉(容閎)의 주창하에 30명의 관비 미국유학생이 선발되었으며, 중국 최초의 철로공정사인 첨천우(詹天佑)도 여기에 포함되었다. 1876년에는 남북 양 대신이 복주선정학당 학생 28명을 영국, 프랑스 양국에 기관차의 제조와 운전을 학습하기 위해 파견하였다.

1874년 이홍장은 철로의 부설을 통해 군사 이동의 신속함과 편리성을 제기하였다. 다음 해 이홍장은 북경으로 가서 총리아문대신 공친왕 혁흔(奕訢)과 철로의 부설을 통한 남북의 운수체계를 구축하자고 제안하였다. 그러나 이 당시 철로 부설은 주로 군사적인 의의에 주목하여 상공업 무역과의 관계에는 특별히 주목하지 못하였다.

이러한 가운데 1878년 설복성(薛福成)은 「창개중국철로의(創開中國鐵路議)」를 발표하고 철로의 필요성을 주장하였다. 설복성은 철로의 유용성을 상무와 운송의 편리성에서 찾고 이와 함께 군사적인 효용을 포함하여 '3대 이익'으로 규정하였다. 여기서 철로는 윤선, 광무, 우정, 기기제조와 불가분의 관계임이 강조되었다. 마건충(馬建忠)도 1876년 프랑스에 가서 유학한 이후 1879년 귀국하면서 「철도론」을 발표하고 부국강병의 요체가 철로임을 주장하였다.

양무운동의 주요한 내용은 근대적 군비의 확충과 근대 기업의 창설을 도모하는 것으로서, 이후 근대적 생산설비(광산 포함)를 상해, 소주(蘇州), 남경(南京), 복주, 천진, 광주, 제남(濟南), 성도(成都) 등지에 개설하였다. 1872년 북양대신, 직예총독 이홍장은 중국 최초의 반관반민(半官半民) 해운회사인 윤선초상국(輪船招商局)을 창설하고 기선의 운행을 위해 1875년 천진 동북 약 100킬로미터 지점에 위치한 개평(開平)에서 탄광을 측량하였으며, 1877년 개평광무국(開平鑛務局)을 설립하였다. 1879년 초 당산(唐山)에서 석탄의 개발이 시작되면서 이홍장은 청조에 개평에서 노태(蘆台)에 이르는 철로의 부설을 건의하였다. 당산에서 서각장(胥各庄)까지는 약 11킬로미터의 거리로서 채굴된 석탄을 운반하기 위해서는 철로 부설이 꼭 필요하였다.

그러나 조정 내 수구대신의 반대에 직면하자 이홍장은 절충 방법으로 나귀와 말을 동력으로 열차를 끄는 레일을 부설할 것을 제안하였다. 1878년 영국인 공정사의 하나인 킨더(Claude W. Kinder)는 영국의 표준궤간인 1.435미터의 레일 규격을 채택하였으며, 1881년 6월 9일 스티븐슨 탄생 100주년 되던 날에 중국 최초의 기관차인 '중국로켓호'를 제작하여 처음으로 당서철로(唐胥鐵路)를 운행하였다. 이후 당서철로는 점차 양측으로 연장되어 경봉철로(京奉鐵路)가 되었다.

비록 당서철로가 운행을 개시하였으나 조정에서는 여전히 의견이 통일되지 못한 상태였다. 중프전쟁(1883~1885) 기간 철로 부설에 대한 반대의견이 고조되기도 하였다. 그러나 1887년 3월 16일 순친왕은 경사(京師, 나라의 수도를 말함)의 방비와 해방(海防, 바다를 지킴)을 위해 개평철로(開平鐵路)의 부설이 필요하다는 점을 강조하였다. 대만순무 유명전 역시 대만의 방비를 위해 철로 부설이 꼭 필요함을 조정에 상신하였다. 이에 서태후가 대만철로 부설을 비준하자 반대의 주장은 점차 수면 아래로 잠복하게 되었다.

2. 청일전쟁 이후 차관 도입과 철로의 발전(1895~1911)

1840~1894년까지 중국에 대한 열강의 경제침략은 주로 상품 수출이라는 형식을 띠었다. 그러나 청일전쟁 이후 제국주의가 중국에 투자한 새로운 대상이 바로 철로였는데, 이는 재(在)중국 외국자본의 추세가 고정성의 투자로 향하고

있음과 더불어 식민지화의 성격이 한층 강화되었음을 의미하였다. 왜냐하면 중국의 철로가 제반 산업이 발전한 결과로 발전했다기보다는 제국주의가 중국을 분할한 결과로 발전하였기 때문이다.

1889년 8월 26일 해군아문은 청조에 서양 각국으로부터 차관을 도입하여 철로를 흥판해야 한다는 구체적인 정책을 상주하였다. 여기서 이홍장은 철로의 부설에서 상고(商股, 민간자본), 관고(국고), 양채(洋債, 서양의 차관)의 3자가 병행되어야 한다고 주장하였다. 청조는 철로가 자강의 요책으로 국가에 반드시 필요함을 선포하였다. 이것은 중국정부가 차관을 도입하여 철로를 부설해야 한다는 이홍장 등 양무파 관료들의 주장을 받아들인 것이다.

청일전쟁에서 패배한 이후 중국 관민 사이에서는 철로의 군사적·전략적 중요성이 널리 공감대를 형성하였다. 청일전쟁이 종결된 이후 민족적 위기 상황에서 장지동(張之洞), 유곤일(劉坤一) 등은 철로의 부설에 적극 나섬으로써 국력을 신장시켜야 한다고 주장하였다. 광서제(光緖帝) 역시 1895년 7월에 "국난을 당하여 마땅히 상하가 일심 단결하여 자강불식해야 한다. 철로를 부설하고 기계공장을 설립하며 화폐를 주조하고 광산을 개발해야 한다"라고 주창하였다. 이와 같이 청일전쟁 직후 중국에서는 철로 부설의 열기가 급속히 확산되었다.

1895년 청조는 철로총공사를 설립하고 성선회(盛宣懷)를 독판철로대신으로 임명하였다. 그러나 철로를 부설하기 위해 국고 및 일반으로부터 부설 자본을 모집하기에 현실적으로 어려움이 있었으며, 어쩔 수 없이 외자를 차입하는 방법을 강구할 수밖에 없었다. 열강은 철로의 부설을 자신의 세력권을 확보하기 위한 주요한 수단으로 적극 활용하였다. 다시 말해 열강은 철로의 부설권에 근거하여 세력범위를 획정한 것이다. 이 시기 열강이 직접 부설한 대표적인 철로로는 러시아자본의 동청철로(東淸鐵路, 중동철로), 일본의 남만주철로(南滿洲鐵路), 독일의 교제철로(膠濟鐵路), 프랑스의 전월철로(滇越鐵路) 등을 들 수 있다.

열강은 직접 철로를 부설하는 방식 이외에도 차관의 공여를 통해 철로에 대한 권리를 확보할 수 있었다. 예를 들면 북녕철로(北寧鐵路)는 영국의 차관을 통해 부설되었으며, 경호(京滬), 호항용(滬杭甬), 포신(浦信), 도청(道淸), 광구철로

(廣九鐵路) 역시 영국자본으로 부설되었다. 평한철로(平漢鐵路)와 변락철로(汴洛鐵路)는 벨기에 차관을 도입하여 부설되었으며, 정태철로(正太鐵路)는 프랑스 차관을 도입하였다. 차관을 도입하여 부설된 철로의 경우 공사 청부, 부설을 위한 자재 구매, 관련 인원의 선발과 임용, 철로의 운행 및 경영 등에 관한 제반 권리가 모두 차관공여국에 부여되었다. 철로 차관은 다음과 같은 권리를 포함하였다.

① 차관의 할인[折口]: 외국공사차관은 대부분 서면가격을 할인하여 실부(實付)로 한다. 예를 들면 93절구(折口)로 규정한 경우 차관 공여국이 차관 총액의 93퍼센트만을 공여함으로써 7퍼센트에 해당되는 이윤을 선이자로 먼저 수취한 위에서, 원리금의 상환 기준액은 100퍼센트로 기산함으로써 상환 시에 차관의 고이윤을 보장하는 관행을 가리킨다.

② 철로 자재는 모두 차관공여국으로부터 구매하였다.

③ 철로총공정사 및 총회계는 차관을 공여한 국가가 자국인[洋人]을 추천하여 임용하였다. 모든 자재는 이들 두 사람이 주관하여 결정하였다. 중국이 파견한 독판(督辦) 혹은 국장(局長)에게는 사실상 특별한 권리가 없었다. 총공정사는 대부분 총관(總管)의 명의를 겸하며, 행정 및 직원 고용은 사실상 이들의 추천에 의거하였다. 중국인 직원을 채용할 경우에도 반드시 서양인 총공정사의 동의를 얻지 않으면 안 되며, 중국당국이 임의로 파견할 수 없었다.

1895~1903년의 9년 동안 노한철로(蘆漢鐵路), 정태철로, 호녕철로(滬寧鐵路), 변락철로, 월한철로(粤漢鐵路), 진포철로(津浦鐵路), 도청철로 등 각 철로를 부설하기 위한 차관계약이 체결되었으며, 소항용철로(蘇杭甬鐵路), 포신철로(浦信鐵路), 광구철로 등의 차관초약(가계약)이 체결되었다. 1896~1903년까지 중국에서 부설된 철로의 총연장은 4,038.4킬로미터에 달하였다. 이 가운데 68퍼센트가 외국의 직접투자 및 관리에 속하였다. 나머지 32퍼센트가 차관을 도입하여 부설하고 청조가 경영을 담당하는 형식이었다. 양자 모두 외국인 총공정사를

초빙하여 설계 및 시공을 담당하였다. 동청철로(중동철로), 남만주철로, 관내외철로(關內外鐵路)의 산해관(山海關) - 봉천(奉天) 구간, 경한철로(京漢鐵路)의 일부, 교제철로 청도(靑島) - 주촌(周村) 구간과 월한철로의 광삼(廣三) 지선 등이 여기에 해당된다.

1904~1911년 사이에 부설된 철로는 총 4,963.7킬로미터이며 이 가운데 청조가 외국으로부터 차관을 도입하여 부설한 것이 약 58퍼센트, 외국이 직접 투자, 관리한 것이 21퍼센트였다. 청조가 국고 재정을 투입하였거나 민간으로부터 자본을 모집한 경우가 약 21퍼센트에 달하였다. 주요 노선으로 경한(북경 - 한구), 교제(청도 - 제남), 정태(석가장 - 태원), 호녕(상해 - 남경), 호항(상해 - 항주), 경장(북경 - 장가구), 변락(개봉 - 낙양), 전월(곤명 - 하구), 진포(천진 - 포구) 및 남심(남창 - 구강), 월한(광주 - 한구)철로의 일부분 및 안봉철로(안동, 현재의 단동 - 봉천, 현재의 심양) 등이 있었다.

1900년 8개국연합군이 중국을 침략하고 중국이 러일전쟁의 전장이 된 이후 중국 일반에서는 반제국주의 의식이 크게 고양되었으며, 이에 따라 철로 이권의 회수운동이 전국으로 확산되었다. 청조는 1898년 8월에 설립된 광무철로총국을 철폐하고 1903년 12월 2일 중국철로공사를 설립하여 철로 업무를 주관하도록 하였다. 곧이어 '철로간명장정(鐵路簡明章程)'을 반포하여 민간자본에 철로 부설권을 개방하였다. 이와 함께 '진흥상무, 상민보호'를 기치로 1903년 9월 7일 상부(商部)를 설립 비준하고 재진(載振)을 상부상서로, 오정방(伍廷芳), 진벽(陳璧)을 좌우시랑으로 임명하였다.

철로간명장정은 청조가 제정한 첫 번째 철로 부설의 법률조례로서, 총 24조로 이루어져 있었다. 장정의 제2조는 중국, 외국, 관상을 불문하고 철로공사를 설립하여 철로의 부설에 착수할 수 있도록 하였으며, 상부의 비준을 거쳐 공사조례에 따라 처리하도록 하였다. 철로공사의 자본 모집과 관련하여 장정의 제6조, 제7조의 규정에 따르면, 중국상인이 철로를 부설하기 위해 자본을 모집할 경우 중국자본이 다수를 차지해야 하고 외국자본이 중국자본을 초과할 수 없도록 하였다. 외국인이 철로의 부설에 자본을 투자할 경우 반드시 출자총액의 30퍼센트를 초과할 수 없도록 하였다.

중국 일반의 철로 부설을 장려하기 위해 장정의 제9조는 철로를 부설할 시에 중국자본으로 50만 량(兩) 이상을 투자할 경우 공로를 인정하여 포상하도록 하였다. 철로 부설권의 개방은 상판철로의 흥기 및 철로의 발전을 촉진하였다. 장정 제13조에 따르면, 철로를 부설하려는 자는 6개월 이내에 측량을 마쳐야 하며, 측량이 완료된 6개월 이내에 다시 철로의 부설공사에 착수하도록 되어 있었다. 레일의 궤간은 일률적으로 영국철로의 표준인 4척 8촌 반(표준궤 1.435 미터)으로 정하였다.

청조가 철로 부설권을 개방하여 관판(官辦), 상판(商辦) 철로의 부설을 승인한 이후 전국 각 성(省)에서는 철로공사가 속속 설립되었다. 통계에 따르면 1903~1907년의 5년 동안 전국에 걸쳐 총 15개의 성에서 18개의 철로공사가 창설되었다. 이 가운데 12개는 상판철로였으며, 3개는 관독상판(官督商辦) 혹은 관상합판(官商合辦), 나머지는 이후에 상판 혹은 관상합판으로 개조되었다. 각 성 철로공사는 교통 및 상업의 발전을 기치로 본성의 철로 이권을 수호하고 열강의 침탈을 방지한다는 종지를 근간으로 삼았다.

1905년 호남(湖南), 호북(湖北), 광동(廣東) 및 절강, 강소(江蘇)의 5성에서 철로 이권의 회수운동이 광범위하게 전개되었다. 특히 호남, 호북, 광동 3성 신상(紳商)*들은 월한철로의 이권을 회수하기 위한 투쟁을 전개하였으며, 마침내

----

* 　신사(紳士)는 명·청 시대의 통치세력으로서, 신(紳)은 관복을 입을 때 허리에 매고 나머지는 길게 드리워 장식을 하였던 폭이 넓은 띠로서, 홀(笏)을 꼽기도 하였다. 신사는 바로 신을 맨 인사로서 곧 지배계층을 의미하였다. 그러다가 청대 후기에 와서 신분적으로 하위층이었던 상인이 경제권을 거머쥐면서 사회적 위상이 높아져 신사까지 겸하는 신상(紳商)이 등장하여, 권력과 부를 손에 쥔 새로운 지배세력으로 등장하였다. 더우이 태평천국운동으로 세수가 부족하였던 정부가 상인들에게 공공연하게 관직을 제수하자 점차 상인과 신사가 혼합되는 양상이 심해졌다. 그러나 과거제 폐지 직전이 되면 관료로 봉직하기보다 오히려 상업에 종사하여 부를 얻는 것이 매력적으로 비쳐졌고, 기존의 신사들 중에서도 상업에 종사하는 경향이 더욱 두드러지게 나타났다. 과거제가 폐지되자 이러한 신분제 상의 혼합은 더욱 심해져서 공공연하게 관료와 상인이 구분되지 않는 상황이 발생하였고, 신상이라

이를 회수할 수 있었다. 월한철로의 이권을 회수한 사건은 기존 열강이 보유해 왔던 철로 및 광산의 이권을 회수하기 위한 광범위한 운동을 가속화시키는 발단이 되었다. 월한철로의 이권이 회수된 이후 평한철로, 호항용철로, 진포철로의 이권이 속속 회수되었다.

청조는 열강에 의한 철로의 부설을 지양하고 자력으로 철로를 부설하기 위해 민간에 철로의 부설권을 적극 개방하여 고취하였다. 그러나 비록 상판철로를 부설하려는 움직임이 광범위하게 전개되기는 하였으나 재력의 한정으로 열차가 개통하여 영업에 이른 경우는 월한철로[광주에서 소관(韶關)까지, 총연장 200킬로미터, 1916년 완성], 호항용철로[상해에서 풍경(楓涇)까지 1907년 완공, 항풍단(杭楓段)은 1909년 완공, 조용단(曹甬段)은 1914년 완공], 조산철로(潮汕鐵路, 1906년 완공), 광동신녕철로(1913년 완공), 남심철로(南潯鐵路, 1916년 완공) 등에 지나지 않았다. 재력이 부족한 틈을 타 외국자본이 다시 이들 철로에 침투하기도 하였다. 예를 들면 남심철로는 일부 일본차관을 도입하였으며, 조산철로 역시 일본 자본을 도입하였다.

이 시기 가장 성공적인 자판철로로서 경장철로(京張鐵路)를 들 수 있다. 경장철로는 국가가 자본을 출자하고 중국 최초의 철로공정사인 첨천우가 부설을 주관하여 외국의 자본가나 기술자의 도움 없이 중국이 스스로의 역량으로 부설한 최초의 철로로서, 1905년 기공하여 1909년 개통하였다.

1908년 우전부(郵傳部)*가 상판철로의 현황을 조사한 결과 자본의 모집과 철로의 경영이 매우 혼란한 상황을 목도하고, 상판철로의 국유화를 통해 철로

는 새로운 계층이 일반화되기에 이른다.

* 1906년 중앙관제가 대대적으로 개혁되어 상부(商部)가 농공상부로 개조되고, 동시에 새로이 우전부(郵傳部)를 두어 철로와 우전(郵傳)을 전관하도록 하였다. 철로는 우전부 노정사(路政司)가 관할하였으며, 그 아래 총무, 관판, 상판의 3과를 두었다. 명의상 철로업무를 통일적으로 관리한 것처럼 보였지만 사실상 노정사가 직할할 수 있었던 것은 경장철로 및 상판의 일부 철로에 지나지 않았다. 1911년 신해혁명으로 중화민국 임시정부가 수립되면서 교통부가 신설되어 행정상의 통일이 실현되었다. 즉 교통총장이 전국철로와 관련하여 일체의 책임과 감독권을 가지고 교통부 내에 노정사를 두어 철로업무를 관장하도록 하였다.

의 경영을 개선하고 중국철로의 통일을 기하고자 하였다. 1911년 성선회가 우전부대신으로 임명된 이후 각 성에 간선철로 국유화를 요청하고, 외자를 차입하여 이들 철로의 권리를 회수하였다.

1911년 5월 9일 청조정부는 간선을 국유로 귀속하는 정책을 결정하였다. 이전 각 성에서 민간자본을 모집하여 부설된 철로는 모두 국가가 회수하며, 정부에서 부설을 비준한 철로 역시 일률적으로 취소하도록 하였다. 청조에 의한 상판철로의 취소는 1903년 이래 철로부설권의 개방정책을 사실상 취소한 것이라 할 수 있다. 간선철로 국유화정책을 선포한 후 5월 18일 청조는 양강총독 단방(端方)을 월한, 천한(川漢) 철로대신으로 임명하였다. 5월 20일 우전부대신 성선회는 북경에서 영·프·독·미 4국은행단(회풍운행, 동방회리은행(東方匯理銀行), 독화은행, 미국모건공사, 국립성시은행 등) 대표와 호북, 호남 두 성(省) 내의 월한철로, 호북성 내의 천한철로(川漢鐵路) 차관합동을 체결하였다. 차관의 주요한 내용은 철로를 부설하기 위해 600만 파운드의 차관을 도입하고, 연리 5리, 95절구(折口, 할인), 상환 기한 40년으로 정하고, 차관의 상환을 위한 담보로 호남성, 호북성의 이금(厘金, 물품 통과세) 및 염세를 제공한 것이었다. 이후 운남성, 섬서성 등지의 성영 자판철로도 속속 국유로 귀속되었다.

1911년 5월 청조가 간선철로 국유를 명분으로 월한, 천한철로의 이권을 열강에 매도하자 이후 각 성민의 보로운동(保路運動)이 전개되었다. 호북, 호남, 광동, 사천 등지의 성 주민들은 철로 이권을 보위하기 위한 보로운동을 벌였다. 사천보로운동은 급속히 반청기의(反淸起義)로 발전하였으며, 무창기의(武昌起義)와 신해혁명으로 이어지게 되었다. 중국동맹회 혁명당 인사들과 자산계급 입헌파의 영도자들은 보로동지회와 연합하여 혁명을 전개하였다.

3. 북양군벌정부 시기 철로 발전의 지체(1912~1926)

1911년 사천보로운동이 비화되어 신해혁명으로 폭발하였으며, 1912년 마침내 중화민국이 성립되었다. 그러나 원세개(袁世凱)에 의해 신해혁명의 승리가 탈취되어 북양군벌정부가 건립되었으며, 이후 군벌전쟁이 끊이지 않으면서 다시 혼란 국면으로 빠져들었다. 1912년 원세개는 철로행정의 통일을 선포하여 각 성의 상판철로공사를 해산하였으며, 이에 근거하여 각 성에서 이미 부설되었거나 부설 중인 철로를 모두 국유로 환수하였다. 철로의 국유화 비용을 충당하기 위해서는 외채를 차입하는 것 외에는 방법이 없었다.

1912~1914년 사이에 북양정부는 상판철로를 국유로 회수하는 동시에 차관을 도입하여 새로운 철로 부설에 착수하였다. 국유로 귀속된 철로는 천로(川路, 의창 - 성도), 상로(湘路, 장사 - 주평), 악로(鄂路, 천한, 월한, 양선), 휘로(徽路), 소로(蘇路, 상해 - 가흥), 절로(浙路, 항주, 풍경, 강간 - 홍진교, 영파 - 조아강), 예로(豫路), 진로(晉路) 등이다. 1912년부터 1916년까지 각국이 중국에서 장악한 철로 부설권은 총연장 1만 3,000킬로미터에 달하였다. 반면 1912~1927년간 북양정부가 부설한 철로는 총연장 4,000여 킬로미터에 지나지 않았다.

북양군벌정부가 통치한 기간은 중국철로의 발전이 상대적으로 지체된 시기로서 대략 1912~1928년까지의 17년간이었다. 관내(關內) 각 성에서 부설된 철로는 총 2,100킬로미터였으며 동삼성(東三省)에서 1,800킬로미터의 철로가 부설되어, 전국적으로 부설된 철로의 총연장은 3,900킬로미터에 달하였다. 연평균으로 계산하자면 230킬로미터가 부설된 셈이다. 그런데 이 수치는 1895~1911년 사이에 부설된 철로 총연장의 42.3퍼센트밖에 되지 않았다.

이 시기에 철로 부설이 다소 완만하게 진행된 이유 가운데 하나는 부설을 위한 자본이 부족하였기 때문이었다. 1912~1927년 사이에 북양정부는 원세개, 단기서(段祺瑞), 조곤(曹錕), 오패부(吳佩孚)와 장작림(張作霖) 등 군벌이 권력을 잡은 시기로서, 이들은 철로 부설권을 대가로 철로차관을 도입하였다. 그러나 이들 차관은 대부분 군정비로 충당되어 자신들의 통치 자금으로 전용되었다. 결국 이로 인해 철로 부설자금이 부족하게 된 것이다. 더욱이 철로에 대한 민간자본의 투자 역시 금지되어, 이 시기에는 철로가 정상적으로 발전하기 어려웠다.

또 하나의 원인으로는 빈번한 전쟁과 정국의 불안을 들 수 있다. 이 시기에는 중앙정권이 수시로 교체되어 신해혁명, 2차혁명, 호국운동, 호법운동, 직완전쟁(直皖戰爭), 직봉전쟁(直奉戰爭), 북벌전쟁 등 전쟁이 끊이지 않았다. 수많은 열차 차량이 전쟁으로 징발되었으며, 군수물자와 병력의 수송에 동원되기도 하였다. 더욱이 각 군벌은 상대방의 침입을 저지하기 위해 레일을 절단하거나 열차를 훼손하기도 하였다. 이러한 과정에서 수많은 철로가 파괴된 것이다.

중국의 철로는 최초에 이홍장이 군사적 목적에서 개통하였기 때문에 철로 관련 업무는 자연히 총리해군아문의 관할에 속하였다. 청조가 광서 22년(1896)에 철로총공사를 설립하였을 때에도 여전히 해군아문이 철로 업무를 관할하였다. 1898년이 되면서 철로에 관한 업무를 관장하기 위해 광무철로총국이 설립되어 해군아문으로부터 독립하였는데, 이것이 바로 철로를 전적으로 관리하는 기구의 남상(濫觴)이 되었다. 1903년 광무철로총국이 철폐되고 상부(商部)로 병합되었다. 1906년 상부가 농공상부로 개조되면서 다시 우전부를 신설하여 철로와 우전(우편과 전보)을 전담하여 관리하니, 철로는 우전부 노정사의 관할 아래로 들어갔다. 그 아래 총무, 관판, 상판의 3과를 두었다. 이후 다시 철로총국을 설치하여 이를 전담하여 관리하도록 하였다.

신해혁명 직후인 1912년 4월에 임시정부는 기존의 우전부를 교통부로 개조하고 이전의 우전부 노정사 및 철로총국 사무의 관리를 모두 이관하였다. 1913년 노정사를 노정국으로 개조하였다가 다음 해 1914년에는 노정국(路政局)을 취소하고 다시 노정사를 설립하였다. 1916년 노정, 노공, 철로회계공사를 폐지하고 노정사(路政司)를 설치하여 교통차장이 철로총판을 겸임하도록 하였는데, 이로부터 철로행정기관은 비로소 초보적인 조직 계통을 갖추게 되었다.

중국 조기의 철로 부설은 대부분 외채를 도입하여 부설하였기 때문에 서양인을 고용하여 철로의 부설 및 경영을 위임하였다. 이러한 이유로 관리체계가 통일성이 없었다. 모든 철로 장정과 규범, 열차 운행 규장, 영업방식, 회계제도 등에서 통일된 형식이 없이, 해당철로의 차관을 도입한 채권국의 제도를 채택하였다. 이에 1912년 민국 성립 이후 국유철로정책을 결정하고 교통부는 제도의 통일을 도모하였다.

1912년 국민정부는 특별회계총처를 설립하고, 전국의 철로를 통일하기 위해 각국의 선례 및 규정을 조사, 참조하여 철로, 전신, 우편, 항업의 4정(政)에 관한 특별회계법규를 편성하였다. 특히 철로의 통일에 역점을 두어 1913년 교통부는 철로회계통일위원회를 설립하여 미국의 애덤스(Adams)를 고문으로 초빙하여 철로 예산의 편성, 평준표의 작성, 거리 통계 측례 등을 제정하였다. 1914년 8월에 이르러 철로 정리사업을 개시하고 동일한 회계 계산, 철로 부설, 기관차 및 차량의 건조 등 각 양식의 통일에 착수하였다.

1917년 교통부는 철로기술위원회를 설립하여 산하에 공정, 기계, 운수, 총무의 4처를 두고 '국유철로기술통일규칙'을 제정하여 1922년 11월 4일 공포한 이후 실시하였다. 1912~1927년까지 총 4,264.8킬로미터의 철로가 부설되었는데, 이 가운데 관내가 47.3퍼센트, 동북이 52.7퍼센트를 차지하였다. 주요 간선으로는 길장철로(吉長鐵路), 경수철로(京綏鐵路), 사정철로(四鄭鐵路), 상악철로(湘鄂鐵路), 개벽철로(箇碧鐵路), 사조철로(四洮鐵路), 정조철로(鄭洮鐵路), 농해철로(隴海鐵路)의 일부분, 금복철로(金福鐵路), 봉해철로(奉海鐵路), 경봉철로(京奉鐵路) 등을 들 수 있다.

철로 부설 계획에 대한 청사진은 이미 손중산(孫中山, 孫文)의 '철도십만리부설계획'에 잘 나타나 있으며, 이후 남경국민정부는 국부의 유지를 계승하여 철로의 근대화를 달성하기 위해 구체적인 방안을 수립해 나갔다. 손중산의 철로 부설에 관한 계획은 일찍이 1893년에 이홍장에게 보낸 '상이홍장서(上李鴻章書)'에 잘 나타나 있다. 여기서 손중산은 "철로를 가진 나라는 전국이 사통팔달하여 왕래와 유통에 막힘이 없다"라고 하여 철로 부설의 필요성을 강조하였다. 특히 재원의 조달에 대해 이홍장은 최초 관상합판을 주장하였으나 민국 이후 점차 외자 도입을 강조하는 방향으로 나아갔다.

신해혁명 이후 중국철로의 발전은 손문에 의해 주도되었다. 주목할 점은 신해혁명 이후 중국정부가 국유화와 외자 도입이라는 두 가지 원칙을 철로정책의 근간으로 삼았다는 사실이다. 1912년 4월 1일, 손문은 "국내의 철로, 항운,

운하 및 기타 중요 사업을 모두 국유로 한다"라는 철로국유화에 관한 원칙을 천명하였다. 신해혁명의 주요한 동인 가운데 하나가 철로의 국유화에 반대하는 보로운동이었음에도, 손문의 입장은 철로 부설에서 국가권력의 통일적 지도 및 통제를 지향하였음을 알 수 있다.

철로국유화를 추진하기 위한 수단으로서 중국정부는 외자 도입을 기본 원칙으로 확립하였다. 손문은 "국가가 실업을 진흥하기 위해서 자본이 없을 경우 부득불 외채를 차입할 수밖에 없다. … 외채를 차입하여 생산에 투여하면 이득이 많으며, 남미의 아르헨티나, 일본 등의 발전도 모두 외채의 덕이다. 우리나라도 철로를 부설하는 데 외채를 도입한다면 몇 년의 수입으로 철로외채를 상환할 수 있다"라고 하여 철로 부설에서 외채의 중요성을 강조하였다.

1913년 대총통령으로 '민업철로조례'가 반포되었고, 2년 후인 1915년에 다시 '민업철로법'이 반포되었다. 1924년 4월 '국민당 제1차 대회선언'은 중국국민당정강을 제정하면서, 국내정책의 제15조에서 "민간의 역량이 부족하므로 철로, 항로 등은 국가가 경영하고 관리한다"라고 규정하였다. 1912년 7월 22일, 손중산은 상해에서 개최된 '중화민국철도협회환영회(中華民國鐵道協會歡迎會)' 석상에서 "철로가 부설될수록 그 나라는 부강하게 된다. 미국의 경우 현재 30여만 킬로미터에 달하는 철로를 보유하고 있으며, 세상에서 가장 부유한 나라로 손꼽힌다"라고 하여 철로 부설이 곧 그 나라의 국력과 직결된다는 점을 강조하였다.

1912년 8월 말, 손중산은 북경에 도착하여 원세개와 13차례에 걸쳐 논의하면서, 정부가 철로 부설에 적극 나서야 하는 당위성을 강조하였다. 9월 11일, 원세개는 손중산을 전국철로총국 독판으로 임명하고 '주획전국철로전권'을 부여하였다. 이에 따라 손중산은 북방, 남방, 동방 3대 항구를 중심으로 서북철로, 서남철로, 중앙철로, 동남철로, 동북철로, 고원철로 등의 철로망을 서로 연결하여 전국적인 철로교통망을 조직하기 위한 계획을 수립하였다.

9월 27일 손문은 진포철로의 북단인 제남을 시찰하면서 철로 부설을 위해 외자를 적극 도입할 방침을 다음과 같이 천명하였다.

- 첫째, 경한철로, 경봉철로 등의 사례를 참조하여 차관을 도입하여 철로를 부설한다.
- 둘째, 중외합자를 통해 중국에서 공사를 조직한다.
- 셋째, 외국자본가에게 철로 부설권을 부여하여 40년을 기한으로 국유로 회수한다. 단 조건은 중국의 주권을 침해하지 않는 범위에서 허락한다.

1912년 9월 12일, 손문은 상해에 중국철로총공사를 설립하고 전국의 철로를 3대 간선으로 구획하여 10년간 60억 원의 자본을 투자하여 10만 킬로미터에 달하는 철로 부설 계획을 수립하였다. 이 계획은 내지로의 이주 촉진과 실업 건설과 자원 개발, 국방 강화와 서구와의 교통망 완비에 그 목적이 있었다. 이 밖에 기관차 및 객차 제조공장의 설립도 계획하였다. 3대 간선의 첫 번째 노선인 남선은 광동으로부터 광서(廣西), 귀주(貴州)를 거쳐 사천으로 나아가 서장(西藏, 티베트)으로 들어가 천산(天山) 남변까지 이르는 노선이며, 두 번째 중선은 장강(長江)에서 출발하여 강소성으로부터 안휘(安徽), 하남(河南), 섬서(陝西), 감숙(甘肅), 신강을 거쳐 이리로 나아가는 노선, 세 번째 북선은 진황도(秦皇島)에서 출발하여 요동을 거쳐 몽골로 들어가 외몽골로 이어지는 노선이었다.

유의할 것은 중국정부가 외자를 도입하여 철로를 부설한다는 정책에 대한 열강의 대응과 그 결과이다. 중국의 외자 도입 정책에 가장 먼저 호응한 국가는 바로 영국이었다. 북양정부의 교통총장을 지낸 양사이(梁士詒)의 회고에 따르면, 1913년에 주중 영국공사 조던(Jordan)은 원세개에게 우편국이나 해관처럼 중국 내의 모든 철로를 통일하고 그 총지배인을 영국인으로 임용하도록 제의하였다. 영국 중영은공사(中英銀公司)의 대표 메이어(Mayers)도 총철로공사를 설치하여 전국의 철로를 관리해야 한다고 주장하며, 중국정부가 영국인 총세무사를 통해 전국의 해관을 관리하는 사례를 참조하도록 건의하였다. 조던의 건의와 같이 영국인 총철로사를 임명할 경우 중국해관과 마찬가지로 중국철로에 대한 영국의 절대적 지배권이 확립될 것은 자명한 일이었다. 따라서 이러한 건의는 기타 국가의 반대로 결국 실행에 이르지 못하였다.

이러한 가운데 1914년 제1차 세계대전이 발발하면서 영국을 비롯한 유럽 제국은 중국에 대한 상품 수출 및 자본 투자에 나설 수 없게 되었다. 이와 같은 공백을 적극 파고들어 1차대전 기간에 중국에서 세력을 확장해 나간 국가가 바로 일본이었다. 그 기간 동안 일본은 중국시장에 대한 상품 및 자본 수출을 통해 급속한 자본주의 발전을 이룩할 수 있었다. 대전이 발발하기 전해인 1913년 중일무역 총액은 1억 9,000만 해관량에 지나지 않았으나, 1919년에는 4억 4,000만 해관량으로 증가하였다.

1차대전 기간 동안 일본은 중국철로에 대한 독점적인 확장을 기도하였다. 1913년 10월 일본공사 야마자 엔지로(山座圓次郎)와 원세개는 비밀협정을 체결하고, 일본으로부터 차관을 도입하여 만몽5로철로,[*] 즉 남만주철로의 사평(四平) - 조남(洮南) 노선, 조남 - 열하(熱河)와 북녕로(北寧路) 평행선, 개원(開原) - 해룡(海龍), 해룡 - 길림(吉林), 길장의 장춘(長春) - 조남 노선을 부설하기로 합의하였다. 1915년 1월 일본은 제제(帝制)를 지원하는 조건으로 원세개에게 21개 조항의 요구를 제출하였으며, 5월 26일 원세개는 일본의 요구를 수정 없이 받아들였다.

이 가운데 철로에 관한 내용은 다음과 같다.

● 산동성 내에서 독일이 부설한 교제철로와 기타 철로의 권익을 일본에 양도한다.

---

* 1912년 원세개가 대총통의 지위에 오르자 일본은 이를 틈타 만몽지역에서 철로 권리를 획득하는 데 온 힘을 기울였다. 이러한 결과 1913년 10월 5일 원세개정부의 외교총장과 주중 일본공사는 소위 '만몽5로환문(滿蒙五路換文)'이라는 비밀협정을 체결하였다. 협상의 주요 내용은, 원세개정부가 일본에 대해 중화민국의 취소와 원세개정부에 대한 지원 및 차관의 제공, 그리고 원세개 제제(帝制)에 대한 지지를 요청한 것에 대한 반대 급부로서 일본이 '만몽5로'에 대한 권리를 획득한 것이었다. 만몽5로란 사정철로(사평가 - 정가둔), 정조철로(정가둔 - 조남), 개해철로(개원 - 해룡)의 세 철로에 대한 차관의 공여권과 더불어 조열철로(조남 - 열하, 현재의 승덕), 길해철로(길림 - 해룡) 두 철로에 대한 차관의 우선 공여권을 말한다. 이를 통해 사실상 일본은 만몽에서의 다섯 철로에 대한 부설권을 획득하였으며, 중국 동북지역에 대한 세력권의 확대에 유리한 위치에 서게 되었다. 이 협상은 밀약으로서 알려지지 않다가 1차대전 종결 이후에 비로소 일반에 알려지게 되었다.

- 동북 지역에서 중국이 철로를 부설할 때는 우선적으로 일본의 자본을 차용한다.
- 남만주철로의 경우 1898년 체결된 조약에는 개통 36년 후인 1939년에 중국이 회수할 수 있도록 규정하였으나, 이를 99년 후인 2002년까지 경영권을 갖는 것으로 개정한다.
- 안봉철로(安奉鐵路)도 15년 후인 1923년까지 경영을 위임한다고 하였으나, 99년 후인 2007년까지로 개정한다.
- 길장철로(吉長鐵路)의 조항도 근본적으로 개정하여 일본에 99년간 경영권을 부여한다.

4. 남경국민정부 철도부의 설립과 철로의 발전(1928~1936)

손중산이 영도하는 혁명파의 무창기의로 청조는 역사의 뒤안길로 사라지고 말았다. 마침내 중화민국 남경임시정부가 수립되어 손중산이 임시대총통에 취임하였다. 그러나 내부 혁명파의 구성이 다종다양하여 이질성이 돌출하면서 원세개가 마침내 제국주의 세력을 등에 업고 대총통의 지위를 차지하게 되었다. 이로부터 중국은 북양군벌이 통치하는 시기로 접어들었다. 북양군벌의 통치 시기에는 군벌의 혼전이 일상적이었고 내전이 끊이지 않았다. 사회는 불안하고 백성들의 생활은 안정되지 못하였다. 북양정부 시기는 전 사회가 안정되지 못한 군벌 통치의 시기로서 철로 부설 역시 그 영향으로 발전이 완만한 상태였다.

1927년 4·12 정변으로 남경국민정부를 수립한 장개석(蔣介石)은 1928년 군사위원회 주석의 명의로 북벌을 단행하여 북양군벌 최후의 보루인 장작림을 향해 진격하였다. 6월에 이르러 국민정부 군대가 북경을 압박하자 장작림은 패하여 북경을 탈출한 후 동삼성으로 후퇴하였다. 장작림의 뒤를 이어 이 지역에 대한 통치권을 승계한 장학량(張學良)은 동북역치(東北易幟)를 선언하고 중앙으로의 귀속과 북양군벌 통치의 종식을 선포하였다. 바야흐로 국민정부가 전국의 통치를 확립하게 된 것이다.

국민정부가 전국을 통일한 이후 중국철로에는 근본적인 변혁이 발생하였다. 남경국민정부는 '실업진흥'의 구호하에 "교통은 실업의 어머니이며, 철로는 교통의 어머니"라는 국부 손중산의 유지를 받들어 철로를 교통의 핵심으로 인식하여 실업 발전의 근간으로 삼았다. 일찍이 손중산은 『건국방략(建國方略)』에서 실업을 국가건설의 전제조건으로 제시하였으며, 특히 교통의 건설을 강조하였다. 국민당 제3차 전국대표대회의 정치보고결의안 가운데 교통건설과 관련하여 "경제건설은 삼민주의(三民主義)의 근간으로서, 물질적 기초 없이는 민족의 독립 보장도 존재하지 않으며 민권의 충실한 발전을 기약할 수 없을 뿐 아니라, 민생문제는 근본적으로 해결이 불가능하다. 이제부터 경제건설은 교통과 수리의 개발로 축약된다. 이는 농업과 공업의 개발을 위한 기본 조건이며, 철로, 공로(公路, 도로)는 육상교통의 골간이다"라고 선언하였다.

철로의 중요성에 비추어 1928년 남경국민정부는 철도부를 교통부로부터 독립시킴으로써 철로를 실업발전의 기초로 적극 활용하고자 하였다. 이를 위해 손중산의 아들인 손과(孫科)를 철도부장으로 발탁하여 이와 관련된 정책을 적극 추진하였다. 특히 남경을 중심으로 하여 강남 지역에 중점을 둔 철로네트워크의 구축에 힘을 쏟았다. 이를 위해 월한철로, 농해철로, 창석철로(滄石鐵路)의 부설을 완료할 계획을 수립하였다. 이와 같이 철도부의 성립 자체가 기존의 반식민지, 반봉건적 성격을 타파하고자 하는 목적을 충분히 반영하고 있었다.

손과는 1928년 10월 24일 철도부장으로 취임한 이후 바로 '관리 통일, 회계 독립'을 선언하였다. 철로를 정돈하였으며, 인원을 파견하여 각지에서 조사 연구를 실시하고 측량을 실시하여 각종 재정 확보 방안을 마련하였다. 교통부는 철로행정과 관련된 일체의 사업을 철도부로 이관하여 처리하도록 하였다. 이에 '실업진흥'의 구호하에 '철로건설계획'과 '중외합자축로정책'을 제정하였으며, 아울러 '철로업무정돈(鐵路業務整頓)'과 '철로외채정리'를 추진하였다. 이로부터 중국 근대사상 두 번째 철로 부설의 붐이 출현하였다.

1928~1937년 사이에 부설된 철로는 총연장 8,058.5킬로미터에 달하였다. 1937~1945년 사이의 항전기간 동안에는 총연장 6,297.5킬로미터가 부설되었으며, 이 가운데 후방에서 부설된 철로가 2,383.5킬로미터에 달하였다. 1946~1949년 동안 총 191.3킬로미터가 부설되었다. 이 밖에 대만성에서 약 900킬로미터의 노선이 일본의 투항 이후에 국민정부로 귀속되었다. 이러한 결과 1928~1949년 사이에 중국대륙에서는 총 1만 4,000킬로미터의 철로 노선이 부설되었다.

1937년 항전 발발 이전까지 철로의 부설은 두 시기로 나눌 수 있다. 첫 번째는 1927년 남경국민정부의 수립부터 1932년 '철도법'이 반포될 때까지의 시기이다. 이 시기에 비록 국민정부가 전국을 통일하고 실업진흥, 철도부의 설립으로 이어졌지만 전국의 진정한 통일에는 이르지 못하였다. 국민정부의 재력, 물력이 부족하고 만주사변 등 일본의 동북침략 등으로 대규모의 철로 부설 공정을 추진하기 어려웠다. 두 번째는 1932~1937년의 시기로서, 근대 철로사상의 제2차 부설 고조 시기에 해당한다고 할 수 있다. 1937년 일본의 침략으로 중일전쟁이 발발하기 전까지 6년 동안 일본이 동삼성에서 부설한 철로를 제외하고도 부설된 노선은 총연장 3,600킬로미터에 달하였다. 이는 매년 평균 600킬로미터에 달하는 수치로서, 역사상 가장 많은 철로 노선이 부설된 시기라 할 수 있다.

북벌의 완료 이후 국민정부는 1931년 '중국공업화 10년계획'을 수립하였는데, 이 가운데 '철로건설계획'이 포함되어 있었다. 주요한 계획은 5년 이내에 서북, 서남, 동남, 중부의 동서 등 4대 철로네트워크, 총연장 8,000여 킬로미터의 노선을 부설하는 원대한 계획이었다. 이 밖에 황하(黃河)와 전당강(錢塘江)에 철교를 가설하고, 서안(西安), 주주(株州), 귀계(貴谿) 등에 기기창(機器廠)을 부설하는 계획도 포함되어 있었다. 이를 위해 총 9억 8,750만 원이 소요될 것으로 책정되었다.

이와 같은 철로의 부설과 중국공업화계획을 실현하기 위해 국민정부는 1931년 12월 28일 행정원명령의 형식으로 '외국의 자본과 기술을 충분히 이용한다'라는 방침을 천명하였다. 이후 1932년 7월 국민정부는 '철도법'을 반포하였는데, 중국 역사상 최초로 철로와 관련 법률이었다. 철도법은 모든 전국교통과 관련된 철로는 중앙정부가 경영하는 것을 원칙으로 하였다. 지방교통과 관련된 철로는 지방정부가 공영철로조례에 따라 경영하였다. 철로 노선이 부설되기 이전에는 민영철로조례에 의거하여 민영도 가능하도록 하였다. 국영철로는 철도부가 관리하며, 공영철로 혹은 민영철로는 철도부가 감독하였다. 철로 운임과 연계운수 등 일체의 철로와 관련된 업무는 철도부가 정한 규정에 준거하도록 지시하였다. 더욱이 철도법 내에는 주권과 이권을 침해하지 않는 범위 내에서 적극적으로 외자를 도입한다는 원칙을 명시하였다.

1934년 1월 국민정부는 철도부가 입안하고 실업부가 비준한 '이용외자판법초안(利用外資辦法草案)'을 반포하였는데, 여기에 "정부는 외국은행단 및 상업단체와 합자 형식을 취하거나 혹은 외국은행단, 상업단체로부터 차관을 도입하여 각종 실업을 일으킨다"라고 규정하였다. 합자의 경우 중국자본이 51퍼센트 이상을 차지하도록 규정하고 중국이사가 경영진의 다수를 차지하도록 규정하였다. 이 밖에도 총경리는 반드시 중국인으로 선임하도록 하였으며, 중국공사법 및 기타 법률의 규제하에 두도록 하였다.

국민정부의 중외합자를 통한 철로부설정책의 방침하에서 송자문(宋子文), 공상희(孔祥熙) 등은 '중국건설은공사(中國建設銀公司)'를 설립하고, 여기서 외국인과 합작하여 철로를 부설하는 업무를 추진하도록 하였다. 1934년부터 중국건설은공사 및 기타 중국은행단, 그리고 외국자본집단이 합자 형식을 통해 절공철로(浙贛鐵路), 성투철로(成渝鐵路), 경공철로(京贛鐵路) 등을 부설하기 위한 계약을 속속 체결하였다.

국민정부가 철로부설계획과 합자를 통한 철로부설정책을 시행한 이후 1932년부터 중국에서는 근대 철로 역사상 두 번째로 철로의 부설이 고조되는 시기에 접어들게 되었다. 1937년 중일전쟁이 전면적으로 폭발할 시기까지 6년 동안 부설된 철로는 일본이 동북 지역에서 부설한 철로를 제외하고 총연장 3,600킬로미터에 달하였다. 이는 중국철로 역사상 연평균 철로 부설이 가장 많았던 시기에 해당된다.

5. 전시 중국철로의 발전과 항전에의 기여(1937~1945)

중일전쟁 폭발 이전에 국민정부는 이미 항전의 준비를 갖추어 대비하였으며, 전쟁 발발 이후 최고통수부 및 철도부는 철로운수를 신속하게 전시체제로 전환할 수 있었다. 1937년 7월 24일 국민정부는 '철로전시운수판법'을 반포하고 1936년 12월 군사위원회가 반포한 '철도운수사령부조직조례'에 근거하여 정식으로 철도운수사령부를 설립하고 농해철로국장 전종택(錢宗澤)을 총사령으로 임명하여 전국의 철로 군운(軍運, 군사 운수)을 지휘하도록 하였다. 철도부와 철도운수사령부는 힘을 합해 전시 운수를 운용하였다.

1937년 7·7 사변으로 중일전쟁이 발발하자 철로는 중국군대의 이동 및 군수물자의 운수를 위해 매우 중요한 역할을 부여받았다. 일본군의 진격으로 철로 가운데 운용할 수 있는 노선이 점차 축소되었다. 그럼에도 특히 전쟁이 발발한 직후에 철로는 매우 중요한 역할을 수행하였다. 국민정부는 연안 지역의 생산설비 및 민간인, 중요 물자의 대후방(大後方)[*] 천이(遷移), 병력의 이동과 군비 수송 등에 철로를 적극 동원하였다.

이미 1931년 9·18 만주사변 이후 동북 지역의 철로는 사실상 일본의 수중으로 넘어갔으며, 대부분 남만주철로의 통일적 관리하에 편입되었다. 중일전쟁이 발발하자 일본군은 경제의 대동맥인 철로를 주요한 점령 목표로 설정하였다. 일본은 철로 연선을 따라 중국 내지로 침략을 확대해 나갔으며, 철로는 침략의 주요한 통로가 되었다. 일본은 침략전쟁의 지원과 확대를 위해 점령지 철로를 통해 군대를 운송하고 전쟁 물자를 실어 날랐으며, 자원을 약탈하고 항

---

* 대후방(大後方)이란 전후(戰後) 민간인의 거주지역(home front)를 가리키는 말로서, 전쟁을 수행하기 위한 물자를 생산하고 공급하는 지역을 가리킨다. 중국에서 대후방이란 중일전쟁 시기(항전 시기) 국민정부의 통치가 관철되고 있던 서남, 서북지역을 가리킨다(the area under KMT rule during the War of Resistance Against Japan). 중일전쟁 발발 이후 중국 국민정부는 사천성의 중경을 임시수도로 정하여 결사항전을 내외에 선포하였다. 이와 동시에 상해 등 연안지역의 생산설비를 후방으로 이전하여 항전을 위한 물적 기초를 확보하는 데 많은 노력을 기울였다.

일무장역량에 대한 공격을 감행하였다. 이 밖에 관내에서 일부 철로를 부설하기도 하였다.

일본군대는 중국철로에 대한 공습을 감행하였으며, 중국군이 주둔하는 지역에서 철로의 운수 보급을 차단하기 위해 노력하였다. 전쟁 발발 초기부터 중국의 철로는 일본전투기의 주요한 공습 목표가 되었다. 1937년 제2차 상해사변 이후 일본군은 생산설비의 후방 이전 및 중국군대의 이동을 저지하기 위해 막 준공된 전당강대교(錢塘江大橋)와 절공철로를 수시로 폭격하였다. 또한 국제교통의 요충인 월한철로의 남단과 광구철로에 대해서도 폭격을 감행하였다. 일본군이 화동(華東) 지역을 점령한 이후에는 절공철로의 금화(金華)에서 구주(衢州)에 이르는 구간과 소가철로(蘇嘉鐵路) 등을 파괴하였으며, 광주를 점령한 이후에는 다시 신녕철로(新寧鐵路), 조산철로 등의 영업이 중단되었고, 1939년에 이르러 철거되고 말았다.

일본군은 일단 철로를 점령하면 즉시 열차를 개통하여 중국을 침략하기 위한 유효한 수단으로 적극 활용하였다. 중일전쟁 폭발 직후부터 이미 일본은 신속히 철로를 점령하기 시작하였다. 1938년 10월 광주, 무한(武漢)이 함락되고 중국은 9,000킬로미터의 철로를 상실하였다. 이는 관내철로 총거리의 70퍼센트 정도에 해당되는 수치였다. 중일전쟁 시기에 일본의 침략으로 상실된 철로 노선은 약 1만 2,000여 킬로미터로서, 관내철로 총연장의 92.1퍼센트에 달하였다.

국민정부는 중경(重慶)으로 천도한 이후 대서남, 대서북을 항전을 위한 후방으로 설정하여 항전을 견지하였다. 대외적으로 국제교통선을 개척하여 외국으로부터의 원조 물자를 수용하고, 군운(軍運)의 편리를 적극 도모하였다. 동시에 국제교통 루트를 확보하여 중국에서 생산된 광산물을 외부로 수출하고, 이로부터 획득한 재원으로 군수물자를 구매할 수 있었다. 이와 같이 전시 서남지역 등 대후방의 철로는 항전의 주요한 물적 기초를 확보하는 데 크게 기여하였다.

철로의 부설자금은 대부분 국고로부터 지출되었다. 1938년 철로 부설을 위해 지출된 비용은 6,000여만 원에 달하였으며, 1939년에는 9,600여만 원에 달하였다. 1940년에는 1억 4,700만 원에 달하였으며, 1941년에는 3억 3,600만 원, 1942년에는 9억 5,900만 원, 1943년에는 9억 9,300만 원, 1944년에는 56억 700만 원에 달하였으며, 1945년에는 262억 500만 원, 1946년에는 887억 원, 1947년에는 1,603억 원에 달하였다. 1937년부터 1945년까지 국민정부가 부설한 철로는 총 1,900여 킬로미터로서 한 해 평균 230킬로미터에 지나지 않았다. 이는 북양정부 시기의 매년 부설 철로의 거리와 비슷하였다. 말하자면 근대 중국철로 부설 역사상의 두 번째 침체기라 할 수 있다.

노구교사변(蘆溝橋事變) 이후 철로 연선이 전장으로 변하면서 철로계획에는 근본적인 변화가 발생하였다. 전시 철로의 부설은 무엇보다도 항전의 역량을 강화하여 후방의 지위를 공고히 한다는 원칙을 견지하였다. 중경을 임시 수도로 선포한 이후 후방은 실질적으로 호남, 광서, 귀주, 사천, 운남 등이 중심이 되었다. 그러나 이들 성 간에는 상호 연계 교통이 크게 부족한 상태였다. 항전 초기 상계철로(湘桂鐵路)가 이미 부설을 시작하여 형양(衡陽)으로부터 계림(桂林)에 이르는 구간에 1938년 말에 이르러 열차를 개통하였다. 그러나 전쟁이 이미 호남성으로 파급되면서 상검철로(湘黔鐵路)의 운행이 중단되고 말았다. 그리하여 상검철로의 모든 레일 및 기타 자재를 옮겨 와 상계철로의 노선 연장을 위해 투입되었다. 이후 월한철로 역시 레일을 해체하여 상계철로를 유주(柳州)까지 연장 부설할 수 있었다.

이와 함께 유주로부터 검계철로(黔桂鐵路)를 부설하기 시작하여 귀주로 연결함으로써 후방 철로 교통 네트워크를 구축하였다. 검계철로는 이후 도균(都勻)까지 통하였으며, 후방 군수운송에 크게 공헌하였다. 항전 전에 이미 부설을 개시한 성투철로는 프랑스로부터 철로 부설을 위한 자재가 홍콩에 도착한 이후 장강의 교통이 막혀 내지로 운반해 들어올 수 없었다. 그리하여 공정이 진행되었으나 여전히 레일을 부설하여 열차를 운행할 수 없었다.

항전의 역량을 공고히 하기 위해서는 국제철로 노선을 개척하는 일이 매우 중요한 과제가 되었다. 연해 각 부두가 대부분 일본에 의해 점거되었기 때문에 후방을 통해 국제교통로를 개척할 수밖에 없었다. 이 가운데 광서에서 베트남으로 통하는 루트, 운남에서 미얀마로 통하는 루트가 가장 중요하였다. 상계철로를 부설하기 시작한 이후 계림으로부터 유주, 남녕(南寧)을 거쳐 바로 진남관(鎮南關)으로 나가서 베트남철로와 서로 연결하도록 하였다. 이 가운데 진남관에서 남녕에 이르는 구간은 프랑스와의 합작을 위해 중국건설은공사와 프랑스은행단의 협조를 통해 차관을 체결하였으며, 이를 발판으로 1938년 4월에 총연장 80킬로미터에 이르는 노선의 열차를 개통할 수 있었다. 베트남 경내의 철로 종점인 동당(同登)에서 국경에 이르는 4킬로미터는 프랑스 측이 부설하여 국경으로 진입하도록 하였다. 일본군대가 상륙하면서 부설은 중단되고 말았다. 그럼에도 당시까지 이 노선을 통해 운반된 물자가 적지 않았으며, 항전에 대한 공헌이 매우 컸다고 하겠다. 항전 시기에 대후방을 중심으로 부설된 대표적인 철로 노선으로 다음을 들 수 있다.

● 상계철로 | 항전 폭발 이전에 이미 이 철로의 부설 계획이 있었으며 항전 폭발 이후 곧 부설공사에 착수하였다. 이 철로 노선은 항전 폭발 이후 새롭게 부설된 첫 번째 철로였다. 상계철로는 천한철로의 형양으로부터 동안(東安), 전주(全州)를 거쳐 광서성의 성회(省會, 성정부 소재지)인 계림에 도달하고 여기서 다시 유주, 남녕, 진남관을 거쳐 남쪽으로 베트남 국경 내 철로와 서로 연결되어 이를 통해 베트남 하이퐁 항구로 도달할 수 있었다. 즉 이를 통해 동남 연해 각 성과 서남 각 성의 교통이 연계되어 해안을 출입할 수 있어 전략적 의의가 매우 컸다. 상계철로의 총연장은 1,000킬로미터에 달하였다. 그러나 1939년 11월 일본군이 흠주(欽州)로 상륙하여 남녕을 점령하자 모든 부설 공정이 중단되었다. 전국이 긴박하게 전개되자 기차 차량을 동당으로 후퇴시키고 재로 물자도 동당으로 옮겼다. 상계철로국은 이미 부설된 레일을 철거하여 검계철로의 부설을 위해 사용하도록 전용하였다.

● 검계철로 | 항일전쟁 발발 이후 서남은 대후방의 중심이 되었으며, 귀양(貴陽)은 서남지구 공로의 교통중심이 되었다. 상계철로의 부설 이후 만일

다시 유주로부터 귀양으로 통하는 철로를 하나 더 부설한다면 중경으로 통하는 운수능력을 크게 제고할 것이 명확하였다. 또한 부설의 과정에서도 철거한 기차 차량과 레일, 철로자재 등도 이용할 수 있어 외부로부터 구입할 필요도 없었다. 무한이 함락된 이후 교통부장 장가오(張嘉璈)[*]는 검계철로의 부설을 건의하였으며, 국민정부 중앙은 이를 승인하였다. 검계철로는 광서성 유주로부터 귀주성 귀양에 이르는 총연장 615킬로미터의 철로 노선이었다.

● **전면철로**(滇緬鐵路) ┃ 중일전쟁 폭발 이후 전면공로의 부설에 더욱 속도를 내어 1938년 7월에 차량의 통행을 시작하였다. 전면공로는 대후방의 중요한 국제운수 노선이라 할 수 있다. 그러나 도로운수 능력은 한계가 있어 매년 운수량이 18만 톤 정도밖에 되지 않았다. 중국의 입장에서 장기항전을 견지하기 위해서는 반드시 매년 군용물자 20만 톤과 민수물자 10만 톤을 국외에서 운송해 와야 하였다. 만일 일단 해안이 전면 봉쇄될 경우 전면공로는 이와 같은 수요에 훨씬 미치지 못하였다. 따라서 전면철로를 부설하여 수입물자의 운수능력을 제고하는 일은 매우 중요한 일이 아닐 수 없었다.

전면철로의 측량은 1938년 겨울부터 1939년 봄에 걸쳐 대부분 완료되었다. 이 가운데 중국 측의 노선은 총연장 880킬로미터이며 미얀마 측의 노선은 총연장 184킬로미터에 달하였다. 궤간은 1미터로 부설하였는데, 이는 미얀마철로의 렝리 궤간과 합치하기 위한 이유에서 그러한 것이다. 마침내 1939년 봄에 정식으로 부설공사를 시작하였다. 이러한 가운데 1941년 5월 미국이 조차(租借) 법안을 통과시키고 중국이 전면철로를 부설하기 위한 재료차관으로 1,500만 달러를 제공하였다. 1942년 12월 태평양전쟁이 폭발하면서 미국의 레일이 중국으로 운반되던 것이 중단되었다. 1942

---

[*]　장가오는 1935년 12월에 철도부장으로 임명되었으며, 1938년 1월에는 교통부장으로 임명되었다. 그는 중일전쟁 시기에 상검철로, 상계철로 등의 부설을 통해 항전에 기여하였다.

년 3월 미얀마의 양곤이 일본군에 점령되었으며 전면철로의 모든 노선은 공사가 중단되었다.

- 서곤철로(叙昆鐵路) | 청말 이래 영국은 자신이 통제하고 있던 미얀마, 베트남에서 사천에 이르고 다시 여기에서부터 장강으로 통하는 철로의 부설을 추구해 왔으나 실현에 이르지는 못하였다. 항전 폭발 이후 국민정부가 중경을 임시수도로 정하고부터 사천의 장강 연안의 서부(叙府)로부터 곤명(昆明)에 이르는 철로의 부설이 현실적으로 매우 필요하게 되었다. 1938년 4월 교통부는 인원을 파견하여 철로 노선을 부설하기 위한 측량에 착수하였으며, 9월에 서곤철로공정국 및 천전철로공사(川滇鐵路公司) 이사회를 설립하여 서곤철로의 부설에 착수하였다. 마침내 곤명에서 곡정(曲靖), 선위(宣威), 위녕(威寧), 소통(昭通), 염진(鹽津)을 거쳐 서부(叙府)에 이르는 노선을 결정하였고 이는 총연장 850킬로미터에 달하였다. 서곤철로는 일찍이 1939년 12월에 프랑스은행과 차관계약을 체결하고 총 4억 9,000만 프랑을 차입하였으며, 중국건설은공사는 현금 3,000만 원을 차입하였다.

6. 항전 승리 이후 중국철로의 접관과 복구(1945~1949)

항전 승리 전야에 국민정부 교통부는 이미 '복원준비위원회'를 특설하여 종전 이후 교통사업의 접수 및 복원 업무를 진행할 제반 준비를 갖추어나가고 있었다. 1945년 7월에 중경국민정부는 '수복지구정치설시강요초안(收復地區政治設施綱要草案)'을 기초하고, "적이 소유하고 있던 교통설비, 자재 등을 일괄적으로 국유로 귀속하며 각 교통기관이 이를 접수하여 정리하도록 한다"라는 방침을 결정하였다. 종전 직후 국민정부는 중앙집중 접수의 방침을 세우고 전국의 철로를 평진(平津), 무한, 상해, 광주, 동북(東北), 대만(臺灣) 등 6개 지구로 나누고, 교통특파원을 각지로 파견하여 철도를 접수하도록 하였다.

1945년 8월 일본의 패전 선언 직후 국민정부는 전시 일본에 점령된 철로를 신속히 접수하고 파괴된 철로의 복구에 나섰다. 이러한 과정에서 특히 미국의 원조와 지지하에서 철로의 접수 업무를 진행할 계획을 수립하였다. 1946년 4월 국민정부는 미국에 만리장성의 남쪽지역 철로에 대해 3개월여에 걸친 정밀한 시찰을 요청하고, 그 결과를 바탕으로 철로 복구 계획을 수립하였다. 국민정부 행정원장 송자문의 초청으로 미국은 고문단을 조직하여 장성의 남쪽 8,000킬로미터에 이르는 철로 노선 및 당고신항(塘沽新港)에서 해남도 사이의 모든 중요 항만에 대한 조사를 실시한 이후 중국철로와 항만의 복구와 관련하여 보고서를 제출하였다. 이 가운데 중국철로의 복구 비용으로 약 3억 4,639만 달러가 소요될 것으로 추산하였다. 국민정부는 복구 비용의 70퍼센트 내외를 차관의 도입과 미국으로부터 자재 구매 등을 통해 조달하는 계획을 수립하였다.

이와 함께 1946년 3월 국민정부는 연합국선후구제총서(聯合國善后救濟總署)의 원조 아래 본격적으로 철도 복구 작업에 착수하였다. 같은 해 8월 연합국선후구제총서는 중국에 6억 달러의 구체물자를 공여하기로 결정하였는데 이 가운데 일부가 철로자재였다. 1946년부터 1948년에 걸쳐 연합국선후구제총서는 중국에 막대한 수량의 철도 자재를 공여하였다. 즉 강철 레일 및 철로 부품 총 8만 3,000톤, 교량 강재(鋼材)* 4만 3,000톤, 침목(枕木, 선로 아래에 까는 나무토막) 100만여 개, 기관차 242대, 화차 3,466량, 철로 부설기계 및 부품 1만 톤 등을 지원하여 중국의 철도가 신속히 복구될 수 있도록 지원을 아끼지 않았다.

연합국구제총서는 이들 자재를 월한철로 및 절공철로의 복구에 우선 사용하도록 지정하였다. 이러한 결과 월한철로가 1947년 7월에 복구되어 열차를 개통하였으며, 절공철로 주평구간에서도 1947년 9월부터 열차를 개통하였으며, 1948년 9월에는 전 노선이 복구되어 열차를 개통하였다. 남심철로는 1947년 말 복구되어 열차를 개통하였다. 이 밖에 회남철로(淮南鐵路), 강남철로(江南

---

* 건설공사 등의 재료로 사용하기 위해 압연 등의 방법으로 가공한 강철. 철광석을 채굴, 제련하여 만든다.

鐵路)도 1948년 9월과 10월에 각각 복구되어 열차를 개통하였다. 이와 동시에 국민정부 교통부는 '전후 제1기 철로건설 5년계획'을 제출하고 5년간 철로 1만 3,000여 킬로미터의 노선을 부설하기 위한 계획을 수립하였다.

일본군이 투항한 이후 장개석은 명령을 반포하고 공산당의 항일군대에게 현지의 방어에 전념하며 차후의 명령을 기다리라는 지시를 하는 한편, 적에 대한 임의의 행동을 금지하였다. 국민정부 군대에게는 작전을 가속화하여 적극 추진하도록 지시하는 한편, 패전 일본군에 대해서는 해당 지역의 치안을 책임지도록 하였으며, 중앙정부의 승인 없이는 어떠한 부대의 개편도 하지 말도록 지시하였다. 미국은 맥아더 명의의 명령을 반포하여 일본군을 장개석정부 및 그 군대에 투항하도록 하고 공산당 무장역량에게는 무기를 반납하지 못하도록 하였다. 국민정부는 심지어 일본군에게 공산당 군대가 윤함구(淪陷區, 중국 내 일본군 점령지역, 종전 후 수복구)를 접수하지 못하도록 지시하였으며, 원적지에서 방위를 담당하도록 지시하였다. 심지어 해당 지역을 공산당군대가 점령할 경우 일본군이 책임을 지도록 하였다.

그러나 항전 중후기에 국민당군대가 전장으로부터 먼 서남, 서북 지역에 집중됨에 따라서 당시 광주, 대만 이외에 전국 대부분 지역의 철로는 이미 중국 공산당 군대에 의해 접수된 상태였다. 항전 승리를 전후한 시기에 중국공산당은 대만을 제외한 전국철로를 속속 자신의 세력관할로 편입해 나갔다. 1945년 8월 승리를 눈앞에 두고 중국공산당 제18집단군 총사령 주덕(朱德)은 7호 명령을 발포하고, 경봉철로, 경수철로, 경한철로, 동포철로(同蒲鐵路), 창석철로, 정태철로, 도청철로, 진포철로, 농해철로, 월한철로, 호녕철로, 광구철로, 조산철로 및 기타 해방구에서 일본군이 장악한 일체의 교통시설에 대해 공격을 감행하여 적군에게 무조건 투항하도록 지시하였다. 1945년 말 동북 지역에서 동·서·북부의 각 철로 노선은 기본적으로 대부분 중국공산당의 통제하에 접수되었으며, 화북철로 역시 대부분 이들에 의해 접수되었다.

모택동은 1945년 8월 13일 연안 간부회의에서 항전 승리는 인민의 피의 대가이며 상해, 남경, 항주(杭州) 등 대도시가 장개석에 의해 접수되었음을 지적하면서, 태원(太源) 북쪽의 동포철로, 평수철로(平綏鐵路) 중단, 북녕철로, 정태철로, 석덕철로(石德鐵路), 진포철로, 교제철로, 정주 동쪽의 농해철로 등은 반드시 해방구 인민의 손으로 접수해야 한다고 주장하였다.

모택동과 주덕은 장개석의 금령을 준수하지 않고 8월 9~11일 연속하여 최후일전의 구호 아래 일본군 점령구로 진격하도록 명령하였다. 중국공산당의 무장역량은 해방구와 적점령구 교차지에 분포한 유리한 형세를 이용하여 신속하게 일본군에 대한 전면적인 공세를 전개하였다. 또한 공산당 군대는 비단 해방구의 확대뿐만 아니라 철로를 접수한 이후 국민당이 철로 노선을 이용하여 해방구를 공격할 것에 대비하여 주동적으로 철로 노선을 파괴하기도 하였다.

이러한 가운데 1946년 1월 10일 미국대통령 특사인 마셜(George Marshall)의 중재하에 국공 양당은 정전협정을 체결하였다. 정전협정을 실행하기 위해 북평(北平)에 미국 및 국공 양당에서 각각 한 명씩의 대표를 두어 '군사중재집행부'를 설립하였다. 미국과 국민정부는 중재의 명목하에 화북철로교통의 회복을 추진하고 군중재부 아래 철로관리과를 설치하였으며, 이후 다시 교통처로 개조되었다. 주요한 임무는 국민정부 교통부장이 화북을 수복하는 데 협조하여 화중철로(華中鐵路) 노선상에서 열차를 개통하는 일이었다. 교통부는 즉시 인력, 물력, 조직을 준비하여 각 철로의 공정대를 조직하였다.

1946년 6월 말 국민정부가 전면내전을 발동하자 철로는 다시 수난을 벗어나기 어렵게 되었다. 중국공산당 점령구인 해방구의 군민들은 장개석 군대의 진공을 저지하기 위해 대대적으로 철로 파괴를 감행하였으며, 국민정부 통제하의 철로는 크게 파괴되었다. 해방구의 철로 노동자와 철로 연선의 농민은 레일을 철거하고 침목을 나르고 전선을 끊고 전신주를 뽑고 철로의 자재를 강에 던져버리거나 땅 속에 묻었다.

국민정부 군대가 철로를 이용하여 해방구로 진공할 것을 저지하기 위해 모택동은 철로 노선을 파괴하도록 명령하였으며, 동시에 국민정부 관할의 철로에 대해서는 집중적이며 대대적으로 파괴하도록 지시하였다. 내전은 1948년까지 진행되었으며, 국민정부가 내전에서 패하고 후퇴하는 과정에서도 철로 노선은 대대적으로 파괴되었다. 총체적으로 이 시기는 내전의 폭발로 새로운 철로의 부설이 사실상 어려웠을 뿐만 아니라 종래의 철로마저 대규모의 파괴를 피할 수 없었다.

특히 동북 지역은 전국 철로 총연장의 약 46퍼센트를 차지할 정도로 철로 노선이 집중된 지역으로서, 이 지역에서 철로의 신속한 복구는 전후 경제건설과 생산력 복구를 위해 매우 시급한 일이 아닐 수 없었다. 한편 중국철로 가운데 가장 밀도가 높았던 동북 지역의 철로 접수 상황을 살펴보면 다음과 같다.

1945년 2월 미국의 루스벨트와 영국의 처칠, 소련의 스탈린은 얄타에서 비밀회담을 거행하였다. 회담에서 소련은 독일의 패배 이후 3개월 이내에 대일 작전에 참가할 것이며, 이와 함께 일본의 사할린 남부를 소련의 영유권으로 포함시키는 데에 미국과 영국이 동의하였다. 더욱이 1935년에 일본이 1억 4,000만 엔을 지불하고 매입한 중동철로를 중국과 소련의 공동관리하에 두기로 합의하였다.

얄타협정에서 합의된 내용을 이행하기 위해 1945년 8월 14일 중국정부는 소련과 모스크바에서 4개 항에 달하는 '중소우호협약'을 체결하고, 만주리(滿洲里)에서 수분하(綏芬河)까지, 그리고 남만주철로의 하얼빈에서 대련(大連), 여순(旅順)에 이르는 간선철로를 합병하여 중국장춘철로로 명명하기로 합의하였다. 이와 함께 이 철로를 중·소 양국의 공동소유 및 공동경영으로 운영하기로 합의하고, 30년 이후 소련이 무상으로 중국에 반환하기로 결정하였다.

이 밖에도 중·소 양국은 장춘철로의 경영을 전담하기 위해 중국장춘철로공사를 설립하고, 여기에 이사회를 두는 데 합의하였다. 이사회에는 중·소 양국이 각각 이사 5명을 파견하여 조직하며, 이사장에는 중국인을 임명하고 부이사장에는 소련인을 임명하도록 하였다. 이사장은 투표 시에 2표로 계산하도록 하였으며, 이사회의 법정 가결 수는 7명으로 정하였다. 이 밖에도 감사회를 두고 중·소 양국에서 각각 감사 3명을 파견하여 조직하도록 하였다. 소련 측 감사가 감사장을 맡으며, 감사장은 투표 시에 2표로 계산하였다. 감사회의 법정 가결수는 5명으로 정하였다.

1945년 8월 14일 국민정부는 소련정부와 중국장춘철로와 관련된 협정을 체결하였다. 1945년 8월 30일 중경국민정부는 동북 지역의 접수와 관련하여 '수복동북각성처리판법요강(收復東北各省處理辦法要綱)'을 공포하였다. 주요한 내용은 구(舊)만주국을 접수, 관리하는 중앙파출기관으로 '군사위원회 동북행영(東北行營)'을 설치하고 그 아래 정치, 경제 두 위원회를 두며, 구(舊)동북 3성을 새롭게 요녕(遼寧), 안동(安東), 요북(遼北), 길림, 송강(松江), 합강(合江), 흑룡강(黑龍江), 눈강(嫩江), 홍안(興安)의 9성으로 분할하며, 장춘에 외교부 동북특파원공서(東北特派員公署)를 설치한다는 내용이었다. 9월에 들어 국민정부는 웅식휘(熊式輝)를 동북행영 주임 겸 동 정치위원회 주임위원으로, 장가오를 동 경제위원회 주임위원 겸 중국장춘철로공사 중국대표로, 장경국(蔣經國)을 외교부 동북특파원으로 임명하였다.

이러한 가운데 소련군은 점령 기간 동안 동북 지역에서 중·소 국경에 근접한 북안(北安) - 흑하(黑河), 영년(寧年) - 곽룡문(霍龍門), 밀산(密山) - 호두(虎頭), 수양(綏陽) - 동녕(東寧), 신흥(新興) - 성자구(城子溝) 노선, 그리고 심안선(沈安線)의 소가둔(蘇家屯)에서 금산만(金山灣)에 이르는 철로 노선 등 1,500킬로미터에 달하는 강관 레일, 철교 및 기계설비를 철거하여 전리품으로 소련으로 운반해 갔다. 동북 지역의 철로가 소련군의 약탈로 입은 피해는 실로 막대하였다. 소련이 동북 지역으로부터 약탈해 간 액수는 무려 2억 2,139만 달러에 달하였으며, 이로 인해 철도의 가동률이 절반 이하로 감소되었다. 일본기술자들의 피해조사액에 따르면 철거해 간 액수가 1억 9,375만 6,000달러에 달하였다. 다른 조사에서도 철로 수리공장의 50퍼센트가 철거되었으며, 철로 차량의 90퍼센트가 감소하였고, 레일의 15퍼센트가 해체되었다고 기록하였다.

1946년 3월 소련 홍군이 동북에서 철수하기 시작하자 원래 소련홍군사령부가 감독 관할하던 중국장춘철로 이외의 동북철로는 모두 동북인민해방군에 의해 접수, 관리되었다. 7월 동북철로총국이 성립되어 중공중앙 동북국 부서기 진운(陳雲)이 국장을 겸임하였다. 이후 머지않아 여정조(呂正操)가 국장에 임명되었다. 동북철로총국은 성립된 이후 방대한 철로노동자의 지지하에 철로 수복을 위해 노력하고 정상적인 운수를 가능하게 하였으며, 이를 통해 소위 '해방전쟁'을 지원하였다. 1947년 5월 동북민주연합군은 공세를 발동하여 국민정부군의 세력을 크게 축소시켰다. 이후 9월 다시 공세를 전개하였다.

9월에 들어 동북민주연합군은 공세를 강화하여 경봉철로 금주(錦州)에서 산해관 구간 및 장춘철로를 공격하여, 장춘에서 개원에 이르는 구간을 제외하고는 거의 모든 노선을 장악하였다. 이들은 1948년 3월에 이르러 안산, 영구(營口), 길림, 사평 등을 접수하고 장춘에서 심양(瀋陽), 심양에서 금주에 이르는 노선을 제외한 모든 동북철로를 접수하였다. 12월 동북민주연합군(다음 해 1월 1일 동북인민해방군으로 개칭)은 중장철로(中長鐵路) 연선과 산해관에서 심양에 이르는 경봉철로 연선지역에 대한 대대적인 공세를 시작하였다. 동북철로를 접수, 관리하는 과정에서 동북철로총국은 철로의 경영을 점차 개선하여 기업화의 방향으로 발전시켰다. 기타 지구의 철로 역시 점차 인민정권에 의해 접수, 관리되었다. 1948년 9월 화북인민정부가 성립되고 무경천(武竟天)이 교통부장에 취임하였다. 1949년 1월 10일 중국인민혁명군사위원회 철도부가 성립되어 등대원(騰代遠)이 부장에 취임하였으며, 전국 각 해방구의 철로를 통일적으로 관리할 수 있게 되었다. 이달 회해전역(淮海戰役), 평진전역(平津戰役)이 종결되었고 화북지구의 거의 모든 지역의 철로와 장강 하류 강북지구 철로가 군위 철도부에 의해 접수, 관리되었다. 4월 인민해방군이 도강전역(渡江戰役)을 발동하였으며 동시에 제1야전군이 서북에 승리를 쟁취하였다. 5월 중국인민해방군 철도병단이 건립되어 철로의 복구를 위해 힘을 결집하였다. 1949년 말 서장(티베트) 이외 지역은 대부분 중국공산당의 통치하에 편입되었다. 대만을 제외한 전국 대부분의 지역에서 철로가 복구되었다. 이 해 철도병단은 8,278킬로미터의 철로를 수복하고 전국철로의 총연장은 2만 1,810킬로미터에 달하였다.

중화인민공화국 수립 직전인 1949년 7월 23일 주은래(周恩來)는 "교통운수의 회복은 무엇보다도 철로를 시급히 복구하는 것으로부터 시작되어야 한다. 2만여 킬로미터에 달하는 철로 가운데 올해 반드시 80퍼센트 이상을 정상화하고, 내년에 다시 20퍼센트를 복구할 계획이다. 그뿐만 아니라 신설 노선을 발전시켜 나가야 한다. 생산력의 회복은 반드시 교통운수의 복구에서부터 시작되어야 한다. 예를 들어 회남철로의 복구는 회남의 석탄 생산량의 증가로 이어져 상해의 공업 발전을 보증하게 되는 것이다"라고 강조하였다. 1949년 10월 1일 중화인민공화국 수립 이후 군사위원회 철도부는 중앙인민정부 정무원의 통제하에 편입되어 전국의 철로를 경영 관리하는 임무를 부여받았다. 1949년 10월 1일 중화인민공화국이 수립되고 군위철도부는 중앙인민정부정무원이 영도하게 되었으며 여전히 등대원이 부장을 맡았다. 전국철로의 운수생산, 기본건설과 기차 차량공업의 통일을 기하였다. 이제 중국철로는 새로운 시대로 접어들었다.

1946년부터 1949년까지 전국에서 새로 부설된 철로는 총 191.3킬로미터이며, 이 가운데 해방구의 자산에서 자현에 이르는 경편철로(輕便鐵路) 59킬로미터, 대만 17킬로미터였고, 항전 기간 미완성의 기강철로(綦江鐵路) 98킬로미터 가운데 전후(戰後)에 부설된 부분은 19킬로미터에 지나지 않았다. 중국철로는 전면적인 정체와 붕괴의 시기를 맞았다. 1949년 10월 중화인민공화국이 수립되고 내전이 종결된 이후에 중국철로는 비로소 새로운 발전의 전기를 맞이하였다.

참고문헌

堀川哲南 著, 王載烈 譯, 「上李鴻章書」, 『孫文과 中國革命』, 역민사, 1983.9.

姜明淸, 『鐵路史料』, 國史館, 1992.5.

金士宣, 『中國鐵路發展史』, 中國鐵道出版社, 1986.11.

林福耀, 「日本資本主義發展段階に於ける支那市場の意義」, 『支那經濟事情研究』, 東亞事情研究會, 1935.2.

宓汝成, 『中國近代鐵路史資料』 1冊, 中華書局, 1984.

宓汝成, 『中華民國鐵路史資料』, 社會科學文獻出版社, 2002.9.

孫文, 『孫中山全集』 二卷, 中華書局, 1982.

楊勇剛, 『中國近代鐵路史』, 上海書店出版社, 1997.

李占才, 『中國鐵路史』, 汕頭大學出版社, 1984.6.

張其昀, 『建國方略研究』, 中國文化研究所, 1962.10.

朱馥生, 「孫中山實業計劃的鐵道建設部分與湯壽潛‘東南鐵道大計劃’的比較」, 『民國檔案』1995年 1期, 1995.3.

周新華, 「孫中山‘實業計劃’述評」, 『鎭江師專學報』1994年 2期.

山本有造, 「國民政府統治下における東北經濟」, 『近代中國東北地域史硏究の新視覺』, 山川出版社, 2005.

吾孫子豊, 『支那鐵道史』, 生活社, 1942.

逸見十朗, 『中華民國革命二十周年記念史』, 1931.4.

井村哲郎, 「戰後蘇聯の中國東北支配と産業經濟」, 『近代中國東北地域史硏究の新視覺』, 山川出版社, 2005.

1 8 7 6 ~ 1 8 9 4 년

중 국 철 로 의   남 상   시 기

01장

오송철로(吳淞鐵路)[송호철로(淞滬鐵路)]
중국 최초의 철로

연　도	1874~1876(1876년 7월 1일 개통)
노 선 명	오송철로(吳淞鐵路), 송호철로(淞滬鐵路)
구　간	상해 갑북(上海閘北) - 오송구(吳淞口)
레일 궤간	0.762미터 단선(單線), 이후 표준궤로 개축(改築)
총 연 장	14.5킬로미터
기　타	이후 호녕철로(滬寧鐵路)의 지선(支線)이 됨

　오송철로는 중국 최초의 철로로서, 1876년 영국상이 부설하여 운행한 것이다. 일찍이 1858년 영국 외상(外相)은 중국에서 철로를 부설하는 것이 중국시장을 여는 영국의 국책이라고 천명한 바 있다. 1863년 영국인 및 미국인으로 구성된 소총부대인 양창대(洋槍隊)가 태평천국의 군대를 격퇴하자, 서양상인들은 이 시기를 상해 - 소주 간 철로를 부설할 수 있는 호기로 간주하였다. 이에 영국상인을 중심으로 상해에 거주하던 27행(行) 외국상사들이 청원단을 조직하여 1863년 7월 20일 강소순무 이홍장에게 철로 부설을 허가해 주도록 청원하였다.

　이홍장은 서양상인들의 요구를 조정에 보고하고 하문을 요청하자, 청조황제는 "양인(洋人)들이 중국영토 안에서 철로를 부설하는 일은 괴이하고 부당한 일로서 우리 대청황조의 법령에 부합되지 않는다"라고 회신하였다. 이에 이홍장은 거부의 의사를 통지하였다.

　서양상인들은 청조가 철로 부설을 쉽게 허가하지 않을 것이라 여겨, 일단 먼저 토지를 매입한 이후 철로를 부설하면 청조로서도 이를 기정사실로 받아들이지 않을 수 없을 것이라 간주하였다. 1972년 영미상인들이 자금을 모집하여 '오송도로공사'를 창설하였는데, 명칭으로만 보자면 일반 도로를 부설하기 위한 공사임에 틀림없었다. 오송도로공사는 1874년 영국에서 정식으로 등기하여 영국정부가 인가한 공사로서, 런던에 총판사무처를 두고 이화양행이 중국 현지 대리인이 되었다.

공사는 부지를 매입하여 상해에서 오송에 이르는 총연장 9.25마일, 폭 15야드의 도로를 부설할 예정임을 공포하였다. 이 공사(公司)는 영국공사(英國公使), 미국공사와 연명을 하여 막 부임한 상해도대(上海道台)* 심병성(沈秉成)에게 도로 부설을 신청하여 허가를 받아낼 수 있었다. 만일 철로를 부설한다고 신청하였다면 철로 부지의 매입과 관청의 허가 모두 불가하였을 것임은 말할 나위도 없다. 심병성의 허가 이후 상해현은 오송도로공사가 상해에서 오송에 이르는 부지의 수용, 교량 가설과 터널 굴착, 난간 설치와 차량 통행을 위한 도로 부설에 착수할 것임을 고시하였다.

그러나 얼마 후 중국의 대표적 신문인『신보(申報)』는 이 공사(公司)가 이미 15만 량의 자본을 모집하였으며, 1·2년 내에 상해에서 오송에 이르는 철로 노선을 완공할 것이라는 소식을 전하였다. 또한 1874년 겨울『자림서보(字林西報)』도 영국의 오송도로공사가 자금 부족으로 일시 공사를 중단하고 있으나 이미 오송철로유한공사(Wu-Song Railway Co. Ltd)로 개조되었으며, 총공사를 런던에 두고 이화양행이 중국 현지 대리인으로서 상해에서 오송에 이르는 철로를 부설할 예정이라고 보도하였다. 실제로 오송철로공사는 1874년 7월 28일 정식으로 설립되었는데, 기존 오송도로공사의 토지 등에 대한 일체의 권리를 승계하였으며 자본금은 총 10만 파운드에 달하였다.

이후 1874년 12월 오송철로공사는 철로 부설공사에 정식으로 착수하였으며, 공정에 참여한 노동자만도 2,000여 명에 달하였다. 오송철로공사는 철로의 부설 과정에서 현지 주민들을 노무자로 고용하였는데, 하루 임금이 200문(文)에 달하여 주민들이 앞다투어 참여하였다. 토지를 수용하는 과정에서도 현지

---

* 도태(道台)는 도원(道員)이라고도 한다. 정4품 이상에 상당하는 청대 관직으로서, 성(省)의 순무(巡撫), 총독(總督)과 부(府)의 지부(知府) 사이에 해당되는 지방장관을 가리킨다.

01-1 ● 중국 최초로 개통된 오송철로 파이오니어호 기관차

오송철로의 개통식 당일 운행되었던 열차의 모습은 1876년 당시 발행되었던 『萬國公報』에 삽화가 게재되었는데, 이는 중국 최초의 기차를 보여주는 매우 귀중한 사료라 할 수 있다.
출처: 「上海至吳淞初次新造鐵路幷輪車圖」, 『萬國公報』 401期, 1876, pp.16-18(上海圖書館 《全國報刊索引》 數据庫).

주민들의 반대를 우려하여 비교적 높은 가격에 매입하였기 때문에 공사와 충돌은 거의 없었다. 당시 신문도 철로공사가 철로를 부설하기 위해 부지를 매입하면서 비교적 높은 배상금을 지불하여 각 향촌의 주민들이 흔연히 토지 수용에 임하였다고 보도하였다. 1875년 10월 영국은 오송철로를 부설하기 위해 모리슨(Morrison)을 총공정사로 임명하였다.

1875년 말 오송철로공사는 영국에서 수입한 강철 레일, 기관차와 차량을 중국해관에 면세로 통관시켜 주도록 요청하였다. 이들은 이 제품들이 도로를 부설하기 위한 자재라고 기만하였다. 1876년 1월 20일부터 지반의 조성이 완료된 상태에서 본격적으로 레일을 부설하기 시작하였다. 모리슨의 부인이 첫 번째 침목을 놓는 것으로 부설공사가 개시되었다. 2월 14일 상해의 천후궁 지점에서 서씨화원 부근까지 총노선의 4분의 3에 해당되는 구간이 완공되었다. 당일 석탄 수송 열차를 시험적으로 운행하였는데, 기관차의 명칭은 파이오니어(Pioneers)호로 명명되었으며, 이것이 바로 중국 최초의 기차였다. 이를 구경하기 위해 모여든 중국인이 1,000명 이상에 달하여 인산인해를 이루었다.

영국 측은 중국정부에게 열차의 운행을 승인하도록 압력을 행사하기 위해 5월 9일 상해에서 강만(江灣)까지 6.3킬로미터 구간의 노선을 완공한 이후, 6월

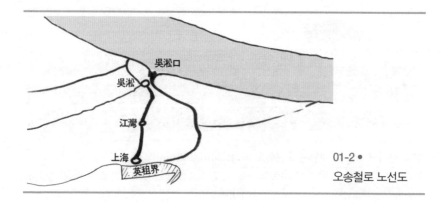

01-2 ●
오송철로 노선도

12일 열차를 시험 운전하였으며, 이후 6월 30일 외국교민들을 불러들여 개통식을 거행하였다. 열차는 시속 20~30킬로미터로 상해에서 강만까지 운행되었다. 객차는 1등석 열차의 길이가 15피트(4.57미터), 탑승 승객이 16명, 2등석 열차의 길이는 1등석 열차와 같고, 승객 18명이 탑승하였다. 3등석 열차는 모두 4량 18피트(5.49미터)로서 각각 96명이 탑승하였으며, 화물차는 12량으로서 길이 10피트, 중량 5톤에 달하였다. 당시 3등석 열차의 승객이 가장 많아 전체 여객의 80퍼센트를 차지하였다. 1등 승객이 10퍼센트, 2등석 승객이 10퍼센트에 달하였다.

7월 3일 철로가 정식으로 개통되어 영업을 개시하였다. 레일의 궤간은 30인치(0.762미터), 레일의 1미터당 중량은 13킬로그램(1마일당 26파운드)이었다. 파이오니어호 기관차의 중량은 1.32톤에 지나지 않았으며 시속 24~32킬로미터로 하루 여섯 차례 왕복하였다. 기관차는 8~9량의 소형객차를 끌었으며, 객차마다 약 30명 정도의 승객이 탑승하였다. 파이오니어호 기관차는 1874년 영국의 롬돔공(Romdomgong) 공장에서 제작된 것으로서, 특별히 오송철로 노선을 달리기 위한 용도로 제작되었다.

그러나 8월 3일 중국인 병사 한 명이 기차에 치여 사망하는 사건이 발생하자, 상해도대 풍준광(馮焌光)은 이를 이유로 영국 측에 즉각 열차의 운행을 중지하도록 요청하는 동시에 수백 명의 병사를 동원하여 시위를 벌였다. 이 사건이 계기가 되어 중국관방에서는 본격적으로 열차 운행을 저지하기 위한 조치에 착수하였다. 사건이 확대되자 영국공사는 열차 운행을 일시 중단하도록 하였다.

이홍장은 중국 측이 자금을 내어 오송철로를 매입하는 방안을 제안하였다. 영국은 풍준광과의 협의를 통해 중국 측이 철로를 매입한 후 경영권을 여전히 영국자본 이화양행이 승계하도록 하자고 제의하였으나, 중국 측은 주권을 침해하는 일이라 하여 받아들이지 않았다. 이에 영국 측은 메이어가 다시 이홍장을 예방하여 중재를 요청하고 이화양행이 경영을 승계하도록 하자고 요청하였으나, 이홍장의 거부로 교섭은 교착상태에 빠졌다.

9월 14일, 이홍장은 주기조(朱其詔), 성선회를 상해로 파견하여 풍

01-3 ● 오송철로공사의 열차 운행 광고
열차 시간과 1등석(上座), 2등석(中座), 3등석(下座)의 요금표.
출처: 『申報』, 1876년 7월 1일.

준광과 함께 영국과의 교섭에 임하도록 하였다. 그럼에도 영국 측은 여전히 오송철로의 경영권에 미련을 버리지 못하였다. 10월 5일 영국대표 메이어가 상해로 와서 쌍방이 회담에 임하였다. 이 자리에서 메이어는 한발 물러나 매수 이후 중외합판으로 공동 경영하자고 요구하였으나 중국 측이 동의하지 않아 아무런 성과도 거둘 수 없었다. 10월 17일 영국 측의 메이어와 청조의 성선회는 다시 남경에서 협상에 돌입하였다. 결국 10월 24일 양측은 '수매오송철로조

01-4 ● 오송철로 운행 전경

관(收買吳淞鐵路條款)'을 체결하고 중국이 이 철로를 28만 5,000량에 매입하는데 합의하였다. 1년 안에 3기로 나누어 비용을 청산하도록 하였으며, 이 기간동안 임시로 영국이 경영하도록 하고, 이후 중국의 자판(自辦)으로 경영한다는데에 의견이 모아졌다. 단 영국이 경영하는 기간 동안에는 승객만을 탑승시키고 화물의 운송을 제한하며, 연장 부설공사를 할 수 없도록 하였다.

이러한 가운데 1876년 12월 1일 상해에서 오송진까지 총연장 15킬로미터의전 노선이 개통되어 열차를 운행하였다. 당일 날씨는 흐리고 비가 조금 내렸다. 상해에서 송강까지 하루 일곱 차례 운행하였는데, 운임은 우등석(1등석)이상해에서 강만까지 5각(角), 오송항까지 1원, 2등석이 강만까지 2각(角) 5분(分), 오송까지 5각, 3등석이 강만까지 100문(文), 오송까지 200문으로 정해졌다. 만일 개를 데리고 탑승할 경우 거리에 관계없이 1각을 추가로 지불하도록하였다. 1877년 8월 25일까지 1년도 안 되는 기간에 여객 운송 총인원이 16만여 명에 달할 정도로 성황을 이루었다. 매주 1마일(1.61킬로미터)마다 평균 순

역명	보산로 (寶山路)	천통암 (天通庵)	강만 (江灣)	고경묘 (高境庙)	장화빈 (張華濱)	온조빈 (薀藻濱)	오송진 (吳淞鎭)	포대만 (炮臺灣)
역 간 거리	0.00	1.69	3.53	2.48	4.17	1.67	0.99	1.34
누계 거리	0.00	1.69	5.22	7.70	11.87	13.54	14.53	15.87

익이 27파운드에 달하였는데, 이는 영국 국내철로 객차의 수입과 별반 차이가 없는 액수였다.

매수 이후 철로의 처리에 대해 당초 양강총독(兩江總督) 심보정(沈葆楨)도 중국이 스스로 철로를 경영할 계획을 고려하였으나 최종적으로 철거하기로 결정하였다. 1877년 10월 20일 마지막 1기의 대금을 청산한 이후 청조는 매입한 철로를 모두 해체하여 철거하고 말았다. 해체한 레일은 대만으로 옮겨 타구항(打狗港)에 쌓아두었으며, 기관차는 장강에 던져버렸다.

이후 청조는 이전에 해체되었던 오송철로를 20년 만에 다시 부설하게 되는데, 이는 철로가 거스를 수 없는 시대적 대세임을 상징적으로 보여주는 사건이었다. 상해에서 오송으로 가는 물류가 확대되고 오송항을 통한 수출이 크게 증가하자 철로의 부설 외에는 방도가 없음을 자각하게 된 것이다. 이에 1894년에 양강총독으로 부임한 장지동(張之洞)은 이듬해 조정에 조속히 송호철로를 부설한 이후 다시 호녕철로(滬寧鐵路)를 부설해야 한다고 상신하였다. 다음 해인 1896년 철로총공사 독판(督辦) 성선회 역시 청조 중앙에 차관을 도입하여 송호철로를 부설해야 할 필요성을 주청하였다. 마침내 1897년 4월에 송호철로의 부설에 착수하여 1898년 7월에 온조빈(薀藻濱)까지 노선이 완공되었으며, 다음 해 겨울에는 오송, 포대만까지 총 16.09킬로미터의 전 노선이 완공되었다. 새로 부설된 열차는 보산로를 출발하여 천통암(天通庵), 강만, 고경묘(高境庙), 장화빈(張華濱), 온조빈(薀藻濱), 오송진을 거쳐 오성포태만(吳淞砲台灣)[오송진북(吳淞鎭北)]에 이르렀다. 원래 노선보다 1.6킬로미터 길었으며, 표준궤의 단선(單線)이었다.

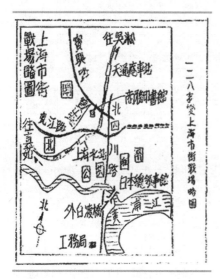

01-6 • 상해사변(1932년) 당시 오송철로
부근의 시가전장(市街戰場) 지도

송호철로는 1903년 청조가
영국으로부터 차관을 도입하여
호녕철로를 부설하면서 첫 번째
구간이 되어, 다음 해인 1904년
에 호녕철로의 지선으로 변경되
었다. 1932년 상해사변(淞滬抗
戰) 시에 송호철로의 각 역사(驛
舍)와 연선지역이 대부분 크게
파손되었으며, 교량도 파괴되었
다. 수많은 중국 병사들이 병기
가 열세였음에도 일본의 침략에
용감히 맞서 싸우며 목숨을 바
친 장소가 오송철로의 연선이기
도 하다.

종전 이후 선로가 복구되었으나 연선의 각 역은 1934년이 되어서야 복구될
수 있었다. 이후 객화(客貨, 여객과 화물)의 운수가 점차 정상을 회복하였다. 그
러나 중일전쟁이 발발한 이후 송호철로는 다시 오송선(吳淞線)으로 명칭이 변
경되었다. 1949년부터 1962년까지 송호철로는 여전히 도시와 도시 외곽지역
사이의 여객 운수를 담당하였다. 1963년 초 송호지선의 객화 운수가 모두 중지
되었다. 이후 송호철로의 하가만(何家灣)에서 보산로(寶山路) 사이의 구간에서
화물을 운반하는 전용선으로 사용되었다.

01-7 ● 제2차 상해사변(8·13 송호항전) 당시 오송철로(송호철로) 연선의 일본군

위: 상해사변 시 수로를 건너는 일본군

아래: 송호철로 레일을 이용하여 진지를 구축한 일본군

출처:「淞滬鐵路上之日軍陸戰隊重炮」,『中日戰爭史蹟』, 1937, p.130(上海圖書館 《全國報刊
索引》 數据庫).

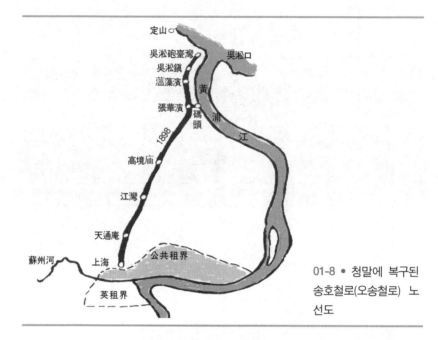

01-8 ● 청말에 복구된 송호철로(오송철로) 노선도

참고문헌

「上海至吳淞初次新造鐵路幷輪車圖」, 『萬國公報』 401期, 1876.

「淞滬鐵路上之日軍陸戰隊重炮」, 『中日戰爭史蹟』, 1937.

金志煥, 「吳淞鐵道 부설과 중국 관민의 대응」, 『韓中人文學硏究』 19輯, 2006.12.

吳晏, 「淞滬鐵路創建始末」, 『20世紀上海文史資料文庫』, 上海書店出版社, 1999.9.

薛理勇, 「淞滬鐵路的興建和拆除」, 『舊上海租界史話』, 上海社會科學院出版社, 2002.2.

王光, 「論洋務派修築鐵路的初步認識: 以淞滬鐵路事件爲例」, 『靑年文學家』, 上海社會科學院出版社, 2013.2.3.

坂野正高, 「馬建忠の鐵道論」, 『東洋文化硏究所紀要』 63, 1974.

02장

당서철로(唐胥鐵路)

중국인이 자력으로 부설한 철로의 효시

연　　도	1881~1881(1881년 11월 8일 개통)
노 선 명	당서철로
구　　간	당산(唐山) - 서각장(胥各庄)
레일 궤간	1.435미터
총 연 장	9.7킬로미터
기　　타	

　중국에서 최초로 부설된 철로는 영국자본으로 부설된 오송철로이지만, 운행 후 곧 철거되고 말았다. 따라서 이후 중국철로의 발전과 연속성을 가진 실질적인 최초의 철로는 당산(唐山)에서 서각장(胥各庄)[현재의 당산시 풍남구(豊南區)]에 이르는 총연장 9.7킬로미터의 당서철로라 할 수 있다. 당서철로는 석탄을 운반하기 위해 부설된 철로로서, 중국인이 자력으로 부설한 중국철로의 효시라 일컬어진다.

　청말, 근대적 군사설비로 무장한 북양해군에 석탄을 공급하고 이와 함께 윤선초상국(輪船招商局), 천진기기창(天津機器廠)[병기공장]을 가동하기 위해 석탄의 안정적인 공급이 매우 중요한 과제로 부상하였다. 이에 1876년 11월 직예총독 이홍장은 당산 개평(開平) 일대에 수하를 파견하여 탐사를 실시한 결과 석탄 매장량이 풍부하다는 사실을 발견하고 근대적 설비를 갖춘 탄광을 개발하기로 결정하였다. 그리하여 이화양행 매판 출신인 윤선초상국 총판(總辦)인 당경숭(唐景崧)에게 자본을 모집하게 하여 직예성(하북성) 동부의 개평현 당산에서 기계로 채굴하는 개평매광공사(開平煤鑛公司)[개평광무국(開平鑛務局)]를 창설하였다. 개평탄광은 하루 석탄 생산량이 800~900톤에 달하였으나 외부로 통하는 교통이 매우 불편하였다. 이에 개평광무국의 책임자인 당경숭이 이홍장

02-1 • 당산(唐山)의 개평탄광

출처: 「唐山之開平煤鑛」, 『東方雜志』 9卷 6號, 1912.12, p.1.

에게 철로의 부설을 건의하게 된 것이다.

　일찍이 청조는 1872년부터 1875년까지 모두 네 차례에 걸쳐 9세에서 15세에 해당되는 120명의 국비 유학생을 샌프란시스코에 파견하여 근대과학을 학습하도록 하였다. 이들 가운데 50여 명은 하버드대학, 예일대학, 컬럼비아대학, 메사추세스 공과대학 등에 진학하였으며, 귀국 후 중국의 철도, 전신, 광업의 개척자가 되었다. 1881년 7명의 유학생, 즉 오앙증(吳仰曾), 진영귀(陳榮貴), 육석귀(陸錫貴), 당국안(唐國安), 양보조(梁普照), 광경양(鄺景揚) 등은 개평광무국의 노광학당(路鑛學堂)에 배치되었다. 이들은 중국이 자력으로 부설한 첫 번째 철도의 탄생을 두 눈으로 직접 목격하게 된다.

　당산의 개평탄광에서 생산된 석탄을 가장 근접한 북당해구(北塘海口)까지 운반하여 선박에 선적할 목적에서 1879년 이홍장은 당산에서 북당(北塘)에 이르는 구간에서 석탄 운반용 철로의 부설을 청조에 요청하였다. 그러나 이홍장의 요청은 곧 조정 내 수구적인 왕공대신의 격렬한 반대에 직면하였으며, 이에 개

02-2 • 청조의 황릉 — 동릉(東陵)
출처: 「東陵」, 『東方雜志』 7卷 10號, 1912.
10, p.1.

평광무국은 어쩔 수 없이 운하를 파서 배로 석탄을 실어 나르는 방안을 강구하였다. 그러나 서각장에서부터 탄광에 이르는 구간의 지세가 매우 험준하여 운하는 탄광에 이르지 못하고 서각장까지만 준설할 수밖에 없었다. 이에 철로 노선을 단축하여 당산에서 서각장에 이르는 짧은 구간에 걸쳐 부설하고, 서각장에서 염장(閻庄)[노태(蘆台)]에 이르는 구간은 운하를 파서 기존의 계운하(薊運河)와 연결하여 북당해구로 통하는 계획을 수립하였다.

청조는 계획안을 검토한 이후 개평광무국이 철로를 부설하도록 비준하였으며, 이에 따라 이홍장은 개평광무국의 영국인 공정사 킨더(Claude William Kinder, 1852~1936)를 철로의 부설을 주관하는 총공정사로 임명하였다. 킨더는 중국 초기 철로의 설계와 부설에 큰 공을 세운 인물이다. 일찍이 1878년 개평광무국이 설립되면서 킨더를 총공정사로 초빙하여 기술지도를 위임하였다.

1879년 개평광무국은 당산에서 서각장에 이르는 철로 노선을 부설하기 위한 예산을 편성하였다. 그러나 조정의 수구대신들은 열차를 운행할 경우 당산 준화(遵化) 마란곡(馬蘭谷)에 위치한 황릉(皇陵)[동릉(東陵)]의 선왕위패가 어지럽혀져 훼손될 우려를 거론하며 철로 부설에 적극 반대하였다. 이에 청조는 기관차가 아닌 노새와 말이 열차를 견인하는 조건으로 철로의 부설을 승인하였다. 노새와 말이 열차를 끈다고 하여 세인들은 이를 '마차철로'라 일컬었다.

철로 부설을 앞둔 시점에서 레일 궤간을 둘러싸고 열띤 논쟁이 전개되었다. 첫 번째는 경비를 절감하려는 취지에서 2.5피트(0.762미터)로 부설하자는 의견이고, 두 번째는 당경숭 등의 의견으로서, 3.6피트(1.0688미터)의 일본식 궤간으로 부설하자는 주장이었다. 세 번째는 킨더의 의견으로 4.85피트(1.435미터)의 표준궤로 부설하자는 주장이었다. 킨더는 이 구간의 광산철로가 이후에 반드시 방대한 중국 철로네트워크의 한 구간이 될 터인데, 만일 협궤로 부설할 경우 비용은 절감될지언정 이후 중국철로의 발전에 부정적인 영향을 미칠 수 있다고 판단하였다. 개평광무국 총판 당정추(唐廷樞)는 레일의 부설 비용을 고려하여 협궤를 주장하였으나, 킨더는 영국식의 표준궤로 레일을 부설해야 한다는 주장을 굽히지 않았다. 마침내 당정추도 킨더의 주장을 받아들여 표준궤로 부설하기로 결론지었으며, 자연히 이것이 이후 중국철로 궤간의 표준이 되었다.

1881년 6월 9일 당산에서 서각장에 이르는 철로의 부설이 개시되었다. 7월 1일 개평광무국 당서철로의 총공정사 버넷(Burnet)의 부인이 당산에서 첫 번째 침목을 놓는 의식으로 부설공사가 개시되었다. 9월에 이르러 준공식을 거행하였으며, 11월 8일 열차가 정식으로 개통되었다. 1미터당 중량 15킬로그램(30파운드)의 강철 레일을 사용하였으며, 총 11만 량의 비용이 소요되었다. 오송철로와 달리 협궤가 아닌 표준궤 1.435미터를 적용하여, 이후 중국철로는 대부분 당서철로와 동일한 궤간을 채택하였다.

황릉을 어지럽힌다는 이유로 개통 첫해에는 노새와 말을 동력으로 하여 열차를 운행하였다. 그러나 마차의 속도가 지나치게 완만하자, 킨더는 탄광에서 구할 수 있는 낡은 보일러 및 윈치(winch) 도르래, 수직 갱탑의 철골 등 온갖 자재들을 동원하여 암암리에 소형 경편기관차를 설계, 제작하여 운행하였다. 기관차는 1881년 6월 9일 제작이 완료되어 중국로켓호(Rocket of China)라고 명명되었는데, 이것이 바로 중국에서 제작된 기관차의 효시라 하겠다. 기관차는 길이가 5.69미터로서 100톤을 견인할 수 있었다. 로켓이라는 명칭은 영국에서 스티븐슨(Stephenson)이 최초로 제작한 기관차의 이름이었다. 그러나 중국노동자들은 로켓이라는 명칭 대신에 기관차의 양측에 '용호(龍號)'라는 명칭을 새겨 넣고 이 기관차를 용호라 불렀다.

그러나 얼마 지나지 않아 당서철로에서 기관차를 운행한다는 사실이 조정에 알려지고 말았다. 이에 조정의 중신들은 기관차를 운행할 경우 청조 황제의 능묘인 동릉(東陵)을 진동시킬 것이며, 또한 검은 연기를 내뿜어 곡식에 해를 입힐 우려가 있다며 결사 반대의견을 개진하였다. 그러나 청프전쟁 전야에 청조는 병기공장, 군함, 기선 등에 시급히 석탄을 공급해야 할 처지에 놓여 있었다. 이에 이홍장은 동릉이 당산으로부터 50킬로미터나 떨어져 있어 열차의 진동이 아무런 영향도 미치지 않을 것이며, 북양함대의 연료 공급이 시급하다는 이유로 정부를 설득하여, 마침내 청조의 묵인을 받아내고 기관차는 주행을 회복할 수 있었다. 더욱이 1882년에는 영국으로부터 2량의 기관차를 구입하여 운행하였다. 이후 당서철로는 명실상부하게 중국인이 스스로의 역량으로 부설한 중국 최초의 철로가 되었다.

실제로 청조 관원은 개평에서 천진에 이르는 열차를 탑승한 이후 자신의 놀라운 체험을 다음과 같이 기록으로 남겼다.

새벽아침에 일어나 기차를 탔다. 그런데 아침밥을 먹을 무렵 벌써 천진에 도착하였다. 전광석화처럼 비할 데 없이 빨랐다. 그런데 놀랍게도 이처럼 빠르면서도 아주 편안하였다. 간혹 창밖을 내다봐도 차가 흔들리는 것을 전혀 느낄 수 없었다. 전방의 산천과 마을이 나는 듯이 다가오더니, 눈 깜짝할 사이에 뒤로 지나갔다. 정말 어리둥절하고 황홀하였다. 아, 신기하고 놀라운 기술이로고!

당서철로는 부설 이후 개평탄광에서 생산된 석탄을 운송하는 데 크게 이바지하였다. 1883년 한 해 동안 개평탄광으로부터 국내 각 항구로 운송된 석탄의 수량이 총 8,503톤에 달하였으며, 1886년에는 무려 3만 3,677톤으로 비약적으로 증가하였다. 같은 시기에 천진항으로 수입된 외국산 석탄은 9,728톤에서 301톤으로 크게 감소되었다. 이와 같은 수치는 철로의 부설과 운영이 중국사회와 경제의 발전에 매우 효과적이라는 사실을 내외에 보여준 것이라 할 수 있다.

02-3 ● 당서철로에서 최초로 운행된 기관차 용호(龍號)

용호 기관차는 상당 기간을 운행한 후 중국 최초의 기관차를 기념하기 위해 북경의 교통진열관
에 보관되었다. 그러나 1937년 일본의 침략이 개시된 이후 교통진열관은 북경의 화평문(和平
門) 부근으로 임시 이전하였는데, 이후 용호의 소재는 알려지지 않고 있다. 다행히 당시 용호의
사진이 『동방잡지』에 실려 있다.

출처: 「最近之交通界」, 『東方雜志』 28卷 14號, 1931.7, p.1.

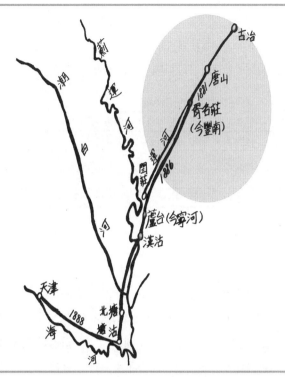

02-4 • 당서철로 노선도

참고문헌

후광조 저, 이정선 역,『유미유동』, 시니북스, 2005.

「開平煤鑛」,『東方雜志』9卷 6號, 1912.12.

「唐胥鐵路: 为我國規正軌間標準之始」,『京沪沪杭甬鐵路日刊』第715期, 1933.

「最近之交通界」,『東方雜志』28卷 14號, 1931.7

潘向明,「唐胥鐵路史實考辨」,『江海學刊』2009年 4期.

陳曉東,「中國自建鐵路的誕生-唐胥鐵路修建述略」,『蘇州科技學院學報』1991年 2期.

隋昕言,「李鴻章與唐胥鐵路」,『才智』2015年 32期.

千葉正史,「淸末立憲改革下における國家統合の再編と鐵道」,『史學雜誌』114-2, 2005.

03장

당로철로(唐蘆鐵路)[당염철로(唐閣鐵路)]

개평철로공사(開平鐵路公司)가 부설한 당서철로 연장선

연 도	1886~1887(1887년 4월 개통)
노 선 명	당로철로, 당염철로, 개평철로(開平鐵路)
구 간	서각장(胥各庄) - 염장(閣庄) - 노태(蘆台)
레일 궤간	1.435미터
총 연 장	42.5킬로미터
기 타	

1884년 청프전쟁에서 프랑스에 패배한 청조는, 해방(海防)을 위한 군사력 증강과 이를 지원하기 위한 철로 부설의 필요성을 깊이 인식하게 되었다. 이후 청조는 각 대신들에게 백방으로 해방의 대책을 강구하라는 조서를 내렸는데, 이에 이홍장, 좌종당, 증기택 등이 해방의 요체는 시급히 철로를 부설하는 데 있다고 주청하였다. 1885년 10월 청조는 총리해군사무아문(總理海軍事務衙門)을 설립하여 해군의 통일을 도모하는 동시에, 군사력을 지원하기 위한 목적에서 철로 부설 및 관련 업무를 함께 주관하도록 하였다. 청조는 혁현(奕譞)을 총리대신으로, 이홍장을 회판대신(會辦大臣)으로 임명하여 철로업무를 겸임하도록 함으로써 해양 방어와 철로 부설을 함께 관할하도록 하였다.

당서철로가 개통된 이후 개평탄광의 석탄 소비는 현지뿐 아니라 상해 등 지역으로까지 확대되었다. 이를 통해 현지 주민들의 소비를 비롯하여 북양군함, 윤선초상국, 천진철창(天津鐵廠)의 소비에 이르기까지 개평탄광의 석탄이 외국 석탄의 수입을 상당 부분 대체할 수 있었다. 당서철로의 부설 이후 개평탄광의 석탄 생산과 수출이 증가하면서 철로의 유용성이 충분히 입증되었다. 이에 힘입어 1886년 7월 개평광무국의 상동(商董)은 이홍장에게 서각장으로부터 염장(閣庄)[현재의 갑구(閘口), 노태(蘆台)역에서 북쪽으로 1.5킬로미터 지점]까지, 나아가

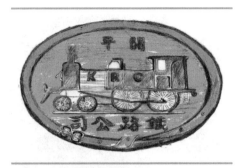

03-1 • 개평철로공사 휘장

연신(沿新) 하남안(河南岸)까지 연결하는 철로를 부설할 것을 주청하였다. 이와 함께 철로의 경영과 관련 업무를 개평광무국에서 독립시켜 주관하는 개평철로공사(開平鐵路公司)를 설립할 것도 주장하였다. 혁현과 이홍장의 적극적인 지지하에, 철로를 염장에서 더 나아가 대고해구(大沽海口)까지 연장해야 한다는 주장도 제기되었다.

1886년 이홍장은 당서철로를 노태(蘆台)까지 연장하는 방안을 청조에 상신하고, 개평철로공사를 설립하였다. 또한 개평광무국이 당서철로를 수매하도록 하고 당정추를 총리로 임명하여 본격적으로 철로의 독립 경영에 나섰다. 개평철로공사는 중국이 창설한 최초의 철로공사로서, 관독상판의 형식을 갖추고 있었다. 이후 이홍장은 오정방(伍廷芳)을 개평철로공사의 총판으로, 킨더를 총공정사로, 광손모(邝孫謀)를 부총공정사로 임명하고, 은 25만 량 상당의 주식 2,500고(股)를 발행하여 자본 모집에 착수하였다. 마침내 다음 해인 1887년 4월 염장(閻庄)의 남쪽 노태(蘆台)까지 부설을 완료하여 총연장 42.5킬로미터의 철로가 완성되어, 당로철로(唐蘆鐵路), 당염철로(唐閻鐵路), 개평철로(開平鐵路)라 하였다.

당로철로는 개통된 지 1년 만에 큰 수익을 거두었다. 1887년 5월 객화 운수의 수입이 은(銀) 3,830량(兩), 1888년 4월에는 7,873량에 달하였으며, 이 밖에 철로 부지의 지조(地租) 및 기타 이자 등 수입이 1년에 총 5만 4,895량에 달하였

03-2 ● 청말 철로의 부설을 주창한 양무파 거두 이홍장

출처: Mrs. Archibald Little (1903). *Li Hung-Chang: His Life and Times*. London: Cassell & Company.

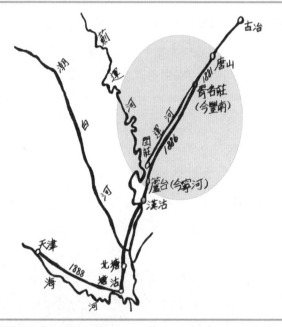

03-3 ● 당로철로 노선도

다. 경비를 제하더라도 순수입이 2만여 량에 이를 정도로 철로가 성황을 이룬 것이다.

참고문헌

「藝書通輯卷四: 商部北洋大臣會奏簡派唐紹儀會辦蘆漢鐵路摺」, 『政藝通報』 4卷 18期, 1905.

崔志海, 「論淸末鐵路政策的演變」, 『近代史硏究』 1993年 3期.

孫自儉, 「晩淸鐵路政策的官辦與商辦之爭」, 『安慶師範學院學報』 2002年 21期.

李國明, 「百年唐胥鐵路名稱之變」, 『唐山勞動日報』, 2011.11.14.

周海濱, 「鐵路與驢馬」, 『中國經濟和信息化』 2011年 24期.

04장

진고철로(津沽鐵路)[당진철로(唐津鐵路)]
중국이 최초로 차관을 도입하여 부설한 철로

연　　도	1887~1888(1888년 7월 개통)
노 선 명	진고철로, 당진철로, 진당철로(津唐鐵路)
구　　간	천진(天津) - 대고(大沽) - 염장(閻庄) - 노태(蘆台)
레일 궤간	1.435미터
총 연 장	86킬로미터
기　　타	당서철로(唐胥鐵路)의 연장선

　　당로철로(唐蘆鐵路)가 개통된 지 1년 만에 큰 수익을 올리며 철로의 유용성을
입증하자, 1887년 개평광무국은 계속해서 염장에서 천진으로 이어지는 철로
의 부설을 계획하였다. 즉 당로철로를 남쪽으로 연장하여 대고(大沽)에까지 이
르게 하고, 이로부터 다시 천진으로 연장하려는 계획이었다.

　　이홍장의 계획은 해방(海防)과 동북 변경의 방어라는 명분하에 청조의 비준
을 얻을 수 있었다. 이와 함께 개평철로공사를 중국철로공사로 개조, 확대하여
오정방(伍廷芳)을 총판(總辦)으로 임명하고, 민간의 자본[商股]을 모집하기로 방
침을 세웠다. 3월 16일 청조의 비준 직후, 4월 26일 중국철로공사가 『신보(申
報)』에 '초고장정(招股章程)'을 고시하고, 일반에 공개적으로 1만 고(股), 합계
은 100만 량을 모집하여 염장에서 노태, 북당(北塘), 대고(大沽) 및 천진에 이르
는 철로를 부설하기로 하였다.

　　그러나 예상과 달리 진고철로의 자본 모집이 부진하자 천진해방지응국(天津
海防支應局)으로부터 16만 량을 차입하고, 이후 1888년 4월 말 영국자본 이화양
행으로부터 63.7만 량, 독일자본 화태은행(華泰銀行)으로부터 43.9만 량의 차관
을 도입하였으며, 연리는 모두 5리(厘)였다. 마침내 1888년 9월 노태에서 당고
(塘沽)와 천진에 이르는 총연장 86킬로미터의 구간이 완공되어, 이를 진고철로

04-1 • 1888년 당진철로 개통 직후의 노롱두역(老龍頭驛)

출처:「一八八八年開車後之老龍頭車站」,『天津商報畵刊』 4卷 35期, 1932, p.2(上海圖書館 《全國報刊索引》 數据庫).

라 불렀다. 부설 비용은 교량, 기방(機房), 기차, 객화차 등 총 130만 량에 달하였다. 궤간은 1.435미터의 표준궤 단선을 채용하였으며, 레일은 1미터당 중량 24킬로그램의 경궤를 사용하였다.

열차는 시속 20마일로 달렸으며, 천진으로부터 당산까지 총 86마일을 5시간 만에 주파하였다. 그런데 이 열차는 당고역에서 30분간 정차하도록 되어 있어 실질적으로는 4시간 반 만에 주파하는 셈이었다. 천진에서 당산까지는 1등석 객차의 요금이 은(銀) 1원(元) 3각(角)이었고, 2·3등석 객차는 이보다 저렴하여 당시 수운 등의 요금과 비교해도 저렴한 편이었다. 1888년 7월 개통 이후 열차의 좌석이 승객을 수용할 수 없을 정도로 탑승객이 증가하였다. 1888년 9월 13일부터 매일 열차는 두 차례 출발하였으며, 이로 인해 탑승객 수는 더욱 증가하였다.

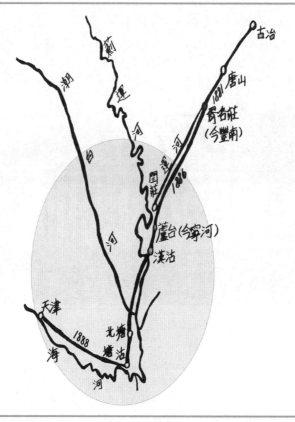

04-2 • 진고철로 노선도

비단 객운(客運, 여객 운수)뿐만 아니라 화운(貨運, 화물 운수)도 점차 증가하기 시작하였다. 당시 열차에 싣는 주요 화물은 석탄과 소금이 대종이었다. 석탄은 이미 당서철로의 개통 이래 철로의 일상적인 대종화물이 되었으며, 소금은 진고철로의 개통 이후 대체로 40퍼센트가 철로로 운송되었으며, 60퍼센트 정도가 선박으로 운송되었다. 이 밖에 과일, 박, 야채, 해산물, 자기, 질그릇[缸瓦], 내화벽돌[靑磚] 등도 운송되었다.

진고철로는 중국이 최초로 차관을 도입하여 부설한 철로라 할 수 있다. 이홍장은 진고철로의 개통식을 주관하였으며, 이때 특별히 꽃차[花車]를 준비하여 내빈이 승차할 수 있도록 하였다. 이에 동으로는 당산에서 시작하여 서로는 천진에 이르는 총연장 130킬로미터의 구간이 개통되었으며, 이러한 이유로 당진철로(唐津鐵路)라고도 불렸다. 진고철로를 통해 개평탄광의 석탄이 직접 당고항(塘沽港)으로 운반되어 국내외로 소비가 크게 확대되었다. 진고철로가 완공된 이후 당산에서 천진까지 매월 객화(客貨) 수입은 1만 량(兩)에 달하였으며, 1년 수입이 12만 량에 달하였다.

천진역은 크게 플랫폼과 철로공사 건물의 양측으로 나뉘어 있었으며, 노룡두역(老龍頭驛)으로 널리 알려졌다. 1900년 의화단운동이 발발한 이후 역사(驛舍)가 일부 파괴되어 대대적인 개보수공사가 진행되었으며, 1902년에 신역사가 중건되어 천진자역(天津紫驛)이라 불렸다. 1911년에 천진역은 다시 천진동역으로 개명되었다.

참고문헌

「津沽鐵路修成專電」, 『新聞報』 1900.7.27.

「吉長鐵路工程紀要、收回德国津沽間電線紀略」, 『東方雜志』 6卷 13號, 1910.2.

「一八八八年開車後之老龍頭車站」, 『天津商報畵刊』 4卷 35期, 1932.

王致中, 「中國鐵路外債之始: 津沽'洋債'」, 『上海鐵道大學學報』 1999年 7期.

馬陵合, 「論甲午前借債築路的開啓及其困境: 兼評李鴻章的鐵路外債觀」, 『安徽史學』 2002年 1期.

吳鐸, 「津通鐵路的爭議」, 『中國近代經濟史研究集刊』 4卷 1期, 1936.

佐野實, 「光緒新政期鐵道借款の再評價とその經緯」, 『史潮』 64, 2008.

05장

대만철로(臺灣鐵路)

군사 방어를 위해 부설된 대만 최초의 철로

연 도	1887~1893
노 선 명	대만철로
구 간	기륭(基隆) - 태북(台北) - 신죽(新竹)
레일 궤간	1.067미터
총 연 장	107킬로미터
기 타	

아편전쟁 직후인 1847년에 영국의 해군장교 골든(Golden)은 대만의 기륭(基隆)탄광을 시찰한 후, 자국정부에 기륭항과 탄광 사이에 철로를 부설하여 석탄을 운송해야 한다고 건의하였다. 1854년 미국의 해군장교 페리(Perry)도 수하를 파견하여 탄광을 시찰한 후 골든과 유사한 주장을 내놓았다. 이들이 대만의 석탄에 주목한 이유는 모두 중국으로 항행하는 선박, 특히 해군함정에 연료를 보급하기 위한 목적에서였다. 비록 이러한 주장이 실현되지는 못하였지만, 이는 열강이 대만에서 철로를 부설하고자 하는 최초의 움직임이었다고 할 수 있다.

대만사건 직후인 1876년 12월 16일 복건순무 정일창(丁日昌)도 대만은 4면이 바다로서 적이 어느 곳에서나 배를 정박하여 상륙할 수 있다고 지적하며, 철로 부설을 통해 신속히 병력을 이동시켜 집중시킬 수 있는 역량을 갖추어야 한다고 역설하였다. 다음 해 2월 정일창은 양강총독(兩江總督) 심보정이 해체한 오송철로의 레일을 대만으로 옮겨 와 대북에서 대남에 이르는 철로를 부설해 줄 것을 청조에 건의하였다. 더욱이 오송철로 총공정사인 모리슨(Morrison)을 대만으로 불러들여 철로 부설과 관련된 현안을 협의하였다. 그러나 대만철로의 부설은 청프전쟁 이후에야 비로소 실현될 수 있었다.

1885년 6월 청프전쟁이 종결되었다. 전쟁 기간 중 프랑스군은 대만을 포위하고 기륭, 팽호(澎湖)를 점령하였다. 대만의 방비를 강화하기 위해 청조는 1885년 10월 전격적으로 대만성을 설치하고, 일찍이 대만에서 프랑스군과 치열한 전투를 치른 바 있는 유명전(劉銘傳)을 초대 순무(巡撫)로 임명하였다. 유명전은 1887년 4월, 철로 없이는 대만을 방어하기 어려우니 병사의 노동력을 활용하여 대만철로를 부설해야 한다고 주장하였다. 더욱이 상무(商務), 건성(建省) 등 제반 업무를 추진하기 위해서라도 기륭에서 대남(台南)에 이르는 철로를 부설하는 것이 시급하다고 주청하였다. 마침내 5월 2일 청조는 유명전의 건의를 승인하였다.

1887년 6월 청조는 대만철로를 부설하기 위해 대북에 철로총국을 설립하고 유조간(劉朝干)을 총판으로 임명하였다. 이와 함께 민간자본을 모집하여 영국, 독일로부터 강궤, 교량 및 기관차, 객차를 구매할 계획을 수립하였다. 그러나 자본 모집이 여의치 않게 되자, 11월 유명전은 조정에 국가재정의 염출을 청원하였다. 이에 청조는 기존 모집된 민간자본 이외에 대만성의 경비 가운데 44만 량을 철로공사로 이관하였다. 1891년 유명전이 병으로 대만을 떠나고 뒤이어 순무에 오른 소우렴(邵友濂)이 철로의 부설을 주관하였다.

철로의 부설은 1887년 대북부(臺北府) 부근의 대도정(大稻埕)으로부터 먼저 동쪽으로 진행되기 시작하여 기륭에 도달하였다. 수개월 이후 다시 남쪽으로 창화(彰化)까지 통하였다. 1888년에는 동쪽으로 석구(錫口)에 이르렀으며, 1889년 봄 수전각(水轉脚), 1891년 가을에는 기륭에 이르러 총연장 60리(28킬로미터)의 철로가 부설되었다. 같은 해 남쪽으로 다시 20리를 더 가고, 1893년에는 신죽(新竹)에까지 이르렀다. 기륭에서 신죽까지 총연장 62리(107킬로미터), 궤간은 1.067미터 단선으로 부설되었다. 부설 비용으로 129만 량이 소요되었으며, 1893년 전 노선이 개통되었다. 이후 일본이 대만을 침략하여 부설한 철로 역시 이와 동일한 궤간을 사용하였다.

레일 중량은 1미터당 18킬로그램(1야드당 36파운드)에 달하였으며, 침목은 현지에서 생산된 녹나무를 원목으로 사용하였다. 주요 교량인 천수교는 길이가 무려 460미터에 달하였으며, 중국공정사 장가덕(張家德)이 설계하였다. 비

05-1 •
아리산(阿里山)을
통과하는 대만철로
출처:「阿里山登山鐵
　　路的中途站」,
　　『藝文畫報』2
　　卷 8期, 1948,
　　p.7(上海圖書
　　館 《全國報刊
　　索引》數据庫).

록 영국인 매디슨(Matheson)을 고문공정사로 고용하였지만 대다수 기술자는
중국인이었다. 1895년 청일전쟁 이후 일본에 대만이 할양되면서 대만철로는
일본의 수중에 떨어졌으며, 1945년 일본의 항복 이후에야 되찾을 수 있었다.

대만철로의 관리

대만철로는 당초 민간자본을 모집하여 부설하기로 계획을 세웠기 때문에
규정에서도 관리제도로서 관독상판의 형식을 취하였다. 따라서 차량, 레일, 교

량, 역사(驛舍), 부두 등은 모두 민간이 설립하도록 규정하였다. 성정부는 단지 부지 매입만을 담당하고, 민간의 지나친 투기를 제한하는 정도의 역할에 그쳤다. 이와 함께 병사를 파견하여 철로 부설을 조장하도록 하였다. 그러나 민간 자본의 모집이 어렵게 된 이후 1888년 10월 대만성정부는 대만철로를 관판으로 변경해 주도록 조정에 요청하였다.

관판(官辦)의 제도하에서 철로업무를 총괄한 주체는 철로총판이었다. 차무(車務)에서의 인원과 관리는 매우 간단하였다. 전체 철로 노선 가운데 표방(票房)이 15처(處) 설치되어 있었으며, 각 처에 서표사(書票司) 1명과 수전사(收錢司) 1명을 파견하여 열차 출발 전에 차표를 판매하고, 도착한 이후에 차표를 검사하였다. 매일 여객과 화물 수량을 보고하고, 운임과 수지를 총국에 보내어 검사를 받았다. 열차 내에 별도로 검표사 1명을 파견하여 화물의 적재와 객차의 검사를 전담하도록 하였다.

철로직원은 공무방면의 공정사와 기무방면의 기관사[司機]가 서양인인 것을 제외하면 나머지는 모두 중국인으로 충당되었으며, 따라서 철로의 관리는 대체로 중국인이 담당하였다고 할 수 있다. 그러나 이들은 철로 관리에 대한 전문지식과 경험이 충분치 않았으며, 더욱이 대부분 관료 출신이라 폐단도 적지 않았다. 대만철로는 운영 과정에서도 부패가 만연하였으며, 공정, 설비, 영업 등에서도 어려움이 있었다. 청일전쟁 이후 일본이 대만철로를 접수할 당시 겨우 수년 만에 각종 차량은 장기간에 걸친 관리와 유지 보수의 소홀로 말미암아 훼손되고 수리가 제때 이루어지지 않아 사용할 수 없는 경우도 적지 않았다.

대만철로의 공정

대만철로의 부설과 경영에서 특히 어려운 점이 공정이었다. 자재는 모두 영국과 독일 등 외국으로부터 수입해야 했으며, 사용이 서툴러 곤란한 점도 적지 않다. 철강 레일과 철교를 가설하기 위한 자재는 독일상 태래양행(泰來洋行)

및 산타사(山打土), 영국상 이화양행을 통해 구매하였다. 침목은 대부분 복건(福建)에서 구매하여 운반해 왔으며, 특히 교각에 사용되는 견고한 목재는 홍콩에서 구매하였다. 대만철로의 부설에 필요한 각종 자재는 대체로 외성(外省)이나 외국으로부터 수입하였다.

대만철로의 부설 과정에서 고용된 공정사는 모두 서양인이었다. 최초 철로를 측량할 때는 공정사 베커(Becker)를 고용하였으며, 후에 철로 부설 시 고용한 주임공정사 1명, 기공정사(機工程師) 1명도 서양인이었다. 이 외에 매디슨(Matheson)을 고문공정사(컨설팅 엔지니어)로 채용하였다. 이들 3명의 외국인 공정사 이외에도 몇몇 서양인 공정사가 측량 및 부설업무를 주관하였다. 대만철로의 측량, 설계, 공정 등의 업무는 모두 서양인 공정사가 책임지고 처리하였다.

그러나 유의할 점은 이들 서양인 공정사의 지위가 차관으로 부설된 여타 철로의 경우와는 차이가 있었다는 사실이다. 이들은 순수하게 고용인으로 한정되어 권력이 상대적으로 제한적이었으며, 심지어 마음대로 부설 노동자를 지휘할 수도 없었다. 철로의 부설 과정에서 동원된 노동자들은 대부분 대만인으로서, 임금이 높고 부설 비용은 부족하여 처음에는 주로 관방에서 병사를 파견하여 충당하였다. 따라서 이들을 직접 지휘할 수 있는 자는 당연히 이들의 상관일 수밖에 없었다. 이들 관병은 비록 공정지식은 없었지만 배외적(排外的, 외세 배척) 심리는 충만하였다. 심지어 때때로 서양인 공정사의 지시에 복종하지 않거나 계획을 잘 따르지도 않았으며, 따라서 공정업무에서 폐해가 적지 않았다. 이러한 이유로 최초 2년 내 서양인 공정사와 주임공정사가 5명이나 바뀌었다.

1887년 2월 대만철로의 부설공정이 개시되어 총판사처를 대북부성(臺北府省) 부근의 대도정(大稻埕)에 설치하고 업무를 지휘하였다. 부설공정은 양단으로 나뉘어 진행되었다. 한편은 기륭을 향해 동쪽으로 부설되어 진행되었으며, 다른 한쪽은 서남의 창화로 부설되어 나갔다. 전자의 경우 측량, 설계 등의 업무를 모두 서양인 공정사가 담당하였다. 부설공정은 주로 현지에 주둔한 부대가 담당하였다. 대도정에서 기륭항 부두까지 총연장 약 60리, 궤간은 3과 1/2 피트, 레일 중량은 1마일당 36파운드의 강궤를 사용하였다. 전 노선에 걸쳐 수로 두 곳, 터널 한 곳, 대교 100여 개와 작은 교량 4개가 있었다. 전체 철로의 공정 개황을 살펴보면 중국인 공병(工兵)이 서양인 공정사와의 협력이 원활하지 않아 진행이 더디었으며, 이는 대만철로의 특수한 현상이었다.

대만철로에서 운행된 열차 차량은 대부분 영국과 독일 두 나라에서 수입되었다. 유명전은 철로 부설 초기에 기관차와 객화차 총 70량을 구매하도록 지시하였다. 이들 차량은 1888년에 이미 대만에 도착하였다. 대만으로 수입된 첫 번째와 두 번째 기관차는 독일에서 제조된 차량(Hohenzollern Aktiengesellschaft für Lokomotivbau)으로서 각각 운등(雲騰)과 어풍(御風)이라 명명되었다. 제3호부터 8호까지는 영국에서 제조된 차량(Hawthorn Leslie & Co.)으로서 견전(牽電), 초첨(超尖), 섭경(攝景) 등으로 명명되었다.

첫 번째 수입된 '운등'은 철로가 정식으로 개통되기 이전에 이미 매일 부성(府城) 북문 밖 일대의 레일을 끊임없이 왕복하며 아직 완공되지 못한 노선의 부설공사를 지원하기 위해 목석 등 자재를 실어 날랐다. 1889년 3월 이화양행이 구매한 화차, 객차가 37량에 달하였다.

객화 운임을 통일하기 위해 '운가(運價) 및 화물분등위원회(貨物分等委員會)'가 설립되어 객화 운임의 결정을 비롯하여 운수과정의 모든 업무를 총괄하였다. 대만철로의 객화 운임 및 징수방법은 최초 반포된 '대만철로장정'에 다음과 같이 규정되어 있었다.

① 대북에서 석구까지 승객 1등석은 양(洋) 3각(角), 2등석은 양 2각, 3등석은 1각으로 한다.

② 어린이는 5세 미만이면 차비를 받지 않으며, 5~10세는 반값을 받는다.

③ 객차 내에 물건을 휴대하고 승차하여 공간을 차지해서는 안 된다.

④ 승객의 행낭(짐)은 표를 구매하여 별도로 화차에 적재하며, 짐이 차면 봉쇄한다. 도착하면 검표사가 표에 근거하여 대조하여 내준다.

⑤ 세중화물(細重貨物, 귀중품 등)은 경중에 따라 가격을 매기며, 조송화물(粗

연도	차 (1,000파운드)	장뇌 (1,000파운드)
1887	16,816	336
1888	18,053	509
1889	17,384	555
1890	17,107	1,064
1891	18,055	2,793
1892	18,230	2,906
1893	21,908	5,321
1894	20,533	6,877

鬆貨物, 일반화물, 짐 등)은 부피에 따라 값을 매긴다.

⑥ 탑승하기 위해서는 먼저 표방에서 표를 매입하여 표를 제시한 후 승차한다.

⑦ 화물행낭 역시 표방에서 표를 구매하여 두 장을 발급받아, 하나는 차에 실은 화물에 매달고 다른 하나는 승객이 지참하여, 도착 시 이를 대조하여 화물을 수령한다.

⑧ 승객과 화물은 표가 있어야만 탑승할 수 있다. 만일 표가 없을 경우 조사하여 나오면 사람과 화물 모두 2배로 벌금을 부과한다. 만일 검표사가 부정을 발각하면 중량에 따라 내지 않은 수량만큼을 부과한다.

대만철로가 부설된 이후 지역의 교통상황이 크게 개선되어 객운과 화운이 대폭 증가하였다. 대만의 특산품인 차와 장뇌 등의 상품은 철로가 부설된 이후 아침에 출발하여 저녁에 목적지에 도달할 수 있게 되었다. 철로의 부설이 대만의 경제 발전을 위해 선도적 역할을 하게 된 것이다.

2차대전 종전 이후 중국정부는 대만을 접수하였으며, 이때 철도부는 대만철

* 장뇌(樟腦)는 장나무에서 나오는 진을 원료로 하여 만든 것으로서, 옴과 버짐, 문둥병으로 인해 발생하는 열을 낮추는 작용을 한다. 이 밖에 향료로도 사용되며 소뇌(韶腦)라고도 불린다.

로관리위원회로 개조되어 대만성
행정장관공서 교통처와 대만성정
부 교통청에 소속되었다. 1948년
3월 5일에는 대만철로관리국으
로 개조되어 대만성정부 교통부
의 관할로 편입되었다. 현재 대만
철로국이 경영하는 철로의 노선
은 총연장 1,100킬로미터 이상에
달하며, 전선의 궤간은 1.067미
터의 협궤이다. 탑승객 수는 연인
원 1억 6,500만 명에 달한다.

05-3 • 대만철로관리국 휘장
대만의 '대(台)'와 레일의 횡단면을 합성한 모양
으로 제작되었다.

참고문헌

「臺灣鐵路路線圖」, 『世界交通月刊』 2卷
　　　3期, 1948.
「阿里山登山鐵路的中途站」, 『藝文畫報』
　　　2卷 8期, 1948.
吳鐸, 「臺灣鐵路」, 『中國社會經濟史集刊』
　　　6卷 1期, 1936.6.
陳梅龍, 「我国最早鐵路之一: 臺灣鐵路」,
　　　『河南師範大學學報』 1984年 1
　　　期.
姚永森, 「華僑與近代台灣鐵路」, 『歷史敎
　　　學』 1986年 2期.

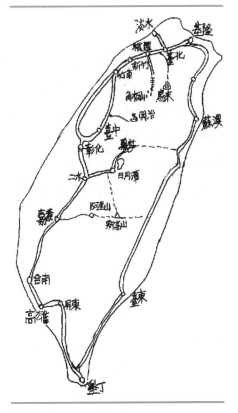

05-4 • 대만철로 노선도

06장

진통철로(津通鐵路)

청조 수구파의 반대로 부설이 좌절된 철로

연 도	1888~미개통
노 선 명	진통철로
구 간	천진(天津) - 통주(通州)
레일 궤간	1.435미터
총 연 장	
기 타	

이홍장(李鴻章)은 진고철로(津沽鐵路)의 부설로 당진철로가 완성되자, 다시 이로부터 동으로 산해관(山海關)까지 철로 노선을 연장하여 부설하려는 계획을 수립하였다. 그러나 중국철로공사는 산해관으로 연장하는 노선 이전에 먼저 천진으로부터 북경 부근의 통주(通州)[현재의 통현(通縣)]에 이르는 진통철로(津通鐵路)의 부설이 매우 긴요하며 시급하다고 조정에 상주하였다. 이 철로는 여객과 화물의 유통이 집중된 북경과 천진 사이를 잇는 노선으로서 당서철로, 당로철로(개평철로), 진고철로의 세 철로를 축으로 연결하여, 당산의 석탄을 끊임없이 천진으로 실어 나를 수 있었다.

천진시장에는 이전부터 막대한 수량의 일본산 석탄이 수입되어 시장을 장악하고 있었다. 그러나 개평탄광에서 생산된 석탄은 뛰어난 품질과 저렴한 철로 운임에 힘입어 높은 경쟁력을 갖추고 있었다. 실제로 1880년대 말이 되면 천진시장에서 일본산 석탄의 수입이 크게 감소하였다. 따라서 천진에서 북경을 잇는 진통철로가 부설된다면 막대한 이윤이 발생할 것으로 예상되어, 진고철로의 외채를 상환하는 데에도 크게 기여할 것임에 틀림없었다.

진통철로의 부설을 최초로 제기한 사람은 중국철로공사의 자본 가운데 민간자본[商股]을 투자한 진승덕(陳承德), 오광제(吳廣濟), 악현당(樂賢堂), 식덕당

06-1 ● 열차에
탑승하는 청조 관리
출처: 『東方雜志』28
卷 19號, 1931.9, p.5.

(植德堂) 등이었다. 진고철로가 개통된 이후 당산에서 천진에 이르는 전 노선의
1년 총수입이 12만 량에 달하였다. 더욱이 철로의 개통이 상업의 발전을 가져
오는 사실을 직접 목도한 이후에 1888년 9월 직예총독 이홍장과 순친왕 혁현
(奕譞)은 천진에서 통주(通州)로 이어지는 철로의 부설을 통해 영업을 확대해야
한다고 청조 중앙에 청원하였다.

한편, 진고철로가 완성된 이후 매년 전 노선의 수입이 비록 12만 량으로 증
가하기는 했지만 지출 역시 10만 8,000량으로 증가하여 매년 순익은 1만 2,000
량에 지나지 않았다. 더욱이 노선의 연장 부설공사로 말미암아 레일 부설, 기
관차 및 열차 구입, 부설자재 구매 등으로 약 130만 량을 지출한 상태로서, 철
로공사의 투자 총액은 155만 량에 달하였다. 이와 같은 재정 상황을 개선하기
위해서도 노선의 연장을 통한 수익의 증대가 절실한 상황이었다.

해군아문은 진통철로의 부설이 필요하다는 점을 인식하고 10월 27일 서태
후에게 이를 상주하였다. 이홍장은 이 철로를 부설하면 병사를 수송하기 편리
하며, 더욱이 해군을 운용하기 위한 자금을 마련할 수 있다고 건의하였다. 진
통철로는 해군아문의 적극적인 지지를 바탕으로 조정의 비준을 얻어 부설계획
을 수립하고 본격적인 부설공사를 준비하였다. 1888년 12월 중국철로공사는
진통철로의 자본모집 장정을 제정하였다.

그러나 진통철로는 부지를 측량하고 자본을 모집하는 과정에서 국자감제주

(國子監祭酒) 성욱(盛昱), 하남도감찰어사(河南道監察御使) 여련원(余聯沅), 산서도감찰어사(山西道監察御使) 도인수(屠仁守), 호과급사중(戶科給事中) 홍량품(洪良品), 예부상서(禮部尚書) 규윤(奎潤), 호부상서(戶部尚書) 옹동화(翁同龢) 등 조정 내 수구대신들의 강한 반대에 직면하면서 격렬한 논쟁이 전개되었다. 반대파의 요지는 첫째, 진통철로가 완공된 이후 만일 열강의 군대가 천진항으로 들어오게 된다면 이 철로를 통해 수도 북경으로 막힘없이 진입하게 되어 매우 위험하다는 주장이었다. 즉 적이 침입하는 데 시간을 단축시켜 오히려 서양인에게 편리하다는 것이었다. 둘째, 이 철로는 기존 수운과의 운수 경쟁을 초래함으로써 수많은 수부(水夫)의 실업을 야기하여 생계를 위협할 가능성이 크다는 이유였다. 셋째, 북경 부근에는 수많은 분묘와 사당이 있어 철로를 건설하려면 가옥을 허물고 분묘를 파헤치게 된다고 비난하였다. 또한 철로를 부설하기 위한 부지를 수용하는 과정에서 분쟁을 야기할 가능성이 매우 높다는 등의 이유를 내세웠다. 넷째, 분명 서양 기술자를 고용할 터이니 자본이 외국으로 유출될 것이라는 이유를 들었다.

해군아문은 진통철로의 부설이 수도 부근의 군사적 방비에 매우 유용하다고 주장하였으나, 반대 측은 오히려 유사시 적을 이롭게 할 가능성이 있다는 우려를 제기하였다. 또한 전통적인 수운(水運) 등에 종사하는 수많은 유통업자들이 생업을 잃고 생존을 위협당하게 될 것이므로 이는 사회의 기풍을 어지럽히는 백해무익한 계획이라고 비난하였다. 이와 같은 반대에 직면하여 이홍장 역시 진통철로의 부설을 계속 고집하기 어렵게 되었으며, 결국 철로 부설은 무산되고 말았다.

이러한 가운데 양광총독 장지동은 1889년 3월 3일에 일종의 조정안을 조정에 상주하였다. 즉 진통철로의 부설을 연기하고 노한철로, 즉 북경 부근의 노구교에서 출발하여 호북성의 한구(漢口)에 이르는 철로를 우선적으로 부설하자고 제안한 것이다.

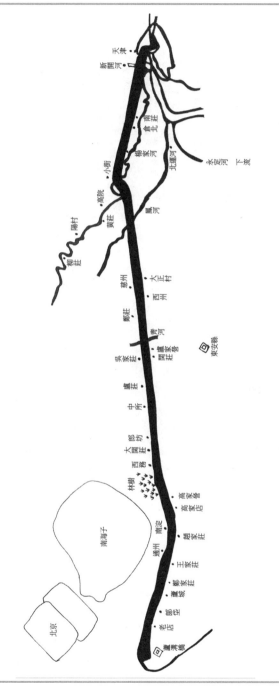

06-2 ● 진통철로 노선도 1

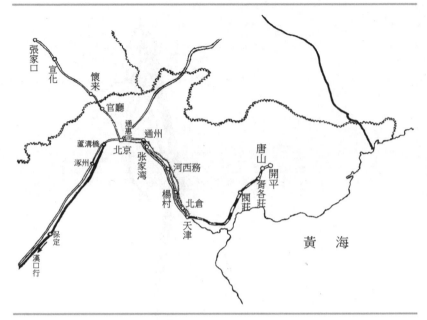

06-3 ● 진통철로 노선도 2

참고문헌

『東方雜志』28券 19號, 1931.9.

「津濟通車感言(續): 齊南小彭照相館贈津浦鐵路石店最高之鐵橋圖」, 『協和報』28期, 1911.

吳鐸, 「津通鐵路的爭議」, 『中國近代經濟史研究集刊』4卷 1期, 1936.

朱從兵, 「晚淸中央專項鐵路經費探析」, 『史學月刊』2016年 8期.

苟艷紅, 「津通鐵路停築之評議」, 『佳木斯教育學院學報』2012年 9期.

07장

관동철로(關東鐵路)

시베리아철로에 대항하여 부설된 중국 동북철로

연 도	1892~1894
노 선 명	관동철로, 북양관판철로(北洋官辦鐵路), 진유철로(津楡鐵路)
구 간	임서(林西) - 중후소(中后所)
레일 궤간	1.435미터
총 연 장	193킬로미터
기 타	

러시아는 크림전쟁(1853~1856)에서 패배하여 유럽으로의 팽창에 타격을 입고 나서 자신의 외교적 역량을 극동으로 전환시키기 시작했다. 중국은 1689년에 러시아와 네르친스크조약을 체결한 후 흑룡강 건너편 기슭의 방비를 위해 각 요충지에 성채를 축조하였으며, 식민정책과 둔전 촌락의 건설을 적극 추진하였다. 이미 17세기 말 중국의 강제 이주민은 약 2만 명으로 추산되었다. 러시아의 위협에 대비하기 위한 변경지역으로의 식민정책, 한족의 이주에 의한 만주의 중국 본토화라는 병행적 과정이 나타났다. 더욱이 직예총독 이홍장은 1883년에 북양함대를 창설하여 군비 증강에 본격적으로 나섰으며, 요동반도의 여순에 요새화된 해군기지를 건설하였다. 러시아 참모본부의 장교들은 1,000마일 이상 중국 국경과 마주한 아무르 지역이 주민수가 적고 전략적으로 허술하여 군사상 방어에 용이하지 않다고 판단하였다.

1857년 시베리아총독 로바노프(Robanov)가 시베리아철로의 부설을 건의한 이래 중국은 러시아철로의 동점 현상에 주의를 기울이고 있었다. 더욱이 1882년 러시아의 차르(tsar)는 시베리아철로 부설계획의 조속한 수립과 이를 위한 측량을 재촉하고 있었다. 1887년에 러시아는 조선을 협박하여 '육로통상조약'을 체결함으로써 동방으로의 세력 확대를 노골화하였다. 러시아의 시베리아횡단철로 부설 계획은 중국인들이 철로의 가치를 재인식하는 계기가 되었다. 이홍장 등 양무파 관료들은 철로 부설을 적극 주창하면서 러시아의 침입에 대비해야 한다는 국방의 목적을 누차 강조하였다.

1890년 초 이홍장은 영국인 공정사 킨더(C. W. Kinder)에게 자신이 이미 서에서 동으로 남만주를 관통하는 철로를 부설하기 위한 계획을 세워두었음을 전하였다. 이홍장이 계획한 노선은 영구(營口)에서 심양, 길림을 거쳐 러시아 국경 부근에 위치한 도문강(圖們江, 두만강)의 훈춘에 이르는 노선이었다. 그뿐만 아니라 이홍장은 봉천에서 남으로 만주의 주요 항구인 우장(牛庄, 영구)에도 지선을 부설하려는 계획을 세워두었다.

1890년 3월 이홍장은 총리아문대신 경친왕(慶親王) 혁광(奕劻) 및 순친왕(醇親王) 혁현(奕譞)과 협의를 거쳐 청조 중앙에 철로의 부설을 상주하였다. 같은 달 31일 총리아문이 동삼성(東三省)에서 철로를 부설하기로 방침을 결정한 이후 관동철로의 부설 계획이 본격적으로 추진되었다. 관동철로는 관내와 관외의 양 구간으로 구성되었으며, 호부(戶部)에서 일부 부설 비용을 지원하였다. 이 밖에 청조는 직예, 하남, 섬서, 산서(山西), 사천, 산동(山東), 호북, 호남, 강녕(江寧), 강소, 안휘, 절강, 강서(江西), 광동, 복건과 대만 등 16개 성이 매년 5만 량을 관동철로의 부설 비용으로 염출하도록 지시하였다. 각 성에서 염출한 비용은 모두 표호(票號)를 통해 전달되었다.

4월 16일, 이홍장은 자신의 측근인 오치창(吳熾昌)에게 영국인 공정사 킨더를 대동하고 비밀리에 철로를 부설하기 위한 실측에 착수하라고 지시하였다. 이홍장이 러시아에 대항하기 위한 관동철로의 부설 및 관측에 영국인 공정사를 동원한 것은 다분히 이이제이(以夷制夷)의 원칙에서 영국과 은밀히 연대하여 러시아에 대항한다는 의미가 내포되어 있었다. 또한 철로의 레일도 모두 영국으로부터 구매하려는 계획을 마련해 두었다.

4월 17일 이홍장은 총리아문의 순친왕에게 철로 측량을 비밀리에 진행할 예정이라고 보고하였다. 순친왕은 다음 날 이홍장에게 "관동철로의 부설은 우리에게 매우 중요한 일이며, 러시아 역시 이 문제에 주의를 기울일 것임에 틀림

없다. 따라서 이 철로는 국고 지출을 늘려 조속히 추진하지 않으면 안 된다. 그러나 현재의 예산 범위 내에서는 1년에 200리의 부설만 가능한 상태로 완공이 늦어질 수밖에 없다. 일전에 서태후도 이 문제를 염려하고 있었다. 자본을 모집하는 일도, 주식을 발행하는 일도 모두 어려우니 다른 방법이 없겠는가?"라고 하여 철로를 부설하기 위한 자금을 확보하기가 쉽지 않음을 전하였다.

이로부터 우리는 청조가 서둘러 만주 지역에서 관동철로를 부설하려던 계획은 바로 러시아의 시베리아철로 부설에 대비하기 위한 목적에서 이루어졌으며, 또한 서태후와 총리아문의 순친왕을 비롯하여 이홍장 등 청조 수뇌부는 이를 매우 긴요한 문제로 인식하고 있었음을 알 수 있다.

철로 노선을 부설하기 위한 측량에서 킨더는 영구를 기점으로 하는 노선이 불편하다고 판단하여 철로의 기점을 직예의 임서진으로 변경하고 관내에 이미 부설되어 있는 철로와 서로 연결시키도록 건의하였다. 앞서 언급하였듯이 1881년 당산에서 서각장에 이르는 총연장 10킬로미터의 당서철로가 이미 개통되었으며, 1887년 5월에 45킬로미터의 당로철로(唐蘆鐵路)가, 1887년에는 86킬로미터의 진고철로(津沽鐵路)가, 1890년에는 당산(唐山)에서 고야(古冶) 임서탄광(林西炭鑛)에 이르는 26킬로미터의 지선이 완성된 상태였다. 따라서 기존 철로의 연장선상에서 고야의 임서(林西)로부터 연장해 나아가 봉천(심양)에 도달하는 노선이 현실적으로 단기간 내에 부설 가능한 노선임을 지적한 것이다.

이에 재차 노선이 수정되어 임서로부터 길림에 이르는 간선을 만들고, 다시 심양에서 영구에 이르는 지선을 부설하는 것으로 결정하였다. 1891년 3월 청조는 이홍장을 관동철로 독판으로 임명하는 동시에, 호부가 당해년도부터 매년 200만 량을 관동철로를 부설하기 위한 전관(專款)으로 편성하도록 하였다. 1891년 6월 30일 북양관철로국이 산해관에 설립되어 주란정(周蘭亭)이 제독(提督), 직예후보도 이수당(李樹堂)이 철로총관으로 임명되었으며, 영국인 킨더가 총공정사로 임명되었다.

그럼에도 관동철로의 부설에서 가장 문제가 된 것은 역시 철로 부설경비의 조달 방안이었다. 노한철로로부터 전용한 자금이 각 성에서 제때에 도달하지

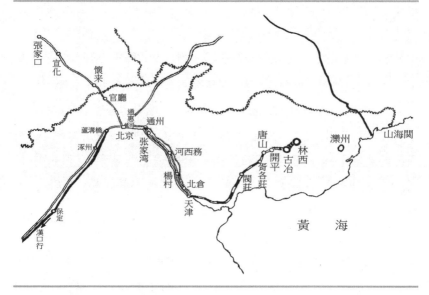

07-1 ● 관동철로 부설 직전의 동북철로(1889년)

관동철로가 부설되기 직전인 1889년의 철로 상황을 보여주는 노선도이다. 이미 당서철로를 시
작으로 천진에서 개평((開平)까지 철로가 부설되어 있었으며, 1890년에는 고야(古冶) 임서탄광
(林西炭鑛)까지 부설된 상태였다. 관동철로는 개평 인근의 고야 임서(林西)로부터 동진(東進)
하여 난주(灤州)를 거쳐 산해관(山海關)을 넘어 수중현(綏中縣)[중후소(中后所)]에까지 이르게
되며, 이후 경봉철로의 부설로 북경에서 봉천(奉天, 심양)에까지 모든 노선이 연결되게 된다.

않아 공정이 상당 기간 지연되기도 하였다. 이 철로를 부설하기 위해 확보된
예산 가운데 이미 1891년부터 경비가 전용되기 시작하였다. 1895년까지 부설
비용으로 책정된 예산이 총 600만 량에 달하였다. 이 가운데 1894년 서태후의
60세 회갑연에 200만 량이 유용되었고, 1894년에 청일전쟁이 발발하자 철로의
부설 경비 중 일부가 군량으로 사용되기도 하였다.

　부설공정은 고야로부터 난주(灤州) 방향으로 부설해 나가기 시작하였다. 이
구간은 지세가 평탄하기는 하였지만 670미터에 달하는 난하대교(灤河大橋)가
하상(河床, 하천의 밑바닥)의 모래층이 두터워 교량을 가설할 경우 홍수로 말미
암아 훼손될 우려가 제기되었다. 이러한 우려에서 교량의 가설을 주도한 첨천
우(詹天佑)는 기압침상법이라는 당시로서는 최신의 공법을 동원하여 교량을 가

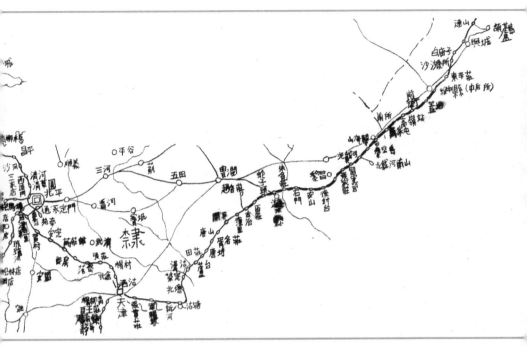

07-2 • 관동철로 노선도

관동철로는 고야로부터 출발하여 1892년에는 난현까지, 1893년에는 산해관까지 부설되었다. 산
해관을 넘어 1894년 수중현[중후소]에 이르렀을 때 청일전쟁이 발발하여 부설공사가 중단되고
말았다. 이후 경봉철로의 부설 과정에서 봉천(심양)에서 수중현까지 연결되었다.

설하였다. 철로는 1892년 난현(灤縣)까지, 1893년 봄에는 산해관까지 부설되었
으며, 계속해서 금주(錦州) 방면으로 진전되었다. 1894년에 산해관 밖 약 40마
일에 위치한 중후소(中后所)[수중현(綏中縣)]까지 부설되었을 때 청일전쟁이 발발
하여 부설공사가 중단되고 말았다. 약 3년 동안 부설된 철로는 예산의 부족으
로 말미암아 120마일(193킬로미터)에도 미치지 못하였다. 이후 1896년 경봉철
로(京奉鐵路)의 부설이 진행되어 1897년에 수중현까지 도달하게 되니 이로써
북경에서 봉천(심양)까지의 각 철로가 통합되어 경봉철로가 완성되었다.

1890년 초부터 킨더는 이홍장의 명령에 따라 비밀리에 측량을 실시하였다.
그러나 러시아의 정보기관은 이미 측량대가 출발하기 전부터 이들의 활동을

감지하고 있었으며, 이러한 사정은 러시아가 시베리아철로의 부설에 서둘러 착수하도록 만든 주요한 요인이 되었다. 1890년 7월, 킨더를 중심으로 한 중국 관측대가 러시아와 조선의 경계지역인 훈춘을 측량하였을 때, 아무르구역 행정장관인 코르프(Korff)는 제정러시아 차르에게 시베리아철로를 부설하여 블라디보스토크 및 남우수리 지역을 방어하는 일이 시급하다고 보고하였다. 1891년 2월 21일의 내각회의에서 차르는 시베리아철로를 시급히 부설하도록 지시하였으며, 마침내 같은 해 3월 31일에 서둘러 착공에 들어가게 되었다. 이렇게 볼 때, 관동철로와 시베리아철로의 부설은 모두 중국과 러시아 간의 국경과 만주 지역의 정치적 안정이라는 목적에서 적극 추진되었으며, 양자는 상호 밀접한 관계가 있었음을 잘 알 수 있다.

참고문헌

金志煥,「제정 러시아의 제국주의와 동방정책의 역사적 고찰」,『中國學報』50輯, 2004.12.
馬陵合,「論甲午前借債築路的開啓及其困境: 兼評李鴻章的鐵路外債觀」,『安徽史學』2002年 1期.
朱從兵,『李鴻章與中國鐵路』, 群言出版社, 2006.
黃華平,「李鴻章與關東鐵路的籌議和興築」,『貴州文史叢刊』2012年 4期.

08장

대야철로(大冶鐵路)

대야철광을 개발하기 위해 부설된 호북성 최초의 철로

연 도	1893~1894(1894년 12월 27일 개통)
노 선 명	대야철로, 철황철로(鐵黃鐵路)
구 간	사자산(獅子山) - 석회요(石灰窯) - 철산보(鐵山輔) - 동고지(銅鼓地)
레일 궤간	1.435미터 단선
총 연 장	21킬로미터
기 타	

청조는 노한철로를 부설하기 위해 장지동을 광동으로부터 호북으로 전출시켜 호광(湖廣)총독에 임명하였다. 장지동은 외국산 철강 등을 수입하여 철로를 부설하기 위한 자재로 사용하는 방안에 반대하였다. 장지동은 철로를 부설하기에 앞서 본국에서 채광, 제련, 철강 레일의 제조 등을 선결한 이후에 비로소 중국산 레일로 부설해야 한다고 주장하였다. 이를 위해 장지동은 우선적으로 대야철광(大冶鐵鑛)과 한양철창(漢陽鐵廠)의 설립에 착수하였다. 장지동은 한양철창의 주요 설비를 대부분 영국에서 수입하였다. 청조가 노한철로의 부설 비용으로 마련한 자본 가운데 200만 량을 한양철창 및 호북방직관국의 자금으로 전용하였다.

대야철로는 한양철창의 설립 및 경영과 불가분의 관계를 가지고 있었다. 장지동은 1890년 한양철창을 창설하고 1891년에는 대야에 광무국을 설립하여 자신의 주관하에서 철광석의 개발에 착수하였다. 그런데 채굴한 광석을 운반하기 위해서는 광산에서 먼저 마차를 이용하여 석회굴 강변의 부두까지 운반한 이후 다시 장강의 수로를 통해 한양철창까지 실어 나르지 않으면 안 되는 형편이었다. 이에 장지동은 조정에 광산으로부터 석회굴에 이르는 철로의 부설을 주청하게 된 것이다.

장지동은 대야철광을 채굴하기 위해서 반드시 철로를 부설해야 한다고 생각하여, 철광석을 장강 남쪽 기슭의 석회요(石灰窯)로 운반하는 철로 간선과 도만(道灣)에서 사자산(獅子山)에 이르는 지선의 부설 계획을 수립하였다. 조정의 승인을 거쳐 마침내 1893년 6월 대야철로의 부설에 착수하였으며, 1894년 12월 27일 완공한 이후 열차를 개통하였다. 대야철로의 부설공사는 독일인 총공정사 샤이트바일러(Scheidtweiler)의 주도하에 독일의 설비와 기술을 동원하여 측량과 설계, 시공이 이루어졌다. 1미터당 85파운드 중량의 강궤를 사용하였으며, 지선의 경우 55파운드 중량의 레일을 부설하였다.

이 철로는 철산포(鐵山鋪)로부터 시작하여 동고지(銅鼓地)를 거쳐 장강 남안의 석회요항(石灰窯港)에 도달하며, 동고지로부터 사자산에 이르는 지선을 더하여 총연장 21.28킬로미터에 이르는 단선 표준궤 철로였다. 1911년 신해혁명 이후 호북혁명정부는 인원을 파견하여 대야철로를 접수하였으며, 1921년에 대야강창(大冶鋼廠)이 설립된 이후 기존의 성홍경역(盛洪卿驛)과 이가방역(李家坊驛)을 취소하고 동고지역을 증설하였다. 노선 전체가 대야현(大冶縣) 내에 위치하여 대야철로라 명명하였다.

이 철로는 중국의 지방정부가 최초로 부설한 철로이자 호북성 최초의 철로였다. 자본은 장지동이 호북성의 성고(省庫)로부터 일부 충당한 이외에 독일에서 차관 50만 량을 도입하여 부설자금으로 충당하였다. 이 철로는 광석을 운반하는 이외에 일반 객화의 운수도 담당하였으며, 한야평공사(漢冶萍公司)가 철로의 운영을 주관하였다. 운수설비로는 소형의 증기기관차 및 광산차량이 있었으며, 전 노선에 걸쳐 기관차 14대, 객차 6량, 7톤 탑재용 화물차 40량을 보유하였다. 또한 기차수리창, 석탄교역소, 급수탑(給水塔), 차고 등의 설비를 구비하였다. 이 밖에 석회굴(石灰窟) 강변에 부두를 설치하였으며, 기중기 1대를 보유하였다.

대야철로는 부설 직후 매월 3,000톤에 달하는 철광석을 한양철장으로 실어 날랐다. 1896년 4월 철로독판대신 성선회(盛宣懷)가 대야철광을 접수하여 사자산, 야압평(野鴨坪), 협산(夾山), 대석문(大石門) 등으로 채굴장을 확대하면서 석탄의 생산량도 나날이 증가하자 자연히 철로 운수도 크게 증가하였다. 1907년 말 대야철광의 철광 생산량은 연 30만 톤에 달하였다. 1908년 자금 부족과 적자를 해결하기 위한 목적에서 한양철창, 대야철광(대야철로를 포함), 평향매광(萍鄉煤鑛)을 합병하여 상판(商辦) 한야평공사(漢冶萍公司)로 개조하였다. 신해혁명 시기에 이르러 한야평공사는 고용 인원이 무려 7,000명을 넘어섰다. 매년 철광석과 강철의 생산량이 중국 전체 생산량의 90퍼센트 이상을 차지하자 당시 서방에서는 한야평공사를 '동아시아 제일의 웅창(雄廠, 거대기업)'이라고 불렀다.

1904년 한양철창의 설비 확대에 따른 자금 부족을 틈타 일본은 30년 기한의 차관계약을 체결하고 철광석을 대야철로를 통해 대량으로 운송하기로 합의하였다. 중일전쟁이 폭발한 이후 대야철광과 대야철로는 일본의 주요한 침략 목표가 되었다. 이에 국민정부는 1938년 2월에 이들 설비가 일본의 수중으로 넘어가는 것을 저지하기 위해 설비를 해체하기로 결정하였다. 7월 20일부터 8월 21일까지 33.97킬로미터에 달하는 대야철로의 레일이 모두 해체되었으며, 일본의 수중으로 넘어가는 것을 방지하기 위해 모두 장강에 던져버렸다. 대야철로의 모든 교량, 기관차, 광산차량과 부두의 소형선박, 그리고 하륙(下陸)에서 동고지에 이르는 7.5킬로미터의 레일도 모두 해체되었다.

1938년 10월 20일 일본이 광산을 점령한 이후 일본제철주식회사가 대야철광을 접수한 이후 대거 인원을 파견하여 국민정부가 장강에 던져버렸던 철강 레일, 침목과 기타 자재들을 건져 올렸다. 이를 이용하여 일본군은 석회굴로부터 철광산에 이르는 노선을 복원하여 열차를 개통하였으며, 이 과정에서 1만여 명에 달하는 중국노동자를 동원하였다. 바로 이 철로를 통해 대야철광의 광산자원을 약탈하였다. 광산에서 채굴된 철광석은 대야철로를 통해 운송된 이후 다시 장강을 통해 끊임없이 일본으로 반출되었는데, 그 수량이 대략 402만 톤으로 추정되었다. 1945년 9월 일본의 항복 이후 대야철로는 다시 국민정부 경제부에 의해 접수, 관리되었다. 1949년 5월 대야철로 및 지선은 총연장 36.68킬로미터에 달하였으며, 연선에는 총 6개의 역(驛)이 있었다. 국공내전

08-1 ● 대야철로 노선도

시기에 국민정부는 후퇴하면서 다시 대야철로를 일부 파괴하였다.

중화인민공화국 수립 이후인 1955년 철도부는 무창(武昌)에서 대야(大冶)에 이르는 연 200만 톤 상당의 운송 능력을 보유한 철로를 부설하기로 결정하였다. 공정은 총 3기로 나누어 진행되었다. 개조 이후 대야철로는 대야강창으로 부터 정주철로국(鄭州鐵路局)의 관리로 이관되었다. 이로써 대야철로는 국영으로 전환되었으며, 철황선(鐵黃線)[철산황석선(鐵山黃石線)의 약칭)]으로 개명되어 전국철로망 체계 속에서 운영되었다.

참고문헌

姜迎春, 「大冶鐵鑛運礦鐵路仍淹水中」, 『鑛業週報』 160期, 1931.

姜迎春, 「工業化背景下的鄉村社會流動 — 以大冶鐵鑛爲個案(1890-1937)」, 『中國鑛業大學學報』 2009年 4期.

吳劍杰, 「張之洞與中國近代鐵路」, 『武漢大學學報』 1999年 3期.

陳曉東, 「張之洞與晚淸鐵路」, 『史學月刊』 1995年 6期.

丁永剛, 「張之洞與中國鐵路建設」, 『唐都學刊』 2004年 20期.

09장

경봉철로(京奉鐵路)[관내외철로(關內外鐵路)]
산해관을 경계로 하여 만주로 이어지는 간선철로

연 도	1894~1907
노 선 명	경봉철로, 관내외철로, 평봉철로(平奉鐵路), 봉산철로(奉山鐵路), 북녕철로(北寧鐵路), 영심철로(寧瀋鐵路)
구 간	북경(北京) - 봉천(奉天)
레일 궤간	1.435미터
총 연 장	간선 948킬로미터, 지선 735킬로미터
기 타	

경봉철로는 중국자본으로 최초로 부설된 당서철로의 동서 구간을 연장하여 최종적으로 북경에서 봉천(현재의 심양)에 이르는 구간의 철로를 총칭하는 명칭이다. 1881년 당산에서 서각장에 이르는 총연장 10킬로미터의 당서철로가 개통되었으며, 1887년 5월에 45킬로미터의 당로철로(唐蘆鐵路)가 준공되었다. 1887년에는 86킬로미터의 진고철로(津沽鐵路)가 완공되었다. 1890년에는 당산(唐山)에서 고야(古冶) 임서탄광(林西炭鑛)에 이르는 26킬로미터의 지선이 완성되었다. 이후 1895년 12월 청조는 풍태(豊台)를 거쳐 노구교(蘆溝橋)에 이르는 진로철로(津蘆鐵路)를 부설하기로 결정하였다.

그러나 철로가 풍태에 이르렀을 때 북경의 마가보(馬家堡)에 이르는 노선을 부설하여 1897년 6월 개통되었다. 1897년에는 관외의 중후소(中后所)에서 신민둔(新民屯)[현재의 신민현(新民縣)]에 이르는 철로 및 구방자(溝幇子)에서 영구(營口)에 이르는 지선을 부설하여 진유철로총국(津楡鐵路總局)을 관내외철로총국으로 변경하고 아울러 진로철로국(津蘆鐵路局)을 병합하였다. 1900년 6월 중후소에서 금주(錦州), 구방자(溝幇子)에서 영구에 이르는 철로가 완공되어 개통되었다.

1904~1905년 러일전쟁 시기에 일본이 중국정부의 허가 없이 무단으로 신민

09-1 • 경봉철로
(관내외철로)의
부설 비용을 충
당하기 위해 발
행된 채권

둔(新民屯)에서 심양 서쪽의 황고둔(皇姑屯)에 이르는 협궤 경편철로를 부설하
였다. 1907년 3월에 중국이 이 철로를 회속한 이후 표준궤로 변경하고, 같은
해 8월 명칭을 관내외철로에서 경봉철로로 변경하였다. 1912년 북경에서 봉천
까지를 노선으로 하는 직통열차가 개통되었다. 북벌 이후 1928년 국민혁명군
이 북경으로 진입하여 북경의 명칭을 북평(北平)으로 변경하면서 평봉철로(平
奉鐵路)로 개명되었다. 같은 해 12월 봉천성(奉天省)이 요녕성(遼寧省)으로 변경
되어 1929년 4월 이 철로는 북녕철로(北寧鐵路)로 개명되었다.

　일찍이 1880년대 중엽부터 영국, 프랑스, 러시아, 일본 등 열강은 조선반도
에서 격렬한 경쟁을 전개하였다. 1886년 러시아정부는 블라디보스토크를 기
점으로 하는 시베리아철로를 부설할 것을 결정하였다. 청조는 이 소식을 듣고
길림장군에게 사실 여부를 확인하도록 지시하는 한편, 총리아문에게는 대책을
마련하도록 지시하였다. 1890년 3월 총리아문은 동북 지역에서 시베리아철로
에 대응하는 철로의 필요성을 제기하며, 먼저 영구에서 훈춘(琿春)에 이르는 철
로를 시급히 부설해야 한다고 주장하였다.

　이홍장은 조정에 '관동철로작의판법흥공절(關東鐵路酌拟辦法興工折)'을 상주
하여 관동철로는 마땅히 임서(林西)로부터 산해관(山海關)으로 나와 금주, 광녕
(廣寧), 신민청(新民廳)을 거쳐 심양(沈陽)에 이르러 길림에 도달하는 경로가 되

09-2 • 경봉철로 난하대교 가설 공사

총공정사 첨천우가 기압침상법이라는 최신 공법으로 가설한 난하대교의 공사 모습.

출처: 「京奉鐵路灤河橋工建築圖」, 『鐵路協會會報』 88期, 1920, p.5(上海圖書館《全國報刊索引》數据庫).

어야 한다고 주장하였다. 이 밖에 심양으로부터 지선을 부설하여 우장(牛庄), 영구에 이르는 노선을 부설해야 한다고 상주하였다. 예상 부설 경비는 2,050만 량으로 노한철로의 수입 가운데 매년 200만 량을 추렴하여 관동철로의 부설 비용으로 전용하는 방안을 제시하였다. 청조는 이를 승인하였으며, 이로써 관동철로의 부설에 착수할 수 있게 되었다. 4월 21일 청조는 호부(戶部)에 명령하여 매년 200만 량을 관동철로의 부설 비용으로 이관하도록 지시하였다.

1891년 4월 청조는 이홍장을 파견하여 관동철로를 부설하도록 지시하고, 원래 노한철로를 부설하기 위해 책정한 예산을 관동철로의 부설로 이관하도록 하였다. 이러한 결과 산해관에 '북양관철로국(北洋官鐵路局)'을 설립하고 킨더를 총공정사로 임명하여 고야(古冶)로부터 산해관에 이르고, 이로부터 다시 관외로 연장하는 철로의 부설을 책임지고 부설하도록 하였다. 이 철로는 중국 관판

09-3 • 경봉철로 휘장

경봉철로는 북녕철로라고도 불렀으며, 알파벳 머리
말을 따서 P, N을 도안으로 경봉철로의 로고를 제작
하였다.

철로(국영철로)의 시초로서, 부설 공정은 1890년에 이미 고야로부터 동진하기
시작하였다. 이 구간은 지세가 평탄하기는 하였지만 670미터에 달하는 난하대
교(灤河大橋)가 하상(河床)의 모래층이 두터워 교량을 가설할 경우 홍수로 말미
암아 붕궤될 우려가 제기되었다. 이러한 이유에서 교량 가설을 주도한 첨천우
는 기압침상법이라는 당시로서는 최신 공법을 동원하여 교량을 가설하였다.
또한 노한철로로부터 전용한 자금이 각 성으로부터 제때에 도달하지 않아 공
정이 상당 기간 지연되기도 하였다. 1892년 난주까지 부설하고, 1894년 산해
관까지 도달하여 철로의 관내 구간이 비로소 완공되어 열차를 개통하였다.

이와 동시에 관외 구간의 부설공정이 진행되었으나 1894년 중후소(中后所)
[현재의 중현(中縣)]에 이르러 열차가 개통되지 못한 상태에서 8월 청일전쟁이
발발하자 모든 공정이 일시 중단되고 말았다. 이 당시 여순재료창 내에는 강철
레일 6,000톤이 있었으나 이것을 모두 일본에 의해 탈취당하고 말았다. 청일전
쟁 발발까지 관내외철로는 서(西)로는 천진으로부터 동으로는 중후소까지 총
348킬로미터에 달하였다.

청일전쟁이 종료된 후 1897년 5월에 이르러 관동철로의 관외 구간 공정이
재개되었으며, 1900년 6월 중후소에서 금주, 구방자(溝帮子)까지, 구방자에서
영구까지 이르는 구간의 부설이 완공되어 열차를 개통하였다. 마침 이때 8개
국연합군이 중국을 침략하자, 제정러시아는 이 틈을 이용하여 17만여 명에 달

09-4 • 북녕철로(경봉철로) 자산(資產) 표시석
(1935년)

하는 방대한 군사력을 동원하여 대거 동북으로 들어왔다. 이때 관내외철로를 점령하고 이 철로를 통해 군대를 수송하여 중국의 자산을 약탈하였다. 1900년 10월 영국의 압력에 못 이겨 러시아는 관내 구간의 철로 관리권을 영국에 양도하였다. 1901년 9월 '신축조약(辛丑條約)'이 체결되어 북경에서 산해관의 철로 연선 12개 기차역에 외국군대의 주둔이 허용되었다.

1902년 4월 중국과 영국은 '영국교환관내외철로장정(英國交還關內外鐵路章程)'을 체결하고 "경진철로(京津鐵路), 진유철로(津楡鐵路) 및 통주(通州), 정양문(正陽門), 그리고 영정문(永定門) 내의 각 철로를 중국북방철로독판대신에 반환하기로 합의하였다. 9월 중국과 러시아는 '아국교환관외철로조약(俄國交還關外鐵路條約)'을 체결하고 관내외철로를 회수하였다. 다음 해 관외 구간의 철로는 신민(新民)까지 연장 부설되었으며, 진로철로[1901년 노구교(蘆溝橋)로부터 북경의 정양문까지 연장] 및 경통(京通)[북경 - 통주(通州), 1901년 완성] 구간, 관내외철로의 간선과 지선은 총 895.17킬로미터에 달하였다.

관내외철로를 회수한 이후 영국인 킨더는 총공정사 겸 총관(總管)으로 부임하였다. 중국과 영국이 체결한 '관내외철로교환장정'의 규정에 따르면, "총국은 총판 1명, 양무총판 1명, 총관 1명(영국인)을 파견하여 공정을 관리하며, 아울러 화양공장, 감사, 자재 등의 업무에 종사한다", "총국은 별도로 중국인 통역 1명, 영국 막우(幕友)* 1명을 두고 양무의 일체 업무를 도와서 처리한다. 또한 현장 경험이 풍부한 서양인 1명을 파견하여 창고 관리업무를 담당하게 한

09-5 ● 경봉철로 봉천역

09-6 ● 현재의 심양역

....

* 막우(幕友)란 중국 명·청대 총독, 순무, 지현 등 지방장관이 사적으로 고용한 정치고문 혹은 비서를 말한다.

다"라고 되어 있었다. 이러한 규정으로 볼 때, 영국이 사실상 화북, 동북을 연결하는 철로노선을 장악하게 된 것이라 할 수 있다.

1920년대 장작림의 관내 진출로 말미암아 경봉철로 역시 직접적인 영향을 받게 되었다. 1922년의 제1차 직봉전쟁(直奉戰爭)을 계기로 장작림은 봉천 - 산해관 구간을 관할하게 되어 경봉철로는 산해관을 경계로 양분되었다. 이로 인해 철로 수송이 큰 혼란에 빠지면서 수입도 감소할 수밖에 없었다. 그러나 1924년 제2차 직봉전쟁에서 장작림이 승리를 거둔 이래 북경 - 봉천 간의 전 구간이 장작림의 판도하에 편입되었다. 장작림의 일원적 관리 이후 경봉철로의 경영도 호전되었다. 그러나 1928년에 장작림이 관내로부터 후퇴하자 철로의 관리는 다시 분열되고 말았다. 이후 남경국민정부가 중국철로의 통일적 관리를 표방하면서 장학량(張學良)에게 경봉철로의 경영을 중앙으로 이관하도록 압력을 행사한 결과, 1929년에 양자 사이에 협정이 체결되어 봉천관리국은 폐지되고 천진관리국에서 전 구간을 통할하게 되었다. 1931년 만주사변 이후 봉천 - 산해관 구간은 만주국에 의해 접수되어 명칭도 봉산철로(奉山鐵路)로 개명되었다.

경봉철로 연선지역은 요하의 서쪽에 위치하여 요서라고 불렸고, 예로부터 관내에서 발흥한 중화왕조의 세력이 미쳤던 지역이었다. 역사적으로 관내와 밀접한 관계를 가진 지역으로서, 지역경제의 양상은 직예 지방과 유사한 측면이 많았다. 이 때문에 이 지역은 동청철로(東淸鐵路)가 부설된 이후 급속하게 개발이 진행되었던 동북 북부지역과는 달리 농업 생산 역시 유구한 역사를 가지고 있었다. 요서 일대는 경봉철로가 개통되기 이전에 영구의 배후지에 속하였다. 경봉철로는 요서의 주요한 도시를 연결하여 봉천까지 부설되었기 때문에 철로가 통하는 도시에서는 영구의 영향력 이외에 봉천과 천진의 영향도 적지 않았다. 경봉철로가 개통된 이후 금주(錦州)의 동쪽은 영구 및 봉천상권의 교차지에 속하였고 금주 서쪽의 홍성(興城), 수중(綏中)은 영구 및 천진의 상권 교차지에 속하였으며, 산해관 서쪽의 관내는 천진의 배후지가 되었다.

요서 지역에서는 금주와 신민(新民)이 주요한 상업 중심지였다. 금주에 집산된 화물은 경봉철로를 이용할 경우 영구 경유, 봉천 경유, 천진 경유의 세 루트를 이용하여 거래가 이루어졌다. 농산물도 콩은 영구로, 고량(高粱)은 천진으로 수송되는 경향이 있었다. 그런데 만주국 시기가 되면, 관내에 대한 영구의 무역이 부진하게 되면서 점차 쇠퇴의 길로 접어들었다. 천진 방면과의 교역은 국경관세가 설정된 이후 어렵게 되었고, 경제적 중심지로서 급성장한 봉천의 영향력이 증대되었다.

금주는 1909년까지 인구가 약 4만 4,000명으로 동북에서 대도시의 하나로 간주되었다. 금주가 크게 발전한 것은 만주국 시기가 되고 나서였다. 그 원인은 금주를 기점으로 열하를 관통하는 철로가 만주국 시기에 부설되었기 때문이다. 1935년에는 적봉(赤峰)까지, 1938년에는 고북구(古北口)까지 철로가 개통되었으며, 열하(熱河)와 흥안서성(興安西省)의 물자가 금주로 출하되면서 금주의 배후지가 확대되었다. 이러한 요인으로 금주의 인구도 증가하였고 1941년에는 마침내 14만 명을 넘어섰다.

신민은 북경과 봉천을 잇는 길목으로서, 내몽골로 들어가는 입구에 위치한 교통의 요충이었다. 그뿐만 아니라 요하의 수운을 통해 영구와 밀접한 상업관계를 유지하고 있었기 때문에 상업이 크게 발전하였다. 안봉철로와 남만주철로의 개통으로 인해 신민의 상권은 큰 영향을 받았다. 경봉철로가 신민을 종착역으로 했을 당시(1903~1906년)에는 화물 집산지로서 활황을 보였다. 그러나 러일전쟁 중에 일본군이 부설한 봉천 - 신민 간의 경편철로가 청조에 회수되어 1907년에 봉천까지 경봉철로가 운송을 담당하게 되자 신민은 통과역으로 전락하여 상권이 축소되고 말았다.

신민은 요하를 통해 영구와 긴밀한 교역관계를 유지하였기 때문에 영구시장의 영향이 매우 컸다. 경봉철로가 개통된 이후에는 봉천과 밀접한 관계를 가지게 되었다. 금주와 신민의 통상루트의 변화로부터 도시의 발전은 배후지를 확대할 수 있는지의 여부에 따라 규정되는 측면이 강했으며, 배후지의 확대는 철로의 부설에 의해 촉진되는 경향이 강했다고 할 수 있다. 금주는 열하 방면을 배후지로 삼는 것이 가능하였던 반면, 신민은 새로운 배후지를 획득하지 못하였을 뿐만 아니라 종전의 배후지가 축소됨으로써 상업 중심지로서의 중요성도 저하되고 말았다.

경봉철로는 만주와 북경, 천진을 연결하는 대철로로서 영업성적이 매우 양호하였다. 1920년 총수입은 2,300만 원, 총지출은 850만 원으로서, 순익이 1,460만 원에 달하였다. 화물은 곡류와 기타 농산물이 적지 않았지만 개평, 난주의 석탄과 당산의 시멘트 등도 매우 중요하였다. 연선의 북경, 천진, 금주, 산해관, 진황도(秦皇島), 영구, 봉천 등이 주요한 시장을 형성하였다.

경봉철로의 수입에서 주목할 만한 점은 여객의 비율이 40퍼센트 전후를 차지할 정도로 큰 비중을 차지하였다는 사실이다. 이는 총수입의 70~80퍼센트가 화물 수입이었던 남만주철로나 중동철로와는 확연한 차이가 있었다. 북경 - 봉천 간의 구간별 운수 상황을 살펴보면, 1929년도의 통계만을 반영한 것이기는 하지만 여객, 화물 모두 수송량이 많은 노선은 천진 - 산해관 구간이었다. 주요한 화물은 농산물이 아니라 광산물이었고 개평탄광에서 생산된 석탄이 화물 수송 총량의 약 60퍼센트 정도를 차지하였다. 이로부터 화물 수입이 개평탄광에 크게 의존하였음을 알 수 있다. 따라서 경봉철로의 주요 수익원은 천진 - 산해관 구간이었고, 산해관 - 봉천 구간은 경봉철로의 전체 노선 중에서 중요도가 떨어지는 구간이었다고 할 수 있다.

장작림이 동북의 독립을 선언한 이후 경봉철로의 관외구간은 중앙정부의 통제로부터 벗어나게 되었으며, 실질적으로 동북정권의 관할하에서 운용되었다. 따라서 경봉철로의 수입은 대부분 동북 지역에서 철로를 부설하기 위한 자금으로 전용되었다. 그러나 북벌이 완료된 이후 동북 지역이 중앙에 복속되면서 경봉철로는 국민정부의 통일적 관리 아래로 편입되었으며, 이후 북녕철로라 개칭되었다.

그러나 1931년 9월 18일 만주사변이 발발하고 일본이 무력으로 동북을 침략한 이후 북녕철로의 관외 구간은 사실상 국민정부의 통제에서 벗어나 적의 수중으로 떨어지고 말았다. 1937년 중일전쟁 발발 이후 관내 구간마저 국민정부의 통제로부터 이탈하였다. 중일전쟁 시기에 일본이 화북을 점령한 이후 북녕

09-7 ● 1930년 7월 수재로 파괴된 경봉철로 노선
출처: 「東北水災一斑: 北寧鐵路綏中縣路橋被冲毀之狀」, 『東方雜志』 27卷 16號, 1930.8, p.1.

09-8 ● 수재로부터 임시 복구된 북녕철로(경봉철로)
출처: 「東北水災一斑: 北寧鐵路綏中縣路橋被冲毀之狀」, 『東方雜志』 27卷 16號, 1930.8, p.1.

철로에 대한 보수와 개축 공사를 실시하였다.

2차대전 종결 이후 국민정부 군대는 심양을 수복하고 북녕철로와 부속 건물, 차량 등 일체의 설비를 접수하였다. 다행히 북녕철로는 전쟁으로 인한 파손이 덜한 편이었으며, 조속한 시일 안에 철로의 정상적인 운행이 가능하였다. 이 당시 동북 지역과 관내 지역의 행정구역이 상이한 까닭에 관내 구간은 평수철로(平綏鐵路)와 함께 평진구관리국(平津區管理局)의 관할로 편입하고, 석지인(石志仁)을 관리국장으로 임명하였다. 관외 구간은 동북운수총국(東北運輸總局)의 관할로 편입되었으며, 진연형(陳延炯)이 총국장으로 임명되었다.

경봉철로와 동북철로의 연운(聯運, 연계운수)

1920년대 이후 동북에서 중국자본으로 철로를 부설하자는 운동이 활발하게 전개되었지만, 각 철로는 상호 연계성이 취약하여 철로 네트워크의 필요성이 대두되었다. 각 철로가 상호 연계운수를 시행하지 않는다면 전체적인 철로 운수의 발전도 한계가 있을 수밖에 없었다. 객화(客貨, 여객과 화물) 모두에서 개별 철로를 넘어 철로 간의 연계운수를 실현하는 일은 교통의 발전과 여객, 화물 운수의 확대를 통한 철로 경영의 개선과 철로 발전을 위해서도 매우 긴요한 일이 아닐 수 없었다.

1927년 8월에 봉해철로가 개통되어 열차를 운행한 즈음에 북경 교통부는 봉계군벌세력에 의해 장악되어 있었다. 같은 해 11월 교통부는 경봉철로와 봉해철로 양 철로 사이의 연운(연계운수)을 실시하기 위한 회의를 개최하고, 최종적으로 양 철로 사이에서 객화의 연계운수를 실행하기로 결정하였다. 그러나 이후 봉계군벌이 북경으로부터 관외지역으로 퇴각함에 따라 그대로 실현되기 어렵게 되었다.

이후 1928년 11월 봉천 소재의 경봉철로관리국과 봉해철로공사는 회담을 개최하여 협정을 체결하고, 봉천역을 연계운수를 위한 거점역으로 결정하여

09-9 • 동북 4로(북녕철로, 심해철로, 길해철로, 길돈철로) 연운회의(聯運會議)

출처: 「東北東四路(北甯, 瀋海, 吉海, 吉敦)聯運會議十九年四月一日于天津北寧路局」, 『北寧
鐵路車務公報』1卷 8期, 1930, p.7(上海圖書館《全國報刊索引》數据庫).

12월 25일부터 객화의 연계운수를 개시하기로 합의하였다. 봉천역의 경우 경
봉철로의 봉천역은 객운의 연계운수역이 되고, 봉해철로의 봉천역은 화물의
연계운수역으로 설정되었다. 길해철로(吉海鐵路)는 1929년 6월에 준공되어 조

양진(朝陽鎭)에서 봉해철로와 서로 연결되었으며, 같은 해 11월에 봉해철로와 길해철로는 '객화연운협정서'에 서명하고 이로써 경봉철로, 봉해철로, 길해철로는 상호 간 연계운수를 실시할 수 있게 되었다.

1929년 9월 경봉철로는 북녕철로로 개명되어 동북교통위원회 위원장 고기의(高紀毅)가 북녕철로국장을 겸임하게 되었다. 천진 소재의 북녕철로국에서 고기의는 사로철로국(四路鐵路局) 대표를 불러들여 철로의 연계운수를 위한 회의를 개최하였다. 회의에는 북녕철로국의 부국장 노면(勞勉)(회의주석을 겸함)과 차무부처장(車務副處長) 왕봉서(王奉瑞), 회계부처장 상계고(常計高), 주심양판사처(駐瀋陽辦事處) 부처장 담요종(譚耀宗), 영업과장 주현송(周賢頌), 문패과장(文牌課長) 김사의(金士宜) 등이 참여하였다. 회의는 길돈철로(吉敦鐵路)가 연계운수에 가입하는 것에 동의하고, '동사로연운장정(東四路聯運章程)'을 제정하였다. 북녕, 길해, 길돈, 봉해철로의 네 철로는 철로 경영의 발전을 모색하기 위한 필요에서 북평(北平)에서 돈화(敦化)에 이르는 화운열차를 개설하며, 직통의 객운열차를 배정하기로 결정하였다. 그리하여 길해철로의 길림역(客運)과 동역(東驛)[화운(貨運)], 심해철로(瀋海鐵路) 심양역을 동사로연운역(東四路聯運驛)으로 정하고, 연계운수의 이정(里程)에 따라 운임을 계산하도록 하였으며, 차량이 부족한 철로국은 차량 임대료를 지불하도록 하였다.

연계운수를 통해 동상성 동부의 양식과 목재 등의 운수가 활성화되면서 철로 수지도 점차 개선되었다. 또한 연계운수를 관리하기 위해 교통위원회가 동북철로연운계핵소(東北鐵路聯運計核所)를 설립하여 연계운수의 화물과 차량을 총괄하였다. 북녕, 심해, 길해의 세 철로는 총 36량의 객차를 제공하였으며, 4편의 직통특별쾌속열차를 운행하였다. 쾌속열차는 침대차량, 우정차량(郵政車輛), 식당차량, 여행차량 등을 갖추었으며, 설비가 훌륭하여 국내의 일류 열차로 명성이 드높았다.

동사로(東四路)의 연계운수는 1931년 만주사변이 폭발할 때까지 지속적으로 시행되었으나, 실행 기간은 2년여에 지나지 않았다. 그럼에도 연계운수를 통해 적지 않은 성과를 거두었다. 1930년의 여객 수입은 277만 8,017원으로서

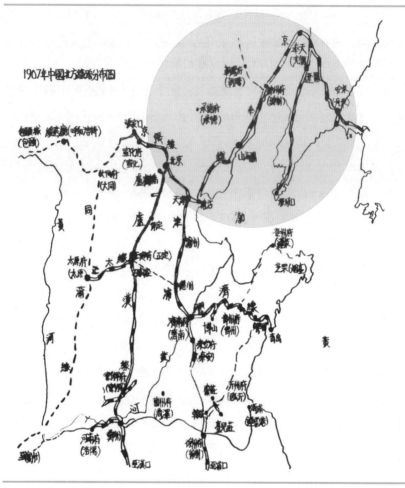

09-10 ● 경봉철로 노선도 1

1929년 106만 7,183원의 2배에 달하였으며, 여객의 운송에서도 편의성이 한층
강화되었다.

　더욱이 연계운수를 실시한 이후 관내 주민에게 동북으로의 이주를 장려하
기 위해 이민자에 대한 운임을 절반으로 인하하는 정책을 실행하였다. 이 정책
에 따라 동북으로 주민 이주가 크게 증가하였다. 연계운수 제도를 통해 동삼성
교통위원회는 동북 지역 국유철로를 일본이나 러시아로부터 독립적으로 운영

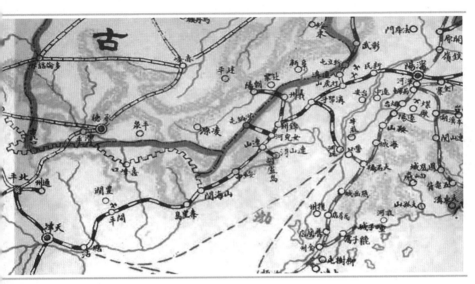

09-11 ● 경봉철로 노선도 2

할 수 있었다. 또한 동삼성에서 철로의 연계운수는 북녕철로를 통해 관내의 경한철로, 경수철로, 진포철로와 연계운수 네트워크를 구축하였다.

참고문헌

「京奉鐵路灤河橋工建築圖」,『鐵路協會會報』88期, 1920.

「東北水災一斑: 北寧鐵路綏中縣路橋被冲毁之狀」,『東方雜志』27卷 16號, 1930.8.

「國內時事」,『東方雜志』33卷 17號, 1936.9

「東北東四路(北甯, 瀋海, 吉海, 吉敦)聯運會議十九年四月一日于天津北寧路局」,『北寧鐵路車務公報』1卷 8期, 1930.

張春鹽, 「京奉鐵路述考」,『蘭台世界』2011年 5期.

李海濱, 「京奉鐵路與近代東北移民」,『蘭州學刊』2013年 10期.

黃淸埼, 「京奉鐵路之歷史地理研究(1881-1912年)」,『地理研究』2014年 11期.

熊亞平, 「民國鐵路聯運制度與鐵路運輸業的發展」,『史學月刊』2012年 7期.

제2부

1895~1911년

청일전쟁 이후 철로의 초보적 발전

10장

용주철로(龍州鐵路)

중국과 베트남을 연결하는 프랑스 자본의 광서성 철로

연 도	1896~ 일부 개통
노 선 명	용주철로
구 간	용주(龍州) - 진남관(鎭南關)
레일 궤간	1미터
총 연 장	61킬로미터
기 타	

중프전쟁(1884~1885년) 종전 직후인 1885년 6월 9일 중국과 프랑스는 '중법상약(中法商約)'을 체결하였는데, 조약의 7조에서 만일 이후 중국이 철로를 부설할 경우 프랑스의 권리를 보장하기로 약속하였다. 청일전쟁 시기 삼국간섭을 통해 요동반도의 반환을 성취한 이후 프랑스 공사 제라드(Gerard Auguste)는 청조에 중국과 베트남 사이의 국경 및 통상문제의 해결을 요구하였다. 1896년 6월 5일 청조 총리아문은 프랑스상 비무림공사(費務林公司, Fives-Lille Company)와 용주(龍州)에서 진남관(鎭南關)에 이르는 철로의 부설계약을 체결하였다. 청조는 용주철로관국을 설립하고 광서제독 소원춘(蘇元春)을 독판으로 임명하였다. 규정에 따라 용주에서 진남관에 이르는 철로는 측량, 시공으로부터 완공 이후 관리, 운영에 이르기까지 모두 비무림공사가 주관하도록 하였다. 용주철로국은 단지 부설공사에 대한 감독권을 가질 뿐이었다.

1895년 12월부터 1896년 1월 사이에 비무림공사는 노선의 측량을 실시하고, 용주에서 베트남의 동당(同登) 사이의 산하, 교량, 관지, 민지의 상황을 파악하였다. 이후 비무림공사는 철로 노선의 측량 결과를 바탕으로 용주철로국 독판 소원춘과 부설 비용을 협의하였다. 소원춘은 중국의 철로가 천진에서 당서철로가 부설된 이래 1.435미터의 궤간이 표준화된 규정이라고 주장하며 표준궤로 부설해야 한다고 주장하였다. 그러나 프랑스의 비무림공사는 프랑스의 표준인 1미터의 궤간을 채택해야 한다고 주장하였다. 소원춘은 총리아문에 자신의 주장을 채택해야 한다고 요청하였지만, 비무림공사는 예산을 고려하여 부설 비용이 적게 소요되는 1미터 궤간의 협궤로 용주철로를 부설해야 한다는 주장을 굽히지 않았다.

1899년 1월 25일 비무림공사는 용주철로의 부설 비용을 601만 9,200량으로 책정하였다. 그러나 소원춘 등 용주철로관국 측은 예상 비용이 지나치게 높으며, 중국이 제시한 227만 3,550량과 차이가 크다며 이의를 제기하였다. 이에 따라 비무림공사에게 부설 비용을 264만 량으로 낮추도록 요구하였다. 결국 프랑스공사, 비무림공사, 소원춘 사이에 협상이 진행된 결과, 궤간을 1미터의 협궤로 부설하고 부설 비용을 320만 원으로 저감하기로 상호 합의하였다.

1896년 9월에 부설공사에 착수하여 1898년 가을에 용주철로관국, 용주역 등을 설립하였으나, 1900년 9월 공사가 중단되고 말았다. 용주철로의 부설 계획은 용주성 밖 좌강(左江) 건너편의 복파묘부두(伏波廟埠頭)를 기점으로 압수탄(鴨水灘), 빙상(凭祥), 토주(土州)를 거쳐 진남관(鎭南關) 밖의 계구(界口)에까지 이르는 61킬로미터의 노선이었다. 베트남 경내의 철로는 프랑스가 자력으로 부설하며, 랑선(諒山)으로부터 동당(同登)과 나세(那歲)를 거쳐 중월 국경에 이르는 총연장 12킬로미터에 달하는 노선으로서, 용주철로와 접속하도록 하였다. 비무림공사는 계약을 체결한 이후 구간을 나누어 노반공사를 진행하였다.

1897년 2월 4일 영국은 중국과 '전면철로조약부관(滇緬鐵路條約附款)'을 체결하고 전면철로를 운남성으로 진입하도록 부설하는 특권을 취득하였다. 이로써 프랑스가 중국 운남성에 대한 절대적 세력권을 형성한다는 야심에 타격을 가하였다. 이에 프랑스는 청조를 압박하여 운남성과 프랑스 세력권인 베트남을 연결하는 전월철로의 부설에 매진하였던 것이다. 다시 말해 전면철로가 부설되기 이전에 시급히 전월철로를 부설해야 하였던 것이다. 이와 같이 프랑스는 영국과의 경쟁으로 말미암아 전월철로의 부설에 착수함으로써 용주철로의 부설공사는 중단되고 말았다. 프랑스는 프랑스자본 동방회리은행(東方匯理銀

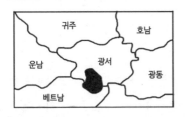

10-1 • 용주철로 노선도

行) 등과 함께 전월철로공사를 설립하고 전월철로의 부설 및 경영에 합의하였다. 1903년 베트남 구간이 완공되고, 1904년에는 중국 구간이 착공되어 마침내 1910년에 완공되었다.

그러나 1900년 7월에 이르러 프랑스는 운남성을 자신의 세력권으로 확보하기 위해 전월철로의 부설에 더 큰 관심을 갖기 시작하면서, 용주철로의 공정은 중단되고 말았다. 1896년 10월 1일 용주철로관국이 철로의 부설에 착수할 때부터 1900년 7월 공사가 중단될 때까지 3년 10개월의 시간이 경과하였으나, 부설은 예정대로 이루어지지 못하였다. 부설공사에 투입된 금액은 총 30만 량에 달하였으나, 실제로 부설된 노선은 미미한 형편이었다. 부설 비용 가운데 청조 호부(戶部)가 28만 량을 지출하였으며, 나머지는 민간으로부터 차입하였다.

1905년 1월 주중 프랑스공사 두바일(Dubail)은 용주철로를 계속 부설하도록 중국 측에 요구하였다. 그러나 중국 측은, 당초 계약에 따르면 3년 내에 용주철로를 반드시 완공하도록 규정되어 있어, 1900년 공사가 중단되어 1905년 1월까지 이미 4년 반의 시간이 경과하였으므로 프랑스가 명백히 계약을 위반한 것이라 지적하였다. 1913년 프랑스공사는 중국 외교부에 재차 용주철로의 부설권을 요구하였으나, 교통부는 프랑스 측의 계약 불이행으로 인해 이미 계약이 무효화되었다는 이유로 요구를 받아들이지 않았다.

참고문헌

王曉軍, 「近代龍州鐵路籌建始末述略」, 『廣西社會科學』 2005年 8期.
王曉軍, 「淺論近代廣西龍州鐵路的性質及對中國的影向」, 『廣西民族師範學院學報』 2000年 1期.
朱從兵, 「歷史上法國干預廣西龍州鐵路籌建始末」, 『文史春秋』 2013年 2期.
朱從兵, 「廣西龍州鐵路籌建始末」, 『廣西師範大學學報』 1998年 4期.
戈春源, 「舊中國部分鐵路被毀棄的原因及其啓示」, 『蘇州科技學院學報』 1996年 5期.

11장

동청철로(東淸鐵路)[중동철로(中東鐵路)]
만주 지역을 횡단하는 러시아자본 간선철로

연　도	1898~1903(1903년 7월 14일 개통)
노 선 명	동청철로, 동지철로(東支鐵路), 중동철로, 북만철로(北滿鐵路), 동성철로(東省鐵路), 장춘철로(長春鐵路)
구　간	적탑(赤塔) - 만주리(滿洲里) - 하이라얼(海拉爾) - 치치하얼(齊齊哈爾) - 하얼빈(哈爾濱) - 모란강(牡丹江) - 수분하(綏芬河) - 블라디보스토크
레일 궤간	1,524미터
총 연 장	1760 킬로미터
기　타	

　동청철로(Chinese Eastern Railway)는 적탑(赤塔)에서 시작하여 만주리, 하이라얼(海拉爾), 치치하얼, 하얼빈, 모란강(牡丹江), 수분하(綏芬河)를 거쳐 블라디보스토크에 이르는 총연장 1,760킬로미터의 시베리아철로 만주 통과 노선이다. 동청철로의 호칭은 다양하다. 원래 명칭은 대청국동성철로(大淸國東省鐵路)로서 동청철로라 간략히 칭한다. 이 밖에도 중동철로, 동성철로(東省鐵路), 장춘철로(長春鐵路) 등으로, 일본에서는 동지철도(東支鐵道), 동청철도(東淸鐵道), 중동철도(中東鐵道), 북만철도(北滿鐵道) 등으로 부른다. 러시아어의 원래 명칭은 Китайско-Восточная железная дорога인데 문자 그대로 번역하면 중국동방철로(中國東方鐵路)이다. 따라서 영어에 해당되는 Chinese-Eastern Railway 정도가 러시아어의 뉘앙스를 잘 전달하고 있다. 동지철도라는 명칭은 중국을 지칭하는 '지나(支那)'라는 어구를 단축해서 만들어진 것이다. 신해혁명 이후 동성성철로라 부르다가 1924년에 다시 중동철로로 개칭되었다. 중국에서는 중동철로, 일본에서는 동지철도라는 명칭이 많이 사용되었다. 중동철로라는 명칭은 신해혁명 이후 동청철로가 중국동성철로(中國東省鐵路)라 개칭되면서 그 약칭으로 중동철로라 부르게 된 것이다. 그럼에도 동아시아 각국에서는 동청철로라는 명칭이 여전히 관행적으로 병용되었다. 우리나라에서

도 중동철로, 동청철로, 동지철로, 북만철로 등 다양한 명칭으로 불렸다.

동청철로는 러시아가 독일, 프랑스와 함께 일본에 대한 삼국간섭의 대가로서 획득한 노선이다. 청일전쟁 종전 이후 청일 간의 협상 직후인 1895년 4월 23일 도쿄주재 러시아, 프랑스, 독일 3국 공사는 일본외무성의 하야시 다다스(林董) 차관을 방문하여 "동양의 평화를 위해 강화조약 가운데 요동반도의 영유를 포기하도록" 의견을 전달하였다. 사안의 중대성에 비추어 다음 날인 4월 24일 이토 히로부미(伊藤博文)는 마쓰카타 마사요시(松方正義), 노무라 야스시(野村靖) 등과 어전회의를 개최하여 이 문제를 논의하였다. 마침내 5월 6일 일본은 요동반도의 포기를 결정하고, 러시아, 독일, 프랑스 등 3개국 앞으로 요동반도의 영유를 포기한다는 뜻을 약속하는 답신을 발송하였다.

1896년 5월 러시아황제 니콜라이 2세 대관식에 청조를 대표하여 이홍장이 참석한 자리에서 니콜라이는 러중 간의 군사동맹을 강조하고 이를 통해 군사적 안전 보장을 약속하였다. 러시아는 청러밀약을 체결하는 과정에서 동청철로의 부설권을 요구하면서, 그 이유로서 군사력의 신속한 수송체계를 거론하였다. 6월 3일 이홍장과 러시아정부 대표는 모스크바에서 대일군사동맹조약(청러밀약)을 체결하고, 조약의 4조에서 "러시아는 장래 러시아병사를 운송하여 적을 방어하고 군기, 식량을 운송하여 신속한 대응을 위해 중국은 흑룡강, 길림지방을 잇는 철로의 부설 및 이 철로가 블라디보스토크까지 연장되는 것을 승인한다"라고 규정하였다.

동청철로의 부설 및 관리를 위해 1896년 러시아는 러청은행(露淸銀行)을 내세워 중국공사(中國公使) 허경징(許景澄)과 '동청철로공사 설립에 관한 계약'을 체결하였다. 1896년 12월 동청철로공사를 설립하였는데, 중국에서는 이를 '대청동성계사철로진관공사(大淸東省稽査鐵路進款公司)'라고 명명하였다. 1898년에는 하얼빈 - 대련 구간에 대한 철로 부설권도 획득하였다. 1898년 8월 철로의 부설에 착수하여 1903년 7월에 열차를 개통하였다. 철로의 부설 과정 중에 의화단운동이 발생하여 일부 구간이 파괴되는 등 시련도 있었지만, 마침내 1903년 정식으로 영업을 개시할 수 있었다.

11-1 • 청일전쟁을 통해 조선과 중국을 유린하는 일본군

11-2 • 삼국간섭 이후 철로 부설권으로 중국을 분할하는 러시아, 프랑스, 독일
삼국간섭의 대가로 러시아, 독일, 프랑스는 철로 부설권을 부여받았으며, 이를 통해 자신의 세력권을 형성하였다. 오른쪽의 일본은 삼국간섭을 당한 당사자로서 불만스러운 표정을 짓고 있다. 뒤편에서 삼국이 중국을 분할하는 모습을 그저 지켜보는 국가가 바로 영국이다. 당초 러시아는 프랑스와 독일 이외에 영국을 배제하지 않았으며, 실제로 대일간섭을 위해 영국과도 협상을 진행하였다. 그러나 영국은 러시아의 세력을 저지하기 위해 동아시아에서 일본의 세력 확장을 지지하는 입장이었기 때문에 삼국간섭에 참여하지 않았다.

그러나 러일전쟁의 결과 장춘 - 대련 구간이 일본에게 양도된 결과 동청철로의 영업구간은 만주리(滿洲里) - 수분하(綏芬河), 하얼빈 - 장춘 구간만 남게 되었다. 철로의 부설 과정에서 노동자들은 간이천막에서 숙식을 해결하였으며, 매일 10코페이카(100코페이카 = 1루블)밖에 지급받지 못하였다. 또한 부설 과정에서 콜레라가 유행하여 3,000여 명의 노동자가 전염되었으며, 사망률이 무려 62퍼센트 이상에 달하였다. 1903년 2월에 이르러 전 노선에 걸쳐 열차가 개통되었으며, 하얼빈 소재의 동청철로관리국이 관리와 운영을 맡았다.

동청철로공사는 설립 당초부터 러시아정부와 불가분의 관계를 가지고 있었다. 다시 말해 러시아는 이 공사를 통해 동청철로의 부설과 경영에 깊이 관여하였던 것이다. 설립 당시의 조례에 따라 공사의 자본금 500만 루블은 러시아정부의 보증하에 러청은행을 기관은행으로 채권을 발행하여 조달하였다. 500만 루블은 먼저 주식으로 발행되었으며, 발행된 주식은 러청은행에 의해 다시 매입된 이후 러시아국립은행에 보관되었다. 더욱이 동청철로를 부설하기 위해 러시아는 총 6억 6,200만 루블을 국고에서 지출하였으며, 이 밖에도 매년 약 2,000만 루블을 보조하였다. 이와 같이 이 공사는 사실상 러시아대장성에 의해 설립되고 운영된 기업이었으며, 재원 조달은 러청은행에 대한 감독권을 보유한 러시아 대장대신의 통제하에 있었다고 할 수 있다. 따라서 공사는 명의상 철로공사이지만 실제로는 러시아정부의 직영이라고 할 수 있다.

철로를 경영하기 위해 외면상 기업의 형식을 취한 것은 러시아정부의 직접적인 개입과 이를 통한 만주 지역의 지배를 노골적으로 드러내지 않으면서도 실질적으로 이를 관철시키기 위한 방편이었다고 할 수 있다. 이러한 형식은 영국의 동인도회사나 일본의 남만주철도주식회사에서도 마찬가지로 취해졌다. 러시아는 동청철로의 부설권과 함께 이에 부속되는 다음과 같은 수많은 권리를 획득할 수 있었다.

① 철로 수비권: '동청철로 부설권 및 경영에 관한 계약' 제5조에 따라 러시아는 철로 연변에 수비병을 배치할 수 있는 권리를 획득하였다. 이에 따라 1897년 500명의 수비병을 배치하기 시작한 이후, 1900년에는 의화단운동

을 빌미로 대폭 증원하여 1901년 1월에는 종래 철로수비대를 흑룡국경수
비대로 개편하여 모두 2만 5,000명으로 증원하였다.

② **철로부속지 수용권**: 계약 제6조에 따라 철로부지뿐 아니라 점차 부속지를
확대해 나갔다.

③ **면세 특권**: 철로 운수를 통해 발생되는 일체의 수입에 대해 세금의 부과를
면제하며, 철로의 부설, 경영 및 수리에 필요한 부속 및 재료에 대한 일체
의 관세 및 내국과금, 세금을 면제하였다.

④ **부속지의 행정권**: 계약 제6조 가운데 "공사는 부속 토지에 대해 절대적, 배
타적 행정권을 행사한다"라는 규정에 따라 ㉠ 민정과(경찰 포함), ㉡ 토지
과, ㉢ 대중교섭과, ㉣ 교육과, ㉤ 사원과, ㉥ 신문발행과, ㉦ 의무위생과,
㉧ 금수방역과 등을 설치하였다.

⑤ **광산 채굴권**: 중동철로 부설 경영 계약에 의거하여 철로 양변 30리 이내의
지역에서 광산 채굴권을 우선적으로 독점하며, 이에 따라 길림성 및 흑룡
강성 내의 탄광 시추 및 채굴권을 획득하였다.

⑥ **삼림 벌채권**: 계약 제6조에 의거 철로 부설의 진전과 함께 연료 대책으로
강구되었다. 실제로 1904년에는 흑룡강성 내 삼림 벌채 계약이 이루어졌
으며, 1907년에는 길림성 내 삼림 벌채계약이 체결되었다.

소비에트러시아 수립 이후 중동철로의 경영 변화

신해혁명 이후 동청철로는 중동철로로 많이 불렸다. 중동철로의 성격은 1차
대전을 전기로 큰 변화를 겪게 된다. 중동철로에 대한 소유권을 보유하고 있던
러시아는 1917년 러시아혁명을 거치면서 대외정책에서 급격한 변화를 보이게
되었다. 소련은 과거 제정러시아 시대에 침략으로 획득한 일체의 특권을 포기
할 의사를 중국에 통지하였다. 즉 1919년 7월 25일 '제1차 대화선언(對華宣言,
제1차 카라한선언)'을 통해 "비밀조약의 폐지, 침략으로 획득한 토지 소유권의

11-3 ● 소비에트러시아
외교위원장 카라한
출처:「蘇俄外長加拉罕」,
『東方雜志』26卷 15
號, 1929. 8, p.1.

포기, 중동철로, 광산 및 기타 특권을 대가 없이 중국에 반환한다"라고 선언하
였다. 또한 1920년 9월 27일 '제2차 대화선언(제2차 카라한선언)'을 제출하여 거
듭 "제정러시아정부가 취득한 권리, 특권을 무조건적으로 중국에 반환한다"라
고 발표하는 동시에, 중동철로에 대해서도 "이 철로를 소련 노농정부가 이용하
는 방안에 대해서 중·소 양국정부가 특별규정을 제정하여 심의해야 한다"라
는 입장을 밝히며 협상의 필요성을 강조하였다.

　카라한선언을 기점으로 중국과 소련 양국은 러시아혁명 이래 단절된 국교
를 정상화하기 위한 방안을 모색하기 시작하였으며, 그 연장선상에서 중동철
로의 문제 역시 포괄적으로 해결하고자 하였다. 1923년 9월 카라한(Lev
Mikhailovich Karakhan)이 중국을 방문하여 교섭을 개시한 결과, 마침내 1924년
5월 31일 중국외교총장 고유균(顧維鈞)과 소련대표 카라한은 '중소현안해결대
강협정(中蘇懸案解決大綱協定, 중소협정)'을 체결하였다. 이 협정 제9조는 중동철
로와 관련하여 다음과 같은 상세한 규정을 마련하였다.

중·소 양국은 중동철로 문제를 해결하기 위해 다음과 같은 원칙에 합의하였다.

① 중동철로는 순수한 상업적 성격을 지니며, 영업과 직결된 업무 이외에 중국의 중앙정부나 지방주권과 관련되는 사항, 즉 사법, 민정, 군무, 경무, 시정, 세무, 토지 등은 모두 중국정부의 관할하에 편입한다.

② 소련정부는 중국이 중국자본을 가지고 중동철로 및 그 부속재산 일체의 회속(回贖, 저당 잡혔던 것을 제값을 주고 되찾는 것)을 승인한다.

③ 중동철로의 처리에 대해서는 조약 체결 당사국인 중국과 소련 양국만이 관여할 수 있으며, 제3국의 간섭을 용인하지 않는다.

④ 양국 정부는 중동철로와 관련된 1896년의 협약에서 규정한 권리 가운데 중국의 주권과 저촉되지 않는 부분은 여전히 유효하다.

이와 같이 중소협정의 내용은 바로 카라한선언의 주지를 그대로 반영하였다. 주요한 골자는 중동철로가 가지고 있는 경제외적 특권, 다시 말해 제국주의적 침략성을 내포한 군사·정치적 특권을 포기하고 이를 중국에 반환한다는 내용을 담고 있다. 이러한 원칙은 1924년 9월 20일 봉천에서 소련과 봉천성정부와의 사이에 체결된 봉소협정(奉蘇協定)에서도 재차 확인되었다.

소련과 봉천성정부는 중동철로와 관련된 일체의 특권을 부정하는 데 합의하였다. 즉 제1조 제1항에서 양자는 중동철로공사를 '순수한 상업적 기업'으로 규정한 위에서 중동철로의 영업에 관한 사항을 제외하고 기타 모든 사항, 즉 사법사항, 민정사항, 경찰, 군정사항, 과세 및 토지(중동철로공사가 자체적으로 필요로 하는 토지는 제외) 등 중국 중앙정부 및 지방정부의 권리에 영향을 주는 사항은 중국관헌이 관할하도록 하는 데 합의하였다.

또한 중동철로의 매각 및 양도와 관련해서는 1896년 9월 8일 러시아와 청조 사이에 체결된 조약의 제12조에서 정한 80년을 60년으로 단축하고, 이 기간이 종료되면 중국정부가 무상으로 철로 및 부속재산을 환수할 수 있도록 하였다. 더욱이 이 기간, 즉 60년을 더욱 단축할 것인지의 여부는 소련과 중국 양국정부가 협의하여 결정할 수 있도록 하였다. 따라서 소련은 중국이 중동철로를 매입할 권리를 가지고 있음을 인정하며, 매수 시에는 양국이 중동철로의 실제 가치를 산정하여 중국이 이에 상응하는 금액을 지불하고 매입할 수 있도록 규정하였다. 더욱이 이 협정은 중동철로의 장래와 관련하여 소련과 중국 양국만이 결정권을 행사할 수 있을 뿐 여타 제3국의 관여를 배제하기로 결정하였다. 또한 36년이 경과한 이후 중국정부는 합당한 비용을 지불한 이후 철로를 회속(回贖)할 수 있는 권리를 가지게 되며, 이 경우 부설 원금과 기타 비용을 참작하여 비용을 산출하도록 하였다.

1차대전이 종결된 직후인 1919년 1월 18일에 개최된 파리강화회의에서 중국은 3개 항의 요구사항을 제출하였다. 주요한 내용은 첫째, 1915년 일본과 체결한 21개 조약의 폐지, 둘째, 교주만(膠州灣) 조차지 및 산동에서 독일 이권의 회수, 셋째, 자국의 주권을 훼손하는 일체 조약의 폐지 및 회수 등으로 요약할 수 있다. 특히 세 번째 요구와 관련해서는 "중국에서 모든 외국의 세력 및 이익범위의 폐지, 외국군대 및 경찰의 철수, 영사재판권의 폐지, 조자치의 환수, 외국의 이권 및 조계의 환수, 관세자주권의 확립" 등 구체적인 조항을 명시하였다.

그러나 1922년 1월 19일에 개최된 워싱턴회의의 중동철로분과회의 제1회 위원회에 참석한 일본, 영국, 미국, 프랑스, 이탈리아, 소련, 네덜란드, 포르투갈 등 위원은 "중동철로는 소련정부의 재산으로서, 중국은 1896년의 계약에 따라 종국적으로 귀속권을 갖는다"라고 의결하였다. 이에 대해 중국위원은 중동철로가 결코 소련의 자산이 아니라고 주장하였으나 일본, 프랑스 등이 여기에 정면으로 반대의 뜻을 표명하였다. 프랑스위원은 중국이 지출한 500만 량은 철로 부설에 투자된 것이 아니고 은행자본의 일부일 뿐으로서 철로 소유권과는 하등의 관련이 없다고 주장하였다. 중국위원이 이를 강하게 반박하였으나 곧 일본, 프랑스, 미국, 영국의 연이은 반대에 직면하였다.

이와 같은 국제적 여론에 힘입어 비록 카라한선언과 중소협정, 봉소협정을 통해 중동철로의 이권과 그 성격이 상업적인 것으로 대폭 축소되긴 하였지만, 그럼에도 소련은 이 철로에 대한 소유권과 경영권을 여전히 유지하였던 것이다. 바로 이러한 점이 중국에서 중동철로를 비롯한 철로 이권의 회수운동을 촉발한 주요 원인이었다고 할 수 있다. 1924년 9월 20일 체결된 봉소협정의 제1조는 중동철로 문제를 해결하기 위한 규정으로서, 이 가운데 제6·7·8항의 내용은 다음과 같다.

- 제6항: 중동철로공사는 철로에 관한 일체의 사항을 협의하여 결정하기 위해 10명으로 구성된 이사회를 구성하고, 조약체결국에서 각각 5명씩을 임명한다. 중국 측은 자국이사 가운데 1명을 이사장으로 임명하고, 소련도 자국이사 가운데 1명을 이사회 부이사장으로 임명한다. 법정가결수는 7명으로 하고, 이사회의 모든 의결은 실시에 앞서 6명 이상의 동의를 얻어야 한다. 이사장 및 부이사장은 이사회의 사무를 공동으로 처리한다.
- 제7항: 중동철로공사는 5명으로 구성된 감사회를 조직하며, 3명은 소련, 2명은 중국이 임명한다. 감사장은 중국감사 중에서 선임한다.
- 제8항: 중동철로공사는 소련인 1명을 관리국장으로 두고, 2명의 부관리국장을 둔다. 2명의 부관리국장 가운데 1명은 소련인으로 임명하고 나머지 1명은 중국인으로 임명한다.

이와 같이 중동철로 이사회는 양국 이사 10명으로 구성되는데, 중국 측은 이사장을 포함하여 5명, 소련 측은 부이사장을 포함하여 5명을 임명하였다. 따라서 양국의 이해가 상충하는 사항은 이사 7명의 찬성을 필요로 하기 때문에 사실상 합의를 이끌어내기 어려운 구조였던 것이다. 이러한 이유에서 관리국장은 이사회에 구애되지 않고 독자적으로 전결할 수 있는 입장에 있었다. 더욱이 관리국의 조직을 보면, 관리국장은 소련정부가 임명하고 그 아래 양국 정부가 각각 임명한 2명의 부관리국장이 있었다. 그런데 중동철로의 중추적인 지역은 관리국장의 관할하에 있었으며, 중국 측의 부관리국장은 수입 심사, 전화, 봉급, 중·소 교섭의 4과 및 인쇄소만을 담당할 따름이었다.

11-4 • 중동철로 초대 관리국장 드미트리 호바스(Dmitrii Leonidovich Horvath, 1859.7.25~1937.5.25)와 부인 카밀리 호바스(Camille Eugenia Albertovna Horvath, 1878.4.17~1953.7.4)

출처: 河北師範大學 黨書記 戴建兵 敎授 提供.

11-5 • 중동철로관리국 유지에 전시된 호바스 부부의 모형

출처: 河北師範大學 黨書記 戴建兵 敎授 提供.

11-6 • 중동철로를 운행하였던 기관차

출처: 河北師範大學 黨書記 戴建兵 教授 提供.

중동철로의 운임 정책

중동철로의 수송 동향이나 운임정책도 철로 운영의 변천에 따라 영향을 받았고, 시기에 따라 서로 달랐다. 러일전쟁까지의 운임정책은 동북 지역에 대한 러시아제품의 수출 촉진, 대련 중심의 농산물 수출, 동북산 농산물의 러시아로의 유입 저지를 기조로 삼았다. 러일전쟁 이후 장춘 - 대련 구간은 일본에게 양

11-7 ● 중동철로 영업 상황

(단위: 1,000루블)

연도	수입	지출	순익
1925	46,370	24,118	22,522
1926	54,797	27,182	27,615
1927	60,378	40,283	20,095
1928	64,988	48,505	16,283

11-8 ● 중동철로 화물 수송상황

(1,000톤)

연도	수출화물				수입화물				철로내 수송	통과 화물	총계
	남행	동행	서행	합계	남행	동행	서행	합계			
1906	-	46	7	53	-	99	29	128	195	38	415
1908	-	198	19	218	-	36	10	46	223	59	546
1910	-	415	25	440	-	62	9	72	364	70	946
1912	50	456	30	537	23	59	28	110	380	90	1,117
1914	73	418	13	504	116	64	13	194	409	91	1,198
1916	168	436	23	628	191	73	18	282	556	733	2,199
1918	453	189	11	652	145	37	1	182	496	11	1,341
1920	853	116	9	978	201	13	1	215	480	2	1,675
1922	771	609	-	1,380	322	26	-	348	755	-	2,483
1924	1,121	761	-	1,883	361	66	-	428	716	-	3,026
1926	1,320	1,208	-	2,528	437	78	-	514	1,191	-	4,233
1928	1,183	1,504	-	2,687	523	94	-	617	2,145	-	5,449
1930	721	1,305	-	2,026	341	59	-	400	1,788	-	4,214
1932	1,230	420	-	1,651	170	23	-	193	1,144	-	2,988
1934	468	159	-	627	95	10	-	105	1,355	-	2,087

출처: 「東支鐵道運賃政策と北滿市場」, 『滿鐵調査月報』 17-1, 1973, pp.10~11에 의거하여 작성.

도되어 남만주철도주식회사가 운영하게 되었기 때문에 운임정책을 재검토하여 1908년 대폭적으로 운임을 개정하였다. 주요한 내용은 남만주철로를 경유한 수입 화물의 하얼빈 수송이나 농산물의 남행(南行)[대련행(大連行)]에는 고액운임을 설정하여 철저하게 남만주철로와의 대항을 기조로 삼는 것이었다. 중

11-9 • 동청철로 간선 및 지선의 총연장

노선별	총연장(킬로미터)
동청철로 간선	1,514.39
남만주철로 지선(하얼빈 - 여순)	974.90
대석교(大石橋) - 영구(營口) 지선	21.85
남관령(南關嶺) - 대련(大連) 지선	15.39
대방신(大房身) - 유수둔(柳樹屯) 지선	5.91
대련(大連) - 여순(旅順) 연락선	1.10
하얼빈 부두 지선	5.77
연태탄광(煙台炭鑛) 지선	15.16
찰뢰낙이탄광(扎賚諾爾炭鑛) 지선	1.48
합계	2,556.05

동철로의 화물 운수 상황은 운임정책의 영향을 받아 1912년까지 수출입 모두 `남행 화물은 없었고 동행(東行, 즉 블라디보스토크 방향)이 대부분이었다. 자바이칼(Zabaikal, 러시아 시베리아 남부 바이칼호 동쪽의 산악지방) 방면으로의 서행(西行)은 수송량 자체가 적어 중동철로 전체 수송량에서 큰 비중을 차지하지 못했다.

러시아혁명 이후 중동철로의 운영이 혼란스럽게 된 결과 동행의 수출 화물량은 감소하고, 남행 화물은 증가했다. 남만주철도주식회사는 중동철로의 혼란을 틈타 할인운임을 책정하고, 또 중동철로와의 연계운수회의(連絡運輸會議, 제6회 1921년; 제7회 1922년)를 이용해서 특별운임을 두어 만주 북부의 농산물을 흡수하기 위해 모든 노력을 경주하였다. 그런데 1924년 '봉소협정'이 체결된 이후 중동철로가 재차 남만주철로와의 대항을 목적으로 한 운임정책을 전개하자, 이로 인해 동행 화물이 증가하여 동행과 남행이 길항(拮抗)하는 상황이 만주사변까지 유지되었다. 만주국은 1934년에 납빈철로(拉濱鐵路)[(납법(拉法) - 하얼빈(哈爾濱)]를 부설하여 중동철로 남부 구간을 경유하지 않고도 하얼빈이나 대련까지 수송이 가능하게 되었다. 중동철로는 동행의 운임에 '비밀할인' 등을 실시하여 물류를 흡수하기 위한 노력을 경주하였지만, 동행 화물이 증가하지 못하자 결국 1935년 철로를 매각하지 않을 수 없었다.

도시의 발전과 유통의 변화

중동철로 연선의 도시들은 철로가 부설된 이후에 발흥된 경우가 많았으며, 그중에서도 가장 급속한 발전을 보인 도시가 바로 하얼빈이었다. 중동철로의 부설이 시작된 1898년의 하얼빈은 송화강(松花江) 오른쪽 기슭에 위치한 작은 촌락에 지나지 않았다. 그런데 대련까지 가는 지선(支線)의 분기점이 되고 중동철로에 의해 대규모 시가 건설이 진행되면서 인구가 급증하기 시작하였다. 1903년에는 4만 명을 넘어섰고, 1930년대에는 50만 명의 대도시로 성장하였다. 하얼빈은 중동철로와 송화강의 수운을 이용할 수 있기 때문에 동북 지역 북부의 상업중심지가 되었고, 세계 각국의 무역업자가 이 도시에 수많은 영업소를 설립하였다.

이 가운데에서도 러시아(이후 소련)의 세력이 강하며, 러시아인 거주 인구가 10만 명을 넘어서던 시기도 있었다. 그러나 중동철로가 만주국에게 양도된 1935년에 철로관계자가 소련으로 되돌아가면서 러시아인의 수는 급격히 감소하였다. 일본인 거주자는 만주국 이전 시기에 3,000명 정도로 소수에 속하였다. 하얼빈이 남만주철로 연선에 위치해 있지 않았고 일본인이 자유롭게 거주할 수 있는 남만주철로 부속지가 없었기 때문에 일본인 거주자의 수가 크게 증가하지 않았던 것이다. 공업에서는 제분업이나 두유업이 일부 발달하기는 하였지만 만주국 시기에도 중공업 관련 공장조차 설립되지 않는 등 하얼빈은 상업을 통해 발달한 도시라 할 수 있다.

중동철로 부설과 동북 지역 물류 루트의 변화

중동철로 부설 이전 동북 북부는 주로 마차로 운송해 온 농산물과 잡화를 영구(營口)에서 거래하였다. 그런데 중동철로가 개통된 이후 농산물은 블라디보스토크를 통해 수출되었고, 잡화 등은 영구, 대련으로부터 구입하였다. 또 중

(1,000톤)

연도	콩	밀	총계	하얼빈 관구	서부선	동부선	남부선
1903	25	24	113	27	9	9	68
1907	23	26	192	100	14	30	48
1910	296	107	546	156	134	86	171
1913	356	89	581	171	153	91	166
1916	369	123	709	238	204	81	186
1919	215	175	650	366	163	69	52
1922	904	135	1,549	543	495	146	364
1925	1,464	84	2,298	663	951	229	456
1928	1,990	437	3,547	1,179	1,271	482	615
1929	2,481	289	3,677	1,419	1,280	428	550
1930	1,692	163	2,706	997	892	494	323

동철로가 부설된 결과, 동북 북부의 물류 루트는 열차역을 중심으로 형성되었고, 철로 연선에는 새로운 상업중심지가 발흥하였다.

중동철로의 부설에 따라 하얼빈은 상업중심지로서 급성장하여, 하얼빈 주변지역의 물자 집산지를 넘어 송화강 유역, 흑룡강 유역이나 중동철로 연선지역 전체에 걸쳐 상권을 형성하였다. 하얼빈 관구(管區)의 농산물 발송량이 중동철로 전체의 약 30퍼센트를 차지하여 중동철로 연선의 농산물 집산지로서 하얼빈의 중요성을 보여주고 있다.

만주에서 남만주철로와의 물류 경쟁

중동철로 연선에서 반출된 농산물의 수출 경로는 남만주철로를 경유하여 대련으로 가는 남행(南行)과 우수리철로를 경유하여 블라디보스토크로 가는 동행(東行) 두 루트가 있었다. 중동철로는 남만주철로에 대항해서 동행에 유리

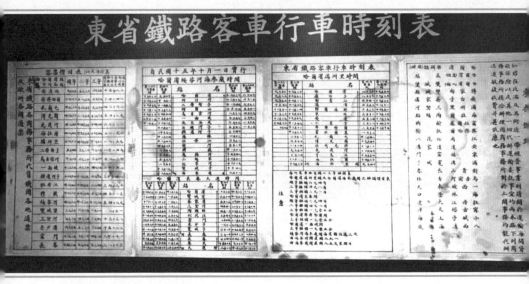

11-11 • 중동철로 열차시각표(1926년)

출처: 河北師範大學 黨書記 戴建兵 敎授 提供.

한 운임정책을 취하고 있었기 때문에, 러시아혁명 이전에는 블라디보스토크로
향하는 동행의 수량이 남행보다 많았다. 그러나 러시아혁명 이후 중동철로의
수송 혼란으로 말미암아 남행이 증가하였다. 동행이 많았던 이유는 중동철로
의 운임정책 때문이며, 수송 능력이나 거래의 편의라는 점에서는 블라디보스
토크보다 대련이 우위에 있었다. 예를 들어 대련에는 거래소가 있어서 대련까
지 농산물을 운송하여 매각할 수 있었던 반면, 블라디보스토크에는 거래소가
없어서 (러시아혁명 이후) 수출업무 전체를 취급하는 대상사(大商社) 외에는 블
라디보스토크로 농산물을 운송하는 것이 불가능하였다.

이에 1926년 블라디보스토크에 거래소가 개설되어 농산물의 흡수에 힘을
쏟았다. 중동철로와 남만주철로 사이의 화물 쟁탈은 1935년에 중동철로의 매
각 및 양도 시기까지 계속되었다. 중동철로를 양도한 후 만주국이 일원적으로
철로를 운영할 수 있는 조건이 마련되었고, 이전과 같이 철로 연계수송의 불편
함은 일단 해소되었다. 그 결과 북부의 농산물 가운데 직접 대련으로 수송되는

(1913년)

철로별	화물 운송거리 [100만 노리(露里)]	여객 운송거리 (100만 노리)	화물 운송수익 (1,000루블)	여객 운송수익 (1,000루블)
중동철로	38,187	14,928	12,648	4,136
남만주철로	45,989	23,032	10,902	4,720

수량이 증가하자 하얼빈은 통과역으로 전락하였으며, 동북 북부지역은 점차 대련과의 연계가 강화되었다.

이러한 가운데 중국 동북 지역의 상품이 남만주철로를 통해 대련항으로 운송되어 이출되거나 혹은 중동철로를 통해 러시아의 블라디보스토크항으로 이출되면서 이 두 철로는 이 지역의 상품 운송을 둘러싸고 치열한 경쟁을 전개하였다. 중동철로이사회는 남만주철로와의 경쟁에서 우위를 확보하기 위해 운임을 할인하면서 물동량을 중동철로로 흡수하기 위한 정책을 적극 강구하였다. 일찍이 1907년 중동철로이사회는 「중동철로의 영업방침 및 운임정책에 대하여」라는 제목의 보고서를 러시아 재무장관에게 제출하였다. 중동철로는 이 보고서에 기초하여 운임정책을 수립하였으며, 1908년에 특별회의를 개최하여 운임 개정에 착수하였다. 중동철로이사회는 운임정책을 결정하는 과정에서 일본과 남만주철로를 적극 견제하였으며, 이러한 사실은 특별회의에서 제기된 다음과 같은 몇 가지 원칙에서 명확히 살펴볼 수 있다.

① 중동철로 운임정책의 근본적인 목적은 러시아제품을 북만주로 유도하여 만주시장을 장악하는 데에 있다.

② 외국제품, 특히 일본제품의 북만주 유입을 적극 저지한다.

③ 북만주에서 공업의 발달을 조장한다.

④ 러시아의 공업 발전을 위해 만주, 몽골로부터 원료품의 공급을 용이하도록 한다.

⑤ 만주상품의 수출은 동행, 즉 중동철로 - 블라디보스토크 노선을 경유할

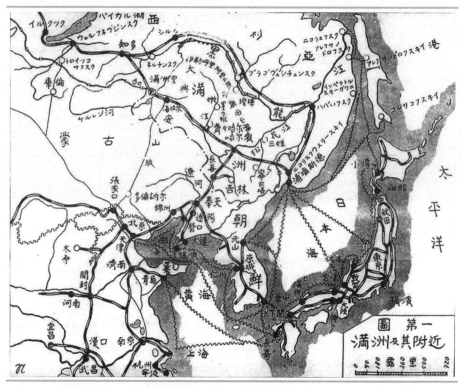

11-13 • 남만주철로와 중동철로의 물류 운송도

이 지도에는 중국 동북 지역을 T자형으로 횡단하는 중동철로와 종단하는 남만주철로, 그리고 중국 국경을 따라 횡단하는 시베리아횡단철로가 선명하게 나타나 있다.

수 있도록 노력한다.

앞의 표(11-12)를 살펴보면 중국 동북 지역에서 중동철로와 남만주철로가 화물과 여객의 운송을 분담하면서 운송 수익을 대체로 양분하였음을 알 수 있다. 이와 같은 양상은 1920년대 중반의 통계에서도 나타나는데, 대련항과 블라디보스토크항의 상품 운송량의 비중을 비교해 보면 전자가 55퍼센트, 후자가 45퍼센트로서 여전히 경쟁이 치열하였음을 알 수 있다.

콩과 깻묵, 콩기름, 밀, 밀가루 등의 물류 유통을 두고 전개된 경쟁은 철로

11-14 • 시베리아횡단철로

출처: 「西伯利亞鐵路談: 經行西伯利亞之火車」, 『東方雜志』 14卷 12號, 1917.12, p.58.

운임에도 그대로 반영되었다. 중동철로는 블라디보스토크로의 물류 유통을 확대하기 위해 운임의 할인이라는 유인책을 적극 강구하였다. 1920년 1월 중동철로는 하얼빈에서 블라디보스토크로 운송되는 콩 등의 상품에 대한 운임을 일률적으로 인하하였다. 그러자 이에 대항하여 남만주철로 측은 1921년 5월 11일 장춘에서 대련으로 운송되는 콩, 밀 등에 대한 운임을 34.2퍼센트 인하하였다. 1921년 9월, 콩 1톤당의 운임은 중동철로를 통해 블라디보스토크로 운송될 경우 32.985원, 남만주철로를 통해 대련으로 운송될 경우 39.20원으로 전자가 후자에 비해 6.125원 저렴하였다.

이로부터 일본이 남만주 지역에 대한 지배권을 공고히 하기 위해서는 남만주철로의 정상적인 경영과 발전이 필요하다는 것과, 나아가 북만주로 세력을 확장하기 위한 가장 큰 장애는 바로 중동철로를 기반으로 한 소련 세력이었음을 알 수 있다. 다시 말해, 남만주철로가 중국 동북 지역에서 상품 운송의 분담률을 높여 수익을 증대시키기 위해서는 결국 중동철로를 통한 상품 운송량의 감소가 전제되지 않고서는 불가능한 일이었던 것이다. 이러한 이유에서 일본의 만주정책 역시 자연히 소련세력의 억제 및 중동철로의 견제에 중점을 두지 않을 수 없었다.

중동철로의 부설과 경영

이사회의 구조

중동철로의 성격을 이해하기 위해서는 중동철로공사의 내부 구조를 살펴보는 것이 매우 중요한데, 러청은행과 이사회, 관리국이 경영의 중추라 할 수 있다. 중동철로는 러청은행과 청조 사이의 계약을 통해 성립되었다. 그러나 러시아 대장성(大藏省)은 러청은행과 1896년 5월 30일 동청철로(이후 중동철로)에 관한 14개 조약을 비밀리에 체결하고, 철로를 자신의 감독하에 두었다. 이 협정의 제1항은 "러청은행은 러시아정부의 협조와 보호하에서만 중국정부와 중동철로의 부설과 경영에 합의할 수 있다"라고 규정되어 있다. 따라서 중국정부와의 사이에 협정을 체결할 경우 사전에 러시아 대장대신의 허가를 득하도록 하였다. 또한 공사는 자본을 주식의 모집을 통해 조달할 수 있는데, 주식 보유자는 러시아인과 중국인으로 한정하였으며, 자금 모집은 대장대신의 재가를 득하도록 러청은행에 요구하였다. 중동철로의 경영에 대해 총회에서 주주의 발언권을 인정하고 있다(중동철로공사 정관 제21·22·24항).

그러나 1896년 12월에 중동철로공사의 주주 모집의 광고가 관보에 나기는 하였지만 당일 오전 9시에 개장한 러청은행의 창구는 몇 분 만에 폐쇄되었다. 그리하여 중동철로의 주식은 러청은행을 통해 모두 러시아정부의 수중으로 들어갔다. 소련정부 가운데에서도 특히 대장대신은 중동철로에 대하여 절대적 권한을 행사하고 있었다. 예를 들면 대장대신의 동의를 필요로 하는 안건에는 부이사장과 감사위원의 선출, 노선의 선정, 철로 부설의 예산, 공사 내 조직제도의 개편, 자본의 관리방법 등이 있었다(중동철로공사 정관 제27항). 이와 같이 중동철로의 중요 사항은 대부분 러시아 대장대신의 동의 없이는 불가능하였다.

러청은행은 중동철로 설립의 모체로서 청조와 부설계약을 체결한 당사자였다. 1895년 12월 러시아정부는 러청은행 정관을 승인하였다. 은행의 자본금은 600만 루블이며, 최대 주주는 상트페테르부르크 국제상업은행이었고, 두 번째

11-15 ● 중동철로 이사회

출처: 「東省鐵路理事會」, 『東方雜志』 26卷 15號, 1929.8, p.1.

대주주는 프랑스의 파리국민할인은행이었다. 프랑스와 러시아가 5 : 3의 비율로 출자하였지만 직원은 반대로 러시아인 5명, 프랑스인 3명이었다. 러청은행은 최초 러시아정부의 영향하에 있었으며, 러시아는 프랑스의 자본을 교묘히이용하여 중국에 진출하였던 것이다. 러청은행은 1910년에 프랑스계의 북방은행과 합병하여 노아은행(露亞銀行)이 되었다.

중동철로는 철로 이외에도 수익을 창출하기 위해 다양한 분야로 투자를 확대하였다. 예를 들면, 당시 한국의 인천 지역에는 '청국거류지'라 부르던 청국조계가 설정되어 있었다. 인천중화회관(仁川中華會館)이 작성한 '인천청국거류지연세표'는 당시 청국조계지역에서 부동산을 소유하고 있던 자들에게 부과된지세(地稅) 관련 세액표(tax table)였다. 이 표에 따르면 당시 인천 청국거류지에서 가장 많은 토지를 소유하고 있었던 것이 바로 화상(華商) 동순태(同順泰)와중동철로(동청철로)였다. 이러한 사례로부터 중동철로는 국경을 넘어 해외에까지 자본을 투자하여 수익을 창출하고 있었음을 알 수 있다.

11-16 • 중동철로공사 역대 이사장(督辦)과 부이사장(會辦)

이사장(독판)	임기	부이사장(회판)	임기
허경징(許景懲)	1897.1.11~1900.7.28	스타니스라프 케르베즈	1986.12.26~1903.6.18
곽종회(郭宗熙)	1917.12.16~1919.8.15	알렉산더 벤제리	1903.6.18~1920.11.6
포귀경(鮑貴卿)	1919.8.16~1920.5.31	바시리 라치노프	1920.11.6~1921.7.5
송소렴(宋小濂)	1920.6.1~1922.1.1	세르게이 다니렙스키	1921~1924
왕경춘(王景春)	1922.4.10~1924.10.	레오니드 세레프라코프	1924.10.3~1924.12.17
포귀경(鮑貴卿)	1924.10.3~1925.9.28	바시리 보즈체프	1924.12.17~1925.5.1
유상청(劉尙淸)	1925.9.28~1926.9	이바노프 그란드	1925.5~1925.10
우충한(于沖漢)	1926.9~1927.4	레오니드 사브라코브	1925.11.1~1926
여영환(呂榮寰)	1927.6.4~1929.12.5	미하일 라쳅스키	1926~1928.8.31
막덕혜(莫德惠)	1929~1932.3	바시리 치르킨	1928~1929
이소경(李紹庚)	1932.3~1935.3.23	알렉산더 엠샤노프	1930~1931
		스테판 구즈네초프	1931~1935.3.23

사내의 조직구조 - 이사회와 감사위원회

중동철로공사의 최고의사 결정기관인 이사회는 1명의 이사장[중국 측 명칭은
독판(督辦)]과 주주총회에서 선출된 9명의 이사로 구성되었다. 1896년의 중동
철로공사 정관 제18조에서 정해진 이사회는 러시아와 청조 쌍방의 수도, 즉 상
트페테르부르크와 북경에서 개최되도록 정해져 있었다. 1917년의 10월 혁명
까지는 상트페테르부르크에서 계속 개최되었다. 이사회를 소집할 수 있는 주
체는 이사장과 부이사장[중국 측 명칭은 회판(會辦)]으로서, 5명 이상의 이사가 출
석해야 한다는 조건이 충족되었을 경우 비로소 개최가 가능하였다. 의결은 다
수결을 원칙으로 하였다. 특히 정관 제28조는 중동철로의 세출입을 심사하는
감사위원회를 설치하도록 규정하였다. 이 위원회는 사외의 5명 위원으로 구성
되어 예산안을 이사회와 협의하고, 대장대신의 승인을 받게 된다.

이사장은 부설계약 제1항에 의해 청조가 임명하였기 때문에 당초에는 허경
징(許景澄) 주러시아공사가 겸임하였다. 이사장은 러청은행과 중동철로가 계약

을 잘 이행하고 있는지 감시하는 등의 직무를 가졌지만 북경에 거주하는 것이 허락되고 있는 것으로 보아 이후 사실상 명예직으로서의 성격이 강했다고 볼 수 있다. 1924년 5월 잠정관리협정에 의해 이사회는 10명의 이사로 구성되었으며, 각각 소련정부와 중국정부가 5명씩 임명하도록 되었다. 중국정부는 이사 중에서 이사장을, 소련정부는 부이사장을 선임하였다. 회사의 결정과 지시는 이사장과 부이사장의 공동서명에 의해 비로소 유효하였다. 의결에 필요한 이사의 출석수는 7명이었다. 이사회의 모든 결정은 최소한 6명 이상의 이사가 찬성해야만 가결될 수 있었다.

그러나 여기서 바로 문제가 발생하였다. 중동철로공사의 최고 권한은 의결기관인 이사회에 두어져 있었지만, 전술한 바와 같이 법정수는 7명이며 더욱이 6명 이상의 동의가 없다면 효력을 발생할 수 없었다. 따라서 중국과 소련 사이에 양국의 이해가 상충되는 중대 문제의 경우 하등의 결정이 어려운 상황이었다. 소련 측의 제안에 중국인 이사가 반대하거나 중국 측의 제안에 소련 측이 반대하는 경우 제안이 통과될 수 없었다. 이러한 결과 소비에트혁명 이전과 동일하게 관리국장이 사실상 절대적인 권한을 장악하게 된 것이다.

소련인 관리국장의 독단, 전횡으로 말미암아 중국인 이사장과 대립하는 안건도 적지 않았다. 1920년 10월의 개정에 의해 사외로부터 선임된 5명의 감찰위원 가운데 2명이 중국정부로부터 임명되고 나머지 3명을 주주, 즉 러청은행이 임명하였다. 위원장은 중국위원으로부터 선출되고 3명 이상 위원의 출석으로 개최되도록 규정하였다. 위원장은 그때까지 러시아인이 임명되었지만 최초로 중국인 감찰위원장으로서 1920년 11월 진한(陳瀚)이 취임하였다.

건설국의 철로 부설

중동철로의 최고 결정기관은 이사회였지만, 현지에서 실제로 철로의 경영과 부설을 담당한 주체는 1903년 7월까지는 건설국, 그 후에는 관리국이었다. 기사장(공정사) 예하에 철로 부설을 담당하는 건설국이 설치되었으며, 건설국

11-17 • 동청철로 부설 현장 1

출처: 河北師範大學 黨書記 戴建兵 敎授 提供.

이 현지에서 철로 부설을 전담하였다. 현지의 사정에 정통하여 경영의 실태를
충분히 숙지한 건설국과 관리국의 판단이 이사회의 결정보다 영향력이 큰 경
우가 비일비재하였다.

설립 당시 건설국은 6개 부문으로 구성되어 있었다. 기술부는 기술적 문제
를 해결하고 예비조사의 실시를 담당하며, 노선을 부설하기 위한 예산을 편성
하고 토지 수용 업무를 일부 담당하였다. 기계부는 급수탑과 수리공장의 건설

11-18 ● 동청철로 부설 현장 2

출처: 河北師範大學 黨書記 戴建兵 敎授 提供.

11-19 ● 동청철로 부설 현장 3

출처: 河北師範大學 黨書記 戴建兵 敎授 提供.

과 관리, 가교와 철로의 부설 자재의 확보를 담당하였다. 운행부는 철로 운송 이외에 하천 항행, 동력차, 축력 수송 등의 관리 및 운영을 관할하는 부서로서, 부두와 창고의 관리도 담당하였다. 의료부는 임상으로부터 전염병의 예방까지 위생에 관한 제반 업무를 담당하였다. 이 밖에 전보부도 설립되어 독립적으로 운용되었다. 건설관리사무, 중앙회계부(사무부)는 기사장에 직속되어 회계 업무와 토지 수용 업무를 주관하였다. 이 가운데 토지 수용 업무는 기술부와 사무부가 함께 담당하였다. 그러나 토지 수용 과정에서 여러 복잡한 문제가 발생하자, 이 문제를 조정할 필요에서 1901년 말에 토지 수용 개발부가 발족하여 2개의 부서로 나뉘어 업무를 통합하여 관할하였다.

중동철로에는 현장에 수만 명에 달하는 사원이 있었다. 사원은 기사와 노동자의 두 범주로 나뉜다. 이 밖에 경비대에 소속된 병사가 있었다. 현지에서 핵심적인 업무를 담당한 기사(공정사)의 경우, 1896년 12월 27일 이사회는 기사장(총공정사)에 소련인 유고비치를 초빙하기로 결정하고 대장대신의 승인을 받았다. 이후 부기사장(부공정사)을 임명한 이후 이사회는 기사를 모집하였다.

철로 부설현장의 러시아인 노동자

시베리아철로의 부설에는 러시아인 병사와 죄수가 상당수 동원되었다. 그러나 중동철로의 경우 중국 땅에서 이러한 방법이 가능할 수 없었다. 따라서 러시아인과 아시아계 일반노동자를 필히 확보해야 하였다.

이러한 결과 러시아인 노동자를 유치하기 위해 기사(공정사)의 경우와 마찬가지로 고액의 급여를 지급하기로 약속하였으며, 부임수당도 지급하였다. 유럽이나 러시아, 중앙아시아에서 온 경우는 월급의 3개월분, 서시베리아에서 온 경우는 2개월분, 아무르주와 외바이칼주에서 온 경우는 1개월분을 특별 보너스로 지급하였다. 모집된 노동자는 평균 40명을 1조로 편성하여 유럽, 러시아로부터 기선회사, 함대를 통해 중국 동북 지역의 현장으로 운송되었다. 그러나 이러한 특전이 있음에도 1900년 의화단운동 이후에는 러시아인 노동자의 확보조차 어렵게 되었다. 결국 러시아인 노동자를 고용하기 어렵게 되면서 노임이 저렴한 중국인을 중심으로 한 아시아계 노동자에 대한 의존율이 높아지게 되었다.

부설 현장의 중국인 노동자

부설을 담당한 노동자는 대부분 중국인으로서, 이들에 대한 대대적인 모집이 실시되었다. 중동철로는 부설공사에 들어가기 전에 우수리철로나 중국 내의 철로 부설 현장에서 공사에 종사한 경험이 있는 1만 5,000여 명의 노동자를 천진과 지부(芝罘) 등에서 모집하였다. 우수리철로의 부설공사에 참가한 경험이 있는 석공과 목수, 소목장이(指物師) 등 중국인 숙련노동자가 중동철로 부설에도 참여하였다. 러시아 노동자에 비해 인내심이 강하고 척박한 노동 조건에도 크게 불평하지 않았다. 중국인 노동자는 저렴한 인건비에도 불만을 드러내지 않고 공사에 묵묵히 종사하였다.

중국인 노동자에 대한 급료의 지불과 자재의 구입은 루블화로 이루어졌다. 이로 인해 부설지역에서는 루블화가 광범위하게 유통되기 시작하였다. 당시 기록에 의하면 중국인 인부(工夫)의 일급은 70전(錢)에서 1엔(円) 정도였다고 한다(당시 1엔은 1루블 정도). 부설에 참가한 중국인 노동자의 수를 추산해 보면 다음과 같다. 1901년 중동철로 본선의 부설 현장에서 러시아인 노동자는 8,600명, 중국인 노동자는 4만 1,500명이었다. 러시아연구자에 따르면 철로 부설이 거의 완료된 1903년 7월 시점에서 노동자 총수는 3만 9,114명에 달하였다. 이 가운데 러시아인이 1만 8,123명, 중국인이 2만 9,488명, 이탈리아인 등 유럽인이 17명, 일본인이 17명, 조선인이 9명으로, 중국인 노동자가 전체의 50퍼센트 이상을 차지하였다. 중국인 노동자는 대다수가 요동반도의 금주와 산동반도의 등주(登州), 내주(萊州) 출신이었다.

1903년 7월 14일에 건설국을 계승하여 중동철로를 관리하게 된 주체가 바로 관리국이었다. 1903년은 1897년 8월 기공식으로부터 만 6년째 되는 해였다.

실제로는 부설작업이 지속되고 있었음에도 관리국으로 이행된 것은 부설계약 제3항에 6년 이내 전 노선을 개통하도록 하는 조건이 명시되어 있었기 때문이다. 이행을 위한 준비작업을 위해 1903년 2월 18일에 러시아 대장상 세르게이 비테(Sergei Y. Witte)의 인가를 받은 위원회가 현지를 시찰하였다. 그리고 3월 30일 대장성의 포고에 의해 관리국은 철로의 운행과 중동철로 연선의 행정기관이라는 두 가지 역할이 주어졌다.

중동철로 관리국

관리국의 수뇌는 관리국장 1명과 이를 보좌하는 부관리국장 2명으로 구성되었다. 이들의 임명권은 이사회에 있었다. 관리국장도 부관리국장도 제정러시아 시기에는 러시아인이 차지하였으나, 1924년 중소합관으로 전환된 이후 관리국장은 소련인, 부관리국장은 중국인과 소련인이 각각 1명씩 임명되었다. 그러나 이들 인사는 실질적으로는 양국 정부에 의해 임명되었으며, 이사회는 이를 승인할 따름이었다. 19조로 구성된 포고문에 따르면, 관리국의 권한으로는 관리국의 부장 이하의 직원에 대한 인사권, 10만 루블 이하의 사업에 대한 재량권, 운임의 개정권, 예산의 편성권과 연선의 경찰 지휘권도 주어졌다. 발족 당초의 관리국의 구성은 다음과 같다.

① 총무부: 업무의 분배와 종업원의 관리 등 인사권을 장악하고 중국정부와 협상을 담당한다.

② 법무부: 공사(公司)의 법무 전반을 관할한다. 회사와 종업원에 대한 소송과 조약의 조인 등을 담당한다.

③ 경리부: 공사의 재무 전반을 담당하고 장부를 관리한다.

④ 영업운임부: 중동철로의 운임과 상업 전략을 담당한다. 운임의 수입, 지출에 대한 감사를 실시한다.

⑤ 의료복지부: 종업원과 경비대, 그리고 그 가족의 의료 지원을 담당한다. 부장에는 의사가 선발하여 임명한다.

이름	임기
드미트리 호바스	1903.7.1~1918.4.29
바시리 라치노프	1918.5.11~1920.10.18
드미트리 카자케비치	1920.11.7~1921.2.1
보리스 오스트로모프	1921.2.15~1924.10
알렉세이 이바노프	1924.10.3~1926.4.1
알렉산더 엠샤노프	1926.4.17~1929.7
범기광(范其光)	1929.7~1929.12
유리 루드비	1929.12.17~1935.3.23

⑥ 자재부: 연료를 포함하여 운행에 필요한 제반 물자를 공급하고 감사한다.

⑦ 운행건설부: 철로의 부설작업과 연선의 건설작업 전반을 관할한다. 총무, 회계, 기술과로 나뉜다.

⑧ 운행통신부(관리부): 철로의 정상적인 운행을 담당하고, 역원(驛員)과 전신의 관리를 담당한다. 예하에 총무, 회계, 기술과를 둔다.

⑨ 기관부(機關部): 증기기관차와 화차의 관리 및 점검을 시행한다. 총무, 회계, 기술과로 나뉜다.

⑩ 행정, 부동산 관리부: 연선의 거리와 향촌을 감독하고 학무(學務)를 관할한다. 학무에 관해서는 이사회의 감독을 받는다.

⑪ 군사부: 군인과 군사 관련의 제반 업무를 관할한다.

이들 부서 이외에도 종교부가 신설되었다. 당시 러시아인에게 신앙생활은 없어서는 안 되는 부분이었다. 따라서 중동철로 연선에 증가하는 교회, 특히 정교회를 관할하고 편의를 도모하기 위해 종교부를 설치하였다.

러일전쟁 이후에도 러시아직원에 대한 상대적으로 높은 대우는 그대로 유지되었다. 숙련공 등의 급여는 러시아 본국의 철로직원과 비교하여 1.5~2배 높았으며, 이들이 거주하기 위한 주택도 저렴하게 대여해 주었다. 1년째의 휴

11-21 • 하얼빈 소재 중동철로관리국 유적지
출처: 河北師範大學 黨書記 戴建兵 教授 提供.

가는 10일이 주어졌고 2년째, 3년째가 되면 1개월의 휴가를 보장하였다. 중동철로 관계자의 경우 무상으로 의료혜택이 주어졌으며, 근속 10년이면 연금도 지급되었다. 본인이 사망할 경우 배우자에게 지급되었다.

중소합판으로 공사(公司)의 성격이 전환된 이후에도 소련인 직원의 경우 변함없이 높은 급여가 지급되었다. 중동철로 급여 시스템은 급여 등의 본봉과 능력급인 수당으로 구성되었다. 급여는 직무에 따라 차이가 있었으며, 수당은 1년에 600루블을 상한선으로 정하였다. 연봉 2,880루블 이하인 자는 관리국장의 전결로, 그 이상은 이사회의 의결에 근거하여 지급되었다. 주택수당은 본봉의 월액이 41루블 이하의 자에게는 25퍼센트, 70루블까지인 자에게는 20퍼센트, 그 이상은 15퍼센트로서 급여가 박한 자에게 더욱 후한 편이었다.

비정규직 러시아인 노동자의 일급은 최저 80코페이카(1루블 = 100코페이카)로 정사원과 달리 승급이 있었다. 승급은 노동자에게 결정권을 주는 독특한 제

11-22 ● 중동철로 하얼빈역

출처: 「東省鐵路管理局」, 『東方雜志』 26卷 15號, 1929.8, p.1.

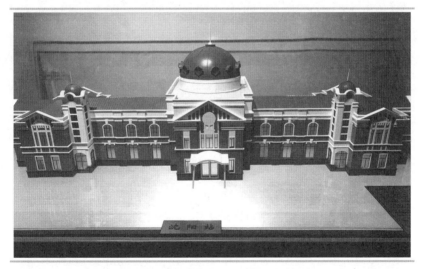

11-23 ● 중동철로 심양역(모형)

출처: 河北師範大學 黨書記 戴建兵 教授 提供.

11-24 • 일본과 만주국, 소련의 중동철로 매각 서명
좌로부터 소련대표(주일대사) 유레네프, 일본대표(외상) 히로타 고키(廣田弘毅), 만주국대표
(주일공사) 정사원(丁士源).
출처: 「中東路非法買賣」, 『東方雜志』 32卷 8號, 1935.4, p.6.

도였다. 노동자 대표가 승급기금 가운데 80퍼센트를 노동자에게 배당하고 나
머지를 공장장 등이 스스로의 의사에 따라 개별 노동자에게 분배하였다. 노동
시간은 식사와 휴식을 포함하지 않고 9시간, 토요일은 7시간으로, 휴식 없이
노동하지 않으면 안 되었다.

다만 3시간 이상 잔업에 종사할 경우 잔업수당은 시급의 2배 정도로 높은 편
이었다. 1917년의 러시아혁명 이전에는 중동철로 차량공장에서 러시아인과
중국인의 임금 사이에는 2배 정도의 격차가 있었다. 그러나 중소합판이 되고
나서 그 격차가 축소되었다. 노동자 전체의 평균 월급은 약 90.51루블이었으
며, 이후 8시간 노동으로 단축되었다. 중국인 노동자의 대우는 중국자본의 여
타 공장보다도 조건이 양호한 편이었다.

1935년 3월 23일 소련은 형식상 만주국, 실제로는 일본에 중동철로를 매각
하였으며, 이후 철로의 명칭이 북만철로(北滿鐵路)로 변경되었다. 접수를 지휘
한 관동군은 중동철로 원사원의 처우에 대해 다음과 같은 방침을 결정하였다.

① 소련 측 종업원은 전부 파면하고 매수 협정에서 합의한 바에 따라 국외로
   퇴거시킨다.

② 만주국 측 종사원은 현상대로 유지하여 민심의 동요가 발생하지 않도록

주의한다.

③ 이러한 조치에 의해 부족한 인원은 일본인, '만주인(중국인)' 및 엄선한 백계러시아인으로 보충한다. 중동철로가 갖는 국방상의 중요성에 비추어 전 종사원의 20퍼센트 이상을 일본인으로 충원한다.

④ 일본인과 '만주인'의 경우 주로 국철 및 남만주철로의 인원으로 충당한다.

⑤ 노경(路警)[철로경찰(鐵路警察)]은 현재의 국철로경(國鐵路警)과 동등한 조건과 대우로 채용한다.

1935년 일본이 소련으로부터 중동철로관리권을 매수한 이후 관동군은 '만주농업이민 100만호 이주계획안'을 수립하여, 20년 내에 100만 호 총 500만 명을 동북 지역으로 이주시킬 계획을 수립하였다. 20년은 4기(期)로 나누고 1기는 각각 5년으로 구분하였다. 제1기는 1937~1941년으로 10만 호의 이민을 계획하였으며, 제2기는 1942~1946년으로 20만 호의 이민을 계획하였다. 제3기는 1946~1951년으로 30만 호의 이민을 계획하였으며, 제4기는 1952~1956년까지 총 50만 호의 이민을 계획하였다.

2차대전 종전 이후 중동철로와 북만철로는 합병되어 중국장춘철로로 개명되었으며, 중장철로(中長鐵路)라고 부르며 중국과 소련의 공동관리하에 들어갔다. 1952년 12월 소련정부는 해당 철로에 대한 권리와 부속 재산 일체를 중국정부로 이관하였다. 이관식은 하얼빈에서 개최되었으며, 당시 국무원 총리 주은래가 중국 측 대표로 참석하였다. 의식이 개최된 장소는 중동철로관리국 건물로서 현재 하얼빈시 남강구(南崗區) 서대직가(西大直街) 51호에 위치하고 있다.

2차대전 종전 직후인 1946년 7월 10일 중국공산당은 동북철로관리총국을 설립하여 진운(陳雲)을 겸임국장으로 발령하고, 동북 각 지역의 철로노선을 통일적으로 관리하도록 하였다. 같은 해 10월 30일 하얼빈 기무단 노동자들은 전쟁 중 파손된 중동철로 304호 열차를 수리하여 복구한 이후 이를 '모택동호(毛澤東號)' 및 '주덕호(朱德号)'라 명명하였다. 모택동호는 현재 하얼빈에 전시되어 있다.

11-25 ● 하얼빈역에 전시되어 있는 '모택동호' 열차

출처: 河北師範大學 黨書記 戴建兵 敎授 提供.

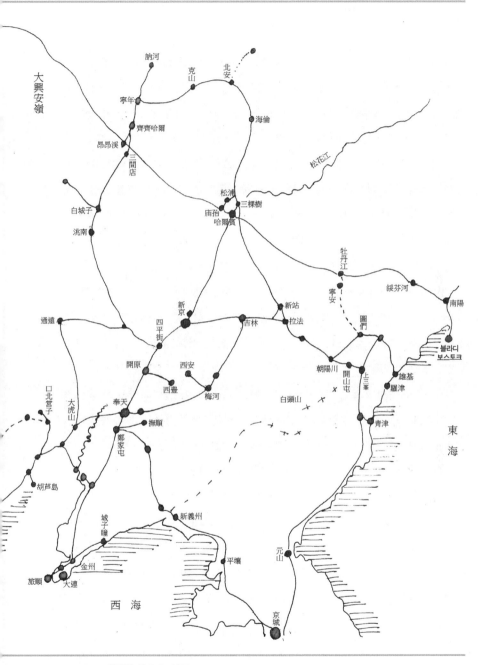

大興安嶺

訥河

克山

北安

寧年

齊齊哈爾

海倫

松花江

昂昂溪

三間店

白城子

洮南

松浦

三棵樹

庙孙

哈爾賓

牡丹江

綏芬河

南陽

新京

新站

寧安

圖們

通遠

四平街

吉林

拉法

블라디
보스토크

開原

西安

朝陽川

開山屯

上三峯

雄基

羅津

西豐

梅河

白頭山

青津

東
海

口北営子

大虎山

奉天

撫順

鄭家屯

胡芦島

城子瞳

新義州

平壤

元山

旅順

金州

大連

西　海

京城

11-26 ● 만주국 철로 노선도

동청철로 휘장의 변화

동청철로의 원래 명칭은 대청국동성철로(大淸國東省鐵路)이며, 이를 간략히 동청철로 혹은 동성철로라 불렀다. 동청철로는 하얼빈을 중심으로 크게 북부간선의 동, 서와 남부지선의 세 부분으로 나눌 수 있다. 즉 만주리에서 수분하(綏芬河)에 이르는 동부간선과 하얼빈에서 여순에 이르는 남부지선, 그리고 하얼빈에서 블라디보스토크에 이르는 동부간선으로 구분할 수 있다. 1903년 7월 동청철로의 개통 이후 동청철로의 로고는 중국황실을 상징하는 용의 문양과 러시아철로를 상징하는 날아가는 바퀴(바퀴와 날개의 조합)를 합쳐놓은 형상이다.

그러나 러일전쟁 이후 러시아는 동청철로의 남부지선, 즉 남만주철로를 일본에 양여하지 않을 수 없었다. 그리하여 관성자(寬城子)[(장춘(長春)]를 경계로 관성자의 남쪽에서 여순에 이르는 구간은 남만주철도주식회사의 경영으로 귀속되었으며, 이를 남만주철로라 불렀다. 관성자의 북쪽은 러시아의 소유로 동청철로(중동철로)라 불렀다. 남만주철도주식회사는 기존 동청철로 남부지선인 남만주철로의 휘장을 새로 제작하였다.

1911년 신해혁명으로 공화정을 표방한 민국(民國)이 설립되면서 관성자(장춘) 이북의 동청철로(東淸鐵路)는 청나라가 사라진 이상 명칭을 계속 존속하기 어려웠으며, 따라서 중국중동철로(中國中東鐵路)로 변경되었다. 1915년 8월 29일 러시아정부는 중동철로의 휘장을 새롭게 공포하였다. 그런데 새로운 휘장은 다름 아닌 동청철로에서 청조를 상징하는 용의 문양을 삭제하고 순수하게 러시아철로의 휘장을 상징하는 날아가는 바퀴를 그대로 휘장으로 사용하였다.

이러한 가운데 1917년 11월 7일 레닌이 영도하는 러시아혁명이 성공을 거둔 이후 소비에트 사회주의러시아가 수립되었다. 신생 소비에트정부는 1919년 7월과 1920년 9월에 대화선언(對華宣言, 카라한선언)을 발표하고 과거 제정러시아 시기에 중국과 체결한 일체의 불평등조약을 조건 없이 폐지한다고 선언하였다. 1924년 소련은 소련철로의 휘장을 바탕으로 중동철로의 휘장을 새롭게 도안하였다. 소련철로는 소비에트사회주의공화국연맹의 머리글자를 딴 CCCP

11-27 • 동청철로 휘장   11-28 • 러시아철로 휘장   11-29 • 중동철로 휘장

11-30 •
1924년 이후 중동철로의 휘장

11-31 •
북만철로총국의 휘장

11-32 •
중국장춘철로의 휘장

와 소련국기의 상징인 낫과 망치, 그리고 슬라이드 캘리퍼스[卡尺]*와 망치가 교차하는 문양의 도안으로 휘장을 만들었다. 소련공산당의 영도하에 중동철로의 관리 및 운영을 시사하는 도안이라 하겠다.

그러나 만주국이 수립된 이후 중동철로의 명칭 및 휘장은 다시 변경되었다. 소위 독립자주국을 표방하는 만주국에 위치한 중동철로의 원래 명칭은 중국동방철로의 약칭이기도 하다. 만주국이 중국과 독립된 주권국가이므로 철로의 명칭에 중국을 포함하는 것은 바람직하지 않다는 만주국의 요구를 소련이 받아들이면서 1933년 6월 1일 중동철로의 명칭을 북만철로(北滿鐵路)로 변경하였다. 또한 만주국과 일본의 종용으로 마침내 1935년 3월 24일 북만철로가 만주

----

* 물체의 두께를 재거나 구멍의 지름 따위를 정밀하게 재는 금속제의 자.

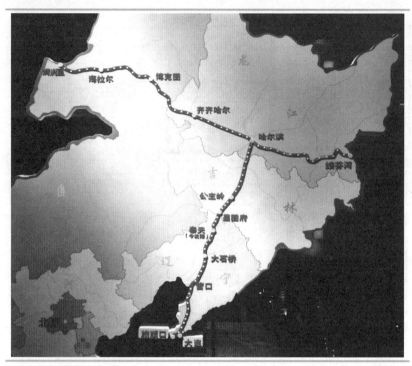

11-33 • 중동철로 노선도

만주를 횡단하는 중동철로(동청철로)와 종관하는 남만주철로 노선을 표시한 지도.

국에, 실질적으로는 일본에 매각되게 되었다. 이후 북만철로는 북만철로총국
소속으로 귀속되었다. 이후 북만철로는 남만주철도주식회사에 의해 위탁 경
영되게 되었으며, 철로의 궤간을 모두 표준궤로 개축하였다. 이로써 남만주철
도주식회사는 중동철로에 대한 경영권을 완전히 장악할 수 있게 되었다. 이후
북만철로는 남만주철로의 휘장을 사용하였다.

   2차대전 종전 이후 미국의 루스벨트, 영국의 처칠, 소련의 스탈린은 얄타협
정을 체결하고, 중동철로(남만주철로 포함)를 중국과 소련의 공동관리하에 두기
로 합의하였다. 철로의 명칭은 중국장춘철로라 개명되었으며, 간략히 중장철
로(中長鐵路)라 줄여 불렀다. 철로의 휘장에도 중국과 소련이 공동관리하는 취
지를 반영하였다. 앞의 중장철로 휘장(11-32) 그림을 살펴보면, 중문명인 중(中)

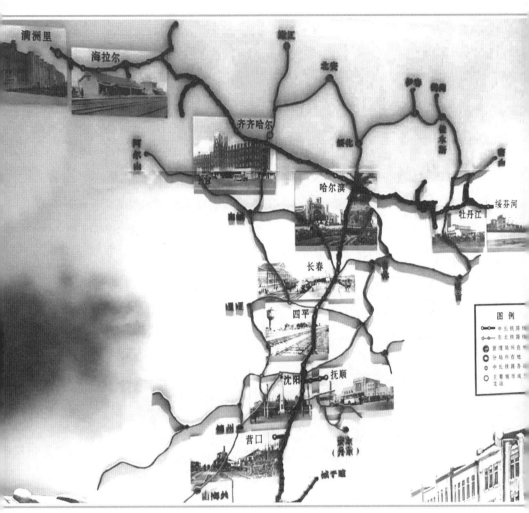

11-34 • 중동철로와 남만주철로 주요 열차역

출처: 河北師範大學 黨書記 戴建兵 敎授 提供.

과 장(長), 그리고 중장철로의 러시아어인 중국장춘철로(Чанчунь Китая Железнодорожный)의 첫 자음인 Ч와 그것의 영문 발음인 K, 그리고 소련의 망치와 캘리퍼스를 교차한 문양을 바탕으로 하는 것을 알 수 있다.

1950년 6월 25일 북한의 침략으로 한국전쟁이 발발하자 모택동은 중국군대에게 압록강 도강을 명령하였다. 이와 동시에 소련 측에 중국군대의 참전으로 말미암아 소련국경에 대한 미군의 위협에 맞서 싸우려는 중국의 의지를 전달하였다. 1952년 12월 31일 중·소 양국정부는 '중·소 양국이 중국장춘철로를 중화인민공화국에 양도하는 공고'를 반포하고, 소련이 중국장춘철로와 일체의 부속 자산을 중국에 무상으로 양도한다고 공포하였다. 중·소 공동관리의 중장철로와 관련된 모든 자산이 중국으로 이관된 것이다. 이를 위한 의식이 하얼빈철로 문화궁에서 공식적으로 거행되었으며, 이 자리에 주은래(周恩來) 총리와 철도부장 등대원(騰代遠)이 참석하였다. 1952년 12월 31일 마침내 중장철로는 중·소 공동관리의 시기를 종료하고 철로의 소유권을 완전히 중국정부에 귀속하기로 양국 사이에 합의가 이루어졌다.

참고문헌

「蘇俄外長加拉罕」,『東方雜志』26卷 15號, 1929.8.

「東支鐵道運賃政策と北滿市場」,『滿鐵調查月報』17卷 1號, 1937.

南滿洲鐵道株式會社,『北滿洲と東支鐵道』上, 大阪每日新聞社, 1928.7

南滿洲鐵道株式會社,『北滿洲と東支鐵道』下, 大阪每日新聞社, 1928.7

「西伯利亞鐵路談: 經行西伯利亞之火車」,『東方雜志』14卷 12號, 1917

「東省鐵路理事會」,『東方雜志』26卷 15號, 1929.8.

「東省鐵路管理局」,『東方雜志』26卷 15號, 1929.8.

「中東路非法買賣」,『東方雜志』32卷 8號, 1935.4.

姜振賓,「中東鐵路的緣起與沿革」,『哈爾濱工業大學學報』2011年 13期.

石方,「中東鐵路的修築對哈爾濱經濟社會發展的作用與影響」,『學習與探索報』1995年 4期.

麻田雅文,『中東鐵道經營史(1896-1935)』, 名古屋大學出版會, 2012.

Remer 著, 東亞經濟調查 局譯,『列國の對支投資』, 東亞經濟調查局出版, 1934.12.

송승석,『옛길 사이, 작은 사연들』, 다인아트, 2017.8.

金志煥,「제정 러시아의 제국주의와 동방정책의 역사적 고찰: 동청철도를 둘러싼 중러관계의 변화를 중심으로」,『中國學報』50輯, 2004.12.

金志煥,「中國 東北地域 商品流通網의 변화와 東清鐵道의 매각」,『歷史學報』217輯, 2013.3.

金志煥,「中東鐵路出售的經濟背景」,『近代史研究』203期, 2014.9.

12장

남만주철로(南滿洲鐵路)
만주 지역을 종관하는 일본자본 간선철로

연 도	1898~1903(1905)
노 선 명	남만주철로
구 간	장춘(長春) - 대련(大連)
레일 궤간	1.435미터
총 연 장	987킬로미터
기 타	2차대전 후 중동철로(中東鐵路)와 합병되어 중장철로(中長鐵路)가 됨

남만주철로는 길림성 장춘(長春)을 출발하여 요녕성 대련(大連)에 이르는 만주 종관철로이며, 1898년 부설공사에 착수하여 1903년 완공하였다. 1907년부터 1934년에 걸쳐 복선화 공사가 진행되었다. 1898년 러시아는 여순, 대련의 조차권(租借權)과 더불어 하얼빈으로부터 여순, 대련에 이르는 동청철로 지선의 부설권을 획득하였다. 동청철로의 부설공사는 하얼빈으로부터 시작되어 1903년 여순 - 대련의 지선을 포함하여 전선을 완공하였다. 여순 - 대련의 간선 이외에도 ① 안봉선[안동현 - 소가둔(蘇家屯)], ② 여순지선[천수자(泉水子) - 여순(旅順)], ③ 영구지선[대석교(大石橋) - 영구(營口)], ④ 무순지선[혼하(渾河) - 무순(撫順)], ⑤ 연태탄광(煙台炭鑛) 지선, ⑥ 혼유(渾楡)연락선, ⑦ 관성자(寬城子)연락선 등이 있었다.

러일전쟁 직후 1905년 9월 5일 일본과 러시아는 러일강화조약, 즉 포츠머스조약에 서명하고, 여기서 철로문제와 관련하여 장춘 - 여순 간 철로 및 그 지선, 철로 연변의 탄광에 관한 권한을 양도하기로 합의하였다. 더욱이 이와 같은 권리를 보장하고 실현하기 위해 외무대신 고무라 주타로(小村壽太郎)와 주중공사 우치다 야스야(內田康哉)는 청조가 파견한 전권대신 경친왕(慶親王) 혁광(奕劻), 외무부상서(外務部尙書) 구홍기(瞿鴻禨), 직예총독 원세개 등과 북경에서 회의를

12-1 • 여성으로 비유된 동북지방(만주)을 차지하기 위해 경쟁하는 일본과 러시아

개최하고, 마침내 1905년 12월 22일 '회의동삼성사의조약(會議東三省事宜條約)'을 체결하였다. 여기서 청조는 포츠머스조약에 따라 이 철로에 관한 일체의 권리를 일본에 양여하는 것에 동의하였다.

남만주철로의 영문명은 South Manchuria Railway이며 약자로 SMR이라 표기한다. 철로 이외에도 철로 연선의 16.7미터에서 3,000미터에 달하는 남만주철로 부속지를 보유하였으며, 부속지의 총면적은 482.9평방킬로미터에 달하였다. 남만주철로의 간선역은 대련, 남관령(南關嶺), 대방신(大房身), 금주(金州), 삼십리보(三十里堡), 보란점(普蘭店), 와방점(瓦房店), 득리사(得利寺), 만가영(萬家嶺), 웅악성(熊岳城), 개평(盖平), 대석교(大石橋), 해성(海城), 탕강자(湯崗子), 안산(鞍山), 연태(煙台), 소가둔(蘇家屯), 퐁천(奉天), 호석태(虎石台), 신태자(新台子), 철령(鐵嶺), 개원(開原), 창도(昌圖), 쌍묘자(雙廟子), 사평가(四平家), 곽가점(郭家店), 공주령(公主嶺), 범가둔(范家屯), 관성자(寬城子) 등에, 지선역은 영구, 천금색(千金塞), 무순, 영성자(營城子), 여순(旅順), 유수둔(柳樹屯) 등에 설치하였다.

포츠머스강화조약 제6조는 "러시아정부는 장춘 - 여순 간의 철로 및 일체의 지선, 그리고 이 지역에서 이에 부속한 일체의 권리, 특권 및 재산, 그리고 이 철로에 속하거나 그 이익을 위해 경영되는 일체의 탄광을 인계한다"라고 규정

하였다. 여기서 남만주철로의 종착
역을 장춘으로 결정하게 된 경위에
대해 먼저 살펴보자.

포츠머스강화조약이 진행되던
1905년 8월 16일 러일 간의 제8차
회의에서 동청철로의 남만주지선,
즉 남만주철로의 종착역과 관련된
협상이 진행되었다. 회담에서 일본
은 중동철로 간선의 중추역인 하얼
빈을 남만주철로의 종착역으로 희
망하였다. 그러나 러일전쟁에서 일
본이 점령한 최북단 지역은 하얼빈
에 훨씬 미치지 못하는 공주령(公主
嶺)이었다. 이에 러시아 대표 세르

12-2 ● 동북 지역을 둘러싼 일본과 러시아
의 충돌

게이 비테는 "러시아정부는 현재 일본군대가 점령한 지역 이외의 철로를 포기
할 수 없다. 일본군대가 하얼빈까지 도달하지 못하였기 때문에 철로의 종착역
은 양국이 다시 협상하여 결정해야 한다"라고 주장하였다.

이에 일본 측 협상대표였던 일본외상 고무라 주타로는 하얼빈까지 일본군
대가 도달하지 못했더라도 지세와 자연환경의 중요성을 고려하여 송화강을 통
과하는 지점을 경계로 정해야 한다고 주장하였다. 이에 러시아의 비테는 양국
간 경계를 지세의 측면보다는 중요 도시를 고려하여 선택해야 한다고 주장하
였다. 쌍방의 치열한 논쟁 끝에 비테는 일본군이 점령한 최북단인 공주령보다
더 북쪽에 위치한 상업도시 장춘을 일본 측에 양보안으로 제시하였다.

이에 고무라는 당초 예상하였던 하얼빈보다 남쪽의 장춘을 받아들이는 대
신 이전부터 호시탐탐 눈독을 들이고 있던 장춘 - 길림 구간의 철로 부설권을
요구하였다. 다시 말해 러시아가 길장철로의 부설권을 일본에 양여한다면 일
본도 하얼빈 대신 장춘을 종착역으로 하여 경계로 하는 제안에 동의한다는 타

협안이었다. 청일전쟁 이후 일반인은 물론 일본의 정부관료들도 장춘의 지리적 중요성에 대해 상세히 알지 못하였지만, 외상 고무라와 육군대좌 후쿠시마 야스마사(福島安正)는 장춘의 중요성을 이미 잘 알고 있었다. 일본은 자신이 점령한 최북단인 공주령보다 더 북쪽에 위치한 장춘을 얻어낸 것만 해도 손해를 보는 거래가 아니었는데, 더욱이 길장철로의 부설권까지 얻어내는 노련한 담판을 보여준 것이다.

이에 대해 고무라가 "내가 알기로는 장춘 - 길림 구간의 철로는 아직 레일을 부설하지 않았다"라고 지적하자, 비테는 "사정은 잘 모르나 전보로 본국 정부에 문의하여 만일 이 지선의 레일이 아직 부설되지 않았다면 요구를 수용할 수 있지만, 이미 존재한다면 현재의 소유자가 소유해야 한다"라고 회답하였다. 따라서 양국 전권위원은 "장춘을 경계로 하는 것에 합의하고, 러시아 전권대사가 본국 정부로부터 회신을 얻어 확인될 때까지 길장철로 부설권의 양여 문제를 보류하기로 정리하였다. 결국 이 문제는 강화회담의 마지막에 이르러서야 해결되었다. 8월 29월 오전 마지막회의에서 러시아전권은 장춘 - 길림 구간의 철로 레일이 아직 부설되지 않아 존재하지 않는다"라는 회신을 받았으며, 이에 따라 양국 전권위원은 장춘을 철로의 경계점으로 확정하였다. 또한 장춘 - 길림 간의 철로 부설문제를 사실상 일본에 양여되었다.

한편, 포츠머스강화조약 제6조에 따라 1906년 6월 7일 일본천황 명의의 제142호 칙령에 근거하여 남만주철도주식회사의 설립을 공포하고, 같은 해 11월 26일 도쿄에서 정식으로 성립되었다. 남만주철도주식회사가 성립한 이후 전시 부설된 협궤를 표준궤로 개축하였으며, 봉천에서 동쪽으로 연장되어 중국과 조선의 변경인 안동에 이르러 한반도철로와 연결되었다.

남만주철도주식회사의 자본금은 2억 엔으로서, 이 가운데 일본정부의 실물투자가 절반을 차지하였으며, 민간투자에 대해서는 연리 6리(利)의 이윤을 보장하였다. 자본주는 주로 일본황실, 귀족과 관료였으며, 대표적으로 미쓰비시은행(三菱銀行)의 쇼다 헤이고로(庄田平五郎), 정금은행(正金銀行)의 소노다 고기치(園田孝吉), 야스다은행(安田銀行)의 야스다 젠지로(安田善次郎), 미쓰이물산(三

12-3 • 대련의 남만주철도주식회사 본사

남만주철도주식회사 본사 유지는 현재 대련시 중산구(中山區) 노신로(魯迅路) 9호(號)에 위치한다. 원래 건물의 공사는 1903년 제정러시아에 의해 시작되었으며, 이후 1909년에 일본이 본래의 건물을 확충하여 본부동과 부속동 등 총 5동의 건축물을 완성하였다. 현재는 대련철로유한책임공사의 건물로 사용되고 있다.

12-4 • 남만주철로 휘장
1907년 일본 도쿄로부터 대련으로 본사
를 이전한 이후 설계된 것으로서, 영문 滿
洲(Manchuria)의 M과 철로 레일의 횡단
면의 모양을 상호 조합하여 기관차의 정
면에서 바라본 모습을 형상화한 것이다.

井物産)의 마쓰다 다카요시(益田孝), 다
이이치은행(第一銀行)의 시부사와 에
이이치(澁澤榮一), 흥업은행(興業銀行)
의 소에다 이치(添田壽一), 일본은행(日
本銀行)의 다카하시 고레키요(高橋是
清), 일본우선(日本郵船)의 곤도 료헤이
(近藤良平) 등을 들 수 있다.

1907년 3월 5일 일본천황의 182호
칙령에 근거하여 본부를 도쿄로부터
대련 아옥정(兒玉町)[현재의 단결가(團結
街)]의 관동도독부 민정루(民政樓)로
이전하였으며, 도쿄에는 지사를 두었
다. 1907년 4월 1일 남만주철도주식
회사는 정식으로 영업을 개시하였으며, 산하에 조사부, 총무부, 운수부, 광업
부와 지방부를 두었다. 남만주철도주식회사의 자산은 1914년 2억 1,000만 엔
에 달해 중국에 대한 일본의 직접투자 가운데 약 55퍼센트, 그리고 만주에 대
한 투자의 약 80퍼센트에 해당되는 사업재산을 소유하고 있을 정도로 방대한
규모를 자랑하였다. 남만주철도주식회사가 설립된 직후인 1906년 8월 일본육
군은 관동도독부를 설치하여 관동군과 함께 만주를 경영하는 소위 삼두정치
(三頭政治) 체제를 형성하였다.

20세기 초 열강은 중국에서 다수의 철로를 부설하였는데, 대표적으로 독일
이 산동에서 부설한 교제철로(膠濟鐵路), 프랑스가 운남에서 부설한 전월철로
(滇越鐵路), 러시아가 동북에서 부설한 중동철로(中東鐵路), 영국이 운남에서 부
설한 전면철로(滇緬鐵路), 일본이 동북에서 부설한 남만주철로 등을 들 수 있다.
이 가운데 남만주철로는 여타 철로와 비교하여 특히 중국사회와 경제에 대한
침략성이 매우 농후하였다.

1917~1919년 사이에 남만주철도주식회사의 총재와 관동도독은 동일인으

로 임명되어 겸임하였다. 1919년까지 도독은 고급무관이었던 것이다. 그러나 1919년 이래 조차지의 장관은 무관으로 임명하였으며, 주속무관은 관동군사령관이 되었다. 그리하여 주석영사관, 즉 봉천(奉天, 현재의 심양)의 일본총영사는 관동청의 외사부장으로 임명되었다. 남만주철도주식회사의 사장은 통상 관동장관과 동일인물은 아니었으나, 장관은 통상적으로 남만주철도주식회사의 업무를 감독하는 권한을 보유하였다. 그리고 관동군사령관은 철로수비대를 통할하였다.

일본은 남만주철로 연선에 10킬로마다 15명의 수비병을 둘 수 있는 권리를 취득하였다. 1907년부터 철로 연선에 1개 사단과 6개 철로수비대 총 1만여 명의 병사를 주둔시켰다. 이러한 병력이 이후 중국 침략의 선봉에 선 일본관동군(日本關東軍)의 전신이 되었다. 1919년 4월 12일 관동청(關東廳)이 군정분치(軍政分治)를 실행하면서 육군부를 기초로 별도로 관동군사령부를 조직하여 남만주철로 연선의 주둔군을 관할하게 되었다. 관동청은 최고행정사법기관이었으며, 관동군사령부는 최고군사기관이 되었다. 1931년 만주사변 당시 관동군은 3개 사단에 지나지 않았으나, 1932년에는 6개 사단, 1933~1936년 사이에는 5개 사단의 병력을 보유하였으며, 1937년에는 7개 사단, 1938년에는 9개 사단, 1939년에는 11개 사단, 1940년에는 12개 사단으로 급증하였다. 1941년 말 진주만 공습 당시에 관동군의 병력은 이미 31개 사단, 85만 명에 달하였다. 1945년 8월 9일 소련이 150만 명의 병력을 투입하여 동북 지역의 관동군에 대한 총공세를 전개하여 단 20일 만에 관동군을 섬멸하였다. 총 8만 3,700명의 병사를 사살하였으며, 149명의 장교를 포함한 59만 4,000명을 포로로 사로잡았다.

남만주철도주식회사는 조례에서 중일 양국인에 한정하여 주주가 될 수 있도록 규정하였다. 일본정부는 철로와 부속재산, 탄광 등에 주식의 절반을 출자함으로써 회사에 대한 절대적인 영향력을 확보하였으며, 이를 근거로 회사의 총재, 부총재를 임명하는 권리를 보유하였다. 이 철로는 당초 청러밀약에 따라 그 소유권을 1901년 동청철로 개통일로부터 80년으로 하고, 기한 후에는 무상으로 중국정부에 양여하도록 하였다. 또한 개통일로부터 36년 후에는 중국정부가 가치를 평가하여 그에 상당하는 대금을 지불하고 남만주철로를 매수할 수 있도록 규정하였다.

그러나 1915년 5월 중일조약을 통해 본 철로의 소유권을 99년으로 연장하는 것으로 개정하기로 양국 정부가 합의하였다. 안봉철로(安奉鐵路)의 경우 1905년 12월의 중일조약에 의해 개축공사를 완료한 날로부터 15년(1923년)으로 기한을 정하였으며, 기한 후에는 똑같이 중국정부가 이를 매수할 수 있도록 규정한 바 있다. 그러나 안봉철로 역시 1915년에 기한을 99년으로 연장하였다. 이러한 결과 남만주철로는 2002년, 안봉철로는 2007년에 만기가 되는 셈이다.

1902년 말 동청철로공사가 동청철로의 지선으로 완공한 하얼빈 이남의 노선은 궤간 5척의 러시아식 광궤철로였다. 그러나 러일전쟁 중 일본군이 이를 점령함과 동시에 3척 6촌의 협궤로 개조하였으며, 이후 남만주철로는 다시 이 노선을 표준궤로 개축하여 1908년 5월에 준공하였다. 부설 비용으로 총 4,200여만 원이 지출되었다.

러일전쟁 직후 일본군은 남만주철로를 이용하기 위해 일본 국내철로를 운행하는 기관차와 객화차 및 레일을 전용하기로 결정하고 기존의 광궤를 일본 국내와 동일한 1.067미터의 협궤로 부설하기로 결정하였다. 그러나 남만주철도주식회사가 창설된 이후 1907년 5월부터 협궤를 1.435미터의 표준궤로 개축하는 작업에 착수하였다. 이를 위해 일본육군을 중심으로 조직된 철도제리부(鐵道提理部)가 개축 공정을 주관하였다. 마침내 1935년 8월 1일에는 장춘에서 하얼빈 사이의 구간에 대한 표준궤로의 개축 공정을 모두 완성하였다.

남만주철도주식회사는 1915년 6월 소가둔에서 봉천에 이르는 구간의 선로에 대한 복선화 공사를 시행하여, 3년여의 공사 끝에 1918년 11월 열차를 개통하였다. 1919년 남만주철도주식회사는 다시 봉천에서 장춘에 이르는 구간의 선로에 대한 복선화 계획을 수립하고, 1921년 11월 봉천에서 철령(鐵嶺) 사이의 구간에 대한 복선화 공사를 완료하고 열차를 개통하였다. 철령 이북에서 장춘에 이르는 구간의 복선화 공사는 1921년에 착수하였으나 정세의 변동으로 만주사변 이후가 되어서야 완공되었다. 마침내 1934년 9월에 이르러 대련에서

12-5 • 남만주철로 노선을 달리던 기관차

장춘에 이르는 구간의 복선화 공사가 모두 완료되었다.

　남만주철로 연선지역은 오래전부터 관내에 위치하여 역대 왕조의 통치력이 미쳤던 지역이었다. 남만주철로 연선지역에는 장춘, 이통(伊通), 회덕(懷德), 이수(梨樹), 서풍(西豊), 창도(昌圖), 개원(開原), 철령, 법고(法庫), 쌍양(雙陽), 심양(瀋陽), 요중(遼中), 요양(遼陽), 해성(海城), 영구, 개평(蓋平), 부현(復縣), 본계(本溪), 봉성(鳳城), 안동(安東), 수암(岫巖), 장하(莊河), 관동주(關東州)[22현(縣) 1주(州)] 등이 속하였다. 특히 개원(開原)의 남쪽 유조변장의 안쪽은 농경지로서 유구한 역사를 지니고 있었다. 러일전쟁 이후 동청철로의 장춘 - 대련 구간이 일본에 양도되고 남만주철도주식회사가 이 철로를 경영하게 되었다. 더욱이 대련, 안동의 개항이 이루어지면서 남만주철로 연선지역에는 경제적 변화가 급격히 일어났다.

　1907년 4월에 영업을 시작한 남만주철도주식회사는 일본의 국책회사라는 성격이 매우 농후하였고, 철로 운수업 이외에도 철로에 부속된 다양한 사업,

업종을 함께 경영하였다. 남만주철로는 종전의 수운이나 마차운송과 비교할 수 없을 정도로 막대한 운수 능력을 보유하고 있었기 때문에 연선지역의 특산물을 대량으로 흡수할 수 있었다. 남만주철로의 화물 운수량은 1910~1929년 사이에 약 5배로 증가하였다. 운수 화물의 내역을 살펴보면, 농산물과 석탄이 약 60~70퍼센트였고, 그중에서도 콩이 50~70퍼센트를 차지하였다.

남만주철로는 여객 운수보다는 화물 운수의 비중이 컸으며, 특히 콩과 석탄 운송량의 다과에 따라 수익이 좌우되었다. 만주국 시기에 남만주철도주식회사는 만주국 내의 철로를 위탁 경영하는 동시에 국방상, 치안상의 견지에서 대대적으로 새로운 노선의 부설에 착수하였다. 또한 중일전쟁 이후 군사수송의 비율이 높아지기 시작하여 태평양전쟁 이후에는 군사수송이 주업무가 되면서 일반화물의 운수 분담률은 급격히 저하되었다. 1945년까지 동북의 철로 총연장은 약 1만 1,000킬로미터에 달했으며, 이 가운데에서도 남만주철로 구간(대련 - 장춘)의 화물 운송량이 가장 많았다. 동북 지역의 여러 철로 가운데 남만주철로는 탁월한 운수 능력을 보유한 노선이었음을 알 수 있다.

남만주철로 연선역의 특징을 유형화하면 다음과 같이 세 범주로 구분할 수 있다.

① 구래의 도시와 남만주철로 부속지가 인접한 역: 봉천, 장춘, 요양, 철령
② 구래의 도시와 남만주철로 부속지가 먼 거리에 위치한 역: 개원(開原), 사평가(四平街), 창도, 개평, 해성(海城)
③ 남만주철로 부속지가 생기기 이전에는 도시가 없었던 역: 공주령(公主嶺), 보란점(普蘭店)

이 가운데 특히 남만주철로 부속지와 거리가 먼 도시는 부속지의 성장으로 말미암아 구래의 도시가 쇠퇴하는 현상이 발생하였다. 예를 들면, 개원은 남만주철로가 개통되기 이전에는 물자의 집산지였지만, 남만주철로가 개통된 이후 부속지를 중심으로 물자가 출하되면서 상업적 지위가 급속히 하락하고 말았다. 그리하여 부속지는 철로의 철(鐵)자를 붙여 '철개원(鐵開原)' 등으로 부르기

도 하였지만, 점차 다시 부속지의 원래 명칭으로 부르게 되었다. 그러나 예를 들면 철령이나 요양과 같이 남만주철로의 역이 설치되었다고 해서 반드시 상업적으로 발달한 것은 아니며, 그 역을 둘러싼 교통로나 배후지의 상황에 따라 발전한 역과 발전하지 못한 역이 있었다.

남만주철로의 개통에 따라 발전한 도시가 있는가 하면, 육로의 요충지에 위치하여 상업적으로 번영하였던 도시 가운데 남만주철로 개통 이후 쇠퇴한 경우도 있었다. 예를 들어, 법고문(法庫門)은 철로가 개통되기 이전에는 동북 북부와의 교통에서 요충에 위치하였다. 따라서 내몽골과의 교역에서 중요한 거점이었기 때문에 왕래하는 마차도 매우 많았다. 그러나 남만주철로가 개통된 이후 기존의 많은 물류가 철령으로 흡수됨에 따라 내몽골과의 교역은 정가둔 등이 발전하면서 그 중요성을 상실하고, 그 상권은 법고현과 강평현(康平縣)으로 축소되고 말았다. 또한 이통(伊通)과 이수(犁樹)는 공주령과 사평가에 상권을 빼앗겨 상업 중심지로서의 기능이 크게 저하되었다.

남만주철로가 개통되기 이전에 연선지역의 상거래는 육로나 혹은 요하(遼河)의 수운을 통해 이루어졌기 때문에, 자연히 도로망이나 요하 수운의 요충지가 바로 상업의 중심지가 될 수밖에 없었다. 그러나 남만주철로가 개통된 이후 철로역이 상업의 중심지로서 발달하기 시작하자, 요하의 수운을 통해 거래가 이루어지던 상업 중심지들은 이로 인해 심대한 영향을 받지 않을 수 없었다. 이와 같은 대표적인 도시가 바로 철령, 요양 등이었다.

철령은 요하의 수운을 통해 영구와 상업상 긴밀한 관계를 유지하고 있었다. 인근의 해룡지방이나 창도(昌圖) 부근에서 생산된 콩이 먼저 철령으로 출하된 이후 다시 영구로 운송되었기 때문에 특산물 집산지로서 번영을 구가하였다. 그러나 남만주철로가 개통된 이후 물자의 대부분이 철로를 통해 운송되기 시작하자, 해룡지방의 콩은 개원역으로 출하되었기 때문에 특산물시장으로서 철령의 지위는 크게 하락하고 말았다.

양평(襄平)은 남만주철로가 개통되기 이전에는 태자하(太子河)를 이용한 수운을 통해 영구와 연결되어 상업의 중심지로서 큰 영화를 누렸다. 태자하 상류

12-6 • 남만주철로 장춘역

출처: 金志煥, 『철도로 보는 중국역사』, 학고방, 2014, p.368.

12-7 • 현재의 장춘역

에 속하는 본계호(本溪湖)나 감창(城廠) 방면의 남만주철로 동쪽은 요양의 주요 상권에 속하였으며, 멀리는 장춘과 길림에까지 그 세력이 미쳤다. 그러나 남만 주철로가 개통되면서 종래 요양으로 출하되던 물자가 부근의 연대(煙臺), 입산 (立山) 등 각 역으로 분산되었다. 더욱이 안봉철로가 개통된 이후 감창 부근이 안동의 상권으로 편입되면서 요양의 상권은 더욱 축소되고 말았다. 수운을 통

12-8 ● 만주사변 이후 중국군이 남만주철로 선로를 파괴하였다는 증거를 제시한 일본
출처: 「暴日占領下之東北」(五), 『東方雜志』 28卷 22號, 1931.11, p.9.

한 영구와의 거래는 철로보다 운임이 저렴했음에도 감소할 수밖에 없었으며, 자연히 영구와의 거래보다 대련과의 거래가 증가하였다.

남만주철로가 개통되기 이전에 요하는 물류 유통의 대동맥이었기 때문에 그 유역에는 수많은 상업 중심지가 있었다. 그러나 남만주철로가 개통되면서 요하의 수운은 점차 감소되고, 이에 따라 요하 유역의 상업 중심지도 쇠퇴하지 않을 수 없었다. 예를 들어, 철령의 요하로 물자를 반출하였던 지역 가운데 하나인 마봉구(馬蜂溝)의 경우도 1915년에 들어 쇠퇴의 기운이 완연해졌다고 철령의 일본영사가 본국에 보고하였다. 또한 상류지역의 통강구(通江口)와 삼강구(三江口)에서도 남만주철로가 개통된 직후인 1909년에 이미 쇠퇴 징후가 뚜렷이 출현하였다.

요하 유역에 자리한 상업의 중심지들이 쇠퇴 징조를 보이기는 하였지만, 그렇다고 해도 요하의 수운이 완전히 소멸된 것은 아니었다. 1910년대에는 10만 톤 정도의 콩이 수운을 통해 영구로 운송되었다. 영구로 출하된 콩의 경로별 내역에는 요하로부터 유입된 대두가 1920년대에도 총량의 30퍼센트 이상을 차지하였다. 이로 미루어 보면 수운이 감소되기는 하였지만 여전히 중요한 유통 루트의 하나였음을 알 수 있다. 그러나 1930년대가 되면 수운의 쇠퇴는 확연하여 그 역사적 역할이 막을 내렸다고 하겠다.

남만주철도주식회사의 경영

1922년 1월 남만주철도주식회사의 편제를 살펴보면 다음과 같다.

- 사장실: 문서과, 외사과, 인사과, 사회과, 조사과, 교통과, 건축과, 비서역
- 운수부: 서무과, 여객과, 화물과, 운전과, 선로과, 기계과
- 지방부: 서무과, 토목과, 학무과, 위생과, 농무과
- 흥업부: 광무과, 상공과, 판매과
- 경리부: 주계과, 회계과, 용도과(用度課)

창립 초기 남만주철도주식회사의 직원은 총 2,180명, 임시직 고용인[傭員]은 4,239명이었는데, 이후 사업이 확대되면서 1926년 직원이 8,845명, 중국인 임시직 고용인 1만 4,384명, 일본인 임시직 고용인 1만 1,609명에 달하였다. 남만주철도주식회사는 대련에 철로교습서를 설립하여 철로와 관련된 각종 지식과 기술을 교습하였다. 철로교습소는 본과, 특과, 강습과로 나누어 수업기한을 6개월~1년으로 하여 교육을 실시한 이후 파견 형식으로 실습을 시행하였다.

1918년부터는 사원에게 비용을 지원하여 교육을 받도록 하는 제도를 마련하였다. 전도유망한 사원을 선발한 후 각 학교로 보내 유학하도록 하고, 졸업한 후 일정 기간 동안 회사에서 복무하면 학비 대여의 상환 의무를 면제해 주었다. 회사에서 1년을 근무한 사원 가운데 일찍이 전문학교 혹은 동등의 교육을 이수한 자를 대상으로 매년 시험을 거쳐 6명을 선발하여 각 학교로 파견하

12-9 • 남만주철로의 종단항인 대련항 전경
위: 대련항 전경/ 아래: 대련부두 대합실
출처: 「南滿鐵路大連碼頭」, 『漢平新語』 1卷 2期, 1928, p.213(上海圖書館 《全國報刊索引》
數据庫),

였다. 졸업 이후 수업 연한의 2배에 상당하는 기간 동안 회사에서 의무적으로
업무에 종사하도록 하는 강제규정을 두었다. 1918년부터 2년 이상 회사에서
근무한 우수사원 가운데 해외유학생을 선발하여 매년 5명을 한도로 해외유학
의 기회를 부여하였다.

1931년 만주사변 이후 일본은 남만주철로의 지선을 부단히 확대하였으며,
1934년 9월에는 대련에서 장춘에 이르는 노선의 복선화가 완공되었다. 2차대
전 종결 이후 남만주철로는 중국정부에 의해 회수되어 중동철로(中東鐵路)와
합병되어 중국장춘철로라 불렀으며, 중장철로(中長鐵路)라 간략히 부르기도 하
였다.

12-10 ● 남만주철로와 중동철로, 시베리아횡단철로의 형세도

참고문헌

「暴日占領下之東北」(五),『東方雜志』28卷 22號, 1931.11.

「南滿鐵路大連碼頭」,『漢平新語』1卷 2期, 1928.

南滿洲鐵道株式會社編,『滿鐵四十年史』, 吉川弘文館, 2007.

松村高夫編,『滿鐵勞動史の硏究』, 日本經濟評論社, 2002.

松村高夫編,『滿鐵の調査と硏究』, 青木書店, 2008.

陳海燕, 「中日南滿鐵路平行線交涉問題硏究」,『遼寧大學學報』2008年 1期.

閻伯緯, 「歷史上的南滿洲鐵道株式會社簡述」,『歷史敎學』1981年 6期.

丁英順, 「試論滿鐵在朝鮮的鐵路經營及影向」,『日本硏究』1994年 4期.

櫻井徹, 「南滿洲鐵道の經營と財閥」, (藤井光男外編)『日本多國籍企業の史的展開』上, 大月書店, 1979.

長見崇亮, 「滿鐵の鐵道技術移轉と中國の鐵道復興」,『日本植民地硏究』15, 2003.

Remer 著, 東亞經濟調査局譯,『列國의 對支投資』, 東亞經濟調查局出版, 1934.12.

金志煥, 「滿鐵과 東北交通委員會」,『中國近現代史硏究』40輯, 2008.12.

金志煥,『鐵道로 보는 中國歷史』, 학고방, 2014.

13장

유태철로(柳太鐵路)

의화단운동으로 부설이 중단된 산서철로

연 도	1898~ 미개통
노 선 명	유태철로
구 간	유림보(柳林堡) - 태원(太源)
레일 궤간	당초 1미터에서 1.435미터로 변경
총 연 장	972킬로미터
기 타	노한철로(蘆漢鐵路)의 지선

산서성(山西省)은 황토고원(黃土高原)에 위치하여 동으로 태행산맥(太行山脈)에 가로막혀 있었다. 1896년 노한철로의 부설에 착수하였을 당시 산서순무 호빙지(胡聘之)는 청조에 외채를 도입하여 노한철로 지선으로 낭자(娘子)를 거쳐 태원(太原)에 이르는 정태철로(正太鐵路)의 부설을 청원하였으며, 청조는 이를 승인하였다. 이후 1898년 5월 산서성 상무국(商務局)은 러시아자본 화아도승은행(華俄道勝銀行)과 유태철로차관합동(柳太鐵路借款合同)을 체결하고 러시아차관 2,500만 프랑을 차입하여 유태철로를 부설하기로 결정하였다. 계약은 모두 16조로 구성되었으며, 주요한 내용은 다음과 같다.

① 이 철로는 호타하(滹沱河) 남쪽의 유림보(柳林堡)로부터 태원(太原)까지로 총연장 약 250킬로미터이다. 양 구간단(段)으로 나누어 부설한다. 한 구간은 유림보에서 유수하(濰水河) 왼쪽 기슭, 평정주(平定州) 이북의 탄광[현재의 양천탄광(陽泉炭鑛)]까지이며, 또 다른 구간은 이 탄광으로부터 태원부(府)에 이르는 노선이다.

② 산서상무국은 화아도승은행으로부터 2,500만 프랑(중국화폐 680만 량)을 차입한다.

③ 중국인이 채권을 구입할 경우 판매가격의 20퍼센트를 더 부담해야 한다

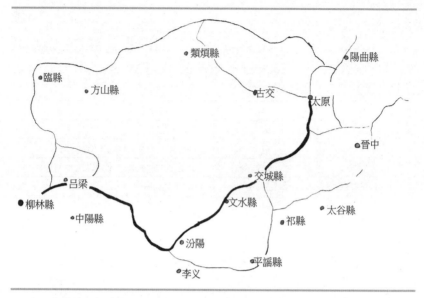

13-1 • 유태철로 노선도

(이는 중국인의 투자권리를 제한하는 조치임).

④ 열차 개통 이후 순익의 30퍼센트를 화아도승은행으로 귀속해야 하며, 차관이 상환될 때까지 계속된다.

⑤ 이 차관은 중국, 러시아의 양국 상인이 공동으로 협상을 진행한 건으로서, 모든 수익과 지출은 양국 국가가 간여할 수 없다.

이 철로의 기점은 노한철로(경한철로) 선상의 유림보로서 호타하 남쪽에 위치하며, 정정(正定)으로부터 얼마 떨어지지 않은 근거리에 위치하였다. 그러나 이후 의화단운동이 발생하여 8개국연합군이 침입하면서 철로의 부설은 실현되지 못하고 말았다. 1902년 정세가 평정되자 러시아는 재차 유태철로차관 문제를 제기하였다. 이 철로는 노한철로의 지선이므로 업무의 통일을 기하기 위해 청조는 이를 철로총공사가 처리하도록 하였다. 1902년 10월 18일 성선회는 화아도승은행(華俄道勝銀行)[러청은행(露淸銀行)] 상해분행 총판 웨렁(C. R.

Wehrung)과 '정태철로차관합동' 28개조를 체결하고, 이로써 이전의 유태철로 차관합동을 대체하기로 합의하였다. 이러한 결과 유태철로의 부설은 무산되고 정태철로의 부설로 대체되고 말았다.

참고문헌

「柳太鐵路借款合同」, 『昌言報』 4期, 1898.
「外務部議復晋撫歲奏柳太鐵路商改合同事宜折」, 『選報』 31期, 1902.
楊玉霞, 「晚淸民國時期的山西交通」, 『魅力中國』 2019年 29期.
曾謙, 「近代山西的道路修築與交通網絡」, 『山西農業大學學報』 2009年 8期.

14장

노한철로(蘆漢鐵路)[경한철로(京漢鐵路)]
황하, 장강과 북경을 잇는 남북 간선철로

연 도	1898~1906(1906년 4월 1일 개통)
노 선 명	노한철로, 경한철로, 평한철로(平漢鐵路), 한평철로(漢平鐵路)
구 간	북경(北京) - 한구(漢口)
레일 궤간	1.435미터
총 연 장	1,565킬로미터
기 타	1950년 월한철로(粤漢鐵路)와 합쳐쳐서 경광철로(京廣鐵路)가 됨

노한철로는 북경 서남부에 위치한 노구교를 기점으로 호북성 한구(漢口)에 이르는 노선이다. 이 철로는 북경을 출발하여 한구 옥대문(玉帶門)에 이르며, 하북, 하남, 호북의 3성을 지난다. 남으로는 월한철로, 북으로는 평수철로(平綏鐵路)와 이어지며, 도청철로, 농해철로를 관통하여 중국 중부를 남북으로 종관하는 대간선이다. 1906년 개통 이후 경한철로로 명칭이 바뀌었으며, 1928년 북경이 북평(北平)으로 바뀌면서 경한철로의 명칭도 한평철로(漢平鐵路)로 바뀌었다가 1929년에 다시 평한철로(平漢鐵路)가 되었다. 이 철로는 3성을 관통하여 주요 도시인 북경, 석가장, 형태(邢台), 안양(安陽), 정주(鄭州), 허창(許昌), 언성(郾城), 광수(廣水), 한구 등을 지난다.

일찍이 청일전쟁 이전부터 이 철로의 필요성이 제기되어, 종전 후 호광총독 장지동(張之洞)의 발의로 구체적인 부설 계획이 수립되었다. 진통철로(津通鐵路)의 부설이 조정 수구대신들의 격렬한 반대에 직면하자, 장지동은 한구로부터 북경 서남 교외의 노구교에 이르는 철로의 부설을 대안으로 제시하였다. 그는 노한철로(경한철로)를 부설하여 북경을 황하 및 장강유역과 긴밀히 연계함으로써 직예(하북), 하남, 호북의 3성을 관통하여 경제 발전을 촉진해야 한다고 주장하였다. 장지동은 8년에 걸쳐 4구간으로 나누어 노구교에서 정정(正定),

정정에서 황하 북쪽 기슭, 황하 남쪽 기슭에서 신양(信陽), 신양에서 한구로 점차 완성해 나간다는 계획을 수립하였다. 1889년 5월 5일 청조는 노한철로의 부설을 승인하고, 준비금으로 호부에 200만 량의 예산을 편성하도록 지시하였다.

청조는 노한철로를 부설하기 위해 장지동을 광동으로부터 호북으로 옮겨 호광총독에 임명하였다. 그러나 장지동은 중국인 노동자와 중국에서 생산된 자재를 가지고 철로를 부설해야 한다며, 부설에 앞서 먼저 본국에서 채광, 제련, 레일의 제작, 철로 교육 등을 먼저 해결한 이후에 비로소 중국산 레일을 사용하여 철로를 부설해야 한다고 주장하였다. 이를 위해 장지동은 대야철광(大冶鐵鑛)과 한양철창(漢陽鐵廠)의 설립에 착수하였다. 대야철광석을 장강으로 운반하고 다시 이를 한양철창으로 옮겨와 제련하기 위한 목적에서 1893년 먼저 대야철로의 부설에 착수하여 1894년에 완공하였다.

더욱이 이홍장은 오히려 당산(唐山)에서 산해관(山海關)에 이르는 관동철로(關東鐵路)의 부설에 주의를 기울였으며, 이로 인해 노한철로의 부설은 계속 미루어졌다. 1890년 3월 동북 지역의 정세가 긴박하게 전개되자 청조는 관동철로를 우선적으로 부설하도록 하였으며, 이로 인해 노한철로의 부설은 또다시 늦추어졌다.

청일전쟁 이후 노한철로를 부설해야 한다는 필요성이 재차 제기되자 청조는 1896년 상해에 노한철로총공사를 설립하고 성선회를 노한철로독판대신(蘆漢鐵路督辦大臣)으로 임명하는 동시에, 탁지부로부터 1,000만 량, 남양, 북양해군으로부터 각각 300만 량을 염출하여 부설공사를 진행할 계획을 수립하였다. 그러나 청일전쟁 이후 국고가 바닥나 지출할 수 있는 예산이 400만 량에 지나지 않았다. 이에 1897년 5월 청조는 벨기에은공사와 차관가계약에 서명하고, 1898년 6월에 본계약을 체결하였다.

계약의 주요한 내용은 다음과 같다. 철로를 노구교에서 한구에 이르는 노선으로 확정하고, 관관(官款, 국고) 1,300만 량 이외에 벨기에은공사로부터 1억 2,500만 프랑(500만 파운드)를 90퍼센트 실부(實付)[9절(折)]로 차입하기로 합의하였다. 이자는 연리 4리(厘)로 정하고 상환기간을 30년으로 정하였다. 차관은

14-1 ● 철로독판대신 성선회

출처:『타임스(Times)』1911년 5월 10일.

14-2 ● 북경의 경한철로관리국

출처:「北京京漢鐵路局」,『京漢旅行指南』5期, 1914, p.31(上海圖書館《全國報刊索引》數据庫).

철로의 모든 자산을 담보로 설정하였으며, 공정사는 벨기에은공사가 추천하고 차관 기간 내에는 벨기에은공사가 철로 경영을 전담하는 것으로 결정하였다. 또한 5년 이내에 철로 부설을 마쳐 열차를 개통하는 조건을 부가하였다. 하지만 1907년 이후 언제라도 중국 측이 모든 차관을 상환하고 회속할 수 있는 규정도 추가하였다.

14-3 • 경한철로(평한철로) 휘장

노한철로의 부설공사는 양 구간으로 나뉘어 진행되었다. 1897년 북단은 노구교에서 보정(保定) 구간, 남단은 한구 통제문(通濟門)에서 섭구(灄口) 구간으로 관관(官款)을 먼저 지출하여 부설공사에 착수하였으며, 영국인 킨더(Kinder)와 독일인 힐더브렌트(Hilderbrend)를 공정사로 임명하였다. 이후 남단의 기점을 한구 옥대문으로, 북단의 기점을 북경 전문(前門)으로 변경하였다. 남단의 한구 통제문에서 섭구 구간은 1896년에 힐더브렌트를 파견하여 측량하도록 하고 다음 해 착공하였으며, 총연장 23.5킬로미터에 달하였다. 북단 노구교에서 보정에 이르는 구간은 1897년 3월 측량을 완료하고 4월에 부설공사에 착수하여 1899년 2월 1일 정식으로 개통하였다. 이 구간의 총연장은 132.7킬로미터에 달하였다.

1900년 의화단운동으로 노태 - 보정 구간의 침목이 파괴되었다. 각국 연합군은 이해 10월 노구교에서 북경의 정양문(正陽門)에 이르는 철로를 부설하여, 1901년 2월에 준공하였다. 1905년 9월 남북 양단이 완성되었으며, 11월 황하대교(3,010.2미터)의 가설이 완료되었다. 정양문 밖에는 기차역으로 동역과 서역이 설치되었는데, 동역은 바로 경봉철로의 종점이었고, 서역은 노한철로(경한철로)의 종점이었다. 1906년 4월 1일 전선이 개통되어 경한철로라 개칭되었다. 경한철로는 북경 전문서역(前門西驛)에서 한구의 옥대문역까지 총연장 1,214.5킬로미터이며, 이 밖에 지선이 총 96.6킬로미터에 달하였다. 전체 부설

지선 명칭	구간	총연장(킬로미터)
타리(坨里)탄광지선	양향역(良鄉驛) - 타리석자산(坨里石子山)	16.3
보정남관(保定南關)지선	보정역(保定驛) - 보정남관(保定南關)	6.2
임성(臨城)탄광지선	압합영역(鴨鴿營驛) - 임성탄광	16.7
주구점(周口店)지선	유리하역(琉璃河驛) - 주구점탄광 석회광구	15.2
신역(新易)지선	고비점역(高碑店驛) - 역현(易縣) 양각장(梁各莊) 청서릉(淸西陵)	42.5

비용은 6,885만 7,644원, 1킬로미터당 평균 부설 비용은 약 5만 2,400원이었다. 간선 이외의 지선은 위 표와 같다.

1905년 청조가 미국으로부터 월한철로를 회속한 것이 발단이 되어 전국에 걸쳐 철로의 이권회수운동이 전개되었다. 1907년의 재무통계를 보면 경한철로의 수입은 890만 원, 지출은 669만 원으로 순익이 221만 원에 달하였다. '경한철로차관계약' 제5조는 "1907년 이후 중국은 언제라도 차관을 상환할 수 있다"라고 규정하고 있다. 청조는 노한철로의 이권을 회수하기 위해 내채 발행을 검토하였으나 용이하지 않았다. 결국 '이채환채(以債還債)', 즉 갑국의 외채로 을국의 외채를 상환하는 방법을 동원하였다.

1908년 청조는 영국 회풍은행(匯豊銀行)과 프랑스 회리은행(匯理銀行)으로부터 각각 250만 파운드를 차입하여 절강, 강소, 호북, 직예(하북)의 염세, 주세 등을 담보로 상환 기한 30년, 전반기 15년 기간 내 이자 5리, 후반기 15년 기간 내 이자 4리 5호(毫), 94절구(折口)[94퍼센트 실부(實付)]였다. 이 밖에 우전부(郵傳部)가 관비 500만 원을 지출하고, 사천의 천한철로공사로부터 100만 원을 차입하였으며, 북경통용은행으로부터도 1,000만 원을 차입하여 마침내 1908년 12월 28일 모든 채무를 상환할 수 있었다. 원금과 이자는 총 2억 2,740만 1,041프랑에 달하였다. 1909년 1월 1일 중국정부는 마침내 경한철로와 관련된 모든 권리를 환수하고 철로의 경영권을 회수하여 국유로 전환하였다. 이후 일본의 요코하마쇼킨은행(橫濱正金銀行)으로부터 1,000만 원의 차관을 도입하였다. 결국 노한철로는 벨기에자본으로부터 영국, 프랑스, 일본 3국의 자본으로 대체된 셈이다.

연선에는 북경, 한구를 비롯하여 보정, 정정, 순덕(順德), 창덕(彰德), 정주(鄭州), 허주(許州), 신양(信陽) 등 많은 주요 도시가 자리하고 있었다. 북경 노구교에서 경봉철로와 통하고 한구에서 월한철로(粤漢鐵路), 석가장에서 정태철로(正太鐵路), 신향(新鄕)에서 도청철로(道淸鐵路), 정주에서 변락철로(汴洛鐵路), 신양에서 포신철로(浦信鐵路)와 통하여 교통상 일대 동맥을 형성하였다. 이러한 이유로 영업성적이 경봉철로와 더불어 중국철로 가운데 가장 양호한 편에 속하였다. 1919년의 총수입은 2,600만 원, 총지출은 900만 원으로서, 순익이 1,760만 원에 달하였다.

화물의 내역을 살펴보면, 연선지역이 광대한 옥토평야로 조성되어 있어 면화, 잡곡과 기타 농산물 위주였으며, 이 밖에 석탄 등도 적지 않았다. 경한철로가 부설되기 이전에 한구에서 북경까지 화물의 운송은 대체로 수로를 통해 이루어졌다. 대략 30일 정도의 기간이 소요되었으며, 눈비, 폭풍 등 악천후일 경우 40일 정도 소요되었다. 그러나 철로가 완성된 후 하루, 이틀이면 도달할 수 있게 되었다. 노한철로의 부설을 계기로 이 지역의 물류 유통량이 대폭 증가하였으며, 이러한 결과 철로 연선에 걸쳐 상업이 크게 발전하였다.

노한철로가 개통된 이후 하북, 하남 등 화북의 연선지역에서는 상거래가 크게 확대되었다. 이러한 원인은 무엇보다도 교통운수의 발달로 인해 물류 유통이 크게 촉진되었기 때문이다. 예를 들면 철로 연선의 정현(鄭縣), 언현(郾縣), 신향(申鄕)에서는 철로가 개통되기 이전에는 타지로 나아가 상업에 종사하는 자가 매우 드물었으나, 경한철로가 부설된 이후 장거리무역에 종사하는 상인이 급증하였다. 하남 지역에서 상업이 발전하면서 이들이 복건, 광동, 산서상인들과 경쟁하며 무역에서 자신들의 입지를 확보해 나갈 수 있게 되었다.

그뿐만 아니라 상업의 발전으로 인해 철로 연선지역에서는 수많은 성진(城鎭)이 흥기하였으며, 대도시가 출현하여 각지의 향민들을 불러 모았다. 이로 인해 도시의 인구는 점점 증가하였다. 예를 들면 노한철로와 농해철로가 교차하는 정주는 전성 가운데 최대의 공업 중심도시로 부상하였다. 철로 개통 이전에 정주에서는 상공업의 발전이 매우 지체되었지만 철로가 부설된 이후 공업과 상업의 발전이 급속도로 진전되면서 인구가 증가하고 각종 서비스업도 부수적으로 발전하면서 일약 대도시로 성장하게 된 것이다.

철로 개통에 따라 농업에서도 큰 변화가 생겼다. 기존 하남성 등 화북 지역에서 농작물의 상품화 정도는 비교적 완만한 편이었다. 그러나 철로가 개통된 이후 물류 유통을 위한 조건이 갖추어지자 면화, 연초(煙草, 담배), 지마(芝麻, 깨) 등 환금작물의 상품화 비율이 제고되면서 본격적으로 재배되기 시작하였다. 이에 따라 이들 상품작물을 재배하기 위한 경지도 대대적으로 확대될 수밖에 없었다. 화북 지역에서 생산된 면화 등 상품작물은 기존의 수로로부터 대량의 수송이 가능하고 운임이 저렴한 철로로 유통 루트가 변화되었다. 물류 유통의 변화는 다시 이 지역의 농업이 식량작물의 재배로부터 환금성의 상품작물의 재배로 변화하는 데 결정적인 영향을 미친 것이다.

철로 부설은 광업과 공업의 발전에도 크게 기여하였다. 화북의 각 성에는 매장량이 풍부한 철광과 탄광이 폭넓게 분포되어 있었지만, 이전에는 교통 운수가 불편하여 본격적으로 개발되기 어려운 실정이었다. 경한철로 연선에는 개발되지 못한 탄광이 무려 30여 처(處)에 달하였다. 철로 개통에 따라 석탄, 철광 등 화운의 운임이 크게 낮아졌으며, 이는 광공업의 발전과 유통의 확대에 크게 기여하였다.

노한철로의 출현으로 말미암아 농촌의 과잉 인구가 대대적으로 미개척의 동북 지역으로 이주하기 위한 교통 운수의 조건이 조성되었으며, 이는 결과적으로 화북 지역의 인구 압력을 상당 부분 해소하는 데 크게 기여하였다. 바꾸어 말하자면 철로 운수를 통해 이주를 용이하도록 함으로써 동북 개발에도 크게 기여한 셈이다. 이와 함께 환금작물 재배의 확대와 토지 이용률의 제고를 초래하였으며, 농민의 수입을 크게 증가시켰다. 공광업과 소형공업의 발전을 선도하였으며, 공광업의 발전에 필요한 향촌 거주민의 운송, 공급에도 기여하였다.

경한철로는 1923년 철로 노동자의 노동운동과 탄압으로 발생한 2·7 참안 (慘案, 학살 사건)으로도 널리 알려져 있다. 1922, 1923년 당시 모든 철로마다 지역노동조합이 결성되어 있었는데, 이 가운데에서도 경한철로 철로노동조합은 가장 강력한 조직이었다. 조합에는 모든 공작창의 노동자들, 열차 승무원, 그리고 견습공까지 가입되어 있었다. 이들은 일당의 절반 정도를 노동조합비로 낼 정도로 노동운동에 적극적으로 참여하였다. 경한철로의 노동자들은 총공회(總工會)를 결성하기로 결정하고 1923년 2월 1일 하남성 정주에서 경한철로 총공회의 결성대회를 소집하였다. 노동자들은 신문에 이미 수차례 광고를 통해 여타 노동조합에도 지원을 요청하였으며 초청장도 발송한 상태였다. 또한 당시 북경정부를 지배하고 있던 군벌 오패부(吳佩孚)에게 4명의 대표를 파견하여 총공회 결성의 취지를 설명하였다.

그러나 총공회의 결성에 대해 오패부는 부정적인 견해를 견지하고 있었다. 오패부는 이들에게 정주당국의 어하 없는 모든 집회를 불법으로 규정하였다. 2월 1일 오패부의 명령을 받은 군인과 경찰이 대표들의 강당 진입을 저지하였다. 그러나 대표들은 한바탕 소동 끝에 회의장으로 진입할 수 있었다. 그러나 곧 군인과 경찰들이 난입하여 대표들을 체포하고 저항하는 자를 구타하였다.

이에 2월 4일부터 2만 명에 달하는 철로노동자들이 참여한 총파업이 시작되었다. 2월 7일 군인들이 노동조합 사무실을 폐쇄하고 무력으로 파업을 탄압하기 시작하였으니 이것이 소위 오패부의 철로노동자 학살사건이었다. 각 기차역에서 노동자들이 체포되고 살해되었다. 한구 부근의 강안역(江岸驛)에서는 매우 격렬한 유혈충돌이 발생하였다. 당시 총공회 강안 분회장은 공산당원인 임상겸(林祥謙)이었다. 당국은 그에게 파업 중지를 명령하였으나 수용하지 않자 즉시 처형하였다. 이에 1만여 명의 철로노동자들이 모여들어 군대가 총공회의 사무실을 폐쇄하는 것을 막기 위해 저항하였다. 이 과정에서 약 40명이 사망하고 100명이 부상당하였다.

2월 7일의 참안으로 수많은 노동조합이 해체되고 공인구락부도 해체되었다. 노동조합서기부의 활동은 지하로 잠입하여 들어갔다.

14-5 ● 경한철로 장신점 직공식자학교(職工識字學校) 졸업생
출처:「平漢鐵路長辛店職工識字學校第十五班畢業學生暨教職員合影(二五年七月一日)」,『鐵路月刊: 平漢線』80期, 1936, p.7(上海圖書館《全國報刊索引》數据庫).

철로노동자들의 노동운동은 일시 잠복하였으나 이러한 참안은 노동자들의 정치의식을 성장시키는 계기가 되었다. 그뿐만 아니라 철로학교의 부설과 이를 통한 교육은 철로노동자들의 현실에 대한 정치의식을 제고하는 중요한 통로가 되었다.

주지하다시피 중일전쟁은 7·7 사변(노구교사변)으로 시작되었으며, 일본의 침략은 바로 경한철로의 노구교에서 발발하였다. 일본군은 침략을 발동한 이후 경한철로를 따라 신속히 남하할 수 있었다. 중일전쟁 시기에 일본군대는 화북 지역을 점령한 이후 경한철로를 통해 군사와 보급품을 수송하였으며, 중국의 자원을 수탈하였다. 이에 대해 평한철로 노동자들은 항일유격대를 결성하여 항일운동을 전개하였는데, 유격대 인원이 가장 많았던 시기에는 무려 2,000여 명에 달하였다. 1938년부터 1945년까지 이들은 도청철로, 경한철로, 동포철로, 진포철로, 농해철로, 회남철로 등에서 일본군에 대한 유격전을 전개하였

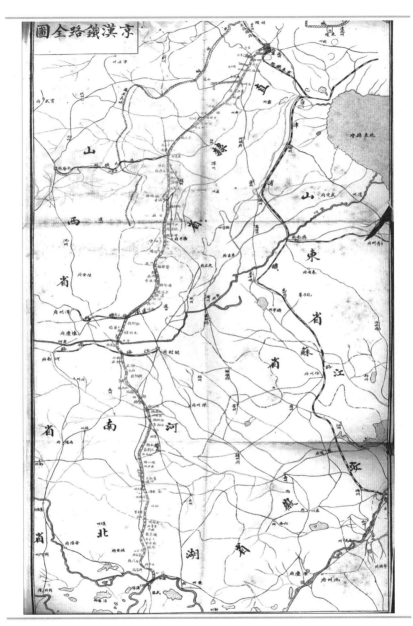

14-6 ● 경한철로 노선도

중국 중부를 종관하는 두 노선 가운데 왼쪽 노선이 바로 노한철로(경한철로)이며, 오른쪽 노선
이 진포철로이다.

출처: 「京漢鐵路全圖」, 『京漢旅行指南』5期, 1914, p. 40(上海圖書館《全國報刊索引》數据庫).

으며, 이로 인해 이들 철로교통은 수시로 중단되었다. 항전 승리 후 국공내전이 전개되면서 이 철로의 복구는 지연될 수밖에 없었다. 단지 북평(北平) - 보정(保定) 구간과 정주 - 한구 구간만이 복구되어 열차를 운행할 수 있는 정도였다.

참고문헌

「北京京漢鐵路局」,『京漢旅行指南』5期, 1914.

「京漢鐵路全圖」,『京漢旅行指南』5期, 1914.

「平漢鐵路長辛店職工識字學校第十五班畢業學生暨教職員合影(二五年七月一日)」, 『鐵路月刊: 平漢線』80期, 1936.

張瑞德,『平漢鐵路與華北的經濟發展』, 臺灣中央研究院近代史研究所, 1998.

朱從兵,「張之洞與蘆漢鐵路的建設」,『廣西師範大學學報』2003年 4期.

張慶鋒,「論盛宣懷與蘆漢鐵路借款」,『河南大學學報』2005年 5期.

馬陵合,「晩淸鐵路外債觀初探: 以蘆漢鐵路爲中心」,『史學月刊』2001年 6期.

篠永宣孝,「京漢鐵道建設とフランスの外交金融協力」,『大東文化大學經濟論集』84,85號, 2005.

千葉正史,「淸末における南北間鐵道構想と京漢鐵道の建設」,『近きに在りて』47, 2005.

15장

교제철로(膠濟鐵路)

산동성 최초의 동서 횡단철로

연 도	1899~1904(1904년 6월 1일 개통)
노 선 명	교제철로, 산동철로(山東鐵路)
구 간	청도(靑島) - 제남(濟南)
레일 궤간	1.435미터
총 연 장	484킬로미터
기 타	

교제철로는 산동성의 주요 도시인 청도와 제남을 동서로 연결하며 횡단하는 주요 간선 철로로서, 1899년 9월 부설공사에 착수하여 1904년 7월 13일 전 노선을 완공하고 다음 해인 1905년부터 영업을 개시하였다. 산동성 청도(靑島)의 교주만(膠州灣)에서 시작하여 교주, 고밀(高密), 유현(濰縣), 청주(靑州), 장점(張店), 장구(章丘)를 거쳐 제남(濟南)에 이르는 총연장 484킬로미터의 철로이다. 이 밖에 장점으로부터 치천(淄川)을 거쳐 홍산(洪山)에 이르는 지선을 부설하였으며, 부설 비용은 총 2,559만 원에 달하였다. 교제철로는 산동에서 부설된 첫 번째 철로로서, 이후 산동에서 철로 부설 및 사회경제의 발전에 초석이 되었다.

일찍이 1897년 1월 주중 독일공사는 총리아문에 산동 교주만을 장기 조차해 달라고 요구하였다. 마침 1897년 11월에 산동성 조주부(曹州府)에서 2명의 독일선교사가 살해된 '조주교안(曹州敎案)'을 빌미로 독일은 교주만을 점령하고, "양국 자본으로 덕화공사(德華公司)를 설립하여 산동에서 철로를 부설하며, 이와 함께 철로 부근의 광산을 개발할 수 있도록" 요구하였다. 1898년 3월 6일 독일공사와 청조의 이홍장, 옹동화(翁同龢)는 '중덕교오조계조약(中德膠澳租界條約)'을 체결하고 교주만을 독일에 99년간 조차하기로 합의하였다. 조약의 주요 내용은 다음과 같다.

①독일은 교주만의 토지를 중국으로부터 99년간 조차한다. 주권은 중국에 속하나 독일군대가 자유롭게 교주만 항구를 출입할 수 있도록 허용한다. 중국정부가 이 지역에서 어떠한 정책을 시행하기 위해서는 반드시 먼저 독일정부의 동의를 얻어야 한다.

②중국은 독일이 산동에서 철로 두 노선을 부설하도록 허가한다. 첫 번째 노선은 교주만으로부터 유현, 청주, 박산(博山), 치천(淄川) 등을 거쳐 제남으로 향하는 노선이며, 두 번째 노선은 교주만으로부터 기주(沂州), 내무(萊蕪)를 거쳐 제남으로 들어가는 노선으로 한다. 이 밖에 철로 연선 15킬로미터 이내에서 독일이 광산을 개발할 수 있도록 허가한다.

③중국이 산동성 내에서 어떠한 사업을 시행하더라도 반드시 외국인을 고용해야 하며, 외국자본 혹은 외국자재를 구매하거나 사용할 경우 반드시 독일에 우선권을 부여한다.

이후 1899년 6월 1일 독일은 '특허산동철로공사건축철로급(特許山東鐵路公司建築鐵路及營業條款)' 16조를 반포하였다. 주요한 내용은 다음과 같다.

①산동성 내 청도에서 치현(淄縣)을 거쳐 제남에 이르는 철로 및 이 철로 선상의 한 지점에서 박산에 이르는 지선을 산동철로공사가 부설하여 경영하도록 승인한다. 철로의 준공은 5년 이내로 한정하며, 특히 이 가운데 청도에서 투현에 이르는 구간은 반드시 3년 이내에 완공해야 한다.

②궤간은 1.435미터의 표준궤로 하며, 단선으로 부설한다. 그러나 토지 여분을 남겨 이후 복선 공사에 대비한다.

③공사 자본액은 5,400만 마르크로 정하고, 독일인과 중국인만이 투자할 수 있도록 한정한다.

④공사는 매년 철로로부터 획득한 수입 가운데 규정된 백분비에 따라 독일의 교주총독에게 일정액을 납부하여 교주항의 건설 및 행정 비용으로 충당한다.

⑤ 철로의 객화운임, 열차시각표의 제정 및 변경은 모두 독일 교주총독의 승인을 얻어야 한다.

⑥ 철로 운수 및 영업부문을 주관하는 인원의 임용은 반드시 독일정부의 동의를 얻어야 한다.

'중덕교오조계조약(中德膠澳租界條約)'의 규정에 의하면, 산동철로는 독일자본과 중국자본이 연합하여 공사(公司)를 조직하도록 하였다. 이에 따라 1900년 3월 21일 산동순무 원세개와 독일산동철로공사총판이 '중덕교제철로장정(中德膠濟鐵路章程)'을 체결하였다. 비록 장정에서는 중독 양국의 중독합판으로 규정되기는 하였지만, 산동철로주식회사의 직원은 모두 독일정부의 위임을 받아 독일인으로만 충원되었다.

1899년 6월 1일 독일은 독일아시아은행에게 청도에서 유현[현재의 유방시(濰坊市)]을 거쳐 제남에 도달하는 철로의 부설권과 경영권을 특허하였다. 독일아시아은행은 대리인으로 산동철로공사를 지정하였다. 1900년 11월 산동철로공사는 기선을 통해 독일로부터 철로 운행에 필요한 차량을 수입하여 개통에 대비하였다.

교제철로는 1899년 6월 측량을 시작하여 9월 23일 청도로부터 서쪽으로 부설에 착수하였다. 그러나 의화단운동으로 부설이 일시 중단되었다가, 마침내 1901년 4월 1일 청도에서 교주에 이르는 구간이 완공되어 열차를 개통하였다. 1902년 6월 1일 다시 유현에까지 부설이 완공되었으며, 1903년 9월 22일 주촌(周村)을 통과하였다. 1904년 6월 1일 청도에서 제남에 이르는 394.1킬로미터의 간선 및 장점에서 박산에 이르는 39.2킬로미터, 치천에서 홍산(洪山)에 이르는 지선 7.4킬로미터로 총 440.7킬로미터의 선로가 모두 준공되어 열차를 운행하였다. 이후 1905년 제남 동관역(東關驛)으로부터 소청하(小淸河) 남쪽 기슭에 이르는 3킬로미터의 지선이 완공되었다.

연선지방의 지세가 평탄하고 하천이 밀집되어 가교가 비교적 많았다. 치하대교(淄河大橋)는 430미터, 유하대교(濰河大橋)는 273미터에 달하였다. 규정에

15-1 ●

교제철로 개통식

위: 열차 개통식에 참
석한 내외 귀빈 모습
아래: 철교 가설 공사
완료 후 열차가 개통
된 모습

출처: 徐匯澂, 「膠濟
鐵路工程」,『中
央畵刊』 109
期, 1931, p.3
(上海圖書館
《全國報刊索
引》數据庫).

따라 철로의 부설에 필요한 재료는 가능한 한 모두 독일로부터 구매하였다. 따라서 모든 강궤, 교량, 침목, 기관차, 객화차 등 모두 독일로부터 구매하였다.

부설공사가 완료된 이후 철로의 경영 역시 산동철로공사(山東鐵路公司)가 담당하였다. 산동철로공사는 독일정부가 특허한 식민지회사로서, 일본의 남만주철도주식회사와 같이 자국의 이익을 위해 철로를 경영하였다. 공사의 관리인원도 모두 독일정부가 임명하였다. 공사의 장정, 자금과 채권은 모두 독일정부의 비준을 거쳐야 하였다. 공사의 직원은 총 61명으로 모두 독일인이었다. 중독협정에 근거하여 청조는 산동성정부가 1명의 중국관원을 파견하여 유현에 주재하며 철로 및 광산의 교섭업무를 담당하도록 하였다.

그러나 중국관원은 산동철로공사의 관리인원 가운데 한 명일 뿐이었으며, 급여로 300량을 받았다. 중국 측 관리인원은 명의상 중국도 교제철로에 대한 관리권을 행사한다는 것을 상징하는 직책에 지나지 않았으며, 실질적으로는 독일인이 교제철로의 모든 업무와 관리 권한을 장악하고 있었다. 산동철로공사의 최고 행정기관은 동사실(董事室)이었으며, 그 아래 문서, 운수, 기술, 회계, 용도(用度), 전신의 6과(課)를 두었다. 이 밖에 운수감독, 보선(保線)감독,* 공장장, 기관주임 및 의사 등이 있었다.

1900년 3월 21일 산동순무 원세개와 독일산동철로공사총판 사이에 체결된 '중독교제철로장정'에는 "철로의 치안은 중국군대에 의해 유지되며 외국병사를 고용하지 않는다"라고 규정되어 있으나, 실제로 독일은 장정의 규정에 속박되지 않았다. 고밀성(高密城)에 주둔하고 있던 독일군대는 교제철로의 부설공사 기간 중에 줄곧 철수하지 않고 철로의 치안에 관여하였다. 철로의 부설 비용은 총 2억 5,590만 원으로서, 1킬로미터당 5만 5,000원이 소요된 셈으로서, 기타 화북의 철로와 비교해 보면 부설 비용이 높은 편이었다.

교제철로는 열차를 개통한 이후 독일공사가 고유의 운임정책을 결정하여

---

* 보선감독은 열차의 안전운행과 작업 능률을 위하여 선로설비의 설계, 측량, 시공 작업을 감독하고, 설치된 선로의 상태를 정확히 파악하여 선로가 안전한 상태로 유지되도록 선로 구조물을 점검 수리하는 업무를 감독한다.

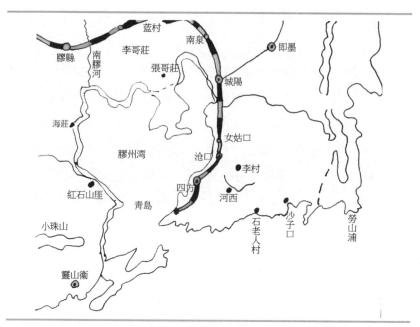

15-2 • 교제철로의 종단항 청도항과 물류 운수

교제철로의 개통은 산동 지역의 객화운수를 획기적으로 발전시키는 계기가 되었다. 더욱이 중국 전체에서 산동성이 차지하는 비중도 크게 제기되었다. 특히 청도항은 교제철로의 종단항으로서 산동의 무역과 경제 발전에 크게 이바지하였다.

시행하였다. 즉 외국으로부터 수입된 화물의 경우 운임이 내지의 화물에 비해 저렴하였고, 수출 화물의 운임은 수입 화물에 비해 저렴하였다. 저렴한 수출 운임을 설정함으로써 산동상인들이 화물을 청도의 조차지로 운송하도록 하고, 다시 청도에서 가공하여 제품을 생산한 이후 내지나 혹은 국외로 수출을 용이하도록 하기 위한 의도였다. 또한 이러한 조건을 설정함으로써 기존 진포철로를 통해 운송되던 화물을 흡수하려는 목적도 동시에 내포하고 있었다.

1905년부터 1913년까지의 9년간 교제철로가 운송한 여객은 총 812만 7,082명, 화물은 556만 7,734톤에 달하였으며, 1,950만 원의 수익을 거두었다. 1913년의 여객 발송량은 1905년에 비해 63퍼센트 증가하였으며, 화물 발송량은 2배로 증가하여 이윤이 1.5배로 신장되었다. 1902년부터 1913년까지 독일이 산

15-3 ● 현재의 청도해변

15-4 ● 옛 모습을 간직한 청도역

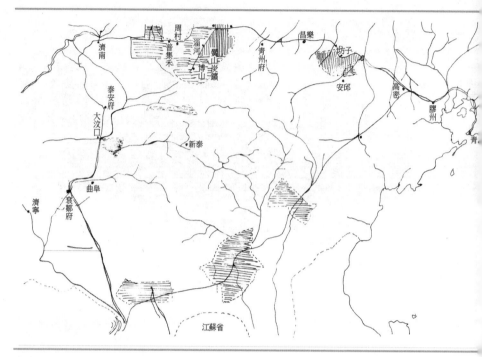

15-5 • 교제철로 연선의 탄광 위치도

교제철로(청도 - 제남) 연선지역에는 매장량이 풍부한 탄광이 즐비하였으며, 이 지역에 대한 독일과 일본의 철로 부설권 경쟁은 석탄의 확보와 불가분의 관계를 가지고 있었다. 지도에서 가로선으로 칠한 부분은 중국이 개발한 탄광지역이고, 세로선으로 칠한 부분이 일본이 개발한 탄광지역을 가리킨다.

동 지역에서 수탈한 석탄량은 총 341만 4,632톤에 달하였다.

1차대전이 발발하자 영국을 비롯한 유럽 제국은 중국에 대한 상품 수출 및 자본 투자에 적극적으로 나설 수 없게 되었다. 이와 같은 공백을 적극 파고들어 대전기 중국에서 세력을 확장한 국가가 바로 일본이었다. 1차대전 기간을 통해 일본은 중국시장에 대한 상품 및 자본 수출을 통해 급속한 자본주의적 발전을 이룩할 수 있었다. 대전 발발 전해인 1913년 중일무역의 총액은 1억 9,000만 해관량에 지나지 않았으나, 1919년에는 무려 4억 4,000만 해관량으로 증가하였다.

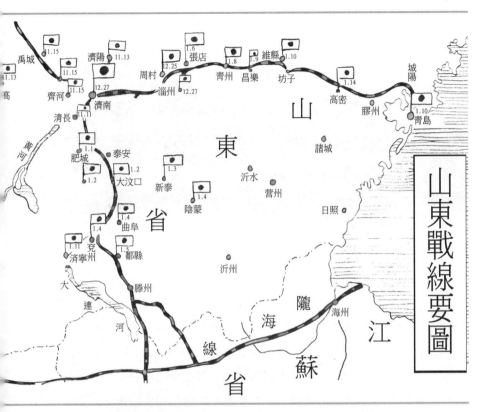

15-6 ● 중일전쟁 발발 직후인 1938년도 일본의 산동 지역 점령 상황

더욱이 대전 기간 동안 일본은 중국철로에 대한 확장을 적극 시도하였다. 대전이 발발하기 전해인 1913년 10월 주중공사 야마자 엔지로(山座圓次郞)와 원세개는 비밀협정을 체결하고, 일본으로부터 차관을 도입하여 만몽(滿蒙)5로, 즉 남만주철로의 사평(四平) - 조남(洮南) 노선, 조남 - 열하(熱河)와 북녕로(北寧路) 평행선, 개원 - 해룡, 해룡 - 길림, 길장철로(吉長鐵路)의 장춘 - 조남 노선을 부설하기로 합의하였다. 이후 1915년 1월 일본은 원세개의 제제(帝制)를 지원하는 조건으로 21개 조항의 요구를 제출하였으며, 5월 26일 원세개는 일본의 요구를 가감 없이 그대로 받아들였다. 특히 철로와 관련해서는 산동성 내에서 독일이 부설한 교제철로와 기타 철로의 권익을 일본에 양도하기로 합의하였다.

15-7 • 교제철로관리국

출처: 「膠濟鐵路管理局」, 『接收靑島紀念寫眞』 1924.4, p.110(上海圖書館《全國報刊索引》
數据庫).

　1914년 1차대전이 발발하자 일본은 독일에 선전을 포고한 이후 10월에 청
도, 제남 등지를 점령하고, 독일 소유의 교제철로를 접수하였다. 1914년 겨울
일본은 교제철로를 산동철로라 개명하였으며, 임시철로연대를 조직하여 철로
를 관리하며 노선의 개량과 시설의 개보수에 힘을 쏟았다. 일본이 1914년 교제
철로를 점유하였을 당시의 가격 평가를 살펴보면, 토지 구매 비용이 99만 원,
철로 부설 비용이 2,000만 원, 설비 비용이 460만 원으로 총 2만 5,590만 원에
달하였다. 1905~1913년의 지출을 제한 순익은 116만 7,000원으로부터 293만
8,000원으로 증가하였다. 종전 후 1922년 워싱턴회의에서 중일 양국의 전권이
교섭한 끝에 마침내 교제철로를 중국에 이관하기로 결정하였다. 마침내 1923
년 중국은 일본이 강제로 점유하고 있던 교제철로를 회수하여 국유철로로 귀
속하였다.

　이후 중국정부는 교제철로관리국을 두고 조덕삼(趙德三)을 초대국장으로 임
명하고, 총무, 차무, 기무, 공무, 회계, 재료, 경무의 7처(處)를 두었다. 1923년 5
월에는 유곤방(劉堃方)을 국장으로, 주정기(朱廷祺)를 부국장으로 임명하고, 총
무처장에 고승증(顧承曾), 차무처장(車務處長)[*]에 일본인 오무라 다쿠이치(大村

15-8 • 교제철로 1킬로미터당 평균 객화 비교표(1920년)

철로명	여객인수	화물톤수
경한철로	3,036	3,509
경봉철로	5,204	7,207
진포철로	2,900	2,615
경수철로	2,198	4,275
호녕철로	25,054	3,693
교제철로	6,603	4,269

출처: 趙德三, 『接管膠濟鐵路記』下冊, 京華出版社, 1924, p. 25.

15-9 • 교제철로의 객화 수입 비율

연도	객운(客運) 비율(퍼센트)	화운(貨運) 비율(퍼센트)	기타 비율(퍼센트)	합계
1917	33.35	66.26	0.39	100
1918	30.48	68.35	1.17	100
1919	31.46	66.50	2.04	100
1920	33.57	64.11	2.32	100
1922	31.47	66.88	1.65	100
평균	32.05	66.37	1.58	100

출처: 趙德三, 『接管膠濟鐵路記』下冊, 京華出版社, 1924, p. 60.

卓一), 공무처장에 살복균(薩福均), 기무처장에 손계증(孫繼曾), 회계처장에 고종림(顧宗林), 재료처장에 고진(顧振), 경찰처장에 경림(景林)을 임명하고 기타직원을 포함하여 도합 1,692명이 업무에 종사하였다.

1929년 철도부는 개량 및 혁신을 위해 이전의 교제철로관리국을 폐지하고 새롭게 교제철로관리위원회를 두었다. 1929년 5월 1일 철도부는 안덕경(顔德慶)을 위원장으로 임명하고, 육몽웅(陸夢熊), 최사걸(崔土傑), 팽동원(彭東原), 조람전(趙藍田)을 위원으로 임명하였다. 교제철로관리위원회는 교제철로와 관련

---

* 차무처(車務處)는 열차의 운행을 감독하고 여객과 화물 운수의 관련 업무를 주관하는 부서이다.

된 주요 사항을 결정하였다. 교제철로관리위원회 산하에 재무(財務), 공무(工務), 차무(車務), 기무(機務), 회계, 재료의 6처 및 비서실을 두었다. 총무처 아래는 기요(機要), 문서(文書), 공익(公益), 경무(警務), 심핵(審核), 편사(編查), 서무(庶務)의 7과(課) 및 학교, 의원, 진찰, 경무 등 9분단(分段)을 두었다. 공무처 아래는 공정, 산업의 2과(課)를 두었으며, 공무총단 2개, 분단 8개를 두었다. 차무처 아래는 문독(文牘), 운수(運輸), 영업(營業), 전무(電務), 계핵(計核)의 5과(課)를 두었으며, 4개 분단을 두고 57개의 기차역을 설치하였다. 전무(電務)는 2개의 분단(分段)을 두었다. 기무처 아래에는 기술, 계리(計理), 차무의 3과(課) 및 기창(機廠), 기무(機務)를 5개의 분단으로 나누었다. 회계처 아래는 종핵(綜核), 검사(檢査), 출납(出納)의 3과(課)를 두었다. 재료과 아래는 채판(采辦), 장무(賬務)의 2과(課) 및 재료창 인쇄소를 두었다.

교제철로는 기타 철로 노선과 비교하여 킬로미터당 여객과 화물의 밀도가 상당히 높은 편이었다. 또한 객운에 비해 화운의 수입이 높은 편이었다. 연선의 화물은 낙화생(落花生, 땅콩), 연초, 기타 농산물 및 석탄, 코크스(cokes, 석탄으로 만든 연료), 철광 등이 위주였다.

교제철로가 완공된 이후 산동의 여객과 화물의 운수가 크게 개선되자 물류의 유통을 크게 촉진하였으며, 이를 통해 산동 지역의 전반적인 경제 발전에 기여하였다. 철로의 부설과 열차의 개통으로 물류 운송과 여객의 이동시간을 대폭 단축시켰다. 종래 청도에서 제남까지 소요되던 9~10일의 시간이 철로가 개통된 이후 12시간으로 크게 단축된 것이다. 이러한 결과 연선지역의 상업이 급속히 발전하였다. 교제철로의 연선과 인접한 유현, 방자(坊子), 이십리보(二十里堡), 남류(南流), 합마둔(蛤蟆屯), 대우하(大圩河) 등 지역은 상업의 중심지로 부상하였다. 양가장(楊家莊)과 같은 지역도 철로가 부설되기 이전에는 한적한 작은 농촌에 지나지 않았으나, 철로가 개통된 이후에는 상업이 크게 번성하여 대소 상점만 20여 호에 달하였다.

더욱이 교제철로의 개통 이후 전체 중국에서 산동반도가 차지하는 경제적 위상에도 적지 않은 변화가 나타났다. 교제철로는 동으로는 청도항으로 물류

15-10 ● 제남사변 이후 교제철로 제남역에서 열차로 철수하는 일본군
출처:『東方雜志』26卷 9號, 1929.5, p.1.

를 반출하고, 서로는 진포철로와 연계운수를 실시하였다. 철로가 개통되면서 청도는 군사적인 위상뿐만 아니라 산동 지역 전체의 무역과 경제도 크게 성장 하였다. 이전에 창읍(昌邑), 유현, 교주(膠州), 고밀(高密), 평도(平度), 액현(掖縣) 일대의 수출입 화물은 모두 연태항(煙台港)을 통해 유통되었으나, 철로 개통 이 후 기존의 물류가 점차 청도항으로 이동하였다. 이러한 결과 적지 않은 연태 소재의 상호들이 청도로 이전하였다. 산동반도의 무역 중심이 기존의 연태로 부터 청도로 이동하게 된 것이다.

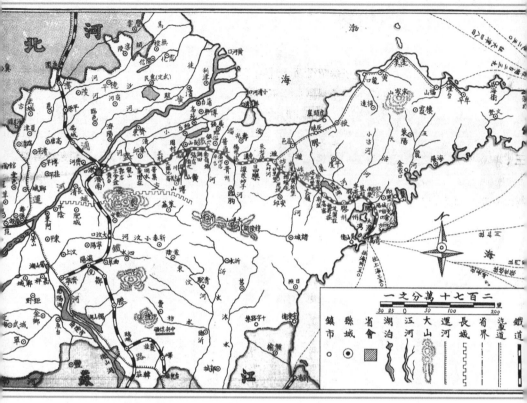

15-11 • 교제철로 노선도 1

출처: 「膠濟鐵路沿綫形勢圖」, 『膠濟鐵路運輸統計月報』 4卷 1期, 1931, p.3(上海圖書館 《全國
報刊索引》 數据庫).

　1945년 8월 15일 일본이 투항한 이후 교제철로를 점령하고 있던 일본군이
철수하면서 원래의 조직이 회복되었다. 이후 1949년 6월 2일, 중국공산당이
청도를 점령하고 교제철로의 정비에 착수하였다. 7월 1일에 교제철로의 방자 -
청도 구간이 복구되었으며, 이후 교제철로의 전 노선이 개통되었다.

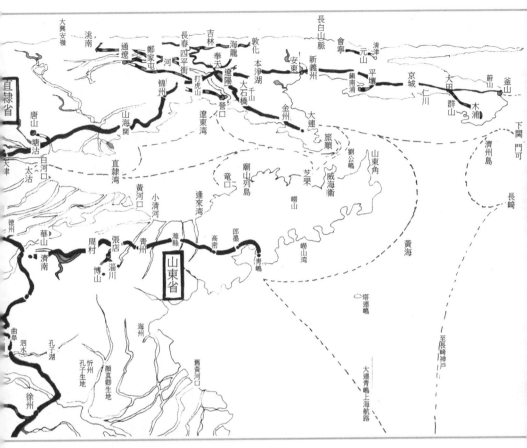

15-12 ● 교제철로 노선도 2

참고문헌

徐匯澂, 「膠濟鐵路工程」, 『中央畵刊』 109期, 1931.

「膠濟鐵路管理局」, 『接收靑島紀念寫眞』 1924. 4.

「膠濟鐵路沿綫形勢圖」, 『膠濟鐵路運輸統計月報』 4卷 1期, 1931.

「西伯利亞鐵路談: 經行西伯利亞之火車」, 『東方雜志』 26卷 9號, 1929. 5.

「膠濟鐵路濟南車站正面圖」, 『魯案善后月報』 2期, 1922.

中共靑島鐵路地區工作委員會, 『膠濟鐵路史』, 山東人民出版社, 1961.

趙德三, 『接管膠濟鐵路記』下冊, 京華出版社, 1924.

林吉玲, 「膠濟鐵路與濟南商埠的興起」, 『東岳論叢』 2010年 31期.

滿霞, 「膠濟鐵路與近代社會變遷硏究」, 『山東大學學報』 2007年 1期.

荻原充, 「1930年代の山東權益をめぐる日中關係: 膠濟鐵道の諸權益を中心に」, 『土地制度史學』
　　　　142, 1994.

16장

평례철로(萍醴鐵路)[주평철로(株萍鐵路)]
강서성과 호남성을 잇는 석탄운반 전용철로

연　도	1899~1906
노 선 명	평례철로, 주평철로
구　간	주주(株洲) - 평향(萍鄕)
레일 궤간	1.435미터 단선(單線)
총 연 장	90.5킬로미터
기　타	

　강서성 평향(萍鄕)에서 생산되는 석탄은 화력이 좋기로 내외에 명성이 자자하였다. 1898년 성선회(盛宣懷)는 이 지역을 탐사한 이후 석탄의 품질이 우수하다는 사실이 입증되자 중국 최초의 기선회사인 윤선초상국(輪船招商局) 등으로부터 자본금 100만 량을 모집하여 이 지역에 평향매광(萍鄕煤礦)을 설립하였다. 성선회는 이후 중국철로총공사를 주관하게 되자 다시 호부(戶部)의 자금을 끌어와 평례철로(주평철로)를 부설하였다. 첨천우는 성선회와 철로총공사의 요청에 부응하여 평례철로의 부설을 주관하였다. 첨천우는 철로의 부설 과정에서 표준궤로 부설할 것을 주장하였는데, 이는 다른 철로와의 연계를 염두에 둔 것이다. 평례철로는 호남, 강서, 절강 등에서 철로간선의 주요한 구간이었다. 후에 평례철로는 호남성 주주(株洲)까지 연장되었으며, 강서성 내에서 가장 먼저 부설된 철로였다.

　평례철로는 평향탄광(萍鄕炭鑛)으로부터 외부로 석탄을 운반할 목적으로 부설된 노선으로서, 평향현의 안원(安源, 탄갱지)으로부터 호남성의 상강반(湘江畔)인 주주에 이르렀다. 1899년 9월 청조는 독판철로총공사 대신 성선회에게 철로총공사를 주관하도록 하고 평향에서 호남성 주주에 이르는 철로를 부설하여 평향의 석탄을 대량으로 외부로 운반할 수 있도록 하였다.

16-1 • 주평철로 화물열차

위: 주평철로의 대평차(大平車)/ 아래: 주평철로의 석탄운반용 화물차

출처: 「株萍鐵路大平車」, 『鐵路協會會報』 21期, 1914, p.2(上海圖書館《全國報刊索引》數据庫).

당초 이 철로는 월한철로(粵漢鐵路)의 지선으로 미국으로부터 차관을 도입하여 부설될 예정이었으며, 이미 1898년에 측량을 완료하였다. 그러나 예정과 달리 미국의 투자가 이루어지지 않아 평향광무총국(萍鄕礦務總局)은 철로를 부설하기 위한 자재를 독일로부터 구입하고, 중국인 공정사 나국서(羅國瑞)의 책임 하에 철로 부설을 개시하였다. 철로의 부설 이전에 성선회는 강서성 평향현 안원(安源)에서 호남성 예릉현(醴陵縣) 양삼석(陽三石)에 이르는 구간의 부설을 보고하고 이를 평례철로(萍醴鐵路)라 이름하였다. 철로의 부설은 구간[段]을 나누어 진행되었다. 제1구간은 안원으로부터 평향 수차(水次)에 이르는 14리의 석탄운반 전용철로였으며, 1899년 7월 공사에 착수하였다.

1899년 8월 성선회는 미국인 공정사 리지(Ridge)를 초빙하여 평향에서 호남성 예릉(醴陵)에 이르는 노선에 대한 측량작업을 재차 실시한 이후 평향에서 상동(湘東)에 이르는 구간의 부설에 착수하였다. 그러나 1900년 의화단운동이 발발하여 8개국연합군이 출병하자 외국인 기술자들이 평향을 떠나면서 평례 구간의 공정이 일시 중단되었다. 이후 1901년 7월에 이르러 공사가 다시 재개되었다.

1901년 7월 철로공정사 첨천우(詹天佑)는 철로총공사 독판 성선회의 부름을 받들어 평향으로 와서 미국인 철로공정사 리지, 맥레이(MacLay)를 도와 주평철로의 평향에서 예릉에 이르는 구간의 부설공사를 진행하였다. 부임 이후 첨천우는 평례철로의 궤간을 1.435미터의 표준궤로 부설해야 한다고 주장하였다. 그러나 첨천우의 주장은 부설 경비의 절감이라는 취지에서 협궤로 부설하려던 미국인 공정사 리지와 맥레이의 반대에 부딪혔다. 첨천우는 협궤를 채택할 경우 이미 부설을 마친 평안철로(萍安鐵路)와 서로 연결할 수 없다고 생각하였다. 첨천우 등 중국인들의 강한 요구 아래 리지, 맥레이도 어쩔 수 없이 표준궤 레일의 부설에 동의하지 않을 수 없었다. 이후 첨천우는 주평철로 전 구간의 부설공사를 주관하게 되었다.

첨천우는 측량 결과와 설계를 면밀히 재검토한 이후 즉시 부설공사에 착수하였다. 첨천우는 중국식과 서양식 기술을 결합하여 겨우 3개월 만에 상동대교(湘東大橋) 등을 가설하여 물살이 세고 강폭이 130여 미터에 이르는 평수(萍水)를 횡단할 수 있었다. 평례철로의 부설공사가 진행되는 가운데 성선회 등은 석탄 운수의 효율을 높이기 위해 청조의 동의를 얻어 노선을 주주(株州)로 연장

16-2 • 주평철로에서 사용된 석유신호등
기관사에게 열차의 진행, 정지 및 속도나 진로
등의 운전 조건을 알려주기 위해 사용되었다.

부설하기로 결정하였다. 이에 따라 철로의 전 노선은 주평철로(株萍铁路)라 부르게 되었다.

1905년 12월 주평철로의 전 구간이 완공되었으며, 약 6년간의 시간을 들여 강남 최초의 철로가 부설된 것이다. 레일의 중량은 76파운드와 85파운드 두 종류가 있었는데, 대부분 한양철창에서 제조되었으며, 침목은 대부분 현지에서 생산된 제품을 사용하였다. 부설 비용은 총 450만 원이 소요되었으며, 총연장 89킬로미터에 달하였다. 주평철로는 안원, 평향, 예릉, 주주 등 4개의 대역(大驛)과 협산구(峽山口)[상동(湘東)], 노관(老關), 판삼포(板杉鋪), 요가파(姚家壩), 백관포(白關鋪) 등 5개 소역(小驛)을 설치하였다.

1908년 3월 한야평공사(漢冶萍公司)가 설립된 이후 주평철로는 청조 우전부(郵傳部)의 관할로 이관되어 평향탄광으로부터 벗어날 수 있었다. 1912년 이후 다시 호남성 교통사(交通司)의 관할로 이관되었다. 1930년 2월 절강성정부가 항강철로(杭江鐵路)의 부설에 착수하면서 동으로부터 서로 4개의 구간, 즉 항주(杭州) - 금화(金華) - 옥산(玉山) - 남창(南昌) - 평향으로 나누어 부설하였다. 1937년 항강철로와 주평철로가 평향역에서 서로 연결되었다. 이때부터 항주에서 주주에 이르는 1,004킬로미터의 전 노선이 관통되게 되어 철로의 명칭을 절공철로(浙贛鐵路)라 명명하였다. 이와 함께 원래 월한철로 소속의 주평철로가 절공철로국의 관할로 이관되었다.

1939년 3월 말 국민정부는 일본군의 서진(西進)을 저지하기 위해 절공철로 남창에서 평향 사이의 구간과 평향역에서 안원역 사이 구간에 걸쳐 모든 레일

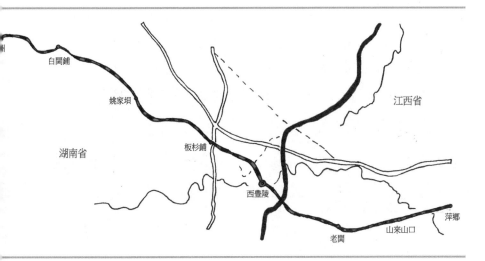

16-3 ● 주평철로 노선도

을 해체하고 말았다. 중일전쟁 기간 동안에 전쟁의 영향으로 인해 주평철로의 노선은 대부분 파괴되었으며 특히 주주와 예릉은 일본전투기의 주요한 공습목표가 되었다. 1947년 가을에 이르러 이 구간의 철로가 비로소 복구되어 열차의 개통을 재개할 수 있었다.

전반적으로 철로의 경영 성적이 매우 양호하다고 할 수는 없었다. 1919년 총수입이 69만 7,000원, 총지출은 66만 7,000원으로서, 수입의 내원은 대부분 석탄의 운임으로부터 획득된 것이며, 객운의 수입은 상대적으로 적은 편이었다. 평향석탄광산은 서양의 신기술을 받아들여 하루 3,000여 톤의 석탄을 생산하였다. 주평철로가 부설된 이후 평향의 석탄은 열차로 주주까지 운반된 이후, 여기서 다시 배에 선적되어 상강(湘江), 장강을 거쳐 한양(漢陽)으로 운반되었다. 1936년 절공철로로 귀속되어 함께 관리되었다.

주평철로는 호남성 경내를 지나는 최초의 철로로서, 교통운수뿐만 아니라 지역경제의 발전에도 매우 중요한 역할을 수행하였다. 주평철로는 한야평공사의 경영을 위해서도 매우 중요한 철로였다. 한야평공사는 중국과 독일, 영국, 일본의 합자기업으로서 여기에 필요한 석탄은 강서성 평향의 안원탄광으로부터 공급하였다. 주주 - 평향[안원(安源)] 철로는 강서성과 호남성 양성 사이의 교통을 연결하며, 또한 강서성의 주요 공업도시인 평향시와 호남의 주주시(株洲市)를 연결하며, 양성 간의 물류 유통과 경제 발전에 크게 기여하였다.

참고문헌

「株萍鐵路大平車」, 『鐵路協會會報』 21期, 1914.

「株萍鐵路機車庫」, 『鐵路協會會報』 21期, 1914.

「萍醴鐵路紀事」, 『新聞報』, 1902. 12. 20.

尹承國, 「修築浙贛鐵路始末」, 『江西社會科學』 1983年 4期.

曾桂林, 「鐵路與近代株洲城市的興起(1898-1951)」, 『湖南工業大學學報』 2007年 12期.

李正石, 「株萍鐵路簡史」, 『株洲敎育學院學報』 1997年 3期.

曾偉, 「略論萍鄕鐵路修建及其影向」, 『萍鄕學院學報』 2009年 26期.

黃校雲, 「從淸末株萍鐵路的修建看地方官府與士紳的關係」, 『萍鄕高等專科學校學報』 2014年 4期.

17장

월한철로(粵漢鐵路)

호북, 호남, 광동을 관통하는 중국 남북의 대간선

연　　도	1900~1936(1936년 9월 1일 개통)
노 선 명	월한철로
구　　간	광주(廣州) - 한구(漢口)
레일 궤간	1.435미터
총 연 장	1,169킬로미터
기　　타	1950년 경한철로와 합쳐쳐서 경광철로(京廣鐵路)가 됨

　월한철로는 경한철로와 함께 중국 남북의 대간선을 형성하며, 호북, 호남, 광동의 3성을 통과한다. 청조가 성선회에게 노한철로를 부설하도록 명령하였을 당시 이미 다음 차례로 한구에서 연장하여 광주로 나아가는 월한철로의 부설을 결정하였다. 1897년 겨울 호남성, 호북성, 광동성 등 3성의 신상(紳商)들은 조속히 월한철로를 부설하고 이를 자판으로 하도록 결의하였다. 1898년 1월 26일 직예총독 왕문소(王文昭), 독판철로대신 성선회 등은 3성의 신상들과 차관의 도입을 포함하여 철로의 부설 비용을 마련하는 방안에 관해 협의하였다.

　1898년 1월 26일 차관의 도입에 대해 청조로부터 승인을 얻은 이후, 성선회는 주미공사 오정방(伍廷芳)에게 편지를 보내 미국으로부터 차관의 도입을 타진하도록 지시하였다. 1898년 4월 14일 오정방은 성선회를 대리하여 미국합흥공사(美國合興公司) 대리인 배시(Bash)와 워싱턴에서 '월한철로차관초합동'을 체결하였다. 주요한 골자는 차관 2,000만 달러(400만 파운드), 9절(折)[90퍼센트 실수령(實受領)], 연리 5리, 기한 50년으로 하고, 철로를 담보로 제공한다는 내용이었다. 차관 기간 중 열차 운행과 관련된 업무에 대해서는 미국합흥공사가 인원을 파견하여 관리하고 수익의 20퍼센트를 동공사로 귀속하는 데 합의하였다. 차관을 상환한 이후에는 중국의 소유권으로 전환하며, 3년 내에 준공하는 것으로 결정하였다. 이 밖에 미국합흥공사가 지선의 부설 및 철로학당을 개설할 권리를 보유하는 것에도 합의하였다.

월한철로 미국차관초합동이 성립된 이후 1899년 미국합흥공사는 부설 비용의 증액과 일부 지선의 증설을 요구하였다. 1900년 7월 13일 오정방이 워싱턴에서 미국합흥공사와 '월한철로차관상세합동'을 체결하고 월한철로 부설을 확인하는 동시에, 1898년에 체결된 '초합동'에서 도입하기로 합의한 차관 액수를 4,000만 달러로 증액하기로 상호 합의하였다. 미국합흥공사는 총판관리처를 설립하여 중국인 2명, 미국인 3명을 두며, 미국인 가운데 1명의 총공정사를 임명하도록 하였다. 또한 공사 기간을 종전의 3년에서 5년으로 연장하였다.

그러나 합흥공사는 자본 확보가 어려움에 봉착하면서 계약을 원안대로 이행할 수 없게 되었다. 결국 합흥공사는 자사 주식의 3분의 2에 상당하는 수량을 벨기에자본에 매각하였다. 실상 이는 계약 제17조에 "미국인은 이 계약을 타국 및 타국인에게 양도할 수 없다"라는 내용을 위배한 것이다.

이에 1901년 8월 성선회는 오정방에 편지를 보내 계약을 즉시 파기하도록 지시하였다. 더욱이 1903년부터는 호남성, 호북성, 광동성의 신상들도 계약의 파기를 주장하였으며, 1904년 5월 장지동 역시 월한철로 부설권의 회수 및 자력으로 철로를 부설할 것[自辦]을 주장하였다. 결국 1904년 12월 22일 주중 미국공사가 미국국무경에 편지를 보내 계약의 파기를 통고하였다. 이에 1901년 8월 29일 중미 쌍방은 '수회월한철로미국합흥공사수양합동'을 체결하고 이전의 차관 계약을 파기하기로 합의하였다. 이를 위해 중국 측이 보상비로 675만 달러를 6개월 내에 지급하여 청산하도록 하였다.

1905년 청조는 미국으로부터 월한철로의 부설권을 회수한 이후 장사(長沙)에서 주주(株洲)에 이르는 구간의 부설에 착수하였으나, 자금이 부족하여 공사가 계속 지연되었다. 월한철로공사가 비록 자본금 831만 원을 마련하였으나 장사에서 주주에 이르는 구간의 부설 비용에는 크게 미치지 못하였다. 월한철로는 부설 비용의 조달문제로 1900년 7월에 이르러서야 비로소 공사에 착수할 수 있었다. 1908년 8월까지 광주(廣州)에서 삼수(三水)에 이르는 49킬로미터의 지선이 부설되었을 뿐이다.

이러한 이유에서 부설을 위해 외자를 차입하지 않을 수 없었다. 월한철로 무창(武昌)에서 장사에 이르는 구간의 부설 공정은 영국과 독일, 프랑스, 미국의 4개국은행단으로부터 차관을 도입하여 1912년에 측량을 시작하여 약 7년의 시간을 거쳐 마침내 1918년 9월에 총연장 480여 킬로미터에 이르는 노선에서 열차를 개통하였다. 1916년 6월에는 광주에서 소관(韶關)에 이르는 구간이 완공되었다. 1918년 9월에는 무창에서 장사에 이르는 구간이 완공되었다. 뒤이어 장주 구간에 대한 전면적인 보수공사를 거쳐 1920년에 양 구간이 서로 연결되었다. 무주선(武洲線)은 호남성 내에서 약 250킬로미터를 지나며 총 22개 역(驛)이 설치되었으며, 운송량은 연 50만 톤에 달하였다.

월한철로는 광주에서 시작하여 소관(韶關)을 나와 상악(湘顎, 호남성과 호북성) 구간을 거친다. 따라서 월한철로 월단(광동성 구간)도 월한철로 광소(廣韶) 구간 혹은 남단(南段)이라 불렀다. 이 철로의 부설공사는 호북, 호남, 광동의 3성으로 나누어 진행되었다. 월한철로 월단은 광동 신상이 주도하여 상판 광동월한철로공사가 설립되었다. 1915년 월한철로 월단의 부설이 소관까지 부설되었으며, 광주 황사역(黃沙驛)으로부터 시작하여 소관역(韶關驛)에 이르렀다.

광삼철로(廣三鐵路)는 월한철로의 지선이며 광주에서 시작하여 불산(佛山)을 거쳐 삼수에 도달하였다. 광삼철로국은 관독상판 형식으로서 광삼철로는 광동성에서 가장 먼저 부설된 철로였다. 광구철로(廣九鐵路)는 중국과 영국의 합자 부설 철로로서 광주 대사(大沙)를 출발역으로 하여 심수(深圳) 나호(羅湖)를 거쳐 홍콩 구룡(九龍)에 도달하였다. 중국 구간은 광심(廣瀋) 구간이며 영국의 차관을 도입하여 부설하였다. 이 구간의 총연장은 140킬로미터이며, 광구철로 총연장의 80퍼센트를 차지하였다.

마침내 1936년 8월 1,059.6킬로미터에 달하는 월한철로의 전 노선이 준공되었다. 1936년 9월 1일 무창에서 출발한 열차가 직통으로 광주에 도달하였다. 월한철로는 부설 논의로부터 개통에 이르기까지 무려 40년이 소요되었다. 당시 석탄을 때서 증기로 운행된 열차의 속도는 시속 35킬로미터에 달하였으며,

17-1 • 월한철로의 부설 공정

출처: 「粵漢鐵路之建築狀況」, 『汗血週刊』 6卷 17期, 1936, p.1(上海圖書館《全國報刊索引》 數据庫).

무창에서 광주까지 44시간이 소요되었다.

1923년 손문은 광주에 육해군대원수부(陸海軍大元帥府)를 설치하고 남북통일의 대계를 구상하였으며, 이러한 과정에서 월한철로의 국유화문제가 자연히 주요한 정책의 하나로 논의되었다. 1924년 1월 31일 개최된 중국국민당 제1차 전국대표대회는 교통의 국유화정책을 표방하며 "기업 가운데 독점적 성격을 지닌 것, 예를 들면 철로와 항운 등은 마땅히 국가가 경영, 관리한다"라는 안건이 의결되었다. 1925년 6월 15일 대원수부는 국민정부로 개조되었다. 국민혁명의 진전에 따라 국민정부는 광동 교통의 건설 및 운영을 개선하기 위한 방안을 강구하였으며, 월한철로의 국유화를 진전시키기 위해 1925년 7월 3일 광동성건설청을 설립하여 광동성의 모든 철로의 부설 및 월한철로의 관리 및 운영의 개선방안을 강구하도록 하였다.

1928년 10월 20일 남경국민정부는 철도부를 설립하여 전국의 철로 건설과 운영을 관리하도록 하였다. 초대 철도부장에는 손중산의 철로계획을 완수하기 위해 아들인 손과(孫科)가 임명되었다. 손과는 취임 이후 전국 철로망의 상호 연계와 철로 국유화에 노력을 집중하였다. 1929년 1월 25일 국무회의에서 손과는 국민경제에서 철로가 가지는 중요성을 강조하며, 전국 철로망의 통일적 운영과 관리를 제안하였다.

특히 손과는 전국에서 경제가 가장 발전한 지역 가운데 하나인 광동성을 관통하는 월한철로의 중요성에 착안하여 특별히 월한철로촉진위원회를 설립하여 월한철로의 부설, 보수, 국유화의 업무를 관할하도록 하였다. 1929년 3월 손과는 광동성의 광소(廣韶), 광삼, 광구의 세 구간 철로에 대한 통일회계 방안을 제안하였다. 이러한 과정에서 손과는 월한철로공사의 철로 운영과 문제의 처리 과정에서 철도부의 감독을 받도록 지시하였다. 이에 1929년 4월 일부 철로공사 동사의 명의로 철도부 앞으로 월한철로건설위원회 설립 계획을 취소하고 완전한 상판(商辦, 민영)의 회복을 요구하였다. 그러나 손과는 이들의 요구를 받아들이지 않았으며, 월한철로의 국유화에 한층 매진하였다. 1929년 11월 18일 철도부는 '철도부수회광동월한철로공채조례'를 반포하고, 공채 발행을 통

17-2 • 월한철로 개통식

출처: 「湖南粤漢鐵路第一次開車紀念」, 『東方雜誌』 8卷 4號, 1911.6, p.1.

해 월한철로의 매입 자금을 조성하는 방안을 발표하였다.

　월한철로는 개통할 무렵부터 적자가 적지 않았다. 월한철로는 측량과 설계 당시부터 노선을 의도적으로 수로와 평행하게 설정하였다. 이러한 이유는 철로의 부설 과정에서 수운을 이용하여 철로 부설을 위한 자재를 실어 나름으로 써 부설 비용을 절감하려는 목적이 컸다. 이러한 까닭에 철로의 부설이 완료된 이후 노선이 번화한 도심을 통과하지 않았기 때문에 철로의 운수는 객운보다 는 화운의 비중이 컸다. 그뿐만 아니라 광동 지역의 발달한 수운과 물류를 두 고 경쟁하지 않을 수 없는 입장에 처하게 되었다.

월한철로공사는 경영을 개선하여 객화 운수를 확대하기 위한 다양한 방안 을 강구하였다. 먼저 수운과 경쟁하는 조건하에서 객운의 활성화를 위해 '편리 평민(便利平民)'이라는 캐치프레이즈로 객운의 요금을 인하함으로써 승객을 유 치하기 위한 전략을 강구하였다. 열차의 좌석을 1·2·3등석으로 구분하여 3등 석의 경우 1킬로미터당 6.97리(厘)로 계산하여 가격을 책정하였으며, 2등석은 3등석의 1.5배, 1등석은 3등석의 2배를 수취하였다. 더욱이 1928년 5월 월한 철로공사는 당시 정세의 혼란으로 철로 요금에 부가하고 있던 군비부가세를 인하해 주도록 광동성정부에 요청하였으며, 마침내 성정부는 월한철로 객화 운임에 부가되던 군비부가세를 대폭 인하해 주기도 하였다.

월한철로는 화운이 위주였으며, 철로의 수입 가운데 80퍼센트 정도가 화운 으로부터 획득되었다. 개통 초기에 수운과의 경쟁으로 철로 경영에서 상당한 어려움이 있기도 하였지만, 수운과 비교하여 철로가 가지고 있는 장점, 즉 방 대한 운송량, 안전, 저렴한 가격, 기후의 영향을 거의 받지 않는 등으로 인해 화 운이 크게 증가하였다. 1916년 이후 해마다 수익이 증가하여 221킬로미터에 달하는 광소 구간의 수익을 사례로 살펴보자면 1922년에 화물 운송량이 38만 6,144톤, 1923년 41만 2,696톤이었고, 1923년에는 무려 400만 1,525톤으로 급 증하였다.

월한철로가 장사 지역의 무역 발전에 미친 영향은 매우 컸다. 장사의 도매상 들이 북경과 천진, 상해와 한구, 강절 등 지역에서 구매한 공산품과 수입품이 이 철로를 통해 장사로 운송되었다. 이와 함께 장사 지역의 농부산물의 수출도 활발해졌다. 1924년 장사 지역의 돼지고기 및 부산물은 주로 인현(鄰縣)에서 생산되었으며, 이를 전문적으로 거래하는 상점도 6호(戶)에 달하였다. 이들 제품은 이 철로를 통해 한구 지역으로 수출되어 판매되었다. 1929년 당시 영업 총액이 무려 800만 원에 달하였다. 월한철로 장무(長武) 구간의 개통은 장사와 한구를 경제적으로 밀착시키는 효과를 불러일으켰으며, 양쪽 지역 사이의 무역에 크게 기여하였다.

1936년 월한철로 전 노선이 개통되면서 장사에서 광주를 거쳐 수출되는 상품이 날로 증가하였다. 특히 돼지 및 부산물과 식량이 장사로부터 외부로 수출되는 상품의 대종이었다. 당시 장사 일대에는 돼지를 취급하는 행상들이 매우 많았으며, 광주상인들이 장사로 와서 점포를 개설하기도 하였다. 그뿐만 아니라 호남쌀의 광동 수출이 급격히 증가하여 월한철로의 전 노선이 개통된 당해 연도에 마침 호남의 식량 생산이 풍년이 들어 장사의 양식시장에 상당 수량이 수입되었다.

당해 연도 호남성으로부터 외부로 수출된 쌀의 수량이 무려 10.06만 톤에 달하여 전국 쌀의 총유통량인 122.59만 톤의 8.2퍼센트를 차지하였다. 더욱이 절공철로, 상계철로의 개통과 도로 운수의 발전에 힘입어 외성의 객상들도 장사에서 점포를 개설하는 수치가 날로 증가하여 이들이 상업, 금융업에서 차지하는 비중이 크게 제고되었다. 교통 운수의 발전과 외적 객상들의 활약에 힘입어 장사의 경제는 비약적으로 발전하였다.

월한철로의 개통으로 인해 장사에서는 새로운 업종인 철로운수행이 등장하였다. 철로 운수는 개통 초기에 화물의 인도 수속이 번잡하였으며, 더욱이 화물의 관리도 허술하여 화물주로서는 매우 불편하였다. 그리하여 일종의 철로 운수 업무를 총체적으로 관리하는 운수행이 등장하게 된 것이다. 일찍이 장주선(長株線)이 개통되었을 당시 장사에서 운수업에 종사하는 상행은 2가(家)에 지나지 않았다. 그러나 장무(長武) 구간에서 열차를 개통한 이후 국유철로공사에서는 매년 적자가 발생하였다. 이에 월한철로공정국은 운송량 증가를 목적으로 수운(水運)으로부터 화물 운송량을 탈취하기 위해 적극적으로 상인들에게 운수업을 개설하도록 고무하였으며, 이를 위해 다양한 특혜를 부여하였다.

먼저 운수행이 업무를 개설하면 먼저 철로국에 매년 운송비 3만 원과 3만 톤의 운수량을 보증하도록 하였다. 운송비를 납부한 이후에는 철로국이 해당 상인에게 수시로 '화기표(貨起票)'를 지급하여 장부에 기입하기만 하면 현금을 내지 않아도 되었으니 당시 이를 '개홍표(開紅票)'라 하였다. 그리하여 연말에 한 차례 결산하여 차액을 계산하기만 하면 되도록 편의를 제공하였다. 이 밖에 철로국은 장려 조치로 매년 운송량이 3만 톤에 달할 경우 8절(折)[운송비의 80퍼센트만 납부로 운송비를 지불하도록 특혜를 부여하였다. 만일 운송 목표의 50퍼센트를 초과할 경우 7절(70퍼센트)로 계산하였다. 만일 계획 수량의 2배 혹은 2배 이상의 경우에는 6절(60퍼센트)로 운송비를 할인해 주었다.

당시 유명한 운수행으로 공흥화(公興和), 태륭(泰隆), 신대(信大), 상월한(湘粵漢) 등의 상점이 있었다. 이들은 장사와 무창의 두 역에서 모두 전문적인 기구를 설치하고 화물의 운송을 위한 설비를 갖추어두고 영업을 진행하였다. 이들의 매년 운수량은 원래 계획한 지표의 2배에서 수배에 이를 정도로 계약물량을 초과달성하면서 수입이 매우 컸다. 그리하여 당시 많은 사람들에게 부러움과 질시를 받을 정도였다고 한다. 1930년 전후에 이르러 다시 순풍(順豊), 대성(大成), 대흥(大興) 등의 상점이 운수업에 뛰어들었다. 이들 역시 철로국에 요금을 선납하였으며, 수익이 클수록 자연히 운수행도 증가하였다. 1934년의 통계에 따르면 장사에서 철로운수행이 총 20가(家)에 이르렀고, 등록자금이 10.4만 원, 종업원이 218명, 매년 영업액이 72.8만 원에 달하였다.

월한철로의 전 노선이 개통된 이후 운수업도 전성기에 접어들어 전문적으로 종사하는 상점이 59가(家)로 증가하였다. 운수업의 인원 구성에서도 큰 변화가 출현하였다. 일부 운수업 상점은 원래 철로를 통해 화물을 운송하던 화주였는데, 이윤을 내지 못하면서 아예 운수업으로 변경한 것이다. 일부는 운수업에서 일하던 종업원이 스스로 별도의 운수행을 조직하기도 하였다. 각 운수 업주는 모두 신용을 생명으로 여겼으며, '화주제일(貨主第一)'이라는 슬로건하에서 업무에 종사하였다.

경한철로와 월한철로가 모두 개통되어 한구와 무창에 열차가 운행되었으나 장강에 가로막혀 서로 연결할 수 없었다. 이후 경한철로의 열차는 무한에서 열

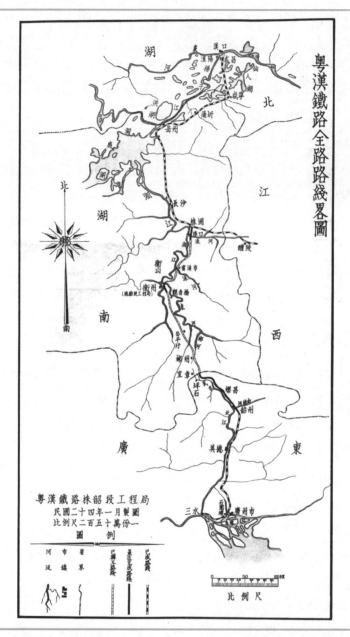

17-3 • 월한철로 노선도

출처: 「粤漢鐵路全路路綫畧圖」, 『粤漢鐵路全路路綫畧圖』, 1933, p.8(上海圖書館《全國報刊
索引》數据庫).

차를 배에 싣고 강을 건너 무창에 도달해서야 비로소 월한철로와 연결할 수 있었다. 따라서 장강에 철교를 가설하여 경한철로와 월한철로를 연결하는 공정은 중국철로의 발전에서 숙원이 아닐 수 없었다.

이에 1950년 중국 철도부는 대교의 가설을 준비하기 시작하여 마침내 1954년 1월 정무원 제203차 정무회의에서 무한장강대교의 가설을 의결하였다. 1955년 9월 1일 무한장강대교의 가설 공사에 착수하였으며, 2년 동안의 공사를 거친 이후 1957년 10월 15일 열차를 개통할 수 있었다. 무한장강대교는 위층은 자동차 및 보쟁자 전용, 아래층은 철로용의 2중 구조로 가설되었다. 이로써 경한철로와 월한철로가 하나의 노선으로 합쳐지고 철로의 명칭도 경광철로(京廣鐵路)라 명명하였다. 1955년 12월부터 경광철로의 복선화 공사가 개시되어 1988년 12월에 완료되었다. 이러한 결과 북경에서 광주 사이의 객차 운행시간은 90시간으로부터 21시간으로 단축되었다.

참고문헌

「粵漢鐵路之建築狀況」, 『汗血週刊』 6卷 17期, 1936.

「湖南粵漢鐵路第一次開車紀念」, 『東方雜誌』 8卷 4號, 1911.6.

「粵漢鐵路員工抗敵後援會全體工作人員宣誓典禮」, 『路向』 5卷 8期, 1937.

朱從兵, 「鐵路與近代社會力量的成長 ─ 以粵漢鐵路建設的体制和機制爲切入点的分析」, 『江海學刊』 2012年 5期.

龐廣儀, 『粵漢鐵路艱難的籌建與國有化』, 合肥工業大學出版社, 2011.

張衛東, 「清季報刊與粵漢鐵路借款談判」, 『江漢論壇』 2016年 12期.

荻原充, 「南京政府の鐵道建設と對外關係: 粵漢鐵道への日本の對應を中心に」 上, 下, 『北海道大學經濟學研究』 34卷 4號/35卷 1號, 1985.

內田直作, 「粵漢鐵道風潮の經過」, 『一橋論叢』 32卷 4號, 1954.

18장

서릉철로(西陵鐵路)[신역철로(新易鐵路)]

황실 제사를 위한 황족 전용철로

연 도	1902~1903(1903년 4월 5일 개통)
노 선 명	서릉철로, 신역철로, 고역철로(高易鐵路)
구 간	고비점(高碑店) - 역현(易縣)
레일 궤간	1.435미터 단선(單線)
총 연 장	43.3킬로미터
기 타	황실 전용선, 노한철로(蘆漢鐵路)의 지선

청조의 황릉은 두 곳으로 나뉘어 있는데, 즉 하북성 준화(遵化)의 동릉(東陵)과 역현(易縣)의 서릉(西陵)이다. 이 가운데 동릉에는 청조 전성기의 두 황제인 강희제와 건륭제의 모릉(慕陵)이 조성되어 있었으며, 서태후의 남편인 함풍제와 아들인 동치제(同治帝)의 모릉도 이곳에 있었다. 그뿐만 아니라 장차 서태후의 사후 묏자리 역시 동릉으로 정해져, 당시 이미 서태후의 묘를 8년째 조성하던 상태였다. 서릉에는 옹정제(雍正帝)의 태릉(泰陵)과 가경제(嘉慶帝)의 창릉(昌陵), 도광제(道光帝)의 모릉(慕陵)이 조성되어 있었다. 이 밖에 9명의 황후와 57명의 비(妃)가 잠들어 있었다.

서태후는 매년 청명절 전후에 황릉에서 황실 선조의 제사를 지냈다. 1900년 8월 의화단운동이 발생하자 서태후와 광서제가 서둘러 서안으로 피신하였기 때문에 1901년 황실 조선에 대한 제사를 모시지 못하였다. 1902년 1월 7일 서태후는 광서제와 함께 서안으로부터 북경으로 귀환한 이후 4월에 이르러 준화(遵化)의 동릉을 참배하고 제사를 올렸다. 그리하여 다음 해에는 서릉을 참배하기로 결정하였다. 특히 의화단운동 이후 청조는 신정(新政)의 실시를 선포하였으며, 철로의 부설은 신정의 핵심적인 내용이었다. 따라서 서릉철로의 부설은 청조가 개혁의 결심을 내외에 선포하는 일과 다름없었다.

당시 서태후는 나이가 이미 67세로 북경에서 준화현(遵化縣)의 동릉까지 약
250킬로미터의 먼 길을 마차와 가마를 동원하여 가까스로 제사를 지낼 수 있
었다. 서릉은 동릉보다도 거리가 더욱 멀어 행차가 용이하지 않았다. 이미 서
태후는 한 차례 열차에 탑승한 경험이 있었다. 의화단운동과 8개국연합군의
진공을 피하여 서안(西安)으로 피난하였다가 신축조약이 체결된 이후에 북경
으로 돌아오면서 광서제 및 대소 신료들과 보정(保定)까지 온 이후 여기에서 열
차를 타고 북경에 도달하였다.

당시 서태후가 탑승한 열차는 노한철로 장신점기창(長辛店機廠)에서 특별 제
작된 전용차량이었다. 이 열차는 원래 외국으로부터 수입한 것인데, 이 가운데

18-2 • 서릉 전경

18-3 • 서릉에 위치한 태릉(泰陵) 융은전(隆恩殿)

태릉의 융은전은 옹정제에게 제사를 바치는 장소이다. 매년 청명, 중원(中元, 백중날), 동지, 세모(歲暮, 섣달그믐), 제진(祭辰, 제삿날)에 제사를 지낸다.

18-4 • 태릉 안에 위치한 옹정제의 명루비(明樓碑)

옹정제를 기리는 비석으로서 비면에는 만주어, 한어, 몽골어 3종의 언어로 조각한 옹정제의 묘호 및 익호 '세종헌제지릉'이 새겨져 있다. 바탕에는 앙복련(仰覆蓮, 단청에서 연꽃이 위로 향한 것과 아래로 향한 것을 함께 그린 그림) 무늬가 조각되어 있으며, 5색으로 장식되어 있다.

에서도 서태후가 탑승한 객차는 궁중의 법도와 격식에 부합하지 않는다 하여 장신점기창에서 황실의 격식에 맞게 개조한 것으로서, 이를 '용차(龍車)'라 불렀다. 객차 내부는 용과 봉황 문양으로 호화롭게 장식되었으며, 당초의 객석용 의자는 모두 철거하고 궁중과 동일하게 보석으로 장식한 전용의자를 설치하였다. 이 전용열차는 총 21량의 차량으로 구성되었는데, 이 가운데 9량에는 금은보화를 가득 싣고 있었다. 이러한 보물들은 서태후가 북경으로부터 서안으로 피난할 당시 북경에서 챙겨 가지고 간 귀중품이었다.

서릉은 동릉보다 규모가 조금 작았으며, 북경 동남쪽 130킬로미터 지점인

18-5 • 서릉 대패루(大牌樓)와 석제대(石祭臺)

서릉 대패루 전면에는 돌로 조성된 제대가 있다. 제사대는 상하 두 부분으로 구성되어 있으며, 상부에는 향로, 꽃병, 촛대 등 다섯 가지 공양품이 있어 일명 '석오공'이라고도 한다. 하부는 공좌이며 두 개의 거석으로 조각된 수미단이다. 전체 제사대는 세밀하기 조각되어 있으며, 각종 길상 그림으로 조각되어 있다.

하북성 역현(易縣)에 자리하고 있었다. 1902년 10월 19일 서태후는 군기대신 등에게 다음 해 봄 길일을 택하여 서릉에서 황실의 제사를 올릴 것임을 고지하였다. 당시 노한철로가 이미 하북성 정정(正定)까지 부설되기는 하였지만 역현을 경유하지는 않았다. 원세개는 수하를 파견하여 즉시 해당 노선에 철로의 부설이 가능한지를 타진하였다. 서태후의 요구에 영합하기 위해 같은 해 가을 청조는 노한철로의 고비점역(高碑店驛)으로부터 지선을 끌어 역현까지 연장하는 서릉철로(西陵鐵路)를 부설하기로 계획을 수립하였다.

　서릉철로는 하북성 내에 위치하여 직예총독 원세개의 관할에 속하였다. 이전에 중국이 부설한 철로는 으레 서양인 총공정사를 초빙하여 부설공사의 책임을 맡기는 것이 관례였다. 따라서 당초 원세개도 영국인 킨더(Kinder)를 총공정사로 초빙할 계획을 가지고 있었다. 그러나 원세개의 계획은 곧 프랑스의 강한 불만을 야기하였다. 서릉철로는 노한철로(경한철로)의 지선으로서, 청조는 노한철로를 부설할 당시에 벨기에차관을 도입하여 재원으로 삼았다. 그런데 실상 벨기에의 자본은 프랑스의 지원이 바탕이 되었으며, 따라서 프랑스는 노한철로를 자신의 세력범위로 간주하였던 것이다. 서릉철로를 부설한다는 소식을 전해 듣자 프랑스는 바로 청조에 프랑스인을 서릉철로를 부설하기 위한 총공정사로 임명해 주도록 요청하였다.

그러나 영국은 자국인 총공정사 킨더의 임명을 철회하거나 양보하려 하지 않았다. 서릉철로는 단기간에 조속히 완공해야 할 철로로서, 결국 원세개는 영국인이나 프랑스인을 총공정사로 임명하기 어려운 처지에 놓이게 된 것이다. 더욱이 서태후는 원세개에게 철로를 6개월 내에 완성하라고 명령한 상태였다. 이러한 상황하에서 어쩔 수 없이 중국인 총공정사가 철로를 부설하도록 되었던 것이다.

이 당시 중국에서는 철로가 출현한 지 이미 26년이 흘러 서양에 인재를 파견하여 철로와 관련된 지식을 습득하였으며, 철로학당을 창설하기도 하였다. 이러한 노력에 힘입어 적지 않은 철로 기술인재를 배양하였으며, 이 가운데 대표적인 사람이 바로 첨천우(詹天佑, 1861~1919)였다. 1902년 10월 19일 원세개는 첨천우를 서릉철로를 부설하기 위한 총공정사로 임명하였다. 그러나 명의상 첨천우는 당시 천진해관도(天津海關道) 겸 관내외철로총판(關內外鐵路總辦)이었으며, 서릉철로총판을 겸하고 있던 양여호(梁如浩)*의 조수로 임관되었다. 그

---

* 　양여호(1863~1941)의 이름은 명도(明燾), 자(字)는 여호(女浩), 호(號)는 맹정(孟亭)으로 광동성 향산인(香山人)이다. 1874년 용굉(容宏)을 따라 미국으로 유학하였으며, 1881년에 귀국하여 천진병공창에 설계사로 부임하였다. 1883년 당소의(唐紹儀)와 함께 조선에 가서 해관을 개설하였으며, 1885년부터 총리교섭통상대신으로 조선에 부임한 원세개(袁世凱)의 막료로 근무하였다. 1894년 청일전쟁이 발발하자 원세개를 따라 본국으로 귀국한 이후 계속해서 철로 관련 업무에 종사하였다. 1902년 관외철로를 접수하여 경영에 착수하였으며, 높은 수익을 거두었다. 1907년부터 관내외철로총판, 천진해관도, 상해도 등의 직을 관

러나 양여호는 철로의 공정기술에 대해서는 문외한으로서, 실질적으로 모든 공정은 첨천우가 주관하였다.

첨천우는 자(字)가 권성(眷誠)으로 광동성 남해현에서 출생하였으며, 일찍이 미국에 유학하여 철로공정을 전공한 중국인 최초의 철로공정사였다. 그는 1872년 8월 중국의 제1차 관비 미국유학생으로 선발되어 1881년 미국 예일대학에서 토목공정과 학사학위를 취득하고 그해 가을에 귀국하였다. 1888년 첨천우는 중국철로총공사의 방공정사(幇工程師)로 선발되어 진고철로의 부설공사에 참여한 바 있으며, 당고에서 천진에 이르는 구간의 부설 공정을 주관하였다. 1891년에는 관동철로의 부설공사에도 참여하였다. 1902년 가을 8개국연합군의 침입으로 서안으로 피신한 서태후가 북경으로 돌아온 이후 원세개의 건의를 받아들여 관비 백은(白銀) 60만 량을 편성하여, 동으로는 경한철로 신성고비점역(新城高碑店驛)으로부터 서로는 역현(易縣) 서릉(西陵) 양각장행궁(梁各莊行宮)의 알릉(謁陵)에 이르는 전용선을 부설하였다.* 이것이 바로 서릉철로, 신역철로였으며, 이 노선의 부설공사를 주관한 사람이 첨천우였다.

1902년 11월 부설공사에 착수하였는데, 마침 이때는 가장 추운 겨울이었다. 공사기간을 연장하기 않기 위해 첨천우는 외국에서 통상 노반(路盤)을 다진 후 1년이 지난 이후에 비로소 레일을 부설하는 통상적인 방법을 변경하여 노반의 견고성을 전제로 한편에서는 노반을 다지는 동시에, 다른 한편에서는 레일을 부설해 나갔다. 또한 서릉철로는 마하(馬河)와 역수(易水) 지류를 통과하여 철교를 시공할 경우 공사기간이 장기화될 우려가 있었다. 따라서 첨천우는 우선 목교를 가설하여 공사기간에 맞춘 이후 향후 이를 철교로 변경하려는 계획을 수립하였다.

서릉철로가 지나는 지역은 지세가 비교적 평탄하여 그나마 4개월이라는 짧은 기간 내에 완공할 수 있었다. 서릉철로는 1902년 12월에 기공하였으며, 4개

장하였다. 1908년에는 외무부 우승(右丞)에 올랐다. 1911년 10월 원세개의 조각(組閣)으로 우전부(郵傳部) 부대신이 되었고, 1912년에는 외교총장에 올랐다.

* 당시 백은(白銀) 1량(兩)으로는 쌀 1석(石)(60킬로그램)을 구매할 수 있었다.

월 내에 측량, 노반 조성, 레일 부설, 열차 개통 등을 완료하고 철로 부설을 완공하였다. 부설 노동자는 5,000여 명에 이르는 민공(民工)을 징발하여 충당하였다. 이 철로는 황실이 황릉에 제사지내기 위한 목적에서 부설된 전용철로이므로 다른 철로와 연결하지는 않았다. 이러한 결과 1903년 2월 하순에 모든 공사를 완료하였으며, 부설 비용으로 총 88만여 원이 소요되었다. 서릉철로는 총연장 43.3킬로미터의 단선이며, 표준궤를 사용하였다.

서릉철로가 경제적으로 가치가 크다고 할 수는 없었지만, 이후 첨천우가 이철로의 부설 경험을 바탕으로 경장철로(京張鐵路) 간선을 부설하는 데 큰 보탬이 되었다는 점에서 적지 않은 의의를 가진다. 레일은 경봉철로(京奉鐵路)가 보유하고 있던 강궤를 전용하여 빌려 왔으며, 침목도 일반의 경우보다 적었다. 일반인에 개방된 철로가 아니므로 열차의 운행 횟수가 적었으며, 전용 열차도 소형에 속하였다.

첨천우는 마치 전투를 치르듯 매일 15시간 이상 부설공사에 전념하여, 잠을 못 이루는 밤도 적지 않았다. 이러한 노력에 힘입어 마침내 1903년 2월 서릉철로의 전선이 완공되기에 이르렀다. 서릉철로는 동쪽으로는 노한철로(경한철로) 노선상에 위치한 하북성 보정(保定)의 고비점역(高碑店驛)으로부터 서쪽으로 내수현(淶水縣)을 거쳐 서릉 부근에 위치한 종점인 하북성 역현 양각장에 이르는 노선으로서, 총연장 46.42킬로미터의 노한철로(경한철로) 지선이다. 고비점(高碑店)이 신성현(新城縣)에 속하여 철로의 명칭을 신역철로(新易鐵路), 혹은 고역철로(高易鐵路), 고역황릉지선철로라고도 불렸다.

특히 서태후가 탑승하는 객차는 상무대신 성선회와 직예총독 겸 북양대신 원세개가 갖은 공을 들여 호화롭게 장식하였다. 서태후는 철로가 지나는 완평(宛平), 양향(良鄉), 탁주(涿州), 신성(新城), 내수(淶水), 역현 등 지역의 백성들이 철로의 주행으로 소란을 피우지 않을까 우려하여 불만을 잠재우기 위한 조치로서 세량의 30퍼센트를 감해주는 '은덕'을 베풀기도 하였다. 2월 하순에 원세개는 친히 철로를 시찰한 후 운행에 지장이 없음을 확인하고 이를 조정에 보고하였다.

18-6 ● 서태후가 탑승한 황실전용열차 '용차
(龍車)' 정면도

서태후가 탑승한 '용차'는 내부를 궁전과 동일하
게 화려한 문양으로 장식하였으며, 외부는 꽃으
로 장식하였다. 정면에는 양쪽으로 청조 국기를
게양하였다.

18-7 ● 서태후가 첨천우에게 하사한 시계

서릉철로가 완성된 이후 서태후와 광서제는 1903년 4월 5일 북경의 영정문역(永定門驛)에서 열차에 올라 노한철로를 따라 남하한 이후 신성역(新城驛)에 도착하여 서릉철로로 환승한 이후 양각장(梁各莊)에서 하차하였다. 서태후가 탑승한 노선의 총 연장은 120킬로미터였으며, 주행 시간은 2시간 남짓 소요되었다. 서태후는 중국 역사상 최초로 열차에 탑승한 황태후로 기록되었다. 열차는 황실전용열차로 구성되었으며, 기관차 앞면에는 청조를 상징하는 국기를 게양하였다.

성선회는 서태후가 탑승하는 객차의 내부를 용봉으로 장식하고 양탄자를 깔았으며, 마치 궁전 내부와 다름없이 호화롭게 조성하였다. 규정에 따라 열차의 조종사와 승무원은 모두 반드시 꿇어앉아 기기를 조작하거나 업무에 종사하도록 하였다.

단, 안전을 위해 기관사인 장미(張美)만은 서서 열차를 운전할 수 있도록 원세개가 서태후에게 주청하여 특별히 승낙을 얻었다.

서릉철로가 당초 기한 내에 완성되고 더욱이 열차의 설비와 운행이 순조롭자 서태후는 큰 만족을 표시하였으며, 열차를 운전한 기사와 관계자들에게 각종 하사품을 전달하였다. 특히 기관사에게는 황색마고자와 화령(花翎)*을 하사하고, 이와 함께 지부형(知府衛)에 봉하였다. 서태후는 서양인이 자신에게 선물한 스위스제 시계를 총공정사 첨천우에게 하사하여 노고를 치하하였다. 이 스위스 시계는 2009년 광동 불산(佛山)에서 개최된 경매장에 등장하여 무려 2,600만 원(한화 약 45억 원)에 낙찰되는 진기록을 세우기도 하였다.

서릉철로의 성공적인 부설과 운행에 고무되어 1905년 청조는 다시 경장철로의 부설에 착수하게 된다. 부설 비용은 모두 관내외철로(경봉철로)의 이윤으로부터 전용되었으며, 총공정사에 역시 첨천우가 임명되었다. 첨천우가 서릉철로의 부설 경험을 바탕으로 경장철로를 부설한 것이다. 1908년 12월 말 청조는 경한철로의 벨기에차관을 상환하여 경한철로의 제반 권리를 회속(回贖, 저당 잡혔던 것을 제값을 주고 되찾음)하였다. 1909년부터 서릉철로는 경한철로국의 관리로 편입되었다.

당초 청조는 경봉철로에서 서릉철로를 함께 겸영하도록 할 계획이었으나, 이후 서릉철로가 경한철로의 지선철로인 관계로 경한철로에 의해 접관(接管)되었다. 1911년 신해혁명 이후에는 북경역에서 서릉으로 여행하는 유람열차가 개통되기도 하였으며, 이후 서릉철로는 국내외 상류층 인사들이 서릉을 유람하기 위해 탑승하는 철로가 되었다. 광서제의 사후 서릉철로를 이용하여 서릉까지 운구를 운반하였다. 이와 같이 서릉철로는 왕족이나 고관들이 제사나 참배를 위해 승차하거나 견학을 위해 유람철로로서 승차하는 성격이 농후하였다.

1927년 북벌이 시작되고 군벌 혼전 중에 서릉철로는 심한 파손을 입었으며, 수많은 구간의 노반이 폭탄으로 훼손되었다. 1928년 동북의 봉계군벌이 후퇴하면서 서릉철로 노선상의 기관차를 모두 자신의 기반인 동북 지역으로 가져가고 말았다. 그뿐 아니라 수많은 레일도 철거하여 가지고 갔다. 이로 인해 서릉철로는 일시 운행이 정지되고 말았다. 1931년까지 레일의 일부 구간을 복구

---

* 청 시기에 황제가 황족이나 높은 관원에게 하사하던 모자 뒤에 늘어뜨리는 공작의 꽁지.

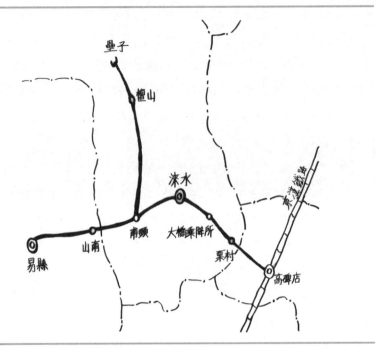

18-8 • 서릉철로 노선도

하여 근근이 열차를 운행하였는데, 하루에 단 한 차례 왕복할 뿐이었다. 중일전쟁 발발 이후 화북 지역을 점령한 일본군대가 양각장에서 역현까지 9.3킬로미터 구간의 레일을 해체하였다. 이와 함께 철거되지 않고 남아 있던 고비점에서 역현에 이르는 선로가 협궤로 개축되면서 1938년 2월 1일부터 운행이 개시되었다. 주요한 목적은 인근 지역에서 생산된 농산물과 광산물을 열차로 실어나르기 위한 것이었다. 이러한 이유에서 중국공산당이 이끄는 지방의 항일무장대가 수시로 이 철로를 습격하여 일본의 물자 유출을 저지하였다. 1943년 일본군대는 다시 전 노선에 걸쳐 레일을 해체하였다.

　서릉철로의 부설은 중국인에게 스스로 열차를 부설할 수 있다는 자신감을 심어주었다. 이전까지 철로의 부설에는 서양의 차관을 도입하거나 혹은 서양인 총공정사를 초빙하거나, 혹은 둘 다 사용하는 것이 통례였지만, 서릉철로는 차관을 도입하지 않았고 서양인 공정사를 초빙하지도 않았으며 자본과 사람 모두 중국의 자원을 동원하였기 때문에, 철로의 권리를 열강에 넘겨줄 필요가 없었다.

중화인민공화국 수립 이후 1958년 대약진운동 시기에는 이 철로의 노반에 대한 복구공사에 착수하여, 고비점에서 내수(淶水) 남관(南關)까지 15킬로미터의 선로를 개통하였다. 1961년과 1964년에 이르러 이 선로를 누자(坌子)와 역현까지 연장하였다. 그러나 부설된 선로는 협궤였으며, 소규모 철로로 변하고 말았다. 1990년에 이르러 이 철로는 전 노선의 개축공사가 이루어져 원래 철로와 같은 표준궤 철로로 개조되었다. 1993년부터 이 철로는 하북성지방철로국의 관할로 이관되었으며, 고역철로(高易鐵路)로 명칭이 변경되었다.

참고문헌

「西陵大牌樓」, 『鐵路月刊: 平漢線』 71,72期, 1936.

「西陵鐵路的主權要争」, 『直隸白話報』 1卷 3期, 1905.

陳曉東, 「詹天佑與西陵鐵路」, 『歷史敎學』 1996年 11期.

陳曉東, 「中國自力更生建成的首條鐵路: 西陵鐵路」, 『貴州文史叢刊』 1998年 4期.

吳明翰, 「李鴻章與西陵鐵路」, 『文學界』 2010年 7期.

紀麗君, 「中國的早期鐵路: 新易鐵路」, 『世界軌道交通』 2004年 12期.

劉啓强, 「矛盾角色的嬗换: 袁世凱與20世紀初的中国鐵路建設」, 『保山師專學報』 2004年 3期.

19장

도청철로(道淸鐵路)

하남성 최초의 석탄 운반 전용철로

연 도	1902~1907(1907년 3월 3일 개통)
노 선 명	도청철로, 도택철로(道澤鐵路)
구 간	도구(道口) - 청화(淸化)
레일 궤간	1.435미터
총 연 장	163킬로미터
기 타	평한철로(平漢鐵路)의 지선이 됨

도청철로의 원래 명칭은 도택철로(道澤鐵路)로서, 하남(河南) 준현(濬縣)의 도구진(道口鎭) 삼리만(三里灣)을 기점으로 산서성 택주부(澤州府)에 이르는 노선이다. 1896년 중국의 광산을 개발할 목적으로 설립된 영국자본의 복공사(福公司, Pecking Syndicate)*가 1898년에 이르러 산서성과 하남성 북부의 탄광채굴권과 더불어, 광산으로부터 석탄을 운반할 수 있는 철로 간선 및 지선의 부설권을 획득하였다. 1898년 3월 27일 청조 총리아문과 복공사는 '하남개광제철급운수각색광산장정합동(河南開鑛製鐵及運輸各色鑛山章程合同)'을 체결하였다.

1901년 복공사는 하남성의 광업도시인 초작(焦作)에서 탄광(炭鑛)을 개발하고 여기에서 채굴된 석탄을 운송하기 위한 철로를 부설하기 위한 계획을 수립하였다. 청조는 철로를 신향(新鄕)의 양수만(楊樹灣)까지만 부설하도록 허가하였으나, 이후 복공사의 요구로 어쩔 수 없이 노한철로 동쪽의 도구(道口)[활현현

....

* 영국복공사(英國福公司)는 영국이 중국에 설립한 대표적인 투자회사로서, 이후 초작로광학당(焦作路鑛學堂)을 설립하기도 하였다. 주요 업종은 광산 개발과 석탄 생산이었으며, 이 밖에 철로와 철광, 운송, 대외무역과 교육사업 등을 겸영하였다. 1896년 영국이 일부 이탈리아 자본을 차입하여 대(對)중국 투자를 전문으로 하는 복공사를 설립할 것을 추진하였다. 1897년 3월 17일에 정식으로 복공사가 설립되었으며, 이후 복공사는 영국자본의 중영공사(中英公司)와 더불어 영국이 중국에 투자한 대표적인 양대 회사의 하나가 되었다.

19-1 • 도청철로국과 복공사(福公司)

위: 도청철로국(道淸鐵路局)/ 아래: 중복매광공사(中福煤鑛公司)

출처: 「道淸鐵路局」, 『鐵展』 1期, 1934, p.9(上海圖書館 《全國報刊索引》 數据庫).

성(滑縣縣城)], 빈위하(瀕衛河)에까지 철로 부설을 승인하였다. 이후 복공사의 석
탄 운반용 철로는 노한철로와 신향(新鄉)에서 교차함으로써 노한철로의 지선

이 되었으며, 결과적으로 노한철로를 통해 석탄을 도구의 위하(衛河)로 운반하여 외부로 반출할 수 있게 되었다. 더욱이 산동성의 임청(臨淸)에서 대운하로 진입한 이후 북으로 천진에 도달할 수 있게 되었다.

1902년 7월 복공사는 하남순무 석량(錫良)과 계약을 체결하고 지선을 복공사의 자본으로 부설하기로 합의하였다. 1902년 말 청조는 도택철로(道澤鐵路)* 부설을 심의하여 다음 해 도구(道口)에서 청화(淸化)에 이르는 구간의 부설을 승인하였다. 청조의 비준 이후 1902년 7월 20일 복공사는 도구삼리만(道口三里灣)에서 초작광산(焦作鑛山)에 이르는 철로의 부설에 착수하였다. 도청철로의 부설공사가 시작된 초기에 철로관리국은 도구진(道口鎭)에 설치되었으며, 1903년에 초작(焦作)으로 이전되었다.

1903년 6월 청조 외무부는 영국공사가 복공사를 대리하여 제출한 요구를 받아들여, 중국이 복공사로부터 차관을 도입하여 도청철로를 부설하는 데 합의하였다. 복공사는 도청철로를 부설하기 위해 1마일당 평균 6,000파운드를 투자하였다. 도청철로 노선의 총연장이 145.65킬로미터이니 총 50여만 파운드가 소요된 셈이다.

복공사가 초작탄광(焦作炭鑛)을 개발한 초기에는 투자액에 비해 석탄의 생산량이 상대적으로 적었으며, 여기에 청조가 도청철로의 일반 객화 운수를 승인하지 않아 경영이 매우 어려웠다. 더욱이 동계에는 수운이 두절되어 도구진의 상업도 침체되었으며, 이에 따라 철로의 경영도 매우 어려웠다. 이에 청조는 복공사로부터 차관을 도입하는 형식으로 기존에 복공사가 부설한 구간의 철로를 매입하고, 부설공사가 아직 진행되지 않은 구간을 시공하여 전 구간을 직접 경영하기로 결정하였다. 또한 도청철로를 노한철로의 지선으로 삼고, 철로총공사에게 관리하도록 하였다. 1905년 청조는 첨천우를 파견하여 철로의 가격을 산정한 이후 이를 국영화하여 도청철로라 개명하였다. 이와 함께 영국은 청

------

* 도(道): 당시 준현(浚縣) 도구진(道口鎭), 현재의 활현(滑縣) 도구진.

택(澤): 당시 산서성 택주(澤州), 현재의 산서성 진성시(晋城市).

19-2 ● 도청철로 기관차의 측면도(1912년)

조에 도구진 - 산서성 택주(澤州) 구간의 부설 비용을 차관으로 제공하기로 합의하였다.

1905년 7월 3일 성선회는 복공사 대표 제임슨(Jamieson)과 '도청철로차관합동'을 체결하였으며, 차관의 조건은 정태철로차관과 동등하게 규정하였다. 차관 규정은 첫째, 도청철로 부설 비용은 61.46만 파운드(중영 쌍방이 가격을 산정할 때 영국 측이 10퍼센트 이상 부설 비용을 높게 보고)로서, 90퍼센트[9절(折)]로 지불하기 때문에 중국이 실제로 내어 부설하는 비용은 68만 2,888파운드에 달하였다. 둘째, 연리 5리는 계약에 따라 매년 지불하도록 하였다. 1935년 차관을 상환할 시 중국은 이자 48만 3,895파운드를 지불해야 하였다. 셋째, 계약에 근거하여 복공사는 수익이 발생할 경우 일정 금액을 수취할 수 있도록 하였다.

차관을 도입한 이후 철로총공사는 1905년 8월에 재차 부설에 착수하여 마침내 1907년 3월 3일에 전 노선을 준공하여 열차를 개통하였다. 도청철로는 동쪽에서 도구(道口)의 삼리만(三里灣)으로부터 위휘(衛輝), 신향(新鄉), 획가(獲嘉), 수무(修武), 대왕진(待王鎭), 초작(焦作) 등을 지나 백산진(柏山鎭)에 이르는 총연장 150킬로미터의 노선으로서, 하남성 최초의 철로였다. 준현(浚縣), 급현(汲縣), 신향(新鄉), 획가(獲嘉), 수무(修武), 하내(河內)의 7개 현(縣)을 통과하며, 동쪽의 도구역(道口驛)을 출발하여 왕장(王庄), 유위(柳衛), 이원둔(李源屯), 급현(汲縣), 백로(白露), 신향현(新鄉縣), 유가분(游家坟), 신향신역(新鄉新驛), 대소영(大召營), 획가(獲嘉), 사자영(獅子營), 수무현(修武縣), 대왕(待王), 이하(李河), 초작(焦

19-3 • 우편열차의 운행
출처: 金志煥, 『철도로 보는 중국역사』,
학고방, 2014, p.216.

作), 이봉(李封), 상구(常口), 백산(柏山), 청화(淸化), 진장(陳庄) 등 21개 역을 지났다. 이 밖에 유가분(遊家坟)에서 신향신역(新鄉新驛)에 이르는 2킬로미터의 지선이 있었다. 단선이며 표준궤간을 사용하였으며, 레일 중량은 1미터당 30킬로그램으로서 부설 비용은 61만 4,000파운드에 달하였다. 이후 청조는 1미터당 30킬로그램의 경궤를 43킬로그램의 중궤로 개축하였다.

도구삼리만(道口三里灣)에 위치한 도청철로감독국은 1909년 4월에 초작(焦作)으로 이전하였다. 초작역의 화운은 석탄을 운송하는 것이 주요 업무였다. 같은 해 초작로광학당(焦作路鑛學堂)이 설립되었는데, 이는 외국공사가 제공한 경비로 중국에서 창설된 첫 번째의 철로광업대학이자 하남성에서 최초로 설립된 현대식 고등학교라 할 수 있다. 이 밖에 초작에 설립된 도청철로공장야학소(道淸鐵路工匠夜學所)는 중국에서 최초로 설립된 직공교육학교라 할 수 있다.

도청철로는 석탄의 운송 및 광업의 발전뿐만 아니라 교통우정사업의 발전을 촉진하였다. 도청철로가 설립된 초기에는 주로 석탄의 운송이 주요한 업무였다. 그러나 이후 석탄 운송뿐만 아니라 객운업무에도 종사하였으며, 1912년 도청철로는 중화민국도청철로로 개칭되었다. 도청철로의 운행은 우정사업의 발전에 크게 기여하였다. 1905년 도청철로가 우정업무를 개시한 이후 일부 객차를 우편 전용으로 운행하였다. 또한 연선의 각지에 분분히 우편국이 설립되었다.

더욱이 도청철로는 해당 지역의 발전과 번영을 가져왔다. 초작진(焦作鎭)은 원래 하북의 편벽된 지역으로서 교통이 매우 불편하였다. 그러나 청조 광서 연간(1902년)부터 복공사가 석탄광산을 채굴하기 시작하고 이를 운반하기 위해 철로를 부설하면서 교통이 편리해지자 공상업이 발전하고 이에 따라 하북성 서북의 주요 도시로 탈바꿈하였다. 1917~1918년에는 초작진이 가장 번성한 시기에 해당된다.

이 밖에 도청철로는 지역 주민의 관념을 변화시켰다. 신향현(新鄕縣)은 과거에는 옛 풍습이 지배적인 지역으로서 부녀자들 가운데 방직을 하거나 누에를 치는 경우는 적었다. 그러나 철로교통이 발전하면서 공상업이 발전하고 다른 지역과의 교역이 증가하면서 금전을 생명처럼 중시하는 기풍도 출현하였다. 비록 당초 영국이 중국에서 자원을 수탈하기 위한 목적으로부터 도청철로가 부설되기는 하였지만, 철로가 부설된 이후 경제 발전과 사회생활에 적지 않은 영향을 미쳤다.

남경국민정부가 설립된 1927년에 도청철로감독국은 도청철로관리국으로 개조되었으며, 기존 도청철로에 재직하던 영국 국적의 인원을 모두 해직하고 중국인으로 충원하였다. 1928년 4월 초작철로직공의원(焦作鐵路職工醫院)이 설립되었으며, 철로공인목욕탕, 도청철로원공소비합작사 등도 속속 설립되었다. 이는 초작시에서 최초로 설립된 공중목욕탕과 소비합작사였다. 같은 해 초작도청철로공원(焦作道淸鐵路公園)이 조성되었는데, 이 역시 초작시에서 최초로 조성된 공원이었다.

1930년 12월 5일, 남경국민정부 철도부는 도청철로관리국을 철폐하고 도청철로를 평한철로의 지선으로 개조하였다. 이후 철로와 광업이 상호 긴밀히 결합하면서 초작의 광업은 전대미문의 호황을 구가하였다. 하남 북부 수무(修武), 회경(懷慶) 일대는 무연탄의 매장량이 풍부하였으며, 도청철로는 석탄 생산지를 경한철로 및 위하(衛河)와 연결하여 하남 석탄을 철로와 수로를 통해 성 밖으로 운송함으로써 하남성의 광업 발전을 조장하였다. 더욱이 청조가 도청철로를 회수한 이후 일반에 객화운수를 개방함으로써, 이 철로는 전문적인 석탄 운송용 철로로부터 일반의 보통철로로 그 성격이 크게 전환되었다. 이에 따라 당연히 철로의 경영상황도 크게 개선되었다.

초작시의 석탄공업이 급속히 발전하면서 인구가 대량으로 유입되었으며, 이 지역에 미증유의 이민 열풍이 불어닥쳤다. 도청철로는 바로 이들 인구를 신속히 실어 날라 석탄 관련 산업의 발전을 선도하였다. 도청철로 노정관리부문의 통계에 의하면 초작으로 이주해 온 외지인은 석탄광산 노동자로 취업하는 경우가 대부분이었다. 1921년에는 100명, 1925년에는 850명으로서 이 가운데 일부는 정주하거나 상업에 종사하기도 하였다. 1928년에 초작으로 유입된 인구는 무려 1,500명으로 증가하였으며, 1931년에는 무려 2만 2,000명으로 비약적으로 증가하였다. 도청철로의 운송 능력이 제고되면서 1937년 항일전쟁 전야에는 무려 3만 5,000명에 달하였다.

도청철로를 통해 유입된 경우를 살펴보면 안휘성 북부지역의 창덕(彰德)[현재의 안양(安陽)], 위휘부(衛輝府)[현재의 신향(新鄉)]의 농촌인구가 대량으로 유입된 경우가 많았다. 이 밖에 사립의 초작공학원(焦作工學院)에 입학하기 위해 학생들이 몰려들었으며, 여기서 공직에 근무하던 교사와 정부기관의 공무원도 증가하면서 외적(外籍)의 관리인원이 증가하였다. 이러한 과정을 통해 이 지역은 새롭게 공상업 도시로 변모해 나갔다.

1936년 국민정부 철도부는 도청철로의 부설 경비를 절감하기 위한 목적에서 이 철로를 평한철로와 합병하여 평한철로의 지선으로 하고, 별도로 차무총단장(車務總段長)을 두어 이 노선의 영업업무를 관장하도록 하였다. 더욱이 국민정부는 도청철로를 동쪽으로는 산동성 제남(濟南)까지, 서쪽으로는 산서성 택주(澤州)까지 연장 부설할 계획을 수립하였다. 그러나 마침 중일전쟁(7·7 사변)이 폭발하여 초작역의 천교(天橋)가 철거되었으며, 청화(淸化)에서 진장(陳庄)에 이르는 구간의 레일도 해체되어 무한으로 옮겨졌다. 따라서 도청철로의 연장 부설계획은 결국 실현에 이르지 못하고 말았다. 중일전쟁 시기에 도청철로는 전란으로 많은 구간이 파손되었다.

1938년 하남성 북부지역이 모두 적의 수중에 떨어지자 이 지역의 경제 대동

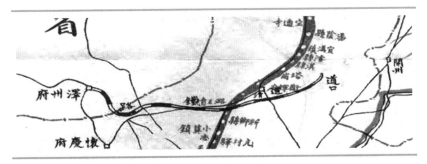

19-4 • 도청철로 노선도 1

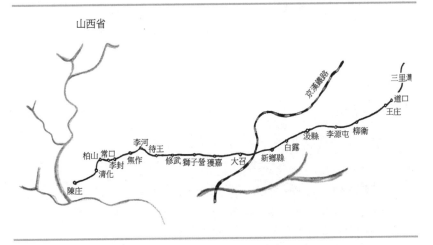

19-5 • 도청철로 노선도 2

맥이었던 도청철로는 일본제국주의가 하북성, 산동성, 하남성을 침공하는 통로가 되고 말았다. 이에 1938년 8월 초 양덕지(楊德志), 왕신정(王新亭) 등이 영도하는 팔로군(八路軍) 688사단, 689사단이 도구(道口)에서 이원둔(李源屯)에 이르는 철로 연선의 각 향촌에 진주하여 급현(汲縣)[현재의 위휘시(衛輝市)]에 주둔하고 있던 국민정부 항일부대와 함께 군중을 동원하여 도청철로 급현 구간의 레일을 철거하였다. 팔로군은 군중들에게 철로를 그대로 방치할 경우 항일투쟁에 위협이 될 수 있음을 설득하자 주민들이 대대적으로 호응하였다. 이러한 결과 30킬로미터에 이르는 구간의 레일이 모두 해체되었으며, 철로는 본래의 기능을 상실하고 말았다. 이와 함께 국민정부 군대는 황하 제방과 철로를 파괴하여 수륙 양로로 진격하는 일본군대의 남하를 저지하였다.

일본의 패전 이후인 1946년 3월 1일 국민정부는 평한철로 북단과 도청철로 지선을 평한구 철로관리국의 관할로 예속시켰다. 1949년 5월 5일 초작과 신향이 모두 중국공산당의 세력하에 편입되면서 도청철로의 복구작업이 진행되었다. 5월 7일 이봉광(李封鑛)에서 각 광구(鑛區) 및 신향에 이르는 70킬로미터의 철로 전선이 개통되었다. 1949년 중화인민공화국 수립 이후 도청철로는 서단(西段)만이 남아 겨우 명맥을 잇고 있었으며, 곧이어 천진철로관리국과 정주철로국에 예속되자 도청철로는 유명무실해지고 말았다.

참고문헌

「道清鐵路局」, 『鐵展』 1期, 1934.
程峰, 「道清鐵路始末」, 『河南理工大學學報』 2007年 2期.
薛毅, 「道清鐵路早期工人運動」, 『史學月刊』 1982年 2期.
薛毅, 「英商福公司與道清鐵路」, 『中州學刊』 1984年 6期.
薛世孝, 「詹天佑與道鐵路的收贖」, 『當代工鑛』 1997年 8期.
歲月生, 張雷, 「論道清鐵路對沿線社會經濟的影向」, 『華北水利水電大學學報』 2005年 21期.
陳康, 「道清鐵路對焦作近代社會經濟影向的初探」, 『河南理工大學學報』 2010年 11期.

20장

조산철로(潮汕鐵路)
화교자본으로 부설된 광동성의 간선철로

연 도	1904~1906(1906년 11월 16일 개통)
노 선 명	조산철로
구 간	조주(潮州)[조안(潮安)] - 산두(汕頭)
레일 궤간	1.435미터 단선
총 연 장	42.1킬로미터
기 타	

광동성 산두(汕頭)에서 조주(潮州)에 이르는 구간은 상업활동이 매우 번성한 지역이었다. 또한 이 지역 주민 가운데 일찍부터 남양으로 진출하여 상업활동에 종사한 사람들이 적지 않았다. 산두항(汕頭港)은 1861년 통상항구로 개방된 이후 해운과 상업무역이 날로 증가하였다. 따라서 광동성 조산 일대는 한강(韓江) 하류에 위치하여 물산이 풍부하며, 철로를 부설할 경우 많은 수익이 기대되었다. 열강은 자원을 개발하기 위한 목적에서 일찍부터 이 지역에 철로의 부설을 계획하였다. 영국의 이화양행(怡和洋行)과 태고양행(太古洋行)은 1888년과 1889년에 청조에 조산철로의 부설을 신청하였으나, 조산지역 주민들의 반대로 실현에 이르지는 못하였다.

1903년 청조는 상부(商部)를 설립하는 동시에 철로의 발전을 위해 '철로간명장정' 24조를 반포하였다. 장정의 주요한 내용은 철로의 경영을 희망하는 자가 자본을 모집하여 철로공사를 설립할 수 있도록 하는 것이다. 정부로부터 철로경영을 허가받은 자는 6개월 이내에 철로의 부설에 착공해야 하며, 50만 량 이상의 자금을 모집해야 한다고 규정하였다. 이에 근거하여 예정 철로 노선의 부설을 완료할 경우 상부가 정한 12등급의 장려정책에 따라 포상하도록 하였다. 그뿐만 아니라 '철로간명장정'은 철로를 차관의 담보로 제공하는 행위를 금지함으로써 철로 이권의 유출을 미연에 방지하고자 하였다. 이러한 정책은 명확히 철로의 부설에 민간의 자본을 흡수하여 열강으로부터 철로 부설권을 회수하기 위한 목적임을 알 수 있다.

이에 1903년 인도네시아의 광동적(廣東籍) 화교상인인 장욱남(張煜南)이 중국철로총공사 독판 성선회에게 서한을 보내 조산철로유한공사의 설립을 청원하고, 홍콩, 남양의 각 화상 및 외국인 등으로부터 100만 량의 자금을 모집하여 조산철로를 부설할 계획임을 전달하고 승인을 요청하였다. 조산철로의 부설 청원에 대해 서태후가 직접 비준하였으며, 50년 이후 국유로 전환하도록 협정을 체결하였다. 마침내 1903년 12월 비준을 득한 이후 상판(商辦) 광동조산철로공사가 창설되었다. 1904년 1월 임려생(林麗生), 오리경(吳理卿), 장욱남 및 사영광(謝榮光) 등은 홍콩에서 자본 투자계약을 체결하고 '조산철로공사창판장정'을 제정하였다. 장욱남, 사영광이 공동으로 100만 원을 투자하고 오리경, 임려생이 공동으로 100만 원을 투자하였다. 장욱남이 창건수총리(創建首總理)가 되고 오리경, 사영광, 임려생이 모두 창건총리(創建總理)가 되었다.

이후 1904년 3월 마침내 철로의 부설공사에 착수하였다. 1906년 10월 조산에서 산두(汕頭)에 이르는 철로 39킬로미터를 준공하였으며, 같은 해 11월 16일 전 노선에 걸쳐 열차를 개통하였다. 1908년 다시 조주 하령(廈嶺)으로부터 조주의 북쪽인 의계(意溪) 부두까지의 지선 3킬로미터를 부설하였다. 이 철로는 단선으로서 표준궤간을 채택하였으며, 레일 중량은 1미터당 38킬로그램이었다.

한편, 조산철로의 부설 청원이 비준을 득했다는 소식을 전해 들은 대만총독부는 이 기회를 틈타 일본인 아이쿠자와 나오야(愛久澤直哉)에게 일본국적 대만인 임려생과 홍콩상인 오리경 사이의 관계를 이용하여 자본의 투자에 적극 나서도록 지시하였다. 3월 임려생은 아이쿠자와 나오야와 차관계약을 체결한 이후 총 100만 원 상당의 차관을 차입하고 상환기한을 99년으로 정하였다. 이후 임려생은 철로의 경영에서 아이쿠자와 나오야의 의견을 적극 수용하지 않을 수 없었다. 4월 아이쿠자와 나오야는 장욱남 등과 조산철로부설계약을 체결하

20-1 ● 조산철로공사

출처: 「本公司正面全圖」, 『潮汕鐵路季刊』 1期, 1933, p.7(上海圖書館 《全國報刊索引》 數据庫).

20-2 ● 조산철로 탈선사고

출처: 丘易色, 「潮汕鐵路之出軌」, 『圖畵時報』 335期, 1927, p.2(上海圖書館 《全國報刊索引》 數据庫).

고 철로 부설과 관련된 모든 권한을 장악하였다. 이와 같이 일본은 차관 공여를 통해 조산철로 부설권 및 경영권을 수중에 넣을 수 있었다.

장욱남은 첨천우를 총공정사로 초빙하여 노선의 설계와 측량을 위임하였다. 그러나 첨천우는 일본과의 불화로 곧 사직하고 결국 일본인 총공정사를 임명하지 않을 수 없었다. 조산철로의 부설 과정에서 일본 세력의 확장에 대해 당시 이 지역 주민의 반감이 적지 않았던 것으로 보인다. 조산철로의 부설 과정에서 철로 연선 주민들이 일본인을 구타하여 사망에 이르게 한 사건이 발생하였는데, 이것이 바로 '조산철로안(潮汕鐵路案)'이다.

앞서 지적한 바와 같이 서태후는 장욱남이 신청한 조산철로의 부설 계획을 직접 비준하는 동시에 50년 이후 국유로 귀속할 것에 상호 합의하였다. 이와 함께 철로대신 성선회는 첨천우를 조산철로를 부설하기 위한 측량과 설계를 담당할 인물로 추천하였다. 그러나 청조 지방관원 및 간상(奸商)이 일본인과 결탁하여 첨천우를 배척하였으며, 마침내 100만 원의 부설 비용으로 일본에 조산철로의 부설을 위임하였다.

조산철로의 부설 과정에서 향촌의 수많은 전답이 수용되었으며, 지역과 지역이 분단되자 연선 주민들의 불만이 고조되었다. 1905년 초 철로의 부설이 징해현(澄海縣)과 해양현(海陽縣)[현재의 조안현(潮安縣)]의 접경지역인 호로시(葫蘆市)에 이르게 되자, 일본은 인구가 밀집되어 있고 경제가 발달해 있는 암현(菴縣)[용계도(龍溪都)]에 기차역을 설치할 것을 적극 고려하였다. 이를 위해 원래의 부설 계획을 변경하여 직선코스를 버리고 완만한 노선을 선택하여 노선이 암부(菴埠)를 관통하도록 결정하였다. 이 철로를 부설하기 위해서는 먼저 노반을 조성해야 하였다. 그런데 암부 지역은 진성(陳姓)과 양성(楊姓)의 양대 성씨가 집거하는 향촌으로서, 마롱향(馬隴鄕)과 문리향(文里鄕)에 방대한 전원과 묘지가 조성되어 있었다. 철로가 부설됨에 따라 문리향이 둘로 나뉘면서 일시에 민성이 들끓었다. 이에 문리향에 거주하던 70여 세의 향신 양원영(楊元榮)이 향민을 대표하여 친히 해양현에 탄원서를 제출하여, 원래 계획된 철로 노선의 변경이 불가하다고 항변하였다. 당시 청조의 관원들은 열강 세력을 두려워하여 일본인이 관여된 안건이라며 감히 나서서 결정하지 못하고 가부에 대한 회답도 없이 자리만 지키고 있었다.

이에 1905년 2월 3일 월포(月浦) 향민과 철로를 부설하던 일본인 공정사 사이에 분쟁이 발생하면서 사태가 걷잡을 수 없이 확대되었다. 월포 향민들은 분노에 차 일본인 공정사를 구타하였으며, 이 과정에서 두 명의 일본인이 호로시에서 살해당하였다. 이후 마롱(馬隴)과 문리(文里) 향민들은 일본인 간상과 결탁한 호로시장의 가택을 습격하여 약탈하였다.

해양현(海陽縣) 주암부(駐庵埠)의 통판(通判)은 양인(洋人)이 목숨을 잃은 사안이 중대하여 자신의 능력으로 수습하기 어렵다고 판단하여 이를 급히 조주부(潮州府)에 보고하고, 암부(庵埠)의 진성(陳姓)과 양성(楊姓)의 두 집단이 모반을 하였으므로 병사를 파견하여 진압해 줄 것을 요청하였다. 조주부는 보고를 접수한 이후 한편으로는 양원영(楊元榮)을 구금하고 한편으로는 독판(督辦) 오상달(吳祥達)이 수백 명의 병사를 이끌고 이들을 진압하기 위해 나섰다. 이들 병사가 암부(庵埠)에 도달한 이후 문리향의 교변촌(橋邊村)에서 머무르자 진, 양두 성씨의 향민들은 관병이 진압하러 왔다는 소식에 황망히 도주하여 사방으로 몸을 피하였다. 암부 지역 내의 점포들도 모두 문을 걸어 잠갔다.

일본은 산두 주재 영사를 통해 청조 지방정부와 교섭한 이후 조속한 해결을 촉구하는 동시에, 향후 일본이 철로를 부설하는 과정에서 반드시 일본군대를 파병하여 수비할 것임을 통보하였다. 조속한 해결을 위한 일본의 독촉에 몰린 광동총독 세춘훤(歲春煊)은 조사를 실시한 이후 일본인을 살해한 책임을 진씨와 양씨 두 향민에게 지우고, 살해범을 한 명씩 잡아내어 대가를 치르도록 강요하였다. 이러한 결과 이들 두 성씨는 1인당 1,000원의 대가로 가난한 사람 가운데 희생양을 물색한 결과 문리촌의 양아회(楊阿會)와 19세의 점원인 진원정(陳元貞)에게 죄를 뒤집어씌워 죽음으로 죄를 갚도록 하였다. 마침내 일본과의 협상을 거쳐 1905년 3월 안건은 종료되었으며, 진원정과 양아회는 사형, 양원영은 5년 감금에 처해졌다. 이 밖에 배상금으로 2만 6,000원이 부과되었다. 비록 형식적으로 사건이 해결되기는 하였지만, 일본에 대한 일반인의 원성은

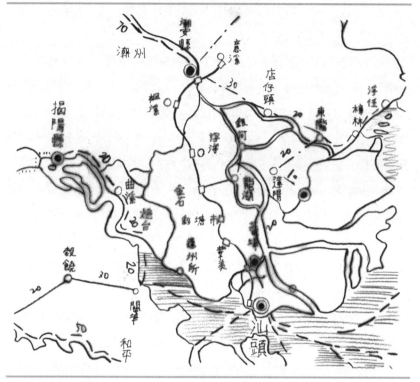

20-3 • 조산철로 노선도 1

여전히 잠복해 있었다.

1906년 산두 - 조주(潮州) 간의 노선을 개통하고 다음 해 1908년에 다시 의계(意溪)로 연장하여 한강(韓江)의 수운과 연락하였다. 철로의 영업 성적은 수운과의 경쟁도 있고 특히 단거리인 까닭에 높은 수익을 올리지는 못하였다. 조산철로는 객운과 화운을 겸하였으며, 매일 14차례 열차를 운행하였고 동계에는 12차례 운행하였다. 산두역에서 매일 첫차가 7시에 발차하였으며, 막차 출발은 오후 5시 38분이었다. 지붕이 있는 화물차(유개차량)는 20량이었으며 차량당 10톤을 적재하였다. 지붕이 없는 화물차(무개차량)는 20량이었으며, 차량당 7~10톤을 실었다. 이 밖에 산두항에서 매년 야채 6만 톤 정도를 적재하여 운송하였다.

20-4 • 조산철로 노선도 2

출처: 「潮汕鐵路路線圖」, 『潮汕鐵路季刊』 1期, 1933.9, 封面(上海圖書館 《全國報刊索引》 數据庫).

1937년 중일전쟁이 발발한 이후 조산철로는 일본전투기의 주요 공습 목표가 되었다. 1939년 6월 10일 보안사령 추홍(趨洪)은 조산철로의 해체를 명령하였다. 이로써 조산철로는 부설로부터 열차의 개통, 철거까지 총 33년이 소요되었다.

참고문헌

「本公司正面全圖」, 『潮汕鐵路季刊』 1期, 1933.

丘易色, 「潮汕鐵路之出軌」, 『圖畫時報』 335期, 1927.

黃綺文, 「華僑張榕軒、張耀軒與潮汕鐵路」, 『汕頭大學學報』 1989年 1期.

馬陵合, 「潮汕鐵路案中的地方應對」, 『社會科學輯刊』 2017年 4期.

陳海忠, 「從民利到國權: 論1904-1909年的潮汕鐵路風波」, 『太平洋學報』 2008年 10期.

徐蘇斌, 「淸末民初における鐵道建設と日本: 小川資源の鐵道考察と潮汕鐵道の建設」, 『土木史研究講演集』 24, 2004.

堤和行, 「光緒新政下における潮汕鐵道の建設とその意義」, 『中國の歷史と經濟』, 中國書店, 2000.

21장

정태철로(正太鐵路)
산서성 최초의 철로

연 도	1904~1907
노 선 명	정태철로, 석태철로(石太鐵路)
구 간	석가장(石家莊) - 태원(太源)
레일 궤간	당초 1미터에서 1.435미터로 개축
총 연 장	243킬로미터
기 타	노한철로(蘆漢鐵路)의 지선

정태철로는 산서성 내에서 처음으로 부설된 철로이다. 산서성은 황토고원에 위치하여 동으로는 태행산(太行山)으로 가로막혀 있었다. 1896년 노한철로가 막 부설공사를 시작하려는 시점에서 산서순무(山西巡撫) 호빙지(胡聘之)는 본성에서 외채를 도입하여 낭자(娘子)를 거쳐 태원(太原)에 이르는 노한철로 지선인 정태철로의 부설 계획을 조정에 상신하였으며, 청조는 이를 승인하였다. 이 철로는 석가장(石家莊)을 출발하여 낭자관(娘子關)을 지나 다시 새어(賽魚), 양천(陽泉), 수양(壽陽), 유차(楡次) 등을 거쳐 종점인 태원에 이르러 경한철로와 만나게 된다. 총연장 243킬로미터로서, 산서성 경내에 170.7킬로미터가 지난다.

1898년 5월 산서성 상무국(商務局)은 러시아자본 화아도승은행(華俄道勝銀行)[러청은행(露淸銀行)]과 차관계약을 체결하고 러시아차관 2,500만 프랑을 차입하여 유태철로를 부설하기로 결정하였다. 이 철로의 기점은 노한철로 선상의 유림보(柳林堡)로서, 호타하(滹沱河) 남쪽에 위치하며, 정정(正定)에서 매우 가까웠다. 그러나 이후 의화단운동이 발생하여 8개국연합군이 침입하자 철로 부설은 실현되지 못하였다.

1902년 정세가 평정되자 러시아는 재차 유태철로의 차관(借款) 문제를 제기하였다. 이 철로는 노한철로의 지선이므로 업무의 통일을 기하기 위해 청조는 철로총공사가 이를 처리하도록 하였다. 노한철로 차관의 차입 조건을 참조하여 1902년 10월 18일 성선회는 화아도승은행(러청은행) 상해분행 총판 웨렁(C. R. Wehrung)과 '정태철로차관합동' 28개조를 체결하고, 이로써 이전의 '유태철로차관합동'을 대체하기로 합의하였다. 여기서 철로의 기점을 기존의 유림보에서 북쪽 노한철로의 대역(大驛)인 정정으로 이전하였다. 차관계약의 주요 내용은 다음과 같다.

① 정정부(正定府)에서 태원부(太原府)에 이르는 총연장 250킬로미터의 철로로서 노한철로의 지선이며, 모든 부설 공정은 3년 내에 완료한다.

② 화아도승은행으로부터 차관 4,000만 프랑[화은(華銀) 1,300만 량을 도입하고, 90퍼센트를 실부(實付)로 지급한다[9절구(折口)]. 연리는 5리(利)로 정한다. 정부가 보증하며, 정태철로의 모든 자산 및 수입을 담보로 한다.

③ 상환 기간은 30년으로 하며, 10년 거치 이후 원금을 상환하기 시작하여 20년으로 나누어 균등 상환한다.

④ 중국이 지불하는 이자 총액의 0.25퍼센트를 화아도승은행에 수수료로 지급한다.

⑤ 철로 부설과 운행에 필요한 자재는 모두 화아도승은행이 대리 구매하며, 이금(釐金)을 면제한다.

⑥ 화아도승은행이 총공정사를 임명하고 파견하여 모든 공정업무를 총괄하며, 중국 국적과 외국 국적의 직원은 모두 총공정사가 임명한다.

이 밖에도 1911년 이후 언제라도 차관 전액을 상환할 수 있도록 하는 규정을 부가하였다. 철로를 부설할 시에는 채권자 측, 즉 러시아가 총공정사를 추천하며, 차관 기한 내에는 철로 부설과 관련된 일체의 경영, 관리권을 장악하고, 그 보수로서 영업 이익의 20퍼센트를 수취하였다. 이후 화아도승은행은 차관 및 관리, 경영권을 프랑스재단(중국철로공정행차법공사)에 양도하여 실권이 프랑스의 수중으로 들어갔다.

철로의 기점은 당초 철로 부설 계획 시에 정정에서 태원으로서 명칭도 정태철로라 명명하였다. 그러나 정정을 기점으로 할 경우 정정에서 서쪽의 멀지 않은 곳에 호타하(滹沱河)가 위치하여 대교를 가설하지 않으면 안 되었으며, 이는 당연히 부설 비용을 증가시키게 될 것임에 틀림없었다. 따라서 이후 정정에서 남쪽 15킬로미터 지점에 위치한 석가장[유림보(柳林堡) 남쪽]을 기점으로 변경하고, 철로의 명칭은 변경하지 않고 그대로 두었다. 이 철로는 석가장으로부터 획록(獲鹿), 정형(正陘), 낭자관, 양천(陽泉), 수양(壽陽), 유차(楡次)를 거쳐 태원(太原)에 도달하였다.

21-1 ● 정태철로 기관차
출처: 河北師範大學 黨書記 戴建兵 敎授 提供.

정태철로는 1904년 5월 부설공사가 시작되어 1907년 10월에 준공되어 열차를 개통하였다. 청조는 추가 차관을 원치 않아 경비의 절감이라는 취지에서 노선을 궤간 1미터의 협궤로 부설하였으며, 레일 중량은 1미터당 28킬로그램의 경궤였다. 협궤인 까닭에 기관차 및 객화차도 모두 소형이었으며, 표준궤인 노한철로(경한철로)와도 직접 연결하기 어려웠다. 석가장에 기기창(機器廠)을 설치하였으며, 침목은 모두 일본산 상수리나무를 사용하였다.

부설 비용은 총 2억 71만 9,000원으로서, 1킬로미터당 평균 8만 5,263원이 소요되었다. 당초 계약 시의 차관 4,000만 프랑은 9절(折) 실부(實付)로서 실제 공여금액은 3,600만 프랑으로 약 1,500만 원에 상당하였다. 그러나 실제 부설공사의 과정에서 비용이 많이 부족하자 중국정부가 장기대여 형식으로 매년 국고에서 부설 비용을 편성하였으며, 1909년까지 모두 532만 8,000원이 지출되었다.

21-2 ● 정태철로 석가장 기기창

출처:「正太鐵路石家莊機器廠」,『鐵路協會會報』80期, 1919, p.7(上海圖書館《全國報刊索
引》數据庫).

'정태철로행차합동'의 규정에 따르면 이 철로는 부설 이후 프랑스파리은공
사가 대리경영, 관리하도록 되어 있으며, 조직기구는 두 계통으로 나뉘어 있었
다. 하나는 정태철로감독국(1929년 5월 관리국으로 개명)으로서 중국 측이 국장
을 파견하여 주관하며, 이른바 감독의 권한을 행사하는 것이다. 그러나 철로업
무와는 직접적인 관계가 없기 때문에 조직이 매우 간단하여 단지 문서, 총무를
주관하는 소수의 인원을 두는 것에 지나지 않았다. 두 번째는 총관리처로서 프
랑스 측이 파견한 총공정사가 주관하며, 전체 운영을 실질적으로 주관하였다.
내부에 차무, 기무, 공회, 회계 등의 각 처를 두고 각각 서양인 총관이나 서양
총회계를 두어 관할하였다.

이 철로 노선의 연선지역에는 농산물과 광산물이 풍부하여 정형탄광(井陘炭
鑛)과 정풍탄광(正豊炭鑛)의 석탄, 그리고 양천(陽泉)의 무연탄이 모두 정태철로
를 통해 북경, 천진, 상해, 한구 등지로 운송되었으며, 수양(壽陽)의 양식, 유차
(楡次)의 면화, 가죽 등도 이 철로를 통해 반출되었다. 정태철로의 영업 수입 가
운데 화운(貨運)이 전체의 5분의 4를 차지하였으며, 특히 석탄이 큰 비중을 차

지하였다. 프랑스파리은공사는 이 철
로의 부설 비용이 높다는 이유로 고가
의 운임정책을 시행하였다. 북경, 천진,
상해, 한구 등으로 운반되어 소비되는
석탄이 시장 경쟁력을 유지하기 위하
여 예외적으로 경감된 운임을 적용하
는 경우를 제외한다면, 객화의 운임은
다른 국유철로와 비교하여 높은 편이
었다.

21-3 • 정태철로 휘장

　프랑스파리은공사는 이윤을 극대화
하기 위해 영업 수입의 증가를 적극 도모하는 한편, 가능한 한 지출을 절감하
는 방안을 강구하였다. 이 철로는 노선이 짧아 여객열차가 아침에 출발하여 저
녁에 도착할 수 있는 정도였다. 화물열차는 양천(陽泉)으로부터 동행(東行)하여
당일에 석가장에 도달할 수 있었으며 서행(西行) 열차는 양천으로부터 역시 당
일 종점역에 도달할 수 있었다. 따라서 열차는 낮에만 운행되고 야간에는 운행
이 중지되었다. 이렇게 하여 직원을 절반으로 줄여, 열차 운행과 관련된 지출
역시 크게 줄일 수 있었다.

　통계에 따르면, 정태철로는 프랑스인이 대리 관리하는 기간 내에 매년 영업
지출이 최대 300여만 원이었다. 한편 영업 수입이 가장 많았던 해가 580여만
원으로 매년 이익이 적지 않았다. 따라서 원금, 이자를 상환한 이후 동성철로
(同成鐵路)[대동(大同) - 성도(成都)]의 차관 이자를 상환하는 용도로 전용할 수 있
었다. 1932년 3월 1일 정태철로는 프랑스에 차관을 모두 상환한 이후 중국으
로 관리권이 회수되었다.

　정태철로는 석탄의 운임에 특별한 혜택을 부여하여 대량의 석탄이 태행(太
行)으로 실려 나간 이후 다시 경한철로를 통해 각지로 운송되었다. 정태철로의
부설로 산서의 폐쇄성이 크게 해소되었으며, 이는 결국 산서와 하북 양성에서
석탄업의 발전을 가져왔다. 민국 초년에 양천과 정정(井陘) 일대에 탄광이 50

21-4 • 1907년 건축된 석가장 최초의 서
양식 건물 정태반장(正太飯莊)
출처: 河北師範大學 黨書記 戴建兵 教授
提供,

여 개로 발전한 사실은 철로의 발전과 불가분의 관계를 가진다.

한편 정태철로가 준공되어 열차를 개통한 1907년 출발역인 석가장에 이 지역 최초의 서양식 건축물인 정태반장(正太飯莊)이 설립되었다. 당시 석가장은 정정부(正定府)에 속하였으므로 호텔의 명칭을 정태반장이라 명명하였다. 이 호텔은 일찍이 손중산, 장개석, 송교인(宋教仁) 등 주요 인물들이 이용한 바 있는 유구한 역사를 가지고 있다. 이 호텔에는 정태철로의 기관차 사진과 유물들이 현재 전시되어 있다.

정태철로는 산서와 하북, 그리고 경한철로를 서로 연결하였다. 태원은 산서성의 성도로서 철로 연선에 석탄, 철과 쌀, 면화, 과일, 모피 등의 생산이 풍부하여 열차 개통 이후 객화 운수가 증가하였다. 정태철로는 수로와의 경쟁이 없어 높은 수익을 거둘 수 있었으며, 1년의 수익이 무려 280만 원에 달하기도 하였다. 석가장은 정태철로와 경한철로 양 철로가 만나는 지점으로 점차 화북의 중진(重鎭)으로 발전하였다.

정태철로는 협궤이고 경한철로는 표준궤로서 열차는 양쪽 철로를 직접 연계할 수 없어 석가장에서 열차를 바꾸어 타야 했으므로, 운수상 불편이 아주 컸다. 화주로서는 원래의 운수 비용 이외에 중도에 다시 화물을 하역하는 비용을 부담해야 했으며, 옮겨 싣는 과정에서 화물의 파손 및 손실이 발생할 수도 있었다.

21-5 •
현재의 석가장역
출처: 河北師範大學 黨書記
戴建兵 敎授 提供.

　1937년 7·7 사변이 발발한 이후 일본이 화북으로 세력을 확장하면서 다음 해 3월에 정태철로를 점령하였다. 일본은 군수물자의 운송 및 산서 자원의 개발을 위해 1938년부터 1939년까지 정태철로를 기존의 협궤로부터 표준궤로 개조하고, 명칭도 석태철로(石太鐵路)로 변경하였다. 이후 항일무장유격대는 일본군대의 이동과 군수 물자의 수송에서 핵심적인 역할을 담당하던 정태철로를 주요한 공격 목표로 설정하여 끊임없이 공격을 가하였다. 이러한 결과 석태철로는 중일전쟁 기간 동안 적지 않은 구간이 파괴되었다.

　1945년 일본이 항복한 이후 국민정부는 이 철로의 복구에 착수하였다. 그러나 국공내전 시기에 중국공산당은 철로에 대한 공격을 주요한 전술로 적극 활

21-6 • 손중산의 운구를 이송
하는 정태철로 영구열차
▲ 정태철로의 손중산 영구열차
앞에 도열한 국민정부 요인들. 오
른쪽에서 네 번째가 임삼(林森),
다섯 번째가 오철성(吳鐵城).
◀ 1929년 5월 26일 손중산의
유해를 운구하는 정태철로. 영
구열차는 연도의 천진, 창주(滄
州), 덕주(德州), 제남(濟南), 태
안(泰安), 곤주(袞州), 임성(臨
城), 서주(徐州), 부리집(符離
集), 방부(蚌埠), 명광(明光), 저
주(滁州) 등 열차역에서 잠시 멈
추어 서서 관민들과 작별의 인사
를 나누었다. 5월 27일 장개석은
친히 서주로 마중 나와 손문의
영구차를 영접하였다. 5월 28일
오전 열차는 수도 남경에 도착하
였다.

출처: 宗惟賡, 「正太鐵路車站」, 『北洋画报』 7卷 306期, 1929年, p.1(上海圖書館 《全國報刊索
引》 數据庫).

21-7 ● 남경릉에 도착한 손문 운구행렬
출처: 『東方雜志』 26卷 11卷, 1929.6, p.1.

용하였다. 철로에 대한 공격하에서 1947년 11월에 이르면 태원에서 유차(楡次)
사이의 4개 역(驛) 25킬로미터에서 정태철로의 운행이 가능했을 뿐, 기타 노선
에서는 사실상 운행이 불가능하였다. 이후 정태철로는 중동철로와 함께 진찰
기변구철로관리국(晋察冀邊區鐵路管理局)의 관할로 이관되었다. 중화인민공화
국 수립 이후 정태철로의 복구에 착수하여 1949년 4월에 전 노선에서 열차를
개통할 수 있게 되었다.

중국정부는 산서 지역의 석탄 생산량을 증대시키고 운송능력을 제고하기
위해 1951년 9월부터 정태철로에 대한 기술 개량에 착수하였으며, 1981년 12
월 18일에 개량 공사를 완료하였다. 1974년 4월에 중국정부는 산서 석탄의 반
출량을 제고하기 위해 철로의 전기화 개조공사에 착수하였으며, 마침내 1982
년 10월 전 노선에 걸쳐 전기화 공사를 완료하였다.

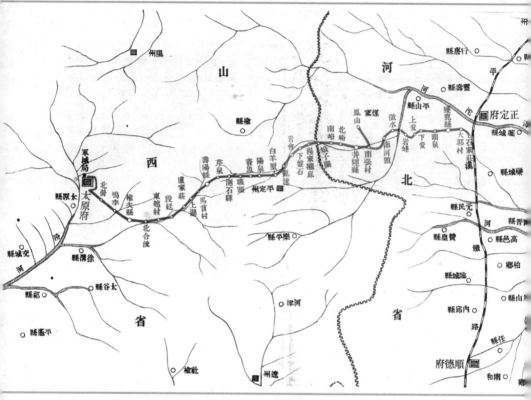

21-8 ● 정태철로 노선도

출처: 宗惟賡,「正太鐵路全圖」,『正太工務處統計年報』, 1933, p.18(上海圖書館《全國報刊索引》數据庫).

참고문헌

「正太鐵路石家莊機器廠」,『鐵路協會會報』80期, 1919.

宗惟賡,「正太鐵路車站」,『北洋画報』7卷 306期, 1929.

『東方雜志』8卷 10號, 1912.4.

『東方雜志』26卷 11號, 1929.6.

白如雪,「正太鐵路建築始末」,『廣西師範大學學報』1997年 1期.

劉宣英,「正太鐵路: 相約百年風雲后」,『文史月刊』2014年 5期.

何東寶,「正太鐵路與沿線經濟發展: 1907-1937」,『河北師範大學學報』2008年 1期.

楊濤,「北京政府交通部與民國初年的正太鐵路(1912—1916)」,『山西檔案』2013年 5期.

楊玉霞,「晚淸民國時期的山西交通」,『魅力中國』2019年 29期.

篠永宣孝,「山西正太鐵道建設とフランスの外交金融協力」,『東洋硏究』147號, 2003.

22장

전월철로(滇越鐵路)

베트남과 중국을 잇는 운남성 최초의 국제철로

연 도	1904~1910(1910년 4월 1일 개통)
노 선 명	전월철로, 곤하철로(昆河鐵路)
구 간	곤명(昆明) - 하구(河口)
레일 궤간	1미터
총 연 장	470킬로미터
기 타	

전월철로는 운남성과 베트남의 경계인 베트남 라오까이(老街)에서 시작하여 하구(河口), 남계(南溪)를 따라 몽자(蒙自), 의량(宜良), 정공(呈貢)을 지나 곤명(昆明) 남관(南關)에 이르는 총연장 470킬로미터, 궤간 1미터의 노선이다. 베트남 철로는 궤간 1미터의 협궤를 채택하였다. 전월철로는 바로 베트남철로의 연장 선상에서 부설되는 철로이므로 당연히 1미터 궤간을 채택할 수밖에 없었다.

전월철로는 운남성[전(滇)]과 베트남[월(越)]을 잇는 협궤철로로서, 베트남 하 노이를 출발하여 운남성 곤명까지 총 761.2킬로미터에 달한다. 이 철로는 운남성 내에서 처음으로 부설된 철로이자 국제철로로서, 베트남 구간[월단(越段)] 과 북쪽의 중국 구간[전단(滇段)]으로 나뉜다. 베트남 구간[越段]은 1901년 착공 하여 1903년 준공되었다. 북쪽의 중국 구간은 중국 운남성 경내에 있어 운남성 구간[滇段]이라 하였다. 1904년 착공하여 1910년 4월 1일에 전 구간이 개통되 었으며, 시속 30-40킬로미터로 운행되었다.

청일전쟁 이후 프랑스는 러시아, 독일과 함께 삼국간섭을 단행하여 일본에 게 요동반도를 중국에 반환하라는 압력을 행사하는 동시에, 청조에 막대한 차 관을 제공함으로써 대일배상금의 용도로 전용할 수 있도록 지원하였다. 중국 의 운남, 광서, 광동 3성은 베트남과의 접경지역이다. 1898년 주중 프랑스공사

22-1 • 전월철로 라오까이역(老街驛)

출처:「滇越鐵路之老開車站」,『三六九畫報』6卷 9期, 1940, p.6(上海圖書館《全國報刊索引》數据庫).

두바일(Dubail)은 총리아문에 운남, 광서, 광동 3성의 영토를 프랑스의 세력범위로 선포하고, 이를 다른 국가에 조차하지 말도록 강요하였다. 프랑스 베트남

식민당국은 프랑스의 동방회리은행(東方匯理銀行) 등 4개 은행을 규합하여 1899년 9월 전월철로공사(滇越鐵路公司)를 설립하고, 같은 해 7월 5일 프랑스정부의 비준을 받아 8월 10일 정식으로 설립을 공포하였다.

당초 프랑스는 베트남으로부터 광서성으로 통하는 철로를 부설하려는 계획을 수립하였다. 그러나 영국이 미얀마와의 전쟁에서 승리한 이후 미얀마로부터 운남으로 통하는 철로의 부설에 착수하자, 프랑스도 서둘러 베트남으로부터 운남까지를 잇는 철로의 부설에 적극 나섰다. 프랑스는 청조를 강압하여 중월 변경지역으로부터 운남, 곤명으로 통하는 철로의 부설을 강요하니, 이것이 바로 전월철로이다.

1903년 10월 28일 중국과 프랑스정부는 '전월철로장정(滇越鐵路章程)'에 합의하고 프랑스 전월철로공사가 하노이(河內) 변경으로부터 하구(河口), 몽자(蒙自) 부근에 도달하고 이로부터 다시 운남성에 도달하는 철로를 부설하도록 하였다. 전월철로장정의 주요한 내용은 다음과 같다.

① 프랑스는 프랑스 전월철로공사가 하구로부터 몽자, 혹은 몽자로부터 운남성에 이르는 철로를 부설하도록 지정한다.

② 철로가 필요한 구간이 만일 관지(官地)일 경우 운남성정부가 철로공사에 제공하며, 민지의 경우 운남성정부가 구매한 이후 철로공사에 양도한다.

③ 객화 운임은 철로공사가 스스로 심의, 결정한다. 단 중국우편물의 경우는 요금의 지불 없이 운송할 수 있다.

④ 철로의 외적 노동자는 반드시 여권을 소지해야 하며, 중국은 이를 보호해야 한다. 만일 여권이 없을 경우 지방관은 이들에 대한 보호의 책임이 없다.

⑤ 만일 중국과 타국 간에 전쟁이 발생할 경우 해당 철로는 중립을 지켜야 하며, 중국의 지시에 따른다.

⑥ 80년 기한이 만료되면 중국은 프랑스와 철로 및 관련 일체의 산업을 회수하기 위한 협상에 착수한다.

계약의 규정에 따르면, 전월철로는 양국이 공동으로 경영하며, 철로 주식은 중국인도 소유할 수 있도록 규정하였으나 사실상 프랑스의 단독 경영이라 할 수 있다. 중국이 철로 부설을 위해 지출한 비용은 토지 매수비의 일부에 한정되었다. 계약을 체결한 이후 18년이 경과하면 중국정부는 이 철로를 매수할 수 있는 권한을 보유하게 된다. 특허기간인 80년 이후에는 무상으로 중국이 철로 소유권을 취득할 수 있도록 하였다.

프랑스정부는 전월철로의 중국 구간 및 베트남 구간의 부설과 경영을 전월 철로공사에 일임하였다. 부설 비용은 약 1억 100만 프랑으로서, 철로공사가 1,250만 프랑을 출자하고 인도차이나정부가 1,250만 프랑을 보조하며, 나머지 7,600만 프랑은 프랑스정부의 보증하에 채권을 발행하여 보충하도록 하였다. 즉 프랑스정부, 인도차이나식민정부, 철로공사가 상호 긴밀한 관계를 형성하고 있었던 것이다. 이러한 자본 출자의 구조 속에서 프랑스정부는 철로공사에 대한 재정감독권을 보유하였다. 철로공사가 운임을 개정할 경우에도 반드시 프랑스정부의 허가가 필요하였다.

철로공사의 조직 역시 프랑스의 관례와 조례에 따라야 하였으며, 주요한 직책은 모두 프랑스인으로 충원하였다. 철로를 부설할 때에 필요한 자재 역시 식민지 베트남으로부터 구입하는 것이 아니라 반드시 프랑스 본국의 상품을 구입하도록 하였으며, 프랑스 본국의 선박으로 실어 나르도록 하였다. 인도차이나정부 역시 철로공사의 업무 및 재정에 대해 감독권을 가지고 있었다. 식민지정부는 철로공사에 대해 매년 이윤 300만 프랑을 보증하였으며, 이는 다시 프랑스정부의 보증을 받았다. 철로공사의 운임 변동 및 열차시각표는 반드시 식민지정부의 허가를 득해야 하였다. 철로공사가 기타 기업에 투자할 경우에도 반드시 식민지정부의 승인이 필요하였다.

전월철로공사는 철로 부설과 전월철로 하구 - 곤명 구간 및 베트남 경내의 하이퐁에서 하노이를 거쳐 라오까이(老街)에 이르는 구간을 부설, 경영하였다. 월단은 인도차이나정부와 철로공사가 공동으로 경영하였다. 철로공사는 운남 구간을 경영하기 위해 몽자에 총판사처를 설립하고 하구, 곤명에 분지기구를 설립하였다. 청조는 몽자에 철로국을 스스로 설립하고 독판(督辦)을 한 명 두어 업무를 주재하도록 하였다. 그러나 주요 업무는 철로공사에 토지를 제공하거나 병사를 파견하여 프랑스인 철로 직원을 호위하는 일에 한정되었다.

월단(베트남 구간, 남단)은 베트남의 하이퐁에서 시작하여 하노이, 엔바이(安沛)를 거쳐 중월 변경의 라오까이에 도달하는 총연장 389킬로미터의 노선을 가리킨다. 1901년 월단이 먼저 기공하여 1903년에 전선이 준공되었다. 1910년 4월 1일 하이퐁에서 곤명까지의 전선에 걸쳐 열차의 개통을 선포하였다. 월단은 프랑스제 1미터 궤간의 협궤 레일을 부설하였다.

전월철로의 중국 구간은 하이퐁(海防) - 라오까이 간의 노선이 준공된 1904년에 부설에 착수하여 1910년 준공되어 열차를 개통하였다. 이 철로는 남에서는 원강(元江) 및 그 지류인 남계하(南溪河)가 교차하는 하구(河口)로부터 시작되어 북으로는 벽색채(碧色寨), 개원(開遠), 반계(盤溪), 의량을 거쳐 곤명에 이른다. 총연장 469.8킬로미터의 단선이며, 궤간은 1미터(프랑스 궤간) 협궤이며, 레일 중량은 1미터당 25킬로그램에 달하였다.

전월철로 운남 구간의 부설 과정에서 하북성, 산동성, 광동성, 광서성, 복건성, 사천성, 절강성, 운남성 등에서 민공(民工)을 대량으로 모집하여 공사에 투입하였는데 인원수가 총 20~30만 명에 달하였다. 지세가 험난한 관계로 도처에 난공사가 많았으며, 터널, 가교 등 막대한 노력과 비용이 투입되었다. 이 구간에서 철로 부설공사 중 총 800여 명의 사망자가 발생할 정도였다.

이를 상징적으로 보여주는 것이 구간 내에 가설된 '인자교(人字橋)'이다. 이 교량은 67미터에 달하며, 사람 인(人)자 모양으로 가설되어 산길과 산길을 서로 연결하였다. 하늘을 나는 모양새라 하여 비교(飛橋), 가위를 닮았다 하여 가위교[전자교(剪子橋)]라고도 불렸다. 이 교량의 가설은 매우 힘든 공정의 연속이었으며, 프랑스인 공정사인 폴 포딘(Paul Bodin)이 중력과 하중을 지탱하기 위해 사람 인(人)자 모양으로 설계한 것이다. 인자교는 총연장 71.7미터, 폭 4.2미터, 횡단부분 67.15미터, 중량 179.5톤에 달한다.

1907년 10월 가설 공정에 착수하여 1908년 12월 6일 준공되었다. 당시 사람들이 이 교량을 '백골로 쌓아 올린 다리'라고 부를 정도였다. 전월철로 연선에

22-2 • 전월철로 비교(飛橋)[인자교(人字橋)]

이 교량은 험준한 산과 산을 잇는 것으로서, 사람 인(人)자 모양을 했다고 하여 인자교(人字橋), 하늘을 나는 모양새라 하여 비교(飛橋), 가위를 닮았다 하여 가위교剪子橋라 불렸다.

출처: 「滇越鐵路之飛橋」, 『靑年進步』 89期, 1926, p. 1(上海圖書館 《全國報刊索引》 數据庫).

22-3 • 하늘을 나는 다리[飛橋]를 주행하는 열차

는 당시 부설공사 도중에 사망한 사람들의 무덤이 곳곳에 산재해 있다. 중국인 뿐만 아니라 수많은 프랑스인과 외국인 공정사들도 공사 도중 숨졌으며, 이들의 무덤이 개원(開遠) 등 철로 연선지역에 '양인분(洋人坟)'이라는 묘비명과 함께 남아 있다.

특히 운남 지역의 높은 습도와 더위로 말미암아 노동자를 확보하는 데에도 많은 노력이 필요하였다. 철로 부설은 구간을 나누어 각 구간마다 포공두(包工頭, 노무 공급 청부업자)가 노동청부제도를 통해 포공(包工, 도급노동자)을 모집하여 철로를 부설하였다. 포공두는 이탈리아인이 가장 많았고 그다음으로 그리스인이 뒤를 이었으며, 이들이 노동자의 모집을 담당하였다. 시공현장에 장장(場長)과 공정대장(工程隊長)을 두었는데, 대부분 유럽인이었으며, 그 가운데에서도 이탈리아인이 가장 많았다. 모집된 노동자는 소수의 베트남인 이외에 절대 다수가 광동, 광서, 천진, 연태, 복주, 영파 출신의 중국인이었다. 이들 노동자 가운데 적지 않은 수가 노한철로 부설공사에 참여한 경험이 있었으며, 그밖에 관내외철로 부설공사에 참여한 숙련노동자도 적지 않았다.

서양인 노동자와 중국인 노동자 사이에는 대우에 차별이 있었다. 외국인 노동자에게는 대우가 상대적으로 좋았으며 식품, 수건, 비누 등이 제공되었으나, 중국인 노동자에게는 쌀 등 식량만 제공될 뿐이었다. 거주 공간도 포공두와 외국인 노동자의 경우에는 신식주택이 제공되었는데, 중국인 직원, 노동자는 총수가 6만 5,000여 명에 달하였으나 각 공장에서 수용할 수 있는 인원은 4만 8,000명에 지나지 않아 나머지 1만 7,000명은 지붕 밑이나 천막 등 임시거처에 거주할 수밖에 없었다. 중국인 노동자의 수입은 박하여 토공(土工)의 경우 남계에서는 일당 5각(角), 기타 지역에서는 일당 3각 8분 정도였다. 미장이와 석공의 경우 남계에서 일당 7각, 다른 곳에서는 일당 5각이었다. 더욱이 포공두, 감공(監工, 공사 현장감독) 등에게 임금을 착복당하여 실제 수입은 이보다 더욱 적었다.

전월철로는 열차가 개통된 이후 부설 비용을 마련하기 위하여 차입한 외채의 이자 등을 포함하여 지출이 매년 310만 프랑에 달하여 해마다 베트남의 안

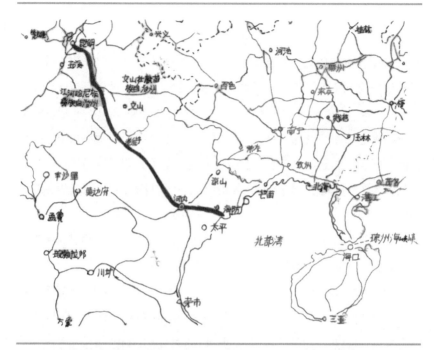

22-4 ● 전월철로를 통해 운남과 베트남 하이퐁을 연결하는 국제 원조루트

중일전쟁이 발발한 이후 중국 연안지역이 일본군대의 수중으로 함락되자, 장개석 국민정부는 곤명에서 중월 국경을 넘는 국제교통로인 전월철로를 통해 국제원조물자 및 군수품을 확보할 수 있었다. 영미 등 연합국은 해로를 통해 베트남의 하이퐁항구로 물자를 운송해 오면, 전월철로를 통해 라오까이, 곤명을 통해 중경 등 중국 후방지역으로 물자를 운송할 수 있었다. 이와 같이 전월철로는 전시에 매우 중요한 항전 루트였다고 할 수 있다.

남정청(安南政廳)으로부터 300만 프랑을 보조비로 지급받았다. 그러나 1920년대가 되면 영업이 호전되어, 수입에서 지출을 제외한 순익이 1921년 538만 8,250프랑, 1922년 708만 840프랑, 1923년 861만 5,452프랑에 달하였다. 전월철로가 운남의 동남부로 통하는 교통을 크게 개선함으로써 하노이, 하구, 곤명간 물자 유통량이 크게 증가하게 되었다. 전월철로는 운남성 최초의 철로로서, 특히 철로 개통 이후 주석광산의 채굴과 외지로의 광물 반출량이 대폭 증가하여 광업의 번영을 이끌었다. 전월철로를 통해 운남성과 내지가 상호 긴밀히 연결되었으며, 이는 운남의 근대화에 크게 이바지하였다.

중일전쟁이 폭발한 이후 전월철로는 연해지역 및 내지 기업, 공장, 기관, 학교 등 생산설비와 인원을 후방으로 수송하는 데에도 크게 기여하였다. 수십만 명에 달하는 적 점령지역의 주민들이 전월철로를 통해 후방으로 피난길에 올랐다. 1938년과 1939년 2년 동안 전월철로는 운송량이 최고조에 달하였다. 1938년 운송량은 37만 6,628톤, 1939년에는 52만 4,329톤에 달하여 1919년의 무려 3배였다.

중일전쟁 기간 동안 전월철로는 후방에 대한 전략물자의 공급 및 일용 필수품의 운송에서 매우 중요한 역할을 하였다. 이로 인해 항전 물자를 운송하는 대동맥이라 부르기도 하였다. 전쟁이 발발한 이후 전월철로는 야간에는 운행하지 않았던 기존의 방식을 변경하여 밤낮을 가리지 않고 열차를 운행하였다. 비록 일본전투기의 폭격이 있었지만, 그럼에도 운수량이 평시의 3배로 급증하였다. 연안지역의 기관, 기업, 학교, 민간인 등의 대량 피난 행렬로 전월철로의 객운이 급증하였다. 1939년 한 해 동안 객운량이 무려 454만 명에 달할 정도였다. 이는 평시의 무려 15배에 해당되는 수치였다. 중국정부는 연합국 등 해외로부터 지원되는 원조 물자의 유통루트를 확보하기 위해 고사포부대를 철로 인근의 곳곳에 배치하여 철로의 주요 교량과 터널을 방어하도록 하였다.

1940년 9월 10일 중국정부는 '전월철로 전단선구사령부(滇越鐵路滇段線區司令部)'를 창설하여 철로 운수에 대한 지휘 통제를 한층 강화하였다. 1940년 말 일본군대가 베트남에 상륙하자 이들이 전월철로를 따라 운남성으로 진격하는 것을 차단하기 위해 하구(河口)에서 지촌(芷村)에 이르는 100여 킬로미터 구간의 철로 노선을 해체하였다. 곤명에서 벽색체에 이르는 구간에서는 여전히 열차를 운행하였다.

1943년 8월 1일 중국정부는 프랑스 괴뢰정부인 비시정부(Governement de Vichy)*와의 단교를 선언하는 동시에 '전월철로 전단관리처(滇越鐵路滇段管理

----

* 1940년 6월 나치독일과 정전협정을 맺은 뒤 오베르뉴의 온천도시 비시(Vichy)에 수립된

處)'를 설립하여 전월철로 운남 구간에 대한 관리권을 접수하였다. 그리하여 천전철로공사(川滇鐵路公司)가 접관하여 관리, 경영하도록 하였다. 또한 지존의 남쪽 구간 노선에서 해체한 레일은 서곤철로(叙昆鐵路)의 곤명 - 곡정(曲靖) 구간을 부설하기 위한 자재로 전용되었다.

2차대전 종전 직후인 1946년 2월 28일, 중국과 프랑스 양국은 중경에서 회담을 개최하였다. 이 자리에서 기존 '중프협정'의 규정에 따라 중국에 소유권을 이양한다는 데에 상호 합의가 이루어졌다. 주요한 내용은 다음과 같다. ① 1903년 중국과 프랑스 사이에 체결된 전월철로협정을 폐지한다. ② 전월철로 가운데 중국 국경 내에 있는 곤명에서 하구에 이르는 구간의 소유권 및 자재, 그리고 모든 설비는 현재의 상태에서 그대로 중국정부에 이관하여, 기한 만료 이전에 회속하도록 한다. ③ 중국정부가 회속해야 할 보상 금액은 프랑스정부가 미리 지불하며, 그 액수는 중프공동위원회가 결정하도록 한다.

이와 함께 중국정부는 1940년 6월에 일본이 전월철로의 운행을 중단시키고 하이퐁항을 봉쇄한 결과 중국정부 및 상민이 입은 손실에 대한 배상을 청구하기로 하였다. 일본으로부터 이에 대한 배상금으로 지불받은 금액 가운데 프랑스정부가 미리 지불한 회속 비용을 상환하기로 양국이 합의하였다. 프랑스가 전월철로를 43년간 경영한 이후 마침내 철로의 소유권이 중국으로 이양된 것이다. 전월철로에 대한 소유권을 완전히 양도받은 중국은 이 철로를 곤명구철로국(昆明區鐵路局)이 관리하도록 하였다.

1950년 2월 중화인민공화국은 전월철로의 운남 구간을 접수하였으며, 1957년 12월 기존 중단되었던 열차의 운행을 회복하였다. 1958년에는 전월철로의 운남 구간이 곤하철로(昆河鐵路)로 개명되었다. 1970년대 중엽 중국철도부는 전월철로에 6,700여만 원을 투자하여 전면적인 시설의 보수와 개량에 착수하였다. 그러나 1970년대 후반 중국과 베트남 사이의 관계가 악화되면서 중국 구간과 베트남 구간을 연결하는 대교의 일부가 파괴되어 전월철로를 통한 양국

프랑스의 친(親)독일정부.

22-5 ● 전월철로 노선도 1

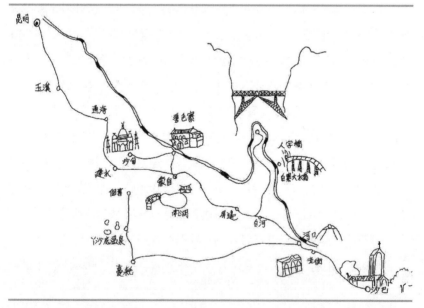

22-6 ● 전월철로 노선도 2

사이의 물류 유통이 중단되고 말았다.

1996년 2월 14일 양국 간의 관계가 정상화되면서 전월철로도 양국 간의 연계운수 및 물류유통을 회복하기 시작하였으며, 매년 운수량이 800여만 톤에 달하였다. 2003년 6월 이후 철로의 노화, 노반의 파손 등으로 전월철로의 운행이 여러 차례 중단되기도 하였으나, 이후 전면적인 보수를 통해 열차의 주행을 회복하였다. 현재에도 곤명을 출발하여 의량, 개원, 몽자를 거쳐 종점인 하구에까지 열차가 운행되고 있다. 이 구간 내에서 크고 작은 교량이 총 425개에 달하며, 터널이 158개에 이른다. 험준한 산맥과 강을 넘어 철로를 부설했다고 하여 1998년 세계문화유산에 등재되기도 하였다.

참고문헌

「滇越鐵路之老開車站」, 『三六九畫報』 6卷 9期, 1940.

「滇越鐵路之飛橋」, 『靑年進步』 89期, 1926.

伊勒, 『滇越鐵路』, 雲南人民出版社, 2013.

譚剛, 「滇越鐵路與雲南鑛業開發(1910~1940)」, 『中國邊疆史誌硏究』 2010年 1期.

顧繼國, 「滇越鐵路與雲南近代進出口貿易」, 『雲南民族大學學報』 2001年 18期.

王福明, 「近代雲南區域市場初探」, 『中國經濟史硏究』 1990年 2期.

曹盛屛, 「關于雲南省的鐵路建設問題」, 『鐵道工程學報』 1987年 4期.

陳征平, 「滇越鐵路與雲南早期工業化的起步」, 『雲南財經大學學報』 2000年 16期.

車轎, 「滇越鐵路與近代西方科學技術在雲南的傳播」, 『昆明理工大學學報』 2006年 4期.

篠永宣孝, 「雲南鐵道とフランス帝國主義」, 『土地制度史學』 136號, 1992.

23장

변락철로(汴洛鐵路)

하남성 낙양과 개봉을 연결하는 철로

연 도	1904~1910(1910년 1월 1일 개통)
노 선 명	변락철로
구 간	낙양(洛陽) - 개봉(開封)[변량(汴梁)]
레일 궤간	1.435미터 단선(單線)
총 연 장	204킬로미터
기 타	이후 농해철로(隴海鐵路)의 구간으로 편입

변락철로는 1899년 철로독판 성선회의 상주로 부설된 낙양(洛陽)[하남(河南)] - 개봉(開封)[변량(汴梁)] 간의 노선이다. 노한철로가 개통된 이후 남북대간선으로서의 기능을 최대한 발휘할 수 있도록 하기 위해 1899년 성선회는 벨기에에 차관을 요청하여 하남성 개봉으로부터 낙양에 이르는 변락철로를 부설하여 노한철로의 지선으로 삼은 것이다. 변락철로의 변이란 개봉의 옛 명칭인 변량(汴梁)에서 유래한 것이다. 1903년 1905년 1907년의 세 차례에 걸쳐 철로독판 성선회와 벨기에철로공사와의 사이에 4,100만 프랑(164만 파운드)의 차관계약이 체결되었다. 이 철로는 1904년 10월 기공하여 1909년 12월 준공되었으며, 1910년 1월 1일 정식 개통되었다. 노선은 개봉으로부터 중모(中牟), 정주(鄭州), 형양(滎陽), 축현(滎縣), 언사(偃師)를 거쳐 낙양동역(洛陽東驛)에 이르는 총연장 204킬로미터의 단선 표준궤로 부설되었다. 이후 농해철로 대차관이 성립되어 본 차관을 상환하고, 농해철로의 한 구간이 되었다.

당초의 철로 부설 계획은 의화단운동과 8개국연합군의 침입으로 일시 중단되었다가, 1903년에 이르러 중국과 벨기에 사이에 변락철로를 부설하기 위한 차관 협상이 재개되었다. 11월 2일 성선회는 벨기에철로공사 대표 로페어(Rouffare)와 '변락철로차관합동'을 체결하였다. 중국이 벨기에로부터 차관

23-1 ● 변락철로 낙하교(洛河橋)

출처: 「汴洛鐵路之洛河橋用氣壓箱建築橋基是橋此照攝時適火車經過」, 『天民報圖画附刊』 1
期, 1926, p.2(上海圖書館《全國報刊索引》數据庫).

2,500만 프랑(100만 파운드)을 도입하기로 하였으며, 연리 5리, 9절(折, 할인, 즉
2,250만 프랑 실수령), 상환 기한 30년(10년 거치 후 20년 상환)으로서, 조건은 대부
분 노한철로차관과 동일하게 규정되었다. 그러나 곧 부설 자금이 부족하여 이
회사로부터 재차 1,250만 프랑을 차입하였다. 철로 자산 및 개통 이후 철로의
수익을 차관의 담보로 설정하였다. 또한 벨기에 총공정사와 회계를 선임하도
록 규정하였다.

노한철로의 정주역(鄭州驛)을 기점으로 각각 동서의 양 방향으로 부설공사
를 진행하기로 결정하였다. 에브레이(Ebray)의 감독하에 개봉에서부터 공사가
시작되었다. 이 철로는 노한철로의 지선으로 부설되었으며, 모든 공정은 노한
철로 총공정사의 주관으로 진행되었다. 1905년 노한철로의 정주역을 기점으
로 동(정주에서 개봉), 서(정주에서 낙양) 두 구간에서 동시에 부설공사에 착공하
였다.

정주에서 개봉 사이의 구간은 지세가 평탄하고 선로가 황하 충척평원 상에
부설되어 개봉역 동단 65킬로미터 500미터까지 진척되었다. 정주역에서 시작
된 선로는 노한철로의 한 구간을 이용하기 때문에 실제로 정주에서 동쪽으로
새로 부설된 선로는 64킬로미터 638미터에 지나지 않았다. 정주에서 낙양에

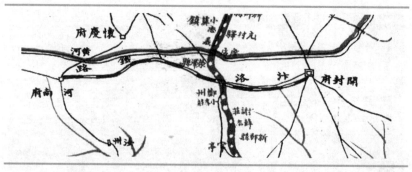

23-2 • 변락철로 노선도

이르는 구간은 황토층지대로 구릉이 많고 지세가 평탄치 않아 고저가 심한 까닭에 기반공정에 많은 인원과 경비가 투입되었다. 이 구간은 정주역에서 서북쪽으로 향한 이후 다시 서행(西行)하여 낙양동역의 120킬로미터까지 부설될 예정이었다. 그러나 정주역으로부터 노한철로의 한 선로를 이용하여 실제 새로 부설한 노선은 118킬로미터에 지나지 않았다.

1907년 3월 자금 부족으로 다시 벨기애로부터 속차관 1,600만 프랑(64만 파운드)를 차입하였다. 1909년 12월 준공되어 다음 해 1월 열차가 개통되었다. 변락철로는 열차 개통 이후 차관의 상환기간 내에 철로공사(鐵路公司)에 의해 대리 관리되었고, 공사는 수익의 20퍼센트를 수취하였다.

참고문헌

「汴洛鐵路之洛河橋用氣壓箱建築橋基是橋此照攝時適火車經過」,『天民報圖画附刊』1期, 1926.
張忠廣,「略論汴洛鐵路的修建和沿線地區農業經濟的變遷」,『鄭州師範教育』2016年 6期.
文有仁,「中國民俗和汴洛鐵路」,『知識就是力量』2007年 7期.
韓潔,「北洋時期河南鐵路研究」,『河南師範大學學報』2010年 1期.
篠永宣孝,「汴洛(開封-洛陽)鐵道建設とフランスの外交」,『大東文化大學經濟論集』86號, 2006.

24장

안봉철로(安奉鐵路)

일본과 한반도, 중국 동북 지역을 연결하는 물류 유통로

연 도	1904~1911(1911년 11월 1일 개통)
노 선 명	안봉철로, 안동철로(安東鐵路)
구 간	안동(安東) - 봉천(奉天)
레일 궤간	최초 0.762미터, 이후 1.435미터로 개축
총 연 장	303.7킬로미터
기 타	

러일전쟁 시기 일본제국주의는 군용 석탄을 채굴하기 위한 목적에서 무단으로 본계호탄광을 점거하는 동시에, 여기에서 채굴된 석탄을 실어 나르기 위해 임시로 안봉철로를 부설하였다. 1903년 12월 러시아와 일본 사이에 군사적 긴장이 고조되면서 1904년 4월 하순에 일본군은 압록강 연안까지 진격하여 강북에 포진한 러시아군을 격퇴한 이후, 5월 초순 다시 봉황성(鳳凰城)으로 진입하면서 병참용으로서 안동현과 봉황성 사이를 연결하는 수압식 경편철로를 부설하기로 결정하였다.

일본대본영은 1904년 2월 21일 도쿄에서 임시군용철도감부를 편성하여 경의선 철로의 부설공사에 투입하였다. 1904년 5월 1일 구로키 다메모토(黑木爲楨) 대장이 이끄는 일본군 제1군이 압록강을 건너 만주로 진격하여 7일에 봉황성을 점령하였다. 이와 함께 병참 수송로를 확보하기 위해 안동 - 봉황성 구간에 군용철로를 급조하기로 결정하였다. 이를 위해 임시군용철도감부 철도대대를 한반도에서 만주로 급파하였다. 이 철로를 협궤보다 더욱 폭이 좁은 2피트 6인치의 경편철로로서, 8월 중순에 부설공사에 착수하여 11월 중순에 안동 - 봉황성 구간의 부설을 완료하였다. 이 시기에 제1군이 사하까지 진격하자 제1군을 따라 봉황성 - 하마당(下馬塘) 구간의 철로 부설에 착수하여 다음 해 2월에 준공되었다. 임시군용철도감부는 하마당에서 철로를 요양(遼陽)으로 연장하여 여기서 동청철로 남만주지선과 접속할 계획을 수립하였다.

그러나 봉천전투에서 일본군이 승리하자 임시군용철도감부는 하마당에서 직접 봉천을 향하도록 철로 노선을 변경하였다. 또한 새로이 서쪽의 신민둔과 봉천 사이에 신봉철로(新奉鐵路)를 부설하기로 결정하였다. 이를 위해 임시군용철도감부는 안봉철로를 부설하던 철로대대를 이동시켜 신봉철로의 부설에 투입하였다. 철로대대는 신봉철로 역시 2피트 6인치의 경편철로로 부설하여 포츠머스강화조약이 개최될 즈음에 준공하였다.

일본은 철로의 신속한 부설을 위해 임시철로대대를 조직하였는데, 이 부대는 7월 12일 안동현 철일포에 상륙하여 8월 10일 무단으로 철로의 부설에 착수하였다. 마침내 11월 3일 안동현과 봉황성 사이의 철로 전 노선을 완성하였는데, 이것이 바로 안봉철로의 기원이다. 이 철로는 봉천을 출발하여 혼하보(渾河堡), 진상둔(陳相屯), 석교자(石橋子), 본계호(本溪湖), 교두(橋頭), 초하구(草河口), 봉황청(鳳凰廳)을 거쳐 안동에 이르는 총연장 303.7킬로미터, 궤간 0.762미터, 1미터당 레일 중량 12.5킬로그램의 협궤 경편철로였다.

러일전쟁이 종결된 이후 안봉철로는 군사적 목적뿐만 아니라 경제적·상업적 목적이 보다 중요한 과제로 부상하였다. 후발자본주의 국가인 일본으로서는 안봉철로를 통해 일본-한국-중국-유럽으로 연결하여 자국의 상품을 판매할 수 있는 새로운 유통망을 확보하는 것이 절실한 형편이었다. 따라서 종전 이후 안봉철로는 이와 같은 인식과 정책하에서 일본, 한국, 중국 동북 지역을 연결함으로써 동북아시아에서 간선교통로로서의 역할과 성격을 지향하고 있었다. 안봉철로의 부설에는 군사적 목적뿐만 아니라 상업적·경제적 역할이 새롭게 부각된 것이다.

일본이 한반도 및 만주에서 철로를 부설하려는 계획은 이미 러일전쟁 이전부터 수립되었다. 일찍이 1903년 일본육군 참모본부는 전시 병참업무와 관련하여 전장에 대한 보급을 위해서는 철로의 이용이 필수적이라고 판단하였다. 이에 경성으로부터 부산까지 한반도를 종단하는 경부철로를 부설함으로써 해운을 통해 일본철로와 한반도철로를 연결한다는 계획을 수립해 두고 있었다. 이러한 목적에서 러일전쟁 직전인 1903년 12월 28일 일본은 '경부철로속성칙령'을 반포하였다. 더욱이 경성에서 의주에 이르는 경의철로를 부설하여 한반도 남부의 경부철로와 만주 및 화북지방의 동청철로(중동철로), 관내외철로(경봉철로)를 연결하려는 방대한 대륙철로망계획을 구상하고 있었다.

러일전쟁 직후인 1905년 12월 22일 북경에서 일본전권대표 외무대신 고무라 주타로(小村壽太郎)와 직예총독 원세개는 회의동삼성사의조약(會議東三省事宜條約)'을 체결하였다. 조약의 목적은 일본의 기록으로부터 확인할 수 있다. 즉 "안봉철로는 러일전쟁 중에 군용으로 서둘러 부설한 경편철로로서, 철로의 실용적 기능을 제고할 수 있도록 개축할 필요가 있어 1905년 12월에 북경담판에서 이러한 목적에 근거하여 청조와 교섭을 진행하였다. 여기에서 철로를 상공업의 발전 및 화물 수송을 위한 기능을 제고하도록 개축하여 경영할 수 있는 권리를 확인하였다. 이는 만주철로와 한반도철로의 연계뿐만 아니라 부산으로부터 유럽에까지 이어지는 교통상의 편리를 위한 것으로서, 가능한 한 조속히 이 철로를 개축할 수 있도록 요청하고 있다"라는 기록에 잘 나타나 있다. 더욱이 일본은 용도의 변경을 위해서는 궤간의 변경, 즉 기존의 협궤를 개축해야 한다는 점을 강조하였다. 이러한 사실은 "현재의 군용 협궤철로를 상공업용의 철로로 용도를 변경하기 위해서는 궤간을 개축할 필요가 있다"라는 기록에 잘 나타나 있다.

이 조약은 제1조에서 '포츠머스조약'의 제5조 및 제6조의 규정에 따라 이전 러시아의 권리를 일본에 양도하도록 정식으로 승인하였다. 또한 '부약'의 제6조는 안동현으로부터 봉천성에 이르는 철로를 통해 공상화물을 운송할 수 있도록 일본이 변경하는 것을 중국정부가 승인한다고 규정하였다. 1909년 1월 일본은 중국 측에 선로의 실사를 위한 협상을 요구하였으며, 중국은 이를 수용하였다. 일본은 남만주철도주식회사 공무과 기사 시마다케 지로(島竹次郎)와 봉천공소장 조사역 사토 야스노스케(藤安之助) 2명을 위원으로 선정하였으며, 중국은 기사 황국장(黃國璋), 심기(沈祺) 2명을 위원으로 하여 같은 해 3월 봉천

24-1 ●
개축공사 중인 안봉철로 구간
출처: 金志煥, 『철도로 보는 중국
역사』, 학고방, 2014, p. 179.

아문에서 회동하고 제반 문제에 관해 협의하였다. 이와 함께 일본은 중국에 재차 안봉철로의 개축을 승인해 주도록 요청하였다.

6월 24일 동삼성총독은 "안봉철로는 단순히 현재의 노선을 개량하는 데 한정되어야지 궤간을 넓히거나 선로를 변경하는 일에는 동의할 수 없다"라고 회답하였다. 이와 함께 중국은 일본이 철로를 수비한다는 명목으로 파견한 군대를 즉시 철수할 것과 철로 연선의 일본경찰을 해산하도록 요구하였다. 이에 대해 일본은 "안봉철로의 부설은 동서 교통의 편의를 증진하고자 지난 1월 이래 경편철로 개축의 필요성을 전달하였으며, 이를 위해 조약상의 권리를 승인해 주도록 중국 측에 요청하였음에도 중국정부가 온갖 구실을 들어 개축을 방해하는 행위는 부당하다"라고 지적하며 중국 측의 반성을 촉구하였다.

마침내 1909년 8월 19일 동삼성총독 석량(錫良)과 주봉천 일본총영사 고이케 쇼조(小池張造)는 '안봉철로에 관한 각서'에 공동으로 서명하고, "철로의 궤간을 경봉철로와 같게 한다"라고 규정함으로써 궤간을 종래의 협궤로부터 표준궤로 변경하려는 일본의 주장을 수용하였다. 같은 해 11월 5일, 중일 양국은 다시 '안봉철로구지장정(安奉鐵路購地章程)'에 서명하여, 일본이 안봉철로의 부속지를 구매할 경우 표준가격 등의 사항에도 합의하였다.

당시 철로의 궤간(rail gauge)을 살펴보면, 한국, 중국 및 유럽국가들은 표준궤를 채택하였으며, 러시아, 카자흐스탄, 몽골은 광궤를 채택하였다. 안봉철로는 표준궤로서 광궤(wide gauge)를 채택한 시베리아철로 및 동청철로(중동철로)와는 달랐다. 협궤(narrow gauge)의 안봉철로를 표준궤로 개축한 것은 중국 동북 지역과의 연계를 전제로 한 것으로서, 일본의 대륙 침략정책이라는 정략적(政略的) 목적과 함께, 후발자본주의 국가로서 일본의 경제 발전과 시장의 확대를 위한 상략적(商略的) 기능을 제고하려는 목적에서 추진된 것이다. 이러한 결과 마침내 1911년 11월 1일 안봉철로의 개축이 완료되고, 전 노선이 정식으로 개통되었다. 안봉철로는 일본, 한국, 중국 동북 지역을 서로 연결함으로써 아시아의 간선 교통로로서 새로운 유통망의 출현을 의미하였다. 안봉철로는 개축에 이르기까지 부설 비용이 총 2만 2,530,379엔이 소요되었으며, 공사 기간은 2년 3개월에 달하였다. 노선상에 터널이 24개, 가설된 크고 작은 교량이 200여 개에 달하였다.

안봉철로의 개축 공정은 간도협약이 체결된 9월 중순에 개시되어 1911년 11월 1일 전선이 개통되기에 이르렀다. '동삼성육안'을 통해 일본은 기존 중일 간의 첨예한 현안이었던 안봉철로의 개축을 승인받았으며, 나아가 일련의 교섭을 통해 청조의 신법철로(新法鐵路) 부설계획의 포기를 약속받았다. 더욱이 일본은 1915년 5월 25일, '남만주 및 동부내몽골에 관한 조약'을 중국과 체결하여 여순, 대련의 조차 기한 및 남만주철로, 그리고 안봉철로에 관한 기한을 99년으로 연장하기로 합의하였다.

안봉철로의 부설을 통해 일본과 조선, 대륙을 연결하는 새로운 간선교통로를 구축하기 위해서는 당연히 중국과 한국을 가로지르는 압록강을 횡단할 수 있는 철교의 가설이 불가결하고도 시급한 과제로 대두되었다. 압록강철교는 일본의 입장에서 '일만선(日滿鮮)' 신유통로를 구축하기 위해 매우 중요한 의미를 가지고 있었다. 압록강철교는 1909년 8월에 착공되어 1911년 10월 말 완공되었다.

압록강철교가 가설되기 이전에 한·중 교역은 주로 선박을 통한 수운으로 이루어지고 있었다. 그러나 자연지리적·기후적 조건으로 인해 물류 유통에 장애가 저지 않았다. 압록강은 통상 7월 초순부터 8월 허순까지 우기에 해당되어 홍수가 빈번히 발생하였으며, 이때 목재나 가옥 등이 유실되어 떠내려오는데, 유속이 빨라 사실상 선박 운행이 불가능한 실정이었다. 또한 매년 12월 초순부터 다음 해 3월 말까지는 겨울의 결빙으로 인해 선박 운행이 매우 어려웠다. 이 밖에도 결빙기와 해빙기를 전후하여 각각 열흘 동안 거대한 유빙이 떠다니며 흘러 내려오는데, 서로 부딪쳐 깨지는 소리가 천지를 뒤흔들 정도였다고 한다. 이와 같이 1년 중 절반 정도는 사실상 선박을 운행할 수 없는 형편이었다. 따라서 압록강철교의 가설은 기존 압록강 양안 간 수운을 통한 물류 유통 방식으로부터 안봉철로를 통한 육상운송으로의 전환을 의미하는 것이었다.

이에 조선총독부의 적극적인 후원하에 1904년 7월 일본임시군용철도감부는 압록강의 도강점을 결정하여 경의선 철로의 종단을 결정하고, 의주 - 안동현 부근 양안의 지형 및 기술상의 제반 조사를 실시하였다. 1905년 2월 철교의 가설을 위해 설계 및 예산 계획을 수립하고, 동시에 하저 지질 조사, 수심 측량, 유수량의 실측 등을 통해 7월 설계도 및 예산서를 확정하였다. 아울러 이러한 계획서를 일본참모본부에 제출하여 같은 해 10월에 재가를 받았다. 당초 압록강철교의 부설 방법은 다음과 같은 세 가지 방안이 마련되어 심의에 부쳐졌다.

① 단선철로를 가설한다.
② 복선철로를 가설하고, 이 중 한 선을 인도로 대용한다.
③ 단선철로의 양측에 인도를 가설한다.

이상의 세 방안 가운데 첫 번째 방안은 사람의 왕래를 위해 인도교를 별도로 가설해야 하는 필요성으로 인해 반대에 부딪쳤다. 두 번째 방안은 후일 철로의 왕래가 증가하여 복선의 필요성이 대두될 경우 바로 대응할 수 있다는 장점이 있는 반면, 거액의 예산과 오랜 시간이 소요되어 바람직하지 않다는 의견이 제기되었다. 세 번째 방안은 가설 비용이 적지 않지만 후일 복선이 필요할 경우 인도의 폭을 넓혀 복선화할 수 있으며, 경비도 두 번째 방안보다는 저렴하다는 점이 고려되었다. 결국 이러한 이유에서 세 번째 방안에 따라 철교를 가설하기

24-2 • 안동해관

출처: 「安東海關」, 『東方雜志』 10卷 10號, 1914.4, p.1.

로 결정하였다.

　더욱이 일본은 안봉철로의 개축 및 압록강철교 가설과 더불어 국경 통과 화물의 관세 경감을 추진하였다. 1911년 10월 안봉철로의 개축과 압록강철교 가설 공사의 완공을 앞두고 일본에서는 중러 간 국경무역에서 동청철로를 통한 국경통과화물에 대한 관세 경감의 혜택을 안봉철로를 통한 화물의 수출입에도 동일하게 적용해야 한다는 주장이 속속 제기되었다. 일본은 중국정부에 1905년 양국이 정한 '회의동삼성사의조약' 제11조에서 만한(滿韓) 국경의 육로통상에 대해 피차 최혜국조례를 적용하기로 결정했음을 상기하였다. 여기서 조선 - 안동 간 직통열차의 화물세법은 이에 근거하여 조속히 처리되어야 한다며, 중국 측에 관세 경감 조치를 강력하게 요구하였다.

　이러한 결과 마침내 1913년 5월 29일 중국과 일본은 북경에서 '조선국경통과철로화물관세경감조약'을 체결하였다. 주요한 내용은 조선으로부터, 혹은 조선을 통과하여 만주로 수입되거나 혹은 만주로부터 조선으로, 혹은 조선을 통과하여 수출되는 안동 경유 철로 화물에 대해 감세의 혜택을 부여한다는 취지였다. 안봉철로를 통한 물류에 대한 관세의 경감 조치는 당연히 철로 화물의 운송비를 크게 절감시키는 효과를 가져왔다.

더욱이 일본은 안봉철로를 통한 새로운 유통 루트의 활성화와 자국 상품의 수출을 보다 확대하기 위해 일본철도원(일본 내 철로), 조선철로, 안봉철로를 경유하는 3선연락화물에 대해 30퍼센트의 특별 할인운임을 적용하기로 방침을 정하고, 마침내 1914년 5월 1일부터 이를 실행에 옮겼다. 3선연락운임제의 핵심적인 내용은 안봉철로를 통과하는 화물 가운데 면사, 면포, 기타 면제품, 한국쌀, 마대, 모자, 염간어(鹽干魚, 소금에 절인 생선), 생과(生果), 다시마, 도자기, 등제품(燈製品) 등 12개 품목에 대해 특별할인요금제를 실시하는 것이다.

이는 경부선, 경의선 철로를 통해 화물을 흡수함으로써 한국철로의 경영을 개선하는 동시에, 안봉철로를 경유하는 유통 루트에서 운송거리와 시간, 비용 등의 우위를 확보하도록 함으로써 이를 통해 주요 상품을 흡수하려는 일본의 정책적 의도를 강하게 반영하고 있다. 또한 이러한 정책적 배려를 통해 운임을 크게 저하시킴으로써 일본철로 - 조선철로 - 안봉철로를 경유하는 새로운 유통망의 출현을 가속화시킨 것이다.

새로운 물류 루트인 경부선 - 경의선 - 안봉철로 - 봉천 루트는 기존의 해운을 통한 오사카(大阪) - 대련 - 봉천 루트에 비해 상당히 유리한 입장에 서게 되었다. 관세 경감을 통해 일본철로 - 조선철로 - 안봉철로 - 봉천의 유통망이 형성된 것이다. 새로운 유통루트를 통해 일본의 공산품이 물밀듯이 만주시장으로 유입되었다. 이러한 상황은 대련과 안동을 통한 수입 면제품의 수입량을 살펴보더라도 잘 알 수 있다. 다음 그래프(24-3)를 살펴보면 압록강철교를 가설한 이후인 1912년부터 안동을 통한 공산품 유입이 크게 증가했음을 알 수 있다.

안동의 대외무역에서는 해로뿐만 아니라 철로를 통한 조선과의 육로무역이 상당히 많았다. 1911년 압록강철교가 완성되고 동북 - 조선 간의 직통열차가 개통된 이후 육로무역이 크게 발전하여 안동의 무역 총액 가운데 약 60~70퍼센트를 차지하였다. 특히 1913년에 '선만국경통과철로 화물관세경감취극(鮮滿

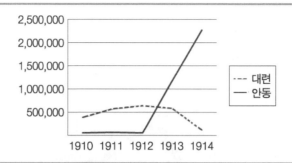

24-3 ● 대련과 안동의 면제품 수입량 비교(1910~1914)

출처:「安奉線割引疑義」,『時事新報』, 1915.2.27의 안동, 대련 면포 수입액의 수치로부터 작성.

國境通過鐵路貨物關稅輕減取極)'이 체결된 이후 일본과의 무역에서 일제 면제품 등은 안동을 경유하는 편이 상대적으로 저렴했기 때문에 수입량이 대련을 추월할 정도로 물밀 듯이 밀려 들어왔다. 무역 동향을 살펴보면, 일본과의 무역이 약 50퍼센트 전후를 차지했음을 알 수 있다. 관내와의 무역액은 그만큼 많지 않았으며, 통상적으로 수입 초과 현상을 보였다. 그리고 이와 같은 추세는 만주국 시기가 되면서 한층 명확해졌다.

안봉철로 연선의 상업도 철로의 개통으로 인해 많은 변화의 양상이 출현하였다. 안봉철로 연선지역에는 평야가 많지 않고 산악지대가 주를 이룬 까닭에 큰 도시가 존재하지 않았다. 안봉철로 개통 이전에 상업 중심지로서 기능한 지역이 바로 봉황성이었는데, 이 지역은 관전현(寬甸縣), 본계현(本溪縣), 수암현(岫巖縣) 등의 물자 집산지였을 뿐만 아니라 조선과의 교역에서 거점지역이기도 하였다. 그러나 안봉철로가 개통된 이후 안동의 상권이 신장되어 봉황성의 상업적 중요성은 사실상 소멸되고 말았다. 안봉철로가 개통된 이후 연선지역이 안동과 봉천의 상권으로 편입되는 변화가 발생한 것이다.

철로가 부설되어 봉천 - 안동 - 부산의 유통 루트가 출현한 이후 안봉철로의 경영은 남만주철도주식회사에 의해 이루어졌다. 안동은 봉천으로부터 안동으로 가는 종점인 동시에 중국에서 한반도로 통하는 기점이기도 하였다. 1917년

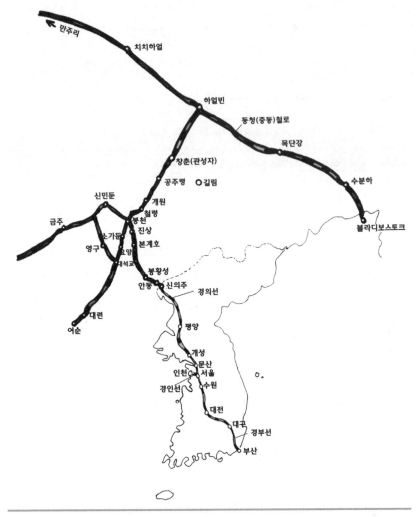

24-4 • 한반도철로를 남만주철로 및 중동철로와 연결하는 안봉철로

안동에서 조선으로 향하는 탑승객의 수는 조선인, 일본인, 중국인과 기타 소수
의 외국인을 포함하여 7만 6,019명에 달하였으며, 열차표 판매액은 19만
8,973.71원에 달하였다. 안동을 거쳐 만주리, 하얼빈, 장춘과 봉천으로 가는 탑
승객은 236명으로서 대부분 중국인이었으며, 영업 총액은 3,748.92원에 지나

지 않았다. 1918년 안봉철로를 통해 조선이나 일본으로 운송되는 화물은 쌀 4,344톤, 목재 52만 2,480톤, 콩기름 4만 7,276톤, 석유 1,611톤, 금속제품 855 톤 등이었다. 이로부터 안봉철로는 결코 중국인을 대상으로 한 철로가 아니라 일본이 중국 동북지방을 약탈하고 침략하기 위한 목적에서 부설되고 운용되었음을 잘 알 수 있다.

1931년 9월 18일 만주사변이 발발할 당시 안봉철로는 관동군이 중국을 침략하기 위한 군용열차 및 보급열차로 적극 활용되었다. 1945년 일본이 항복한 이후 소련은 동북에 남겨진 일본의 자산을 전리품으로 선언한 이후 그 일환으로서 안봉철로의 접수에 착수하였다. 1945년 9월 하순부터 11월 상순까지 겨우 40여 일 만에 소련군은 안산(鞍山), 대련(大連), 요양(遼陽), 영구(營口), 안동(安東) 등지에서 일본이 남겨둔 기계설비 가운데 핵심적인 부분들을 철거해 갔다. 통계에 의하면 총 7만여 톤으로 추산된다. 수만 명에 달하는 일본군 포로도 전리품으로 간주되어 소련으로 끌려갔다. 이때 안봉철로의 레일도 해체되어 소련으로 운송되었다.

참고문헌

「安奉線割引疑義」, 『時事新報』, 1915.2.27.

「安東海關」, 『東方雜志』 10卷 10號, 1914.4.

金志煥, 「안봉철도 부설과 중국 동북지역 신유통망의 형성」, 『中國史硏究』 87輯, 2013.12.

金志煥, 「安奉鐵道 改築과 중일협상」, 『中國近現代史硏究』 59輯, 2013.9.

金志煥, 「安奉鐵路與中國東北市場的變化」, 『暨南學報』 37卷 4期, 2015.4.

金志煥, 『鐵道로 보는 中國歷史』, 학고방, 2014.

連振斌, 「錫良與安奉鐵路交涉」, 『蘭台世界』 2013年 4期.

王秀田, 「經濟侵華的鐵證: 簡述日本對安奉鐵路的改築」, 『蘭台世界』 2006年 19期.

兪彤, 「日本强築安奉鐵路始末」, 『丹東師專學報』 2010年 24期.

馬陵合, 「安奉鐵路交涉硏究」, 『安徽史學』 2015年 5期.

25장

신봉철로(新奉鐵路)

일본의 차관으로 부설된 동북철로

연　도	1905~1907(1907년 6월 29일 개통)
노 선 명	신봉철로
구　간	봉천(奉天) - 황고둔(皇姑屯) - 신민(新民)
레일 궤간	1,067미터 단선, 이후 표준궤로 개축
총 연 장	60킬로미터
기　타	단선

　　러일전쟁 시기 일본제국주의는 군용 석탄을 채굴하기 위한 목적에서 무단으로 본계호탄광을 점거하는 동시에, 여기에서 채굴된 석탄을 실어 나르기 위해 임시로 안봉철로를 부설하였다. 1904년 8월 중순에 부설공사에 착수하여 11월 중순에 안동 - 봉황성 구간의 부설을 완료하였다. 이 시기에 제1군이 사하까지 진격하자 군대를 따라 봉황성 - 하마당(下馬塘) 구간의 철로 부설에 착수하여 다음 해 2월에 준공되었다. 임시군용철도감부는 하마당에서 철로를 요양(遼陽)으로 연장하여 여기서 동청철로 남만주지선과 접속할 계획을 수립하였다. 그러나 봉천전투에서 일본군이 승리하자 임시군용철도감부는 하마당에서 직접 봉천을 향하도록 철로 노선을 변경하였다. 또한 새롭게 서쪽의 신민둔과 봉천 사이에 철로를 부설하기로 결정하였다. 이를 위해 임시군용철도감부는 안봉철로를 부설하던 철로대대를 이동시켜 신봉철로의 부설에 투입하였다. 철로대대는 신봉철로 역시 2피트 6인치의 경편철로로 부설하여 포츠머스강화조약이 개최될 즈음에 준공하였다.

　　러일전쟁 기간 중인 1905년 3월에 일본은 동북 지역의 요충인 봉천을 점령하였다. 일본은 영국의 세력이 봉천 지역으로 확산되는 것을 저지하고 나아가 봉천 서북쪽으로의 교통 편의를 확보하기 위해 청조의 승인 없이 무단으로 봉천에서 신민(新民)에 이르는 철로의 부설에 착수하였다. 이 철로는 일본육군 철도제리부(鐵道提理部) 철도대(鐵道隊)가 급조한 군용의 경편철로(輕便鐵路)로서 궤간이 1.067미터였으며, 봉천을 출발하여 황고둔(皇姑屯)을 거쳐 신민에 이르는 총연장 60킬로미터의 단선이었다.

이후 청조는 영국으로부터 차관을 도입하여 이 철로를 개축할 계획을 수립하였다. 신봉철로는 포츠머스강화회의에서 러일 사이에 의제가 되지는 않았지만, 장래의 지위와 관련해서는 안봉철로와 함께 중일 사이에 협의되어야 할 중요한 의제가 아닐 수 없었다. 중국은 안봉철로의 경영에 대해서는 원칙적으로 일본의 요구를 수용하는 입장이었으나, 신봉철로에 대해서는 매각을 요구하는 방향으로 의견을 모았다. 1905년 11월 17일 중국과 일본 사이에 신봉철로와 관련된 협상이 진행되었다.

이 자리에서 청조는 신봉철로를 중국에 매각하도록 일본에 요구하였다. 그러나 일본은 신봉철로를 안봉철로와 같은 조건으로 일본이 경영하도록 승인해 줄 것을 중국 측에 요구하였다. 11월 28일 교섭에서 원세개는 신봉철로가 경봉철로(京奉鐵路)의 마지막 구간임을 지적하면서, 영국에 부설권을 부여한 경위를 재차 상기하였다. 그리하여 첫째, 신봉철로는 경봉철로와 연결되기 때문에 선행의 철로 계약에 따라야 한다. 둘째, 러일전쟁에서 요하(遼河) 서쪽 지역은 전장(戰場)이 아니었기 때문에 이 지역의 철로는 중국이 처리해야 한다는 두 가지 이유를 근거로 신봉철로를 자주적으로 처리하겠다는 방침을 전하였다. 이와 함께 1898년 산해관에서 신민둔에 이르는 경봉철로 차관계약이 중영 사이에 체결되었을 당시 계약의 제3조에서 신민둔에서 철로를 연장할 경우 부설권을 영국에 우선적으로 부여한다는 조항을 환기하며, 일본이 신봉철로의 경영권을 주장하는 것은 온당치 못하다고 역설하였다.

신봉철로 문제를 둘러싸고 양측의 의견이 대립하자 고무라 주타로(小村壽太郎)는 요하를 중심으로 신봉철로를 동서로 나누자는 타협안을 제시하였다. 즉 봉천에서 요하까지는 일본이, 요하에서 신민둔까지는 청조가 경영하고, 요하의 철교는 중일 양국이 공동으로 자금을 갹출하여 가설한 이후 공동으로 사용하자는 방안이었다. 속개된 회의에서 원세개는 봉천은 청조의 황릉(皇陵) 소재지로서 반드시 중국 측이 북경 - 봉천 전 구간을 부설해야 한다고 주장하였다. 이에 고무라는 요하를 기준으로 신봉철로를 나눌 경우 경봉철로 계약과는 무관하다고 주장하였다. 아울러 일본이 러일전쟁 당시에도 청조의 황릉을 안전하게 보위하였듯이, 신봉철로를 부설하더라도 황릉을 보호할 것임을 약속하였다.

이후 속개된 회의에서 원세개는 요하 동쪽의 철로에 대해서는 일본인 기사 두 명을 초빙할 수 있다는 타협안을 제시하였다. 요하를 동서로 나누는 방안에 대해 고무라는, 청조의 주장대로 요하 동쪽 노선은 일본이 참여하겠지만 전 노선에 대해 안봉철로와 같이 15년의 사용권을 허용해야 한다고 주장하였다. 아울러 청조가 길장철로와 신봉철로에 관한 일본의 제안을 수용한다면 일본은 철로수비대 문제뿐만 아니라 성경 연안의 어업권도 포기하겠다고 청조를 회유하였다.

이후 회의에서 원세개는 신봉철로에 관해 "청일 양국정부가 공정한 가격을 산정하여 청조에 매각하며, 청조는 이를 개축하여 요하 동쪽 구간에 대해서는 필요한 자금의 절반을 한도로 차관을 도입하고 18년 기한 상환으로 정한다. 그리고 차관의 도입은 경봉철로를 부설할 당시 중국이 영국과 체결한 차관계약에 준한다"라고 결정하였다.

일본은 '신봉철로 및 길장철로에 대한 차관'의 공여를 조건으로 철로의 개축을 받아들이는 협상을 추진하였다. 중국과 일본은 신봉철로, 길장철로 문제와 관련하여 1년여의 협상을 거쳐 1907년 4월 15일 외무부대신 나동(那桐), 구홍기(瞿鴻禨), 당소의(唐紹儀)와 일본공사 하야시 곤스케(林權助) 사이에 북경에서 '신봉철로 길장철로협약'을 체결하였다. 협약의 주요한 내용은 일본이 신봉철로를 중국에 매각하는 데 동의하는 대신, 요하의 동쪽 구간에서 소요되는 부설 자금의 절반을 일본이 차관으로 공여하는 데 양측이 합의한 것이다.

신봉철로는 1907년 6월 1일자로 양도되어 중국철로국이 경영하게 되었다. 조약에 근거하여 신봉철로의 양도가격을 166만 엔으로 합의하였으며, 중국이

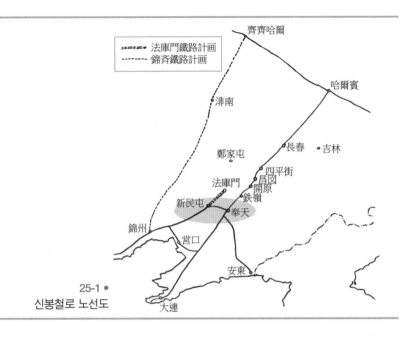

25-1 ●
신봉철로 노선도

매수한 이후 표준궤로 개축하기로 하였다. 양측은 개축을 위한 부설 자금의 절
반을 일본의 남만주철도주식회사로부터 차입하기로 하고 기한은 18년, 철로
자산을 담보로 제공하기로 합의하였다. 또한 개축 공사 시에 일본인 총공정사
를 선임하도록 합의하였다. 길장철로의 부설에 필요한 자금 역시 남만주철도
주식회사로부터 절반을 차입하기로 하고, 상환 기한은 25년으로 정하였다. 이
를 위해 이 철로의 자산과 더불어 부설 완료 이후 철로 수입을 담보로 제공하
기로 합의하였다. 개축공사는 1907년 6월 29일 완료되었으며, 남만주철로 봉
천역 부근에 심양역(瀋陽驛)을 설치하여 신봉철로의 종점으로 삼았다.

　1908년 11월 12일 중일 쌍방은 북경에서 '신봉철로·길장철로 차관속약'을
체결하고, 신봉철로의 차관을 32만 엔, 길장철로의 차관을 215만 엔으로 정하
고, 모두 이자 5리, 93절구(折口)*로 합의하였다. 다음 해인 1909년 8월 18일

---

* 차관 공여국이 차관 총액의 93퍼센트만을 공여함으로써 7퍼센트에 해당되는 이윤을 먼저

일본은 남만주철도주식회사가 청조 우전부(郵傳部)와 '신봉철로차관세목합동'을 체결하도록 하고, 신봉철로 차관의 원리 상환금을 매월 일본의 요코하마쇼킨은행(橫濱正金銀行) 천진분행에 예치하도록 하였다. 신봉철로는 중국으로 소유권이 이양된 이후 국유철로인 경봉철로의 한 구간이 되었으며, 길장철로는 중국이 자력으로 부설하기로 양측이 합의하였다. 그러나 일본은 차관의 공여라는 형식을 통해 사실상 신봉철로를 남만주철도주식회사의 영향력하에 둘 수 있었다.

참고문헌

王鐵軍, 「中日圍繞新奉鐵路權益的交涉」, 『日本硏究』 1997年 4期, 1997.12.
程維榮, 『近代東北鐵路附屬地』, 上海社會科學院出版社, 2008.
董說平, 『中日近代東北鐵路交涉硏究』, 遼寧大學出版社, 2011.
井上勇一, 「新奉鐵路をめぐる日淸協商」, 『東アジア鐵道國際關係史』, 慶應通信出版社, 1989.

수취한 위에서, 원리금의 상환 기준액은 100퍼센트로 기산함으로써 차관의 고이윤을 보장하는 관행을 가리킨다.

26장
호녕철로(滬寧鐵路)
상해와 남경을 잇는 강남 지역 철로

연 도	1905~1908
노 선 명	호녕철로, 경호철로(京滬鐵路)
구 간	상해(上海) - 남경(南京)
레일 궤간	1.435미터
총 연 장	311킬로미터
기 타	

1895년 7월과 10월 장지동은 총리아문에 호녕철로의 부설을 건의하였다. 이와 동시에 대야철로에서 다년간 근무한 경험이 있는 독일인 힐더브렌트(Hildebrend)에게 노선을 측량하라고 지시하였다. 1896년 2월 14일 장지동은 측량 결과를 조정에 보고하였다. 이 철로 노선은 660리로 부설 비용이 1리당 1만여 량에 달하여, 총 700만 량이 소요될 것으로 예상되었다. 이를 위해 독일의 서기양행(瑞記洋行)으로부터 250만 량을 차입하고 양회(兩淮)[강소성 회하(淮河)의 이남과 이북을 합하여 부르는 명칭] 지역 염무(鹽務)로부터 100만 량을 염출하여 총 350만 량을 마련하여 비용의 절반을 충당하도록 계획을 수립하였다. 나머지 절반은 민간자본을 모집할 계획이었다.

1896년 8월 장지동과 직예총독 왕문소(王文昭)는 호녕철로를 성선회가 주관하는 철로총공사가 관할하도록 상주하였다. 청조는 이를 윤허함과 동시에 국고에서 지출하여 상해에서 오송에 이르는 구간을 우선적으로 부설하도록 하였다. 10월 31일 왕문소와 장지동은 회합하여 먼저 송호철로(오송철로)를 부설하고 다음에 호녕철로를 부설하기로 결정하였다. 중국철로총공사는 설립 이후 1898년 먼저 16.1킬로미터에 달하는 송호철로를 부설하였다. 청조는 원래 이 철로를 관상합판으로 하려 하였으나 재원을 마련하지 못하여 어쩔 수 없이 외채를 차입할 수밖에 없었다.

청일전쟁 이후 영국은 장강 유역을 자신의 세력범위로 간주하여, 노한철로 부설권의 획득에 실패한 이후 호녕철로의 부설권을 획득하기 위해 많은 노력을 경주하였다. 1897년 5월 주중 영국공사는 총리아문에 호녕철로의 부설권을 요구하는 동시에, 러시아, 독일, 프랑스, 미국에게 장강 유역은 자국의 세력권에 속하므로 호녕철로의 부설권은 반드시 영국이 획득해야 한다고 주장하였다. 결국 1898년 5월 13일 성선회와 영국상 이화양행은 상해에서 300만 파운드의 '호녕철로차관초합동' 25조항을 체결하고 호녕철로를 부설하기 위한 차관을 도입하기로 합의하였다. 호녕철로 노선은 1898년 성선회가 이화양행의 영국공정사 모리슨(Morrison)에게 측량을 위촉하였다. 1902년 8월 영국은 상해 총영사를 보내 이화양행 및 회풍은행이 중영은공사의 대리신분으로서 성선회와 '호녕철로상세합동'에 관해 협의하도록 지시하였다.

마침내 양측은 1903년 7월 9일에 상해에서 정식으로 '호녕철로차관합동'을 체결하였다. 차관의 액수는 325만 파운드였는데, 차입 조건이 매우 가혹하였다. 이자는 연리 5리, 차관은 90퍼센트[9절(折)]로 공여되었으며, 차관 기한은 무려 50년에 달하였다. 만일 25년이 되기 이전에 회속할 경우 100파운드 당 2.5파운드를 가산하도록 하였다. 회풍은행 경리는 원금과 이자의 상환업무로 1,000파운드 당 25파운드를 수수료로 수취하도록 규정하였다. 차관의 상환표에 의하면 원금, 이자가 50년 기한으로 상환할 경우 원금 290만 파운드, 이자 551만 파운드, 수수료 2만 1,025파운드로서 총 843만 2,025파운드에 달하였다. 이와 같이 호녕철로차관은 영국이 차관을 통해 중국철로를 지배하려는 전형적인 방식이었다.

호녕철로의 부설과 관리는 명의상 철로총공사 독판 성선회가 최고책임자로 있었지만, 실권은 총관리처의 수중에 있었다. 1906년 3월 철로총공사가 철폐되고 성선회는 사직하였다. 청정부는 외무부시랑 당소의를 호녕철로독판대신으로 임명하였다

호녕철로차관합동의 규정에 근거하여 철로 부설공사의 착공 시에 상해에

호녕철로총관리처를 설립하여 철로 부설공사 및 열차 개통업무를 주관하도록 하였다. 차관합동 6조는 "철로의 부설 시기에 독판대신이 관리도로행차사무처를 설립하여 이를 호녕철로총관리처로 명명하고 총국을 상해에 설립하여 판사인원 총 5명으로 구성"한다고 규정하고, "1명은 독판대신이 선발하여 파견하고 다른 1명은 철로가 통과하는 성의 독무가 독판대신과 협의하여 선발 및 파견하며, 총공정사 이외에 영국인 2명은 중영은공사가 선발하여 파견하도록" 규정하였다.

이와 같이 관리처는 2명의 중국인 직원과 2명의 영국인 직원, 영국인 총공정사 1명 등 총 5명으로 구성되었다. 매번 회의에서는 영국인의 수가 많아 사실상 이들에 의해 업무가 결정되었다. 중국 측이 권리를 행사하기 어려운 구조였다. 결국 모든 부설권과 경영권은 영국의 수중에 있었던 것이다. 이러한 구조를 통해 영국은 선로의 측량과 부설, 설비 및 자재의 구매, 열차의 운행 관리 등 제반 업무에 관한 권한을 장악할 수 있었으며, 영국인 총공정사가 실질적인 권한을 보유하고 있었다. 더욱이 이후 차관을 상환하지 못할 경우 영국 측이 전적으로 대리 관리하도록 하였으며, 이윤의 20퍼센트를 우선적으로 배분하도록 하였다. 또한 중영은공사는 국내에서 차관액의 5분의 1에 상당하는 호녕철로채권을 발행할 수 있도록 하였다.

차관계약이 성립된 직후인 1903년 9월 영국인 콜린슨(Collinson)이 총공정사로 취임하여 재차 측량에 돌입한 이후 다음 해 4월 완료하였다. 철로 공정은 1905년 4월 25일에 착공하여 1908년 준공되어 3년이 소요되었으며 차관계약에서 정한 공사기간을 2년이나 단축한 셈이다. 부설공사는 4구간으로 나누어 남상(南翔)에서 무석(無錫), 무석에서 상주(常州), 상주에서 진강(鎭江), 진강에서 남경(南京) 구간에서 동시에 기공되었다. 공사는 순조롭게 진전되어 1908년에 준공되었다. 상해에서 남경까지는 총연장 311킬로미터 단선 표준궤를 사용하였고 레일 중량은 1미터당 43킬로그램이었으며, 침목은 오스트레일리아산 경목을 사용하였다. 철로의 완공과 함께 철로의 관리를 위해 호녕철로관리국을 설립하였는데, 이것이 이후의 상해철로관리국의 전신이다. 호녕철로관리국은

| 26-1 ● 호녕철로 상해역 | 26-2 ● 호녕철로 진강(鎭江)터널 |

출처:「滬寧鐵路上海車站」,『東方雜志』8卷 8號, 1911.10, p.1.

명의상 중국인을 파견하여 철로국의 업무를 주관하도록 하였으나 사실상 관리의 실권은 영국인의 수중에 있었다.

호녕철로 공정은 난이도가 그리 높지는 않았지만 부설 비용이 많이 소요되었으며, 평균 1킬로미터당 7만 2,000원에 달하였다. 상관 호항용철로의 호항 구간이 3만 5,000원밖에 되지 않는 것과 비교하면 높은 편이다. 특히 지가의 수용비가 높았던 것이 호녕철로의 부설 비용을 상승시킨 주요한 원인 가운데 하나였다. 이 밖에 상해에서 오송포대만(吳淞炮臺灣)에 이르는 송호지선이 16.9킬로미터에 달하였다. 1916년 호녕철로와 호항용철로가 서로 연결되어 열차를 개통하였으며, 상해북역(上海北驛, 현재의 상해역)에서 맥근로역(麥根路驛, 현재의 상해동역)을 거쳐 신용화(新龍華)에 이르는 16.6킬로미터의 지선이 있었다.

이러한 가운데 중국 조야에서는 철로의 이권을 회수해야 한다는 주장이 급속히 확산되면서 전국적으로 철로이권회수운동이 전개되었다. 이러한 분위기 속에서 1908년 호녕철로가 개통된 직후 청조는 중영은공사와 담판을 진행하여 총관리처를 호녕철로국으로 개조하고 총판(1913년 이후 국장)을 중국인으로 임명하기로 합의하였다. 단 실권은 여전히 영국인 총공정사의 수중에 있었다. 공무, 차무, 기무, 재료 등 주요 직책의 처장 및 총회계는 모두 영국인이었다. 영국인 총공정사가 여전히 철로양총관을 겸임하였다. 명의상 총판의 지휘를 받기는 하였지만 여전히 실권은 영국 측에 있었던 것이다.

호녕철로는 강남 지역을 통과하는 노선이었다. 따라서 연선의 인구가 조밀하고 물산이 풍부하며, 중국 최대의 경제 중심지인 상해가 바로 종점역이었다. 소주, 진강, 남경의 3개 기차역 소재지는 중국의 대표적인 통상항이며, 무석 역시 중국 섬유공업의 중심지였다. 1898년 중국은 자력으로 송호철로를 부설하였는데, 중영은공사는 청조를 압박하여 이 철로를 호녕철로 차관의 담보로 설정하였으며, 더욱이 이 철로를 호녕철로의 지선으로 편성하여 관리권마저 모두 영국의 관할로 편입하였다.

호녕철로의 간선은 상해북역으로부터 남경 하관(下關)에 이르는 총 311킬로미터였으며, 지선은 상해북역으로부터 오송(吳淞)까지의 16킬로미터였다. 이 철로의 업무는 객운 위주였다. 객차는 1·2·3·4등석으로 구분되었으며, 이후 4등석은 취소되었다. 호녕철로의 경영관리권은 1929년 이후 국민정부에 의해 국유로 회수되었다. 국민정부가 남경을 수도로 정한 이후 1928년부터 1949년까지 호녕철로는 경호철로(京滬鐵路)로 개명되었다.

호녕철로와 진포철로 사이는 장강으로 나뉘어 있어 포구(浦口)와 하관 사이는 윤선으로 여객을 실어 나를 수밖에 없어 매우 불편하였다. 더욱이 화물의 운송 역시 매우 불편하였다. 특히 화북 지역에서 많이 생산되던 석탄을 진포철로로 싣고 와서는 포구에 이르러서는 선박에 적재한 이후 수운을 통해 목적지까지 운송하는 것이 일반적이었다. 포구에서 선박편으로 화물을 옮겨 실은 이후 다시 하관에 이르러 호녕철로로 옮겨 싣는 것은 채산에 맞지 않았다. 더욱이 양쪽 부두 사이에 철교를 가설할 경우 막대한 비용이 소요될 것으로 예상되었다. 이러한 결과 호녕철로의 화물 운수량 역시 이러한 영향으로 발전하기 어려운 상태였다.

이러한 사정을 감안하여 양쪽 부두를 정비하고 대형 선박을 건조하여 열차를 실어 나르는 방법으로 양쪽 철로를 연결하는 방안이 제기되었다. 이렇게 한다면 선박과 열차 사이에 짐을 실고 내리는 번잡한 과정을 생략할 수도 있었다. 이를 위한 공사가 1930년 12월 1일에 개시되어 마침내 1933년 10월 22일 완공되었다. 이러한 결과 장강 양안의 하관과 포구 사이를 선박으로 열차를 실

26-3 ● 진포철로와 연결하기 위해 선박으로 호녕철로 열차를 실어 나르는 광경

출처: 「首都鐵路輪渡通車」, 『良友』 82期, 1933, p.14(上海圖書館《全國報刊索引》 數据庫).

어 나르는 항로가 개통됨으로써 호녕철로는 장강 건너편의 진포철로와 서로 연결할 수 있게 되었다.

열차를 실어 나르는 선박은 길이 113미터, 폭 19미터, 적재중량 1,550톤으로 서, 시속 12.25해리로 항해하였다. 선박은 40톤 화물차 21량을 적재할 수 있었으며, 혹은 최장의 객차 12량을 적재할 수 있었다. 이러한 선박 및 항로를 조성하기 위해 철도부가 25만 원, 진포철로국이 6만 원을 지원하였고, 경관차관 가운데 17만 6,000만 파운드를 국외로부터 자재를 구매하는 비용으로 지출하였으며, 공사비용으로 4만 파운드를 지출하였다.

선박이 개통된 이후 진포철로와 호녕철로 두 노선의 연계운수가 가능하게 되었으며, 이를 통해 남북의 화물이 소통할 수 있었다. 이로부터 여객은 상해에서 기차를 타고 북평까지 갈 수 있게 되었으며, 먼저 남경 하관역(현재의 남경 서역)에서 하차하여 다시 배를 타고 장강 건너편의 포구역(현재의 남경북역)으로 가서 다시 북평(북경)으로 가는 열차에 탑승해야 하는 번거로움이 해소되었다. 1937년 12월 일본군대가 무호(蕪湖)와 남경(南京)을 점령하기 전에 이 선박을 장강 상류로 옮겨 갔으며, 항전 승리 이후에 다시 포구로 돌아와 운행을 계속할 수 있었다.

1934년의 1년간 영업 수입이 1,280여만 원에 달하였다. 1932년 1월 상해사변이 발발한 이후 중국은 국방운수를 위해 철도부에 위탁하여 소주(蘇州)에서

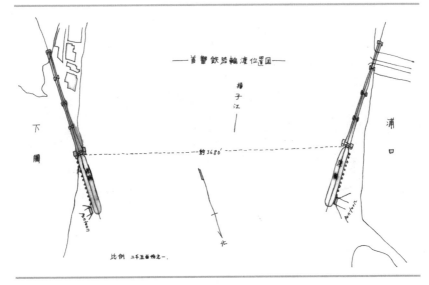

26-4 ● 선박을 이용하여 호녕철로 하관역과 진포철로 포구역을 연결하는 항선도

호녕철로 종착역인 하관역(下關驛)에 열차가 도착하면 그대로 선박에 탑재하여 장강을 건너 진포철로의 종단항인 포구역(浦口驛)에 도달하게 된다. 포구역에서 열차는 그대로 선로에 진 입할 수 있어 선박을 이용하여 두 철로가 연결되는 것이다.

가흥(嘉興)에 이르는 총연장 74킬로미터의 소가철로(蘇嘉鐵路)를 부설하기로 하고, 1935년에 착공하여 1936년 7월에 완공하였다. 비용은 총 280만 원이 소요되었으며, 철도부가 지원하였다. 이렇게 되자 남경에서 항주까지의 운송 루트가 반드시 상해를 거치지 않아도 가능하게 되었다. 1937년 호녕철로는 일본군에 의해 점령되었으며, 중일전쟁 시기에 호녕철로는 크게 훼손되었다.

2차대전 종전 이후 국공내전이 발발하고 1949년 5월 27일 중국공산당군이 상해를 점령하였다. 이후 호녕철로의 복구가 이루어져 같은 해 7월 1일 12년간 중단되었던 상해에서 북평까지의 직통 여객열차가 주행을 회복하였다. 이후 중국정부는 호녕철로의 설비 현대화를 추진하면서 오래된 목재 침목을 최신 설비로 교체하였다. 1958년 2월 26일에는 상해에서 남경으로 가는 쾌속열차가 운행되면서 운행시간이 4시간으로 단축되었다. 1968년 12월 29일에는 남경장 강대교의 가설이 완공됨으로써 더는 선박으로 열차를 실어 장강을 건널 필요

26-5 ● 호녕철로 노선도

지도에서 상해 - 오송 간의 송호철로는 이후 호녕철로의 지선이 되었다. 호녕철로는 상해를 출발하여 무석과 상주, 단양, 진강을 거쳐 남경의 하관(下關)을 종점으로 하였다. 여기서 다시 남경시내로 진입하는 영성철로(寧省鐵路)[경시철로(京市鐵路)]와 연결되며, 하관에서 선박편으로 열차를 실어 장강의 건너편으로 건너가 포구역(浦口驛)에서 진포철로(津浦鐵路)와 연결되었다.

가 없게 되었다. 이후 신남경역이 설치되어 진포철로와 호녕철로가 연결됨으로써 경호철로(京滬鐵路)라 명명하였다. 호녕철로는 경호철로 호녕단(滬寧段)[구간]이라 명명하였으나, 일반에서는 여전히 호녕철로라 불렀다.

호녕철로의 운수량이 날로 증가하면서 복선화 공정이 시작되었으며, 1986년 호녕철로 상해역까지 복선화가 이루어지면서 주행 속도가 시속 120킬로미터에 달하게 되었다. 1995년부터 호녕철로는 주행 속도의 제고에 힘쓰면서 1996년 4월 1일 중국 최초의 쾌속여객열차 '선행호(先行號)'가 상해역을 출발하여 최고 속도 140킬로미터로 주행하여 2시간 48분 만에 남경에 도착하였다. 중국철도부는 2006년 12월 31일 2007년 1월 1일부터 호녕철로를 경호선에 포함시켜 경호철로 호녕구간으로 명명한다고 선포하였다. 따라서 현재는 이미 호녕철로라는 명칭이 공식적으로 사라진 셈이다. 그러나 사람들 사이에서는 여전히 호녕선, 호녕철로라고 부르는 습관이 남아 있다.

참고문헌

「滬寧鐵路上海車站」, 『東方雜志』 8卷 8號, 1911.10.
「首都鐵路輪渡通車」, 『良友』 82期, 1933.
高志斌, 「晚清政府借外債修築滬寧鐵路述論」, 『江海學刊』 2000年 3期.
葛玉紅, 「滬寧鐵路與民初江蘇經濟發展」, 『民國檔案』 2013年 3期.
葛玉紅, 「中英滬寧鐵路余利交涉(1916-1924)」, 『江海學刊』 2015年 6期.
高志斌, 「晚清政府借外債修築滬寧鐵路述論」, 『江海學刊』 2000年 3期.

27장

경장철로(京張鐵路)

중국인 공정사가 최초로 부설한 철로

연 도	1905~1909(1909년 10월 2일 개통)
노 선 명	경장철로
구 간	북경(北京) - 장가구(張家口)
레일 궤간	1.435미터
총 연 장	201킬로미터
기 타	

경장철로는 북경의 풍태류촌(豊台柳村)에서 시작하여 거용관(居庸關), 팔달령 (八達嶺), 하북성(河北省) 사성(沙城), 선화(宣化)를 거쳐 장가구에 도달하는 총연 장 201.2킬로미터의 노선이다. 북경에서 장가구에 이르는 노선은 현재 경포철 로(京包鐵路)의 경장선(京張線)이 되었다. 경장철로는 중국인이 '자력(自力)'으로 설계하여 부설한 첫 번째 간선철로로서, 1905년 10월 2일에 부설공사에 착수 하여 1909년 열차를 개통하였다. 부설 당시에는 풍태에서 장가구까지 총연장 200킬로미터였으며, 풍태에서 경봉철로(京奉鐵路, 북경에서 봉천, 현재의 북경에 서 심양)와 연결되었다.

장가구(張家口)는 변방의 중진(重鎭)이자 북경과 내몽골을 연결하는 요충지 라 할 수 있다. 러시아는 일찍부터 캬흐타를 출발하여 울란바토르(Ulan Bator) 를 거쳐 장가구를 지나 북경에 도달하는 철로의 부설권을 중국정부에 요청해 왔다. 그뿐만 아니라 중국 내부에서도 일찍부터 북경에서 장가구에 이르는 철 로를 부설해야 한다는 필요성과 주장이 누차 제기되었다. 1903년 상인 이명화 (李明和), 이춘상(李春相) 등은 청조의 노광국(路鑛局)에 자본을 모집하여 북경에 서 장가구에 이르는 철로를 부설하기 위한 계획을 상신하였다. 그러나 이후 자 본 모집이 부진하여 실행에 이르지는 못하였다.

그럼에도 경장철로의 부설 움직임은 청조의 관심과 주목을 이끌어냈다. 이후 관부에서 경장철로의 부설에 대한 여론이 점차 형성되었다. 경장철로의 부설 움직임에 대해 영국과 러시아 역시 다투어 차관을 제공할 의사를 전달하였다. 장가구는 북경에서 내몽골로 가는 요충지에 자리하였다. 따라서 중국에서 가장 큰 세력을 형성하고 있었으며 경봉철로(관내외철로)에 대한 권리를 주장하던 영국과 장성 이북을 자신의 세력권으로 생각하던 러시아는 이 철로의 부설권을 두고 모두 자신의 영역이자 권리임을 주장하며 양보하지 않았다. 마침내 두 나라는 타협안을 내어 만일 중국정부가 외채를 도입하지 않고 서양기술자를 초빙하지도 않고 온전히 독자적인 역량으로 이 철로를 부설한다면 간섭하지 않겠다고 하였다. 그러나 두 나라는 모두 낙후한 중국에서 이러한 가능성이 거의 없을 것이라 여기고 있었다. 이럴 경우 부설공사가 교착상태에 빠져 결국 자신들에게 부설을 요청할 수밖에 없을 것이라는 심산이 있었던 것이다.

마침 이미 부설된 관내외철로[1907년 경봉철로로 개명]의 경영이 양호하여 적지 않은 수익을 창출하였다. 이에 당시 직예총독 겸 관내외철로 총판인 원세개와 회판(會辦) 호귤분(胡橘棻)이 관내외철로의 영업 수입을 전용하여 경장철로를 부설하는 방안을 청조 중앙에 제안하였다. 이에 청조는 1904년 5월 경장철로국을 설립하여 진소상(陳昭常)을 총판으로 임명하고 첨천우(詹天佑)를 회판(會辦) 겸 총공정사로 임명하였다. 다음 해 진소상이 다른 곳으로 전근가면서 첨천우가 경장철로국 총판으로 임명되어 철로 업무를 총괄하게 되었다. 1905년 5월 청조는 경봉철로의 수익금으로 천진의 회풍은행에 적립해 둔 100만 량을 전용하여 북경에서 장가구에 이르는 경장철로를 부설하기로 결정하고, 경장철로총국과 공정국을 설립하여 첨천우를 총공정사 겸 회판으로 임명하였다. 중국이 자력으로 경장철로를 부설하기로 결정하였다는 소식을 전해 들은 일부 외국인들은 이를 농담으로 여기거나 심지어 "외국인의 도움 없이 중국에서 철로를 부설하려는 것은 백일몽"이라고 조롱하였다.

경장철로의 부설 공정을 맡게 된 첨천우는 미국 유학 당시 신세를 졌던 로스포 부인에게 다음과 같은 내용의 편지를 보내 자신의 소회를 피력하였다.

27-1 •

경장철로를 부설한 철로공정사 첨천우

첨천우(詹天佑, 1861년 4월 26일~1919년4월 24일)는 광동성 광주부 남해현인(南海縣人)으로 원적은 휘주무원(徽州婺源)[현재의 강서성(江西省) 상요시(上饒市)]이다. 자는 권성(眷誠), 호는 달조(達朝)이며, 영문명은 Jeme Tien Yow이다. 12세에 미국 유학길에 올라 1878년 예일대학 토목공정과에 입학하여 철로공정을 학습하였다. 첨천우는 중국 첫 번째 철로공정사로서 바로 경장철로의 부설공정을 주관함으로써 '중국철로의 아버지'라는 명예를 가지게 되었다.

저는 아이 일곱을 둔 가장입니다. 딸 넷, 아들 셋이랍니다. 현재 경장철로 부설을 주관하는 총공정사를 책임지고 있습니다. 이 철로의 총연장은 약 125마일 정도로 터널만도 3개를 뚫어야 합니다. 이 중에는 0.75마일이나 되는 것도 있습니다. 이 철로는 온전히 중국인 기술자의 역량으로 부설되는 최초의 철로로서, 우리는 안전하고 순조롭게 공사가 완료되기를 희망하고 있습니다.

제가 이 공사를 맡기 전에 이 일이 알려지면서 수많은 외국인은 공공연히 중국인 엔지니어는 절대로 이처럼 어렵고 거대한 책임을 맡을 수 없다고 떠벌였습니다. 산을 깎고 바위를 뚫으며, 긴 터널을 만들어야 하기 때문입니다.

첨천우는 경장철로의 노선으로 세 가지 방안을 구상하였다. 그런데 두 번째 노선은 지나치게 돌아서 운행하는 이유로 채택하지 못하였다. 세 번째 노선은 풍사선(豊沙線)으로서 북경성 남쪽에서 서쪽으로 부설하여 수많은 분묘들을 거쳐 가야 하는 이유로 장애물이 너무 많았다. 예산이 한정되고 시간도 제한된 상황하에서 결국 첨천우는 첫 번째 노선을 채택하였다. 즉 서직문(西直門)에서 사하(沙河)를 지나 남구(南口), 거용관(居庸關), 팔달령(八達嶺), 회래(懷來), 계명(鷄鳴), 선화(宣化)를 거쳐 장가구에 이르는 총연장 18만 킬로미터에 달하였다. 특히 전체 노선이 산과 계곡으로 이루어져 험준한 산맥이 끝없이 이어지고, 깎아지른 절벽이 아득히 솟아 있었다. 경사도 가팔라서 남구와 팔달령의 고도 차이는 60미터나 되었다.

이러한 난공사에 대한 소회를 첨천우는 로스포 부인에게 보내는 편지에서 다음과 같이 밝혔다.

중국은 자신의 자본을 동원하여 철로를 부설하고 있습니다. 우리는 중국에서 가장 우수한 공정사가 된 듯이 여겨집니다. 왜냐하면 모든 중국인과 외국인들이 우리의 작업을 예의주시하고 있기 때문입니다. 만일 우리가 실패한다면 저 개인의 불행일 뿐만 아니라 전체 중국인 공정사와 모든 중국인의 불행이 될 것입니다. 중국인 공정사들이 어떻게 향후 다른 사람들의 신뢰를 받을 수 있겠습니까.

첨천우는 부임 즉시 북경무비학당 부설 철로공정반 졸업생 및 산해관철로 관학당(1896년 창립)의 졸업생, 그리고 관내외철로(경봉철로)에서 다년간 근무한 숙련공 등을 동원하여 공정기술대를 조직하였다. 이를 바탕으로 즉시 경장철로를 부설하기 위한 측량에 착수하였다. 측량 결과를 토대로 북경의 풍태(豊台)로부터 남구관구(南口關溝), 차도성(岔道城), 회래(懷來), 선화(宣化)를 거쳐 장가구에 이르는 노선을 확정하고, 1905년 7월 공정을 위한 예산계획을 수립하여 청조에 보고하였다. 총연장 180킬로미터, 교량 7,000여 척, 4년 내 완공 등이 계획의 주요한 골자였다. 비용은 총 729.1만 량으로 책정되었고, 철로가 완공된 이후 3년 반 안에 투자금을 모두 회수한다는 계획이었다.

1905년 9월 4일 경장철로의 부설공사에 착수하여 다음 해 9월 풍태에서 남구(南口) 구간이 준공되어 개통되었으며, 총연장 52킬로미터에 달하였다. 남구로부터 차도성의 관구(關溝)에 이르는 구간은 연산산맥(燕山山脈)을 넘어 최대 고저차가 600미터에 이르는 난공사가 즐비하였다. 첨천우는 미국 유학 시의

27-2 • 경장철로의 개통

위: 경장철로 북경서직문역(北京西直門驛)/ 아래: 경장철로에서의 열차 개통
출처: 「我國自辦惟一之京張鐵路箇碧鐵路之碧色寨車站」, 『大中華』1卷 1期, 1915, p.2(上海
　　圖書館《全國報刊索引》數据庫).

경험을 십분 활용하여 중국의 기술자들과 함께 이 구간의 철로를 부설하였다.

1906년 9월 30일 제1단계 공사구간이 개통되었으며, 바로 제2단계 공정이
개시되었다. 거용관, 오계두(五桂頭), 석불사(石佛寺), 팔달령 등 총 네 곳의 터널

을 굴착해야 했으며, 가장 긴 팔달령 터널은 총 1,092미터에 달하였다. 터널을 굴착하기 위해서는 정확한 계산이 필요했으며, 신식 채광용 공기압축기, 통풍기, 물펌프가 필요하였다. 그러나 이러한 장비가 중국에서는 없어 주로 노동자의 맨손에 의지해야 하였다.

첨천우는 남쪽과 북쪽 양 끝에서 동시에 터널 중간을 향해 굴착해 들어갔다. 그런데 터널이 너무 길어 공사기간을 앞당기기 위해서는 특단의 조치가 필요하였다. 결국 첨천우는 산 양쪽의 중턱에 수직 갱도를 하나씩 뚫어 좌우로 굴착해 들어가는 방법을 택하였다. 그리하여 모두 6개 지점에서 동시에 굴착 작업을 진행하였다.

공사 진행 중에 특히 북경 부근에는 고위 관리들의 조상 분묘를 지나야 하는 경우가 많았다. 이들은 황실의 인척이었으며, 정부에 영향력이 컸다. 그러나 세도가의 묘지를 피하여 노선을 변경한다면 엄청난 예산이 낭비될 소지가 컸다. 첨천우는 수많은 시간을 들여 세도가를 직접 찾아가 이들을 설득하였으며, 마침내 철로를 묘지 담장 밖으로 지나가도록 할 수 있었다. 대신 별도로 물길을 내어 풍수를 보존해 주었으며, 관원을 파견하여 분묘에 분향하고 제사를 지내주었다. 철도가 완성된 이후에는 표지와 기념비까지 세워주었다. 경장철로의 제3단계 공정 시에는 산과 계곡뿐 아니라 경장철로 가운데 가장 긴 회래대교(懷來大橋)의 난공사가 기다리고 있었다. 결국 100피트(30.48센티미터) 규격 철근 7개를 가설하여 완성하였다.

경장철로는 본래 6년 공정으로 완성할 계획이었다. 하지만 첨천우는 공사기간을 무려 2년 앞당겨 1909년 8월 11일 북경 풍태(豊台)로부터 서직문(西直門), 사하(沙河), 남구(南口), 거용관(居庸關), 강장(康莊), 회래(懷來), 선화(宣化)를 거쳐 장가구에 이르는 총연장 201.2킬로미터의 경장철로를 준공하였다. 1909년 10월 2일 내외 귀빈이 참석한 가운데 남구역에서 성대한 개통식을 거행하였다.

경장철로의 지선으로는 ① 경문운탄지선(京門運炭支線)[북경의 서직문(西直門)으로부터 문도구(門道溝) 탄광에 이르는 지선], ② 계명운탄지선(鷄鳴運炭支線)[하화원(下花園) - 계명탄광 간 지선], ③ 선화지선(宣化支線)[선화 - 수마(水磨) 간 지선], ④

교통부가 부설하여 1915년에 준공된 북경환성철로(北京環城鐵路) 지선이 있었다. 1911년 11월 장가구에서 양고(陽高)에 이르는 구간이 완공되었으며, 양고에서 대동(大同)에 이르는 56.6킬로미터 구간은 신해혁명으로 일시 공사가 중단되었다가 1912년 12월 다시 공사에 착수하여 1914년 1월 양대단(陽大段)에서 열차를 개통하였다. 1914년에는 총연장 44.8킬로미터의 대동 - 풍진(豊鎭) 구간의 부설공사가 시작되어 1915년 9월에 열차를 개통하였다. 1915년 6월에는 북경환성선(北京環城線)의 부설공사가 시작되어 같은 해 12월에 완공되었다.

1919년 8월 총연장 240.3킬로미터의 풍진 - 수원(綏遠) 구간의 부설공사가 시작되어 철로가 수원 경내로 진입하게 되었다. 1920년 평수철로의 전 노선이 개통된 지 겨우 5개월 이후 149.6킬로미터의 수원 - 포두(包頭) 구간의 부설공사가 시작되었다. 철로는 수원으로부터 서쪽으로 공사가 진행되어 1923년 1월 열차를 개통하였다. 1921년 5월 1일 북양정부는 다시 장가구에서 수원에 이르는 구간의 부설공사에 착수하고 명칭을 평수철로(平綏鐵路)라 하였다. 1923년에 경장철로의 기초 위에서 두 차례에 걸쳐 연장 공사를 진행하여 포두에까지 도달한 이후 철로의 명칭을 경포철로(京包鐵路)라 하였다. 경장철로는 북경 - 포두 간 경포철로의 첫 번째 구간이 되었다.

1939년 6월 일본의 점령 기간 동안 석탄자원의 운송을 위해 다시 포두에서 소구(召溝) 사이에 41.4킬로미터의 대청산(大靑山) 지선(支線)의 부설에 착수하였다. 공사는 1940년 7월에 완공되었다. 그러나 1945년에 이 지선은 철거되고 만다. 이후 국공내전이 전개되면서 국민정부와 중국공산당 간의 전투가 평진(平津, 북평·천진) 일대에서 치열하게 전개되었으며, 이로 인해 평수철로의 많은 구간이 파괴되었다. 1949년 중화인민공화국 수립 이후 중국정부는 이 철로에 대한 복구에 착수하여 1949년 전 구간에 걸쳐 열차를 개통하고 경포철로라 명명하였다.

경장철로는 공사 기간이 4년, 부설 비용이 693만 량으로서, 1킬로미터당 평균 부설 비용이 3만 8,000량에 달하였다. 당초 계획과 비교하자면 2년이나 앞당겨 완공한 셈이며, 이러한 이유로 경비도 28만 량이나 절감할 수 있었다. 레

27-3 ● 경장철로 기관차

출처: 「京張鐵路訂購特別馬力機車」, 『鐵路協會會報』 20期, 1914, p.12(上海圖書館 《全國報刊索引》 數据庫).

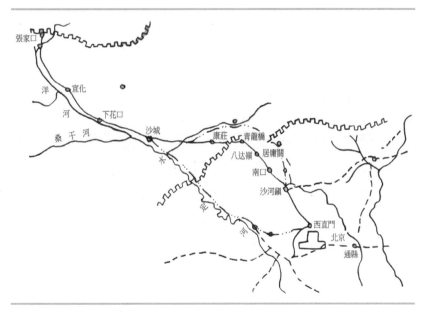

27-4 ● 경장철로 노선도

일은 단선으로서 표준궤를 사용하였으며 레일 중량은 1미터당 43킬로그램이었다. 일본으로부터 침목을 구입하고, 영국으로부터는 기관차를 구매하였다. 이 밖에 강궤 및 객화 차량은 각각 한양철창과 당산기창으로부터 구입하고, 공정 설계 및 시공은 모두 중국인 공정사가 담당하였다. 경장철로는 중국인 공정사가 부설한 최초의 철로였다. 물론 경장철로 이전에 서릉철로 역시 중국인의 기술과 자본, 노동력으로 부설한 철로라 할 수 있다. 그러나 서릉철로는 실질적으로 황실제사를 위한 황족 전용의 철로라는 성격을 고려할 때 일반적인 철로로 간주하기 어려울 수도 있다.

참고문헌

첸강 저, 이정선 역, 『유미유동』, 시니북스, 2005.

「我國自辦惟一之京張鐵路箇碧色寨車站」, 『大中華』1卷 1期, 1915.

北京市檔案館, 『京張鐵路百年軌迹』, 新華出版社, 2014.

郝慶合, 「京張鐵路與天津近代物流」, 『北京交通大學學報』2009年 8期.

蘇全有, 「袁世凱與京張鐵路」, 『西南交通大學學報』2008年 9期.

殷力欣, 「京張鐵路歷史建築紀略」, 『建築創作』2006年 11期.

常華, 「詹天佑與京張鐵路」, 『北京檔案』2013年 10期.

邵新春, 「中國鐵路發展史的里程碑: 京張鐵路」, 『北京檔案』2002年 6期.

永田元地, 「淸朝末技の鐵道自主化政策と京張鐵道の建設」, 『東洋硏究』15號, 1967.

28장

신녕철로(新寧鐵路)

실업구국의 기치로 화교자본으로 부설된 광동철로

연 도	1906~1920(1920년 5월 개통)
노 선 명	신녕철로
구 간	광동두산(廣東斗山) - 영성(寧城) - 신회(新會)
레일 궤간	1.435미터
총 연 장	133킬로미터
기 타	

신녕철로는 광동성 강문지구(江門地區)로부터 신회(新會)와 태산(台山) 두 현 (縣)을 가로지르는 철로인데, 민국 이전에 태산현의 원래 명칭이 바로 신녕현 (新寧縣)이었다. 이 철로는 광동성에 위치한 상판철로로서, 신녕, 공익부(公益 埠), 신회, 강문(江門) 등의 도시를 거쳤으며, 총 36개의 기차역이 설치되어 있 었다. 1906년 신녕철로의 부설에 착수하여 1920년에 3기에 걸친 공정이 모두 완성되었다. 간선은 해변두산(海邊頭山)으로부터 신녕현성(新寧縣城), 공익부, 강문을 거쳐 북가(北街)에 이르는 총연장 104.4킬로미터의 노선이며, 지선은 신녕현성으로부터 백사(白沙)에 이르는 총연장 28.6킬로미터로 15개의 기차역 이 있었다.

신녕철로의 설립자는 진의희(陳宜禧)로서 광동성 신녕인이며, 1860년대 미 국으로 건너가서 샌프란시스코 등지에서 40년간 철로공정 업무에 종사한 경험 이 있었다. 청조가 철로 부설권을 개방한 이후 진의희는 실업구국이라는 기치 하에 1903년 고향으로 귀국하여 신녕철로의 창판을 주창하고 친히 노선을 측 량하는 동시에 현지 신상(紳商)들과 함께 부설 자금을 모집하였다. 마침내 1904년 진의희는 청조 상부(商部)에 신녕철로의 부설을 신청하였다.

진의희는 외자를 차입하지 않고 자력으로 철로의 부설을 추진하였으며, 특

28-1 • 신녕철로 휘장

히 해외 화교의 자본 투자가 많았다. 이와 함께 현지의 기술 역량과 노동자를 동원하여 철로의 부설에 착수하였다. 1904년 진의희는 다시 미국으로 건너가 미국과 싱가포르, 홍콩화교의 자본을 널리 모집하였다. 화교자본 이외에 적지 않은 현지 중국인들도 자본의 출자에 참여하였다. 그러나 외국인의 투자는 일체 허용하지 않았다.

그리하여 1년간 모집된 금액이 250여만 원에 달하였다. 1905년 11월 6일 신녕철로유한공사가 설립되어 진의희를 총경리 겸 총공정사로 임명하였다.

신녕철로에 자본을 출자한 투자자가 조산철로의 경우와 다른 점은, 조산철로의 경우 투자자가 소수의 대자본가로 구성되었음에 비해 신녕철로의 주주는 수천 명에 달하였으며, 대부분 보통의 화교였다는 점이다. 투자액이 1,000~1만 원에 속하는 주주가 125명으로서 총수의 약 2퍼센트를 차지하였으며, 600~999원이 37명으로서 약 0.6퍼센트, 300~5,999원이 731명으로 19퍼센트, 100~299원이 3,731명으로서 전체의 60퍼센트를 차지하였다. 1~99원은 1,564명으로 전체의 약 25퍼센트를 차지하였다.

당초 구상단계에서 신녕철로는 신창(新昌)으로부터 신녕현성 및 충위두산(沖萎斗山)을 거쳐 삼협해(三夾海)에 이르는 노선이 제시되었다. 이 밖에 수보허(水埗墟)로부터 공익부에 이르는 지선이 있었다. 그러나 이후에 선로의 선정에 다소의 변동이 있었다. 1906년 6월 부설공사에 착수하여 1909년 5월까지 공익부에서 두산(斗山) 사이의 구간이 준공되어 개통되었으며, 이는 총연장 59.3킬로미터에 달하였다. 1909년 12월 공익부에서 신회에 이르는 구간의 부설이 시작되어 1911년 9월 완성되었으며, 총연장 32.2킬로미터에 달하였다. 1913년 8월 철로는 다시 강문북가(江門北街)에까지 연장되었으며, 총연장 12.9킬로미터에 달하였다. 레일 중량은 1미터당 37.4킬로그램(75파운드)이었으며, 평균 1킬

28-2 ● 신녕철로 창립자 진의희 동상

출처: 「新寧鐵路創辦人陳宜熙銅像」, 『中
美週報』 241期, 1947, 封面(上海圖
書館 《全國報刊索引》 數据庫).

28-3 ● 신녕철로 태성총역

출처: 「新寧鐵路台城總車站」, 『雲大特刊』
特刊, 1937, p.69(上海圖書館 《全
國報刊索引》 數据庫).

로미터당 부설 비용으로 선로, 객화차량 등을 포함하여 약 2만 5,000원이 소요되었다.

신녕철로는 열차를 배에 실어 강을 건너는 방식으로 운행한 최초의 철로이기도 하였다. 열차가 운행 도중 담강(潭江)에 이르게 되면 입구에서 정차하게 된다. 진의희는 열차를 탑재하기 위한 특별 선박을 홍콩에 주문하여 제작하였는데, 선박의 길이가 무려 350피트(105미터), 폭이 55피트(16미터)에 달하였다. 선박의 가격은 약 20만 원에 이르렀다. 선박 내부에 레일이 부설되어 있어 열차가 그대로 선박 내부로 진입할 수 있도록 설비를 갖추었으며, 강을 건넌 이후 다시 레일과 연결되어 운행할 수 있었다.

마침내 1909년 4월 20일 공익에서 두산까지의 구간에 열차를 개통하기에 이르렀다. 신녕철로는 객운과 화운업무를 함께 운영하였다. 1911년의 시점에서 객운, 화운 수입은 총 30여만 원에 달하였다. 1913년 5월 공익에서 북가에까지 열차가 개통되자 객운과 화운 수량도 증가하였다. 1920년 5월 공익에서 백사에 이르는 구간에 열차가 개통되었다. 그러나 이 구간의 수익은 그다지 좋지 않아 1921년부터 1926년 사이에 매년 수입이 평균 110만 원에서 120만 원에 지나지 않았다.

총체적으로 보면 신녕철로공사의 경우 큰 수익을 거두지는 못하였다. 그 주요한 원인은 철로 연선의 사회경제가 상대적으로 발달하지 못하였던 것에 있다. 철로 운수는 어쩔 수 없이 소수의 공광기업에서 생산된 제품의 운수에 의지할 수밖에 없었으며, 농산물 및 농부산물의 수량 역시 그다지 많지 않았다. 또 하나의 원인으로는, 신녕철로가 국내 혹은 성내의 간선철로와 연결되지 못하여 경제적 효용을 충분히 발휘하지 못하였던 점을 들 수 있다.

그럼에도 철로 개통은 이 지역의 사회·경제에 큰 변화를 이끌어낸 것이 사실이다. 철로가 부설된 이후 화남 지역에서 경제의 발전이 가속화되었으며, 신녕철로의 영향하에서 태산의 도로 교통과 수운이 모두 크게 발전하였다. 이전의 폐쇄된 교통상황이 철로의 부설을 기점으로 큰 전환점을 맞이하게 된 것이다. 철로의 개통은 두산과 공익과 같은 신흥 시진의 출현과 발전을 가져왔다.

철로가 개통되기 이전에 두산은 벽촌에 지나지 않았으나, 개통 이후 철로 노선의 남부종점으로서, 교통운수의 편리에 힘입어 상업이 크게 번영하였다. 그러자 수많은 해외 화교들이 다투어 고향으로 돌아와 투자하면서 두산의 도시 규모도 점차 확대되었다. 공익 역시 이전에는 작은 벼농사 지역에 지나지 않았으며 인적이 드물 정도로 한산한 지역이었다. 그러나 철로가 부설되고 열차가 개통된 이후 인구가 급증하면서 공익은 점차 공업 및 거주의 중심지로 발전하였다. 도시의 발전에 따라 기기창, 전등창, 노동자기숙사, 철로순경방 등이 속속 신설되었다.

이 밖에도 철로 개통은 주요 성진의 발전을 가져왔다. 태성(台城)은 철로 간선과 지선이 교차하는 중심지역으로 크게 발전하였다. 철로가 부설된 이후 공장과 상업시설을 건설하기 위해 화교자본이 대량으로 몰려들었다. 1920년대 초 태성은 대대적으로 도로를 신설하거나 보수하였으며, 대형 점포들도 속속 들어섰다. 통계에 따르면 1921~1932년 태성의 행업(行業)은 100여 호(戶)에 달하였으며, 총 1,333개의 점포가 들어섰다. 이로부터 철로 부설이 태성 지역의 상업을 활성화시키고 다양화시킨 중요한 계기가 되었음을 잘 알 수 있다.

신녕철로공사의 경영이 어렵게 되자 노동운동이 끊이지 않았으며, 채무자들도 분분히 상환을 요구하였다. 1926년 11월 11일 광동성정부는 경영 부진을 이유로 성건설청 소속의 진연문(陳延炆), 종계상(鍾啓祥), 유국가(劉鞫可) 등 3명을 파견하여 2명의 이사와 함께 신녕철로정리위원회를 조직하고 철로의 경영 및 관리에 관한 모든 권한을 장악하였다. 그러나 신녕철로에 자본을 투자한 주주들이 광동성정부에 이러한 조치를 취소해 주도록 요구하였다. 1927년 2월 21일 진연문(陳延炆)은 강문경비사령부(江門警備司令部)를 통해 군대를 동원하여 철로공사에 대한 무력 접수를 단행하였다. 4월 20일 진의희는 강제로 추방되었으며, 추방된 지 2년 후에 병사하였다.

광동성정부가 파견하여 조직한 정리위원회는 정리 시기를 계속 늦추다가 1927년 장개석이 중국공산당에 대한 숙청을 단행하면서 군대와 철로경찰을 파견하여 중국공산당이 배후로 있던 철로직공연합회에 대한 조사를 시작하고,

업무 태만 등의 죄명으로 100여 명의 노동자를 해고하였다. 이러한 결과 철로 노동자는 1,600여 명에서 1,302명으로 감소되었으며, 1인당 월급도 30.5원에서 22원으로 삭감되었다. 이러한 가운데 1928년 11월 고동대회(주주총회)가 개최되어 정·부총리를 선출하고, 다음 해 1929년 1월에 정리위원회는 종결되고 신녕철로는 재차 상판(商辦)의 지위를 회복하였다.

이후 신녕철로는 개혁을 거듭하여 1929년에 영성역(寧城驛)과 북가역(北街驛)을 건조하였다. 1930년에는 일반 승객들의 요구를 충족시키기 위해 1927년 5월 16일에 완공된 북가에서 회성(會城)에 이르는 궤도열차의 기초 위에서 영성에서 공익, 영성에서 백사에 이르는 노선을 부설하였다. 이후 전 노선에 걸쳐 매일 열차가 45차례 왕복하면서 수입도 부단히 증가하였다. 1932년 6월부터 1933년 6월까지 신녕철로의 객운량은 도합 3,039만 3,327명, 화운량은 12만 8,704톤에 달하였다. 1929년부터 1932년까지 공사의 매년 평균 수익은 20만 원에서 40만 원으로 증가하였다.

세계대공황 이후 도로가 부단히 발전하면서 기차와 자동차 간의 치열한 경쟁이 전개되었다. 이로 말미암아 철로의 객화 운수량이 급격하게 감소되었다. 1933년 이후 공사의 수익은 적자로 돌아서고 이에 따라 재정도 어렵게 되었다. 상황이 어렵게 전개되면서 당초 가설하려고 하였던 공익철교의 부설도 중단되었다. 1931년 271만 원의 차관을 미국으로부터 들여와 2년 내 철교를 부설하려는 계획도 중단될 수밖에 없었다. 또한 철로직원의 감원을 통한 인건비의 절감이라는 방식도 채택되었다. 1933년에는 28명을 해고하였으며, 유임된 자에 대해서는 일률적으로 급여를 삭감한다고 통보하였다. 다음 해에는 다시 200여 명을 감원하였으며, 1935년까지 총 959명의 철로 직원을 해고하였다. 그러나 여전히 수입이 저하되면서 신녕철로의 경영은 위기에 빠지고 말았다.

1937년 7·7 사변 이후 신녕철로는 일본군의 주요한 공습 목표가 되었다. 같은 해 10월 15일과 10월 20일에 걸쳐 일본전투기의 공습이 감행되었으며, 이로 인해 철로는 크게 훼손되었다. 1938년 광주가 적의 점령하에 함락된 이후 국민정부는 일본군대가 철로를 이용해 침략해 들어올 것을 우려하여 레일을 해체

28-4 ● 중일전쟁 중 파괴된 신녕철로

출처: 「戰後廣東各邑槪況」, 『中美週報』 241期, 1947, p.28(上海圖書館 《全國報刊索引》 數据庫).

하도록 지시하였다.

이에 철로 연선지역에 거주하는 주민들을 동원하여 레일을 해체하고 기관차를 철거하였으며 노반(路盤)과 침목(枕木)을 파괴하였다. 1939년 2월 14일 신

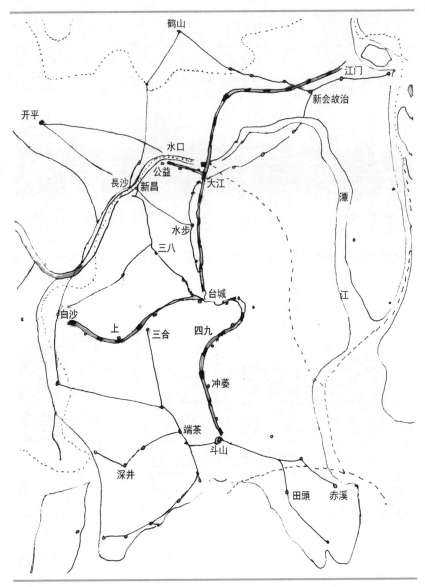

28-5 ● 신녕철로 노선도

녕철로공사는 정식으로 전체 직원의 해산을 선포하였다. 1개월 이후 강문이

함락되자 철로 연선지역의 총 3,000만 원에 달하는 설비, 차량, 레일은 대부분

일본에 탈취당하였다. 1942년 국민정부는 남아 있던 3만 3,782편(片)의 레일을 모아 검계철로(黔桂鐵路)를 부설하였다.

참고문헌

「新寧鐵路創辦人陳宜禧銅像」,『中美週報』241期, 1947.

「戰後廣東各邑槪況」,『中美週報』241期, 1947.

「箇碧石鐵路週覽記」,『雲大特刊』特刊, 1937.

任健强,『台山僑鄕與新寧鐵路』, 中山大學出版社, 1991.

任健强,「近代鐵路建設對沿線城鎭發展的影向-以新寧鐵路爲例」,『華中建築』2011年 29期.

李松庵,「華僑對興辦祖國鐵路的貢獻」,『嶺南文史』1983年 2期.

李麗娜,「新寧鐵路的修建與沿線經濟社會發展」,『河北廣播電視大學學報』19卷 4期, 2014.8.

29장

경수철로(京綏鐵路)
북경에서 내몽골에 이르는 경장철로의 연장선

연 도	1906~1923(1923년 1월 개통)
노 선 명	경수철로, 평수철로(平綏鐵路), 경포철로(京包鐵路)
구 간	북경(北京) - 장가구(張家口) - 수원(綏遠) - 포두(包頭)
레일 궤간	1.435미터
총 연 장	817.9킬로미터
기 타	1914년 경장철로(京張鐵路), 장수철로(張綏鐵路)가 경수철로로 합병됨

경수철로는 평수철로(平綏鐵路)라고도 부르며, 경장철로(京張鐵路) 노선을 연장하여 완공한 것이다. 북경의 풍태역(豊台驛)에서 시작하여 내몽골의 포두진(包頭鎭)에 이르며, 북경, 찰합이(察哈爾), 산서(山西), 수원(綏遠) 등을 관통하는 817.9킬로미터의 노선이다.

경장철로는 북경의 풍태류촌(豊台柳村)에서 시작하여 거용관(居庸關), 팔달령(八達嶺), 하북성(河北省) 사성(沙城), 선화(宣化)를 거쳐 장가구에 도달하는 총연장 201.2킬로미터의 노선이다. 장가구(張家口)는 변방의 중진(重鎭)이자 북경과 내몽골을 연결하는 요충이라 할 수 있다. 청조는 1904년 5월 경장철로국을 설립하여 진소상(陳昭常)을 총판으로 임명하고 첨천우를 회판(會辦) 겸 총공정사로 임명하였다. 1905년 5월 청조는 경봉철로의 수익금으로 천진의 회풍은행에 적립해 둔 100만 량을 전용하여 북경에서 장가구에 이르는 경장철로를 부설하기로 결정하고, 경장철로총국과 공정국을 설립하여 첨천우를 총공정사 겸 회판으로 임명하였다.

1905년 9월 4일 경장철로의 부설공사에 착수하였고 1909년 8월 11일 북경 풍태로부터 서직문(西直門), 사하(沙河), 남구(南口), 거용관, 강장(康莊), 회래(懷來), 선화를 거쳐 장가구에 이르는 총연장 201.2킬로미터가 준공되었으며, 같은 해 10월 2일 남구역에서 성대한 개통식을 거행하였다. 경장철로는 중국인이 '자력'으로 설계하여 부설한 첫 번째 간선철로이다. 풍태에서 출발하여 이미 있던 경봉철로(북경에서 봉천, 현재의 북경에서 심양)와 연결되었다.

29-1 • 경수철로 휘장
경수철로는 평수철로라 많이 불렀으며, 따라서 철로의 휘장도 영어 알파벳 P와 S를 따서 제작하였다.

경장철로의 부설 기간 중에 청조의 우전부(郵傳部) 노정사(路政司)는 장가구에서 귀화수원성(歸化綏遠城, 현재의 후허하오터)*에 이르는 철로의 부설을 주장하며, 북으로 울란바토르, 캬흐타, 서로는 감숙, 신강으로 통하는 간선을 부설해야 한다고 주장하였다. 청조는 경장철로국이 철로 노선을 실측하도록 하였다. 이에 장가구 - 울란바토르 노선보다는 우선 수원과 연결하는 것이 타당하다고 보고하였으며, 이에 따라 장가구 - 수원의 노선을 우선 부설하기로 결정하였다.

장수철로(張綏鐵路)는 1909년 10월 기공에 착수하여 먼저 장가구에서 천진(天鎭)까지의 구간을 부설하였다. 1911년 11월 산서 양고(陽高)에까지 총연장 120여 킬로미터의 구간을 부설하였다. 신해혁명의 발발로 부설공사가 중단되었다. 1912년 겨울에 이르러 2차 부설공사가 시작되어 1914년 1월에 대동까지 열차를 개통하였다. 1915년 9월 철로가 풍진(豊鎭)까지 부설된 이후 1차대전의 발발로 공사가 다시 중단되고 말았다. 1918년 8월에 이르러 대동 - 구천(口泉)의 석탄운반용 지선이 부설되었다. 이 밖에 풍진 - 수원에 이르는 선로를 측량하고 다시 부설을 준비하였다. 1919년 8월에 이르러 3차 공사에 착수하였다.

....

* 내몽골의 귀화성은 상업이 발달한 지역이었고, 수원성은 군사 중심지역이었다. 청조 말년 귀화성과 수원성을 합병하여 귀수라 하였다. 1922년 경수철로(평수철로)가 개통된 이후 도시 형태로 발전이 가속화하였다. 1954년 3월 6일 수원성과 내몽골자치구를 합병하여 몽골어 원명인 후허하오터로 개명하였다.

平綏鐵路客車時刻表
民國二十五年十月一日實行

303次 平包特快通車	1次 平包快車	21次 平綏快車	71次 豐張區間車	73次 張綏區間車	75次 綏包區間車	77次 綏包區間車	站　名	豐台正 各站公里	304次 平包特快通車	2次 平包快車	22次 平綏快車	72次 豐張區間車	74次 張綏區間車	76次 綏包區間車	78次 綏包區間車
18.10	9.00	7.00					正陽門			7.25	17.02	22.49			
			11.10				豐　台						15.57		
18.48	9.55	7.38	12.12				西直門	14.83	6.50	16.26	22.17	15.18			
18.57	10.04		12.23				清華園	20.21	6.33	16.11		14.53			
19.58	11.00	8.39	13.54				南　口	54.96	5.38	15.20	21.16	13.46			
21.13	12.34	9.54	15.16				青龍橋	72.96	4.34	14.12	20.11	12.25			
21.52	13.22	10.35	16.06				康　庄	84.80	3.45	13.30	19.29	11.35			
22.30	14.11	11.20	17.03				沙　城	118.92	2.52	12.30	18.34	10.02			
22.52		11.21	17.23				新保安	127.81	2.30	12.16		9.41			
23.15	14.46	11.54	17.55				下花園	143.80	2.17	11.58	18.01	9.07			
23.50	15.20	12.35	18.48				宣　化	168.97	1.38	11.10	17.22	8.04			
0.58	16.35	13.22	19.49	8.50			張家口	201.20	0.10	10.13	16.35	6.50	18.34		
2.01	17.47			11.01			柴溝堡	248.82	23.32	8.51			16.42		
4.04	19.52			14.24			陽　高	326.56	21.45	6.53			13.08		
5.31	21.24			16.36	8.00		大　同	388.15	20.28	5.23			10.40	18.56	
6.38	22.35				9.54		豐寧縣	428.01	19.15	4.00				17.25	
8.58	0.45				13.02		集寧縣	501.28	17.28	2.42				14.19	
10.12	2.25				13.40		卓資山	575.59	15.51	23.52				11.27	
12.34	4.49				18.56	8.00	綏遠城	668.88	13.32	21.31				7.80	17.40
14.55	7.12					12.13	蕭拉齊	772.15	11.03	18.56					18.45
15.57	8.18						包　頭	816.23	10.00	17.45					11.40

303 及 304 次 啣接滬平通車 301 及 302 及 平浦通車 305 及 306 次

29-2 ● 경수철로(평수철로) 객차시각표(1935)

　장수철로의 공정은 여러 가지 이유로 13년이나 소요되었으며, 공사가 정지되고 재개됨을 두 차례 반복한 끝에 마침내 1920년에 이르러 완공되었다. 철로의 총연장은 816킬로미터, 이 가운데 산서성 경내의 원북단(愿北段)이 147킬로미터였으며, 이 밖에 대동 - 구천의 지선 20킬로미터가 있다. 전선에는 기차역이 65개 있으며, 이 가운데 산서성 경내에 10개의 기차역이 설치되었다.

　1916년 1월 경장철로와 장수철로는 경수철로로 합병되었다. 1921년 경수철로가 수원까지 연장되었으며, 1923년 1월에는 다시 포두까지 총연장 817.9킬로미터의 노선이 완공되었다. 따라서 이 철로를 경포철로라 명명하였다.

　경수철로는 경장철로와 장수철로로 구성되는데, 경장철로 구간의 지선으로는, ① 경문운탄지선(鷄鳴運炭支線)[북경의 서직문으로부터 문도구(門道溝) 탄광에 이르는 지선], ② 계명운탄지선(鷄鳴運炭支線)[하화원(下花園) - 계명탄광 간 지선], ③ 선화지선(宣化支線)[선화 - 수마(水磨) 간 지선], 이 밖에 교통부가 부설하여 1915년에 준공된 북경환성철로(北京環城鐵路)의 지선이 있었다. 장수철로 구간의 지선으로는 ④ 구천지선[대동 - 구천 간 지선, 이후 회인현(懷仁縣) 방면의 탄전지대에 도달하는 노선]이 있었다. 연선에는 북경, 장가구는 물론 대동, 귀수(歸綏), 포두진

29-3 • 경수철로를 운행하는 열차

출처: 「京綏路上所見: 中國最大之鐵路車頭」, 『北洋畫報』 38期, 1926, p.1(上海圖書館 《全國報刊索引》 數据庫).

29-4 • 경수철로 공회 성립대회(1925년 8월)

출처: 「全民統一戰綫之回憶: 國共合作時代之京綏鐵路工會成立大會(民國十四年八月)」, 『全民月刊』 1卷 1-2期, 1936, p.13(上海圖書館 《全國報刊索引》 數据庫).

29-5 • 경수철로, 경한철로, 경봉철로의 세 노선이 교차하는 풍태역(豊台驛)
출처: 「今日之華北: 交通樞紐的豊台」, 『東方雜志』 33卷 12號, 1936.6, p.20.

29-6 • 주행 중의
평수철로 열차
출처: 『東方雜志』 34
卷 16/17號,
1937. 9, p.12.

29-7 • 평수철로 집녕역(集寧驛)

출처: 「平綏鐵路集寧驛」, 『東方雜志』 33卷 17號, 1936.9, p.3.

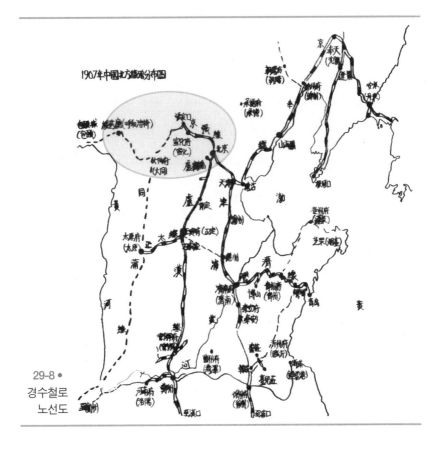

29-8 •
경수철로
노선도

등의 주요 도시가 있었다. 수출입 화물은 농산물, 피혁을 비롯하여 아마씨, 맥종(麥種, 밀·보리 종자) 등이 주요한 산물이었다.

국공내전 기간 동안 주전선이 평진구간(平津區間)에 속하여 경수철로의 파괴 및 피해가 매우 엄중하였으며, 열차 운행이 수시로 중단되었다. 그러나 중화인민공화국 수립 이후인 1949년 10월에 전 구간에 걸쳐 열차 운행이 재개되었으며, 정식으로 경포철로라 명명되었다. 1981년 4월부터 경포철로에는 동력을 전기화하는 공사가 시작되었다. 그리하여 북경에서 사감(沙城), 장가구남(張家口南), 대동을 거쳐 구천에 이르는 총 379킬로미터의 철로가 모두 전기설비로 개조되었다.

참고문헌

「京綏路上所見: 中國最大之鐵路車頭」, 『北洋畫報』第38期, 1926.

「中國之鐵路: 中國京綏鐵路駛行極速之火車」, 『時兆月報』17卷 3期, 1922.

「全民統一戰綫之回憶: 國共合作時代之京綏鐵路工會成立大會(民國十四年八月)」, 『全民月刊』1卷 1-2期, 1936.

「今日之華北: 交通樞紐的豊台」, 『東方雜志』33卷 12號, 1936.6.

「平綏鐵路集寧驛」, 『東方雜志』33卷 17號, 1936.9.

楊文生, 「平綏鐵路與商人的遷移及其社會影響」, 『歷史敎學問題』2006年 3期.

段海龍, 「京綏鐵路對內蒙古地區經濟的影響」, 『財政理論研究』2014年 2期.

呂世微, 「詹天佑和京張鐵路」, 『歷史敎學』1984年 1期.

30장
신법철로(新法鐵路)
일본의 반대로 부설이 좌절된 철로

연 도	1907~1909 (미개통)
노 선 명	신법철로
구 간	신민둔(新民屯) - 법고문(法庫門)
레일 궤간	1.435미터
총 연 장	88킬로미터
기 타	미개통

　러일전쟁에서 승리를 거둔 일본은 남만주철로와 안봉철로를 중심으로 만주에서 자신의 세력권을 점차 확대해 나갔다. 일본의 만주군 총참모장 고다마 겐타로(兒玉源太郎)와 대만총독부 민정장관 고토 신페이(後等新平)는 만주의 경영과 관련하여, 철로를 기초로 향후 10년 이내에 50만 명의 일본인을 만주로 이주시킬 계획을 수립하였다. 1905년 12월 일본정부 전권대표 고무라 주타로(小村壽太郎)는 북경에서 청조와 '회의동삼성사의조약(會議東三省事宜條約)'을 체결하고, 기존 러시아 소유의 남만주철로를 일본에 양도하기로 합의하였다.

　청조는 남만주철로가 동북 지역에 대한 일본의 세력 확대와 불가분의 관계가 있음을 간파하고 일찍부터 이를 견제하기 위한 방법을 강구하기 시작하였다. 러일전쟁 직후 일본이 남만주철로 부설과 함께 안봉철로를 개축하려 하자, 청조는 이에 대항하기 위해 신법철로를 부설하기 위한 계획에 착수하였다. 신민둔(新民屯)에서 법고문(法庫門)에 이르는 노선은 비록 단거리에 지나지 않았으나 기본적으로 남만주철로와 병행선으로서 향후 북쪽의 치치하얼(齊齊哈爾) 등으로 연장될 경우 남만주철로의 영향력을 크게 감소시킬 가능성이 있었다.

　1907년 5월 청조는 동북 지역의 관제를 개편하고 동삼성 외교에서 핵심적인 역할을 수행하는 봉천순무(奉天巡撫)에 당소의(唐紹儀)를 임명하였다. 당소의는 동북에 대한 열강의 투자를 적극 유치하고 이를 통해 일본의 팽창에 대응하려는 구상을 가지고 있었다. 1907년 2월 3일, 중국군기처는 외자를 도입하여 신민에서 법고문까지, 여기에서 다시 요원주(遼源州)와 치치하얼에 이르는 철로를 부설하여 만몽에서의 권리를 회복하고자 시도하였다. 이후 서세창(徐世昌)이 동삼성총독으로 부임하면서 철로 부설 계획을 더욱 구체화하여, 신민에서 법고문까지를 1단계, 법고문에서 조남(洮南)까지를 2단계, 조남에서 치치하얼까지를 3단계로 설정하고, 이를 실행하기 위해 1907년 11월 초에 영국의 한 회사와 협약을 체결하였다.

영국과 미국 자본가들은 동북에 대한 투자에 많은 관심을 가지고 있었다. 주봉천 미국총영사 스트레이트(Straight)는 미국자본의 적극적인 투자 의향을 당소의에게 전달하였다. 그는 당소의에게 신민둔에서 법고문, 치치하얼을 거쳐 경봉철로를 흑룡강의 아이훈(璦琿)으로 연장하는 계획을 제안하였다. 당소의는 한술 더 떠서 자본금 2,000만 달러로 만주은행을 설립하는 방안을 제안하였다. 그러나 마침 미국에서 발생한 금융위기로 말미암아 중미 간의 협력은 결실을 거두지 못하였다.

당소의와 동삼성총독 서세창은 외무부에 보낸 편지에서 일본의 간섭과 반대를 회피하기 위해 철로를 3구간[단(段)]으로 구분하여 부설하려는 계획을 보고하였다. 즉 신민(新民)에서 법고문(法庫門)까지를 한 구간[단]으로 설정하니, 이것이 바로 신법철로인 것이다. 그리고 법고문에서 조남(洮南)까지를 한 구간[단]으로 하고, 다시 조남에서 치치하얼까지를 한 구간[단]으로 구분하였다. 또한 철로의 명칭을 별도로 붙이지 않고 경봉철로의 연장선으로 간주하도록 하였다. 왜냐하면 이미 부설된 경봉철로의 연장선일 경우 외국인이 반대할 명분이 없었기 때문이다. 더욱이 신민에서 법고문까지의 구간(신법철로)은 요서 지역에 위치하고 있어 일본과는 아무런 관련도 없었다.

그러나 신법철로의 부설 계획은 곧 일본의 격렬한 반대와 저항에 직면하였다. 일본은 신법철로의 개통으로 말미암아 기존 남만주철로가 운송을 담당하던 요하 상류지역의 농산물 유통을 침식할 가능성을 우려하였다. 이렇게 된다면 남만주철로의 경영에 매우 불리한 요인으로 작용할 것임에 틀림없었다. 만일 일본이 신봉철로를 중국에 양도한다는 전제하에 봉천에서 영구까지의 운임을 비교해 보면, 신민둔을 거치는 경봉철로를 통한 중국 측의 운임이 남만주철로를 통한 경우와 비교하여 훨씬 저렴하였기 때문에 당연히 남만주철로의 이용률이 저하될 것으로 예상되었던 것이다.

남만주철도주식회사의 자체 조사에 따르더라도 요하 상류지역의 농산물이 남만주 전체 생산량의 약 절반에 상당하였으며, 더욱이 그 농산물은 주로 남만주철로의 철령, 개원이나 창도로 집하되고 있었다. 따라서 신법철로가 완공될 경우 이들 농산물의 30퍼센트 정도가 남만주철로를 이용하지 않고 신법철로를 통해 출하될 가능성이 높아, 남만주철로의 운임 수입에 부정적인 영향을 미칠 것으로 예상되었다. 이에 1907년 1월 주봉천 일본총영사는 자국의 외무대신에게 서한을 보내 영국이 철령(鐵嶺), 통강(通江), 법고문 등지를 시찰한 이후 신법철로의 부설계획을 수립하였다는 내용을 보고하였다. 더욱이 보고 가운데 신법철로가 남만주철로의 경영에 미치는 부정적 영향이 매우 크다며, 철로의 부설에 반대하여 남만주철로의 이익을 수호해야 한다고 주장하였다.

1907년 8월 중국과 영국은 신법철로차관과 관련하여 협상을 진행하였는데, 이때 일본은 청조 외무부에 이러한 계획이 1905년 중일 간에 체결된 동삼성회의록에서 규정한 남만주철로 부근에 병행선을 부설하여 이익을 침해할 수 없다는 규정을 위반한 것이라 항의하였다. 일본대리공사 아베 모리타로(阿部守太郎)는 청조 외무부에 "청정부는 일찍이 남만주철로 인근에 병행하는 철로 노선을 부설하여 철로의 이익을 침해해서는 안 된다는 데 합의한 바 있다"라고 항의하였다. 1908년 1월 22일 일본공사는 만일 신법철로의 부설이 강행된다면 적절한 수단을 동원하지 않을 수 없다고 협박하였다.

그러나 중국은 신법철로와 남만주철로가 일반적으로 지칭하는 병행선 개념 이상의 거리를 사이에 두고 있으므로, 병행선으로 볼 수 없다고 주장하였다. 더욱이 당소의는 신법철로의 부설은 중국 국내의 정상적인 업무의 일환이며, 일본의 반대는 만주의 발전을 저해하는 것이라 반박하였다. 서세창, 당소의는 이 철로가 경봉철로의 연장선으로서, 중국 국내교통의 편의를 위해 부설되는 것일 뿐 남만주철로에는 하등의 영향을 미치지 않을 것이며, 따라서 남만주철로의 병행선이 아니라고 애써 해명하였다. 동삼성총독 서세창과 봉천순무 당소의는 "동삼성에서 외자를 도입하여 철로를 부설하는 일은 전적으로 중국의 내정에 속하는 일로서… 단지 교통의 편의를 위한 정책일 뿐이며 남만주철로와는 아무런 상관이 없다"라고 회답하였다.

1907년 11월 6일 서세창과 당소의는 영국의 보령공사와 '신법철로초합동'을 체결하고 50만 파운드의 차관 계약에 서명하였다. 11월 19일 일본이 거세게 항의하자 청조 우전부는 차관을 지속하기 어렵게 되었다. 일본정부는 여전히 불승인 원칙을 들이밀며 청조를 겁박하였다. 즉, 만일 청조가 신법철로의 부설을 강행하여 남만주철로의 이권을 침해한다면 적당한 수단을 발동하여 이를 수호할 것임을 통보하였다.

실상 이 철로는 남만주철로를 견제하기 위한 목적에서 부설된 것이었다. 당시 우전부의 기록을 살펴보더라도, 이 철로의 부설을 통해 남만주철로의 독점을 타파하여 동북에서 이권을 회복해야 한다고 주창하고 있다. 왜냐하면 봉천과 길림의 토산품이 모두 요하를 통해 운송된 이후 다시 남만주철로를 통해 대련까지 실려가게 되며, 이렇게 된다면 천진과 영구, 진황도(秦皇島)의 상업은 엄중한 영향을 받을 수밖에 없는 것이다. 따라서 경봉철로를 북쪽으로 연장하여 부설하지 않고서는 실질적으로 남만주철로를 저지할 수 있는 방법이 없었던 것이다.

1908년 초 일본은 청조와 영국에 남만주철로는 러일전쟁에서 승리의 대가로 얻은 전리품이며, 일본정부는 이러한 이익을 적극 수호할 것임을 천명하였다. 이러한 가운데 일본의 맹방인 영국이 돌연 일본을 두둔하고 나섰다. 영국 관방의 여론은 일본이 전승으로 얻은 합법적 권한을 침해해서는 안 된다고 주장하였다. 영국의『타임스』지는 만주 및 중국, 나아가 세계에 대한 일본의 공헌을 참작해야 한다고 주장하였다.

결국 일본은 중국에 두 가지 방안을 제시하였다. 갑(甲)안은, 중국이 신법철

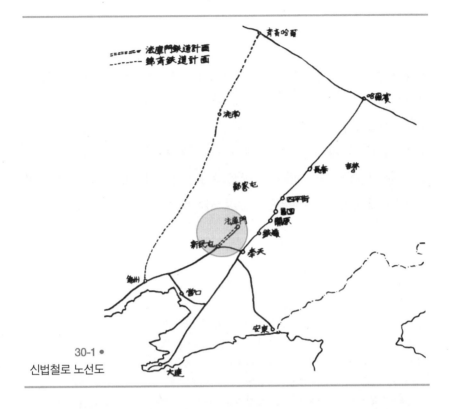

30-1 ●
신법철로 노선도

로 부설을 포기하는 대신, 법고문에서 남만주철로에 이르는 지선을 부설할 권리를 보유한다. 을(乙)안은, 일본은 중국이 신법철로를 부설하는 데 동의하는 대신, 중국은 남만주철도주식회사가 철령으로부터 법고문에 이르는 철로의 부설에 동의해야 하며, 나아가 다시 북으로 연장하여 정가둔에 이르는 철로 부설에 동의한다는 내용이다. 그러나 중국 측의 입장에서는 두 방안 모두 남만주철로의 이익을 우선적으로 고려한 것으로 간주될 수밖에 없었다. 가령 을안에 따라 중국이 신법철로를 부설한다고 해도 법고문 이북에는 남만주철로가 들어가게 되는 것이다. 이렇게 되면 신법철로의 부설 가치는 상당히 낮아질 수밖에 없는 것이다. 이러한 제안은 사실상 신법철로의 부설을 대가로 남만주철로의 세력을 만주에서 보다 확대하려는 의도로서, 청조로서는 받아들이기 어려운 내용이었다.

이러한 상황에서 영국의 보령공사 역시 계약의 권리를 계속 주장하기는 어려웠다. 청조 역시 어쩔 수 없이 신법철로의 부설 계획을 잠시 중단한다는 뜻을 전달하였다. 마침내 1909년 4월 청조는 만일 신민에서 법고문에 이르는 철로를 부설할 경우 반드시 일본정부와 먼저 상의할 것임을 전달하였다. 결국 청조는 일본과 1909년 9월 4일 '동삼성오안교섭조관(東三省五案交涉條款)'을 체결하고 일본에 굴복하여 "신법철로의 부설은 일본과 먼저 협의를 거친 이후에 비로소 시행한다"라고 양보하였다.

참고문헌

陳磊, 「論淸政府在新法鐵路交涉中的外交姿態」, 『社會科學輯刊』 1997年 1期.
蘇苑, 「日本阻撓淸政府修築新法鐵路論析」, 『海南大學學報』 2007年 1期.
程維榮, 『近代東北鐵路附屬地』, 上海社會科學院出版社, 2008.
董說平, 『中日近代東北鐵路交涉硏究』, 遼寧大學出版社, 2011.
井上勇一, 『東アジア鐵道國際關契史』, 慶應通信, 1989.

31장
영성철로(寧省鐵路)
중국 최초의 도시 내 철로

연 도	1907~1909(1909년 1월 개통)
노 선 명	영성철로, 강녕철로(江寧鐵路), 경시철로(京市鐵路), 영시철로(寧市鐵路), 남녕철로(南寧鐵路)
구 간	하관(下關) - 남경(南京) 만수궁(萬壽宮)
레일 궤간	1.435미터 단선
총 연 장	11.2킬로미터
기 타	호녕철로(滬寧鐵路)와 연결

하관(下關)을 기점으로 하는 호녕철로(滬寧鐵路)가 부설된 이후 남경성 밖의 하관은 호녕철로의 출발역으로서 상업이 날로 번성하였다. 그러나 하관역으로부터 남경 시내까지는 거리가 멀어 왕래가 용이하지 않았다. 이에 1907년 양 강총독(兩江總督) 단방(端方)은 호녕철로 하관역으로부터 성내에 이르는 지선을 부설하는 일이 매우 긴요하다고 판단하여 조정에 상주하였다. 중앙정부의 비준을 득한 이후, 단방은 왕섭(王燮)을 공정총판으로 임명하고 영국인 칼린슨 (Caliensen)을 총공정사로 초빙하여 부지의 측량과 매입, 수용을 지시하였다. 부설 비용은 국고로부터 15만 량이 책정되었다.

1907년 10월 부설을 시작하였으며, 부지의 수용 과정에서 연선의 민가들은 비용을 정산한 이후 다른 지역으로 이주하도록 하였다. 마침내 1908년 12월 총연장 11.3킬로미터의 단선 표준궤 노선이 완공되었으며, 부설 비용으로 47.55만 량이 소요되었다. 마침내 1909년 1월 열차를 정식으로 운행하기 시작하였으며, 영성철로(강녕철로)라 명명하였다. 1935년에 강남철로(江南鐵路)가 개통되어 안휘성 무호(蕪湖)로부터 남경 중화문(中華門) 부근의 옥귀교(玉貴橋)에 이르렀다. 1936년 국민정부는 남경시에서 경시철로를 남쪽으로 3.8킬로미터 연장하여 강남철로(이후의 경공철로)와 연결하였다. 이로써 중화문은 경시철

民國之元首

民國之
元首

（上）孫中山
（左）蔣中正

31-1 • 손문과 장개석

출처: 「民國之元首」, 『東方雜誌』 28卷 19號, 1931.10, p.3.

로의 역이자 강남철로의 역으로서, 양 철로가 교차하는 역이 되었다.

영성철로는 노선의 총연장이 단거리로서 역과 역 사이의 거리도 짧아 일반에서는 이 철로를 '소철로(小鐵路)' 혹은 '소화차(小火車)'라 불렀다. 철로는 하관 강구(江口)에서 시작하여 혜민하(惠民河)를 넘어 금천문(金川門)을 통해 시내로 들어와 다시 삼패루(三牌樓), 정가교(丁家橋), 무량암(無量庵)을 지나 북극각남록(北極閣南麓), 양강사범학당(兩江師範學堂)[현재의 동남대학(東南大學)]을 따라 진주하(珍珠河)를 넘어 태평남로(太平南路)에서 양강총독서(兩江總督署)[총통부(總統府)]를 지나 중정가(中正街)[현재의 백하로(白下路)]에 이르렀다. 기차역은 강구, 하관, 삼패루, 무량암[이후 고루(鼓樓)로 개명], 독서(督署)[장강로(長江路)로 개명], 만수궁(萬壽宮)[이후 중정가, 백하로(白下路)로 개명] 등 총 6개를 두었다. 이후 1910년에 청조는 남경정가교(南京丁家橋)에서 남양권업회(南洋權業會)가 개최되었을 당시 권업회역(權業會驛)을 증설하였다.

양강총독이 철로의 관리를 위해 무량암역(無量庵驛)에 관리총국을 두고 총판(總辦)과 회판(會辦)을 임명하여 철로를 관장하도록 하였으며, 초대 총판이 바로 왕섭이었다. 1912년 1월 1일 손문은 호녕철로를 타고 남경에 도착한 이후 바로 이 철로로 갈아타고 총통부역에서 하차하여 임시대총통에 취임하였다. 같은 해 총판과 회판의 명칭을 총리(總理), 협리(協理)로 변경하였다.

국민정부가 1927년 4월 남경을 수도로 정한 이후 남경시정부 공무국은 강녕철로의 제반 업무와 현황을 조사한 이후 일체의 업무를 정돈하는 한편, 1928년에 경시철로(京市鐵路)로 명명하였다. 이와 함께 경시철로관리처를 설립하여 철로를 관리하였으며, 특별히 '남경특별시정부철로관리처조직장정'을 반포하였다.

1935년에는 '남경시철로관리처조직규칙'을 제정하여, 철로를 남경시정부의 관할로 예속시키고, 아울러 주임 1명을 두어 시장(市長)의 명령을 받들어 철로 관련 업무를 처리하도록 하였다. 철로관리처에는 총무, 차무(車務)의 2고(股)를 두고, 각각 고장(股長)을 1명씩 임명하였다. 고장은 주임의 명령을 받아 각 고(股)의 업무를 관할하였다. 다음 해 기무고(機務股)를 증설하였다. 1937년 철로

31-2 • 남경 시내를 관통하는 영
성철로(경시철로)

출처: 「南京市鐵路銜接江南鉄路展
長之路線横貫建康路一段」,
『實業部月刊』2卷 1期, 1937,
p.14(上海圖書館《全國報刊
索引》數据庫).

판사처를 강구역에 설치하였으며, 철로직원은 총 148명이었다. 매월 급여는
주임이 180원, 고장(股長)이 80원, 기무원이 40원, 역장이 20원, 수표원(售票員)
이 8원이었다. 중일전쟁이 발발한 1937년의 시점에서 이미 열차역은 10개로
증설되었다.

개통 시에 영성철로는 영국제 기관차 2량, 1등석과 2등석 객차 각 2량, 3등
석 객차 6량, 화차(花車) 1량(양강총독 전용차), 화차(貨車) 4량을 구비하였다.
1923년의 상황을 보면, 영성철로(강녕철로)는 하루에 18차례 열차를 운행하였
으며, 왕복으로는 9차례 운행하였다. 1시간에 한 차례 남북에서 각각 출발하였
다. 열차표의 가격은 1등석 6각(角), 2등석 4각, 3등석 2각이었다. 무료로 소지
하고 탈 수 있는 휴대품의 중량은 각각 200근, 150근, 100근이었다. 만일 정해
진 중량을 초과할 경우 별도의 규정에 따라 비용을 부과하였다. 승객 수는

1929년 37만 2,443명, 1930년 35만 7,160명, 1931년 42만 6,862명, 1932년 43만 2,225명, 1933년 31만 2,040명에 달하였다.

당초 군인은 승차표를 구매하지 않고도 승차할 수 있었다. 그러나 군인의 탑승 수가 일반 승객보다 많아지자 '군용차표장정'을 제정하여 1명당 표값으로 동원(銅元) 2매(枚)를 납부하도록 하고, 만일 이를 위반할 경우 의법 처리하도록 하였다. 1936년에는 월표(5원 8각), 단체표(10명 이상)를 발행하였다.

1935년 7월 초부터 1936년 6월 말까지 경시철로의 월평균 운행 수는 744차례에 달하였으며, 승객은 총 76만 2,000명에 달하였다. 중일전쟁 전에 이 철로는 총 17량의 열차를 보유하였는데 기관차 3량, 대기관차(大機關車) 2부(部), 소기관차 1부, 1·2등석 객차 2량, 3등석 객차 6량, 화차 2량이 그것이었다. 운행은 매일 30차례 하였으며, 탑승객 수는 매 차례당 500~600명, 월별로는 5~6만 명에 달하였다. 당시 사람들의 기억에 따르면, 주요 승객은 출퇴근하는 직원들, 그리고 물건을 구입하기 위해 출타하는 주부, 상인들이었으며, 언제나 승객이 많아 시끌벅적하였다.

이 철로는 호녕철로와 연운(聯運, 연계운수)을 실시하였다. 1934년 경호호항용철로관리국과 남경시철로관리처는 연운합동(聯運合同)을 체결하고 다음과 같이 합의하였다.

① 연운의 범위는 3·4등석 여객 및 해당 여객 수하물로 한정한다. 연운의 책임은 경호철로 구간 내에서는 관리국이 책임지며, 남경시철로 구간 내에서는 관리처가 진다. 쌍방 차량은 당분간 직통으로 연결하지 않으며, 연운 여객 및 수하물은 하관역에서 갈아타야 한다.
② 연운 기차역은 경호철로의 경우 상해북역, 소주역, 무석역, 상주역(常州驛), 난양역(丹陽驛), 진강역(鎭江驛)으로 한정한다. 남경시철로의 경우는 중정가역(中正街驛), 고루역(鼓樓驛), 국부역(國府驛)으로 제한한다.
③ 연운 표가는 양 철로의 표가를 합산하여 계산한다.

영성철로(강녕철로)의 영업은 객운 위주였으며, 매월 객화 수입이 약 4,000여 원에 달하였다. 경상비 지출은 약 3,000여 원에 달하였다. 예를 들면, 1929년 12월의 수입은 2만 1,684원, 지출은 2만 5,706원이었다. 1930년 2월의 수입은 4만 3,634원, 지출은 5만 6,713원이었고, 4월의 수입은 1만 3,473원, 지출은 1만 9,667원, 5월의 수입은 6만 8,183원, 지출은 6만 9,422원이었다. 지출이 수입을 초과하자 남경시장 마초준(馬超俊)은 철로업무의 조정을 단행하였다. 1932년 철로영업 수지는 남경시 전체의 지방영업 수입과 지출의 75.96퍼센트와 51.92퍼센트로서 큰 비중을 차지하였다.

1930년대 이후 자동차의 수가 증가하고 도로도 정비되면서 철로 영업은 다소 조정 국면에 진입하였다. 열차의 속도는 시내라는 점을 감안하여 시속 25킬로미터 이하로 제한되었으며, 역과 역 사이의 거리가 짧아 구간에 따라서는 15킬로미터에 지나지 않았다. 따라서 시민들도 점차 버스 등 대중교통을 보다 선호하게 되었다.

1936년에 이 철로는 남경시민의 교통 편의를 위해 남쪽으로 3.8킬로미터를 연장하여 강남철로(江南鐵路)와 연결하였다. 연장선상에 건강로역(健康路驛), 무정문역(武定門驛), 중화문역(中華門驛)의 세 역을 증설하였다. 중일전쟁 발발 이후 철로는 일본에 접수되었으며, 강남철로와 합병되어 남녕철로(南寧鐵路)가 되었다. 중일전쟁 시 일본군에 점령되어 훼손이 심하여 더는 운행이 어려울 정도였다.

2차대전 종전 이후 국민정부가 이 철로를 접수하여 다시 경시철로(京市鐵路)라 명명하였다. 그러나 국공내전의 와중에서 철로의 보수가 제대로 이루어지지 않아 도처에서 탈선과 전복사고가 빈번하였다. 1948년 6월 남경시민들은 남경시참의회에 서한을 보내어 경시철로를 철폐해 주도록 요청하였다. 서한에서 시민들은 경시철로의 폐단을 적시하였다.

그것은 남경시내의 교통 중심구역을 통과하는 경시철로가 소음이 심하고 침목은 이미 부패할 대로 부패하여 시민의 수면을 방해하고 위생에 악영향을 주며, 사고가 끊이지 않는다는 등의 사유였다. 열차가 시내를 가로지르는 까닭에 행인들은 열차가 지나는 몇 분 동안 꼼짝 않고 통과하기를 기다려야 했으

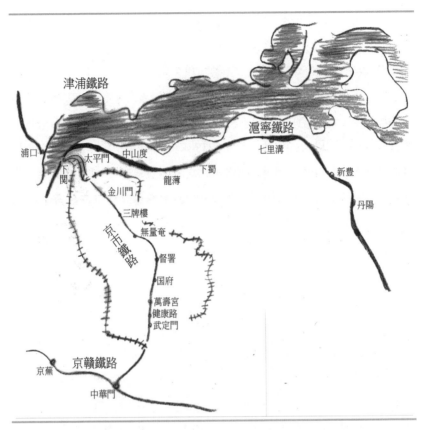

31-3 ● 영성철로 노선도

지도에서 하관 강구에서 남경성으로 들어와 금천문(金川門), 삼패루(三牌樓), 무량엄(無量奄)을 거쳐 만수궁(萬壽宮)에 이르는 영성철로(경시철로) 노선이 보인다. 1936년 남경시민의 교통 편의를 위해 경시철로를 연장하여 강남철로(이후 경공철로)와 연결하였다. 연장선상에 건강로역(健康路驛), 무정문역(武定門驛), 중화문역(中華門驛)의 세 역을 추가로 설치하였으며, 중화문역에서 경시철로와 강남철로(경공철로)가 연결되었다. 우측에 보이는 철로가 상해로부터 남경으로 이어지는 호녕철로이다. 호녕철로의 종점은 하관역이다. 호녕철로를 통해 운송된 물자는 하관역에서 남경시내로 운반되거나, 선박(페리)에 그대로 실려 장강을 건넌 이후 진포철로(津浦鐵路)의 종점인 포구역(浦口驛)과 연결되어 화북지방으로 옮겨지게 된다. 영성철로(경시철로) 역시 하관역을 출발하여 남경시내를 관통한다.

며, 열차가 지나가는 소리와 기적소리가 도시 전체를 진동하였다. 기차에서 내뿜는 석탄매연도 도시의 공기를 오염시켰다. 철로 노선을 교외로 이전해야 한다는 의견을 제시하는 시민이 증가하였다. 이에 남경시참의회는 이러한 요구를 담은 서한을 남경시철로관리처에 보내 공람하도록 하였으나 철로관리처 역시 예산 등의 어려움으로 손을 쓸 수 없는 지경이었다.

중화인민공화국 수립 이후 이 철로는 일시 영시철로(寧市鐵路)로 명칭이 변경되었으며, 일부 구간이 보수를 통해 운행을 재개하였다. 이 철로는 도시 전체를 종관하는 까닭에 시내에 총 30여 개의 건널목이 조성되어 있어 남경시민의 교통안전과 환경에 부정적 영향을 미친다고 판단되었다. 이후 1958년 요화문(堯化門)에서 중화문(中華門) 사이의 연락철로를 부설할 당시 모든 구간이 해체되어 철거되었다. 이로써 50여 년간의 남경시내철로는 역사 속으로 사라지고 말았다.

참고문헌

「民國之元首」,『東方雜志』28卷 19號, 1931. 10.
「整頓寧省鐵路」,『新聞報』, 1914. 4. 30.
李沛霖,「近代中国市内鐵路之先行: 寧省鐵路」,『檔案與建設』2015年 6期.
陶書竹,「京市鐵路下關站片區的近代城市變遷」,『建築與文化』2013年 2期.

32장

장하철로(漳廈鐵路)

복건성 성민(省民) 자본과 화교 자본으로 부설된 철로

연　도	1907~1910
노 선 명	장하철로, 응하철로(鷹廈鐵路)
구　간	장주(漳州) - 하문(廈門)
레일 궤간	1.435미터
총 연 장	28킬로미터
기　타	

　러일전쟁 이후 중국에서는 민간자본을 모집하여 철로를 부설하려는 움직임이 광범위하게 출현하였다. 복건성에서도 마찬가지로 이러한 움직임이 활발하게 전개되었다. 1905년 8월 복건의 광록사경(光祿寺卿) 장형가(張亨嘉) 등이 청조 상부(商部)에 복건성철로공사의 설립 인가를 요청하는 동시에 자판 철로의 부설을 승인해 주도록 청원하였다. 상부는 다음 달인 9월에 복건성의 요구를 승인하였으며, 이에 따라 복건성철로유한공사가 설립되었다.

　복건성은 일본의 세력권에 속하는 지역이었으며, 따라서 복건성이 스스로의 역량으로 철로를 부설하려는 움직임은 당연히 일본의 불만을 살 수밖에 없었다. 이미 19세기 말, 일본은 복건성 내에서 철로를 부설할 경우 자본 모집, 노동자의 선발 등을 사전에 일본과 상의하도록 통보한 바 있다. 복건성철로공사가 설립된 이후 먼저 하문(廈門) 건너편의 호서(嵩嶼)로부터 장주(漳州), 동석(東石)에 이르고 안해(安海)를 거쳐 천주(泉州), 복주(福州)에 이르고, 마미(馬尾)에 이르는 세 노선의 철로 부설 계획을 수립하였다. 철로를 부설하기 위한 자본을 600만 원으로 책정하여 민간으로부터 자본을 모집하였다. 1906년 11월 진보침(陳寶琛)은 친히 남양 각지로 가서 자본을 모집하였다. 그러나 결과적으로 모집된 자본은 화교자본을 포함하여 170만 원에 지나지 않았다.

32-1 • 장하철로 열차

위: 장하철로 열차/ 아래: 장하철로 수리기기창 전경

출처: 「漳廈鐵路修理火車撮影」, 『福建建設廳月刊』 2卷 5期, 1928, p.10(上海圖書館 《全國報刊索引》 數据庫).

32-2 • 장하철로 철교

출처:「漳厦路鐵橋」,『鐵路協會會報』114期, 1922, p.2(上海圖書館《全國報刊索引》數据庫).

1907년 7월 장하철로가 기공되어 진경평(陳經平)을 총공정사로, 왕회란(王廻瀾)을 부총공정사로 임명하였다. 1909년 초 진보침이 북경으로 전보되어 간 이후 복건성의 철로와 관련된 업무는 사실상 진병황(陳炳煌)이 주도하였다. 자본모집이 부진하여 장하철로의 기반 공사 및 부설공사는 상당히 완만하게 진척되었다.

이에 1909년 11월 복건성철로공사는 광동교통은행으로부터 50만 원을 차입하였다. 1910년 5월 철로는 장주로부터 17.5킬로미터 떨어진 강동교(江東橋)에 이르렀으며, 총연장 28킬로미터에 달하였다. 강궤는 한양철창에서 생산된 것으로서, 1마일당 중량 76파운드의 레일을 채택하였으며, 침목은 일본산과 현지산 홍목(紅木)을 사용하였다. 철로는 하문, 호서(嵩嶼), 해창(海澹), 석미(石美), 강동교(江東橋), 장주에 총 6개의 역을 설치하였다. 영국과 미국으로부터 기관차를 수입하여 운행하였다.

장하철로는 노선이 비교적 짧을 뿐만 아니라 하문항으로부터 3킬로미터나 떨어져 있었다. 그리하여 물류는 철로를 이용하더라도 다시 차량이나 선박을 통한 운수가 불가피하였다. 당시 사람들의 회고에 따르면, 하문에서 장주에 이르기 위해서는 먼저 배를 타고 호서에 도착한 다음 다시 기차를 타고 3시간 정도 달린 이후 하차하여 또다시 차량을 이용해야만 비로소 장주에 도달할 수 있었다. 이러한 이유로 승객이 적어 매년 적자에 허덕였다.

민국 시기에 들어 부설공사를 위한 재정이 부족하자, 복건성유한철로공사는 1914년 4월 교통부에 철로의 매수 및 국유화를 청원하였다. 이후 교통부가 이 철로를 매입하여 경영하였으며, 이에 따라 복건철로공사는 장하철로관리처로 변경되었다. 교통부는 장하철로를 매입한 이후에 교통편의를 위해 철로 노선을 연장하는 방안을 강구하였으나 시국의 불안 등으로 실현에 이르지 못하였다.

1920년에 장주에서 부궁(浮宮)에 이르는 도로와 장주에서 호서에 이르는 도로가 부설되고 나서 장하철로는 더욱 경영에 타격을 입게 되었다. 이로 인해 결국 1930년에 장하철로는 적자를 이기지 못하고 영업을 중단하기에 이른다. 1938년 5월 일본군이 하문을 점령한 이후 호서역사(嵩嶼驛舍)는 일본군에 의해 폭파되고 말았다. 이에 중국군대는 철수하면서 남아 있던 레일을 모두 해체하고 말았다.

1949년에 중화인민공화국이 수립된 이후 이 지역에서는 철로의 부설이 매우 시급한 과제로 부상하였다. 하문뿐만 아니라 복건성 전체의 발전을 위해서도 이 지역에 철로를 부설하는 일은 시급한 현안이었다. 전국정치협상회의의 제1차 회의에서 진가경(陳嘉庚)은 복선철로의 부설을 제안하였으며, 전체회의는 이를 통과시켰다. 한국전쟁으로 인해 부설 시기가 늦추어지다가 모택동의 지시로 마침내 1954년에 응하철로(鷹廈鐵路)의 부설에 착수하였다.

이 철로는 응담(鷹潭)을 출발하여 소무(邵武), 남평(南平), 영안(永安), 장주를 거쳐 하문에 이르는 총 700킬로미터의 노선으로서 5억 원의 자금이 예산으로 책정되었다. 이 철로는 성투철로(成渝鐵路)에 이어 중화인민공화국 수립 이후 두 번째로 부설된 철로였다. 철로의 부설은 노동자뿐만 아니라 중국군대, 그리

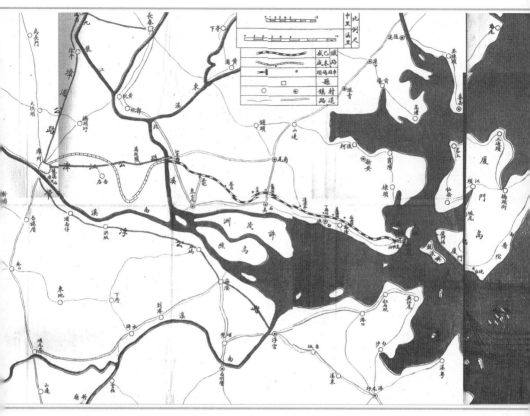

32-3 ● 장하철로 노선도

출처: 宗惟賡, 「漳廈鐵路全圖」, 『福建建設廳月刊』 2卷 5期, 1928, p.7(上海圖書館 《全國報刊索引》 數据庫).

고 복주, 천주, 하문, 장주로부터 징발된 4개 시(市), 12개 현(縣)의 2,000여 명의 학생이 동원되어 '청년지원축로대(靑年志願築路隊)'의 이름하에 군대와 함께 철로를 부설하였다. 또한 10만여 명의 민공도 동원되어 철로의 부설에 힘을 보탰다. 마침내 1957년 응하철로(鷹廈鐵路)가 완공되어 열차를 개통하였다.

참고문헌

「漳廈路鐵橋」,『鐵路協會會報』114期, 1922.

「漳廈鐵路修理火車撮影」,『福建建設廳月刊』2卷 5期, 1928.

向軍,「清末華僑與漳廈鐵路的修建」,『麗水學院學報』2012年 3期.

楨淳,「漳廈鐵路的修建與失敗」,『僑圓』1998年 3期.

劉敏,「福建地方鐵路建設」,『福建環境』1997年 5期.

王民,「閩省首條鐵路的興建與夭折」,『東南學術』1995年 2期.

詹冠群,「陳寶琛與漳廈鐵路的籌建」,『福建師範大學學報』1999年 2期.

33장

광구철로(廣九鐵路)
영국과 중국이 소유권을 분할한 광동철로

연 도	1907~1911
노 선 명	광구철로
구 간	광주(廣州) - 심수(深圳) - 구룡(九龍)
레일 궤간	1.435미터
총 연 장	178.6킬로미터[화구간(華區間) 142.8킬로미터, 영구간(英區間) 35.8킬로미터]
기 타	

광구철로는 중국 구간과 영국 구간으로 나뉜다. 중국 구간[段]은 광주 동교(東郊)의 대사두역(大沙頭驛, 현재의 광주 동역)에서 시작하여 심수(深圳)에 이르는 총연장 142.8킬로미터의 노선이다. 영국 구간은 심수역으로부터 구룡해항(九龍海港)까지로 총 35.8킬로미터이다. 중국 구간은 영국차관으로 부설되었으며, 영국 구간은 영국이 스스로 부설하였다. 중국 구간과 영국 구간은 1907년 8월에 동시에 착공되었으며, 1911년 3월과 9월에 각각 준공되었다.

1898년 8월 21일 청조는 영국에 광구철로를 비롯한 5개 철로 노선의 부설권을 부여하였다. 뒤이어 1899년 3월 28일 청조의 성선회와 영국상 이화양행[중영은공사(中英銀公司) 대리]은 '광구철로차관초합동'을 체결하였다. 조약에서는 광주에서 출발하여 영국의 조차지 구룡에 이르는 철로를 장래 월한철로와 연접하고, 모든 조건을 1898년 5월 13일 영국과 체결한 '호녕철로초합동'과 동일하게 하도록 규정하였다.

1905년 장지동이 영국으로부터 월한철로를 부설하기 위한 차관을 도입할 당시 영국영사는 다음과 같은 조건을 부가하였다. ① 광구철로 전 노선을 중영 합판으로 부설한다. ② 구룡에서 광주에 이르는 노선의 경우 중국영토 내에서는 호녕철로의 계약에 준하여 처리한다. 영국 조계 내에서는 영국이 스스

33-1 • 2차대전 시기에 일본이 복구하여 개통한 광구철로의 모습

출처: 「廣九鐵路全線通車」, 『婦女世界』 5卷 2期, 1944, p.4(上海圖書館《全國報刊索引》 數据庫).

로 부설한다. 구룡에서 광주에 이르는 구간은 전 노선이 완공된 이후 서로 연결한다.

1907년 3월 7일 청조는 중영은공사와 '광구철로차관합동'을 체결하였다. 계약 조건은 상환 기한 30년, 12년 거치 후 17년 반에 걸쳐 상환하는 것으로 정해졌다. 차관의 담보로 철로 자산 및 개통 이후 영업 수익을 모두 설정하였다. 차관 기간 중에 영국은 영국인 총공정사 및 회계를 각각 1명씩 임명하여 철로의 부설공사를 주관하도록 하였다. 이와 함께 지선을 부설할 경우 반드시 중영공사와 우선적으로 협의한다는 조항도 부가하였다.

중국 측 노선은 1907년부터 부설하기 시작하여 1911년에 전 노선이 개통되었으며, 부설 비용은 1,240여 파운드에 달하였다. 여기에는 5년간의 차관 이자 및 은공사에 대한 보수 41만 파운드가 포함되었으며, 차관에 대한 이자는 연 1리로 평균 14만여 원에 달하였다. 영국 측 노선인 심천 이동(以東)지역의 부설

33-2 • 광구철로 전경

위: 광구철로 노선을 주행하는 열차/ 아래: 광구철로의 종점역인 구룡역(九龍驛).

출처: 「廣九鐵路風景」, 『交通雜誌』 2卷 11期, 1934, p.1(上海圖書館 《全國報刊索引》 數据庫).

33-3 ● 광구철로의 열차 내부 모습

출처: 「廣九鐵路風景」, 『交通雜誌』 2卷 11期, 1934, p.1(上海圖書館 《全國報刊索引》 數据庫).

비용은 당초 680만 원으로 책정되었으나, 공사의 난이도가 높았으며 특히 터널이 많아 약 2,000만 원(1리 평균 50만 원)이 소요되었다. 1907년에 부설공사에 착공하여 1911년에 열차가 개통되었다.

이 철로의 영업성적은 수로와의 경쟁으로 인해 매년 적자를 면치 못하였다. 광구철로는 주강(珠江)과 평행으로 부설되어 객화의 운송 업무에서 수륙 간에 경쟁이 치열하였다. 광주와 구룡 사이에 직행 여객 쾌속열차를 운행하여 객운이 비교적 발달한 이외에 화물 운송은 그다지 활발하지 못하였다. 전체 수입에서 객운이 80퍼센트 이상을 차지할 정도였다. 영국 구간과 비교하여 중국 구간 쪽이 연선에서 시진이 번성하고 인구도 조밀하며 상업도 번성하였다. 특히 동강 일대의 화물이 이 철로를 통해 집산되었다. 그러나 영국 구간은 상대적으로 산림 구간이 많았다.

당초 영국이 광구철로를 부설한 목적은 중국 내지의 화물을 경한철로, 월한철로, 광구철로의 여러 노선으로 연결하여 구룡항까지 운송하려는 것이었다. 부설 초기에 영국은 여러 차례에 걸쳐 이 철로를 광주에서 월한철로와 서로 연결할 것을 요구하였다. 그러나 광동사회는 철로의 연결이 광주의 번영을 저해할 수도 있다는 점과 영국의 경제세력이 장강 유역으로 확대될 가능성을 우려하여 이를 받아들이지 않았다. 따라서 이 문제는 중영 사이에 줄곧 해결되지 못한 채 남아 있었다. 1936년 3월 월한철로가 머지않아 전 노선에 걸쳐 열차를 개통하려 할 즈음에 철도부장 장가오(張嘉璈)가 광주로 와서 광동성 상인들과 광구철로와 월한철로의 연결 문제를 협의하였다. 그러나 마찬가지로 광동인들의 격렬한 반대에 부딪쳤다.

이러한 가운데 1937년 7·7 사변이 발발한 이후가 되어서야 비로소 광구철로와 월한철로가 서로 연결될 수 있었다. 무창(武昌)과 구룡을 왕복하는 직통열차가 개통되자 광구철로의 화물 운수가 비로소 활기를 띠기 시작하였다. 노선의 연결 이전에 중국 구간의 영업수지는 부진하여 영국에 대한 차관의 원금과 이자를 지급할 경우에도 정부로부터 재정 지원이 필요할 정도였다.

영업이 부진하였던 또 다른 원인은 영국 구간과 중국 구간의 계약규정에서 객화 운수의 수입 분배가 불합리하였기 때문이다. 중국 구간은 65퍼센트를 수취하였으며 영국은 35퍼센트를 수취하였다. 그러나 이는 선로 이정(里程)의 장단에 따라 분배한 것이 아니었다. 중국정부는 수차례에 걸쳐 분배방법의 개선을 요구하였으나 영국 측은 이를 수용하지 않았다. 이러한 가운데 1934년 7월에 이르러서야 중국과 영국 쌍방의 담판을 거쳐 비로소 중국 구간이 72퍼센트, 영국 구간이 28퍼센트를 수취하는 것으로 변경되었다.

1930년 국민정부의 북벌 시기에 광구철로의 통행이 일시 중단되었다. 1937년 8월 광구철로는 구룡(九龍)에서 산두(汕頭)에 이르는 직통열차를 개통하였다. 중일전쟁이 발발한 이후 광구철로의 중국 구간은 일본전투기의 일상적 공습으로 말미암아 정상적인 운영이 불가능하였다. 단지 일부 철로 직원의 노력하에서 가능한 한 열차의 운행을 최소한도로 유지하려 시도하였다. 그럼에도 광구철로를 통해 차, 동유(桐油), 담배, 주석, 안티몬 등의 물자가 외부로 수출되어 외화의 획득과 이를 통한 군수품의 구매 및 운수에 크게 기여하였다. 특히 월한철로와 광구철로가 연결된 이후 구룡을 통해 바다로 나아가는 유통로가 확보됨으로써 이는 항전 초기 군수품의 수입 및 중국산 물자를 수출하는 유일한 통로가 되었다. 수많은 외국의 원조 물자 및 군수품, 무기가 홍콩으로 유입되었으며, 광구철로를 통해 운송되었다.

1938년 10월 12일 광구철로 중국 구간의 철교가 파괴되면서 열차의 운행이 중단되었다. 같은 해 10월 21일 광주가 적의 수중에 함락되면서 어쩔 수 없이 광구철로의 중국 구간은 운행을 완전히 중단하고 말았다. 1941년 12월 8일 일본군이 홍콩을 공략하자 영국은 광구철로 영국 구간의 광구철로와 수많은 부속 설비를 파괴하여 일본군의 진입을 저지하고자 하였다. 같은 해 12월 25일 홍콩이 함락되었다. 일본은 1943년 광구철로의 복구를 완료하고 홍콩에서 광주로 향하는 직통열차의 운행을 회복하였다. 다른 한편 원래 광구철로에 속한 영국 구간의 열차와 설비는 중국 대륙으로 이전하여 사용되었다. 이로 인해 2차대전 종결 이후 홍콩에는 기관차가 2량만 남아 있을 뿐이었다.

1949년 10월 14일 중국공산당이 광주로 진주한 이후 구룡과 광주를 직통으로 연결하는 열차의 운행이 일시 중단되었다. 중국 구간은 심수역이 종점역으로 변경되어 이후의 광심철로(廣瀋鐵路)가 되었다. 영국 구간은 나호역(羅湖驛)이 종점역이 되었다. 이 밖에 홍콩정부는 분령(粉嶺)에서 화합석분장(和合石坟場)에 이르는 화합석지선(和合石支線)을 부설하였다. 그리하여 매년 청명절(淸明節)과 중양절(重陽節)에 승객이 이 노선을 이용할 수 있도록 하였다.

1955년 9월 5일 2량의 디젤기관차가 광구철로의 영국 구간에 투입되어 운영되면서 마침내 1961년 8월에는 종래의 증기기관차가 모두 디젤기관차로 교체되었다. 1973년에는 광구철로 영국 구간에서 선로의 복선화 공정이 개시되었다. 1978년 광구철로 영국 구간에서 전선에 걸쳐 현대화 및 전기화 공사가 개시되었으며, 이를 위해 총 35억 홍콩원의 예산이 편성되었다.

33-4 • 광구철로 노선도 1
지도에서 보이듯이 광주 - 구
룡 간의 광구철로는 광주에
서 한구로 이어지는 월한철
로 및 불산(佛山)을 거쳐 삼
수(三水)에 도달하는 월한철
로 광삼지선(廣三支線)과 서
로 연결된다.

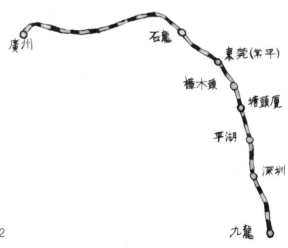

33-5 • 광구철로 노선도 2

참고문헌

「廣九鐵路全線通車」, 『婦女世界』 5卷 2期, 1944.

「廣九鐵路風景」, 『交通雜誌』 2卷 11期, 1934.

「日機轟炸廣九鐵路」, 『中國畫報』 1卷 9期, 1938.

鍾遠明, 「粤港-線牽-廣九鐵路通車百年」, 『鐵道知識』 2012年 1期.

嚴智德, 「論抗戰初期廣九鐵路的軍事運輸」, 『軍事歷史研究』 2016年 5期.

34장

호항용철로(滬杭甬鐵路)

제2차 상해사변 당시 군수 담당 철로

연　　도	1907~1914
노 선 명	호항용철로, 소항용철로(蘇杭甬鐵路)
구　　간	상해(上海) - 항주(杭州) - 영파(寧波)
레일 궤간	1.435미터 단선(單線)
총 연 장	201.9킬로미터
기　　타	

이 철로는 상해, 항주, 영파[용(甬)]*를 잇는 노선으로서, 당초 명칭은 소항용철로(蘇杭甬鐵路)였으나 이후 상해를 기점으로 하면서 호항용철로로 변경되었다. 상해, 영파는 중요한 통상항구이며 소주, 항주는 각각 절강, 소주 두 성(省)의 성도이다.

일찍이 1898년 영국은 노한철로에 대한 차관권을 얻어내는 데 실패하자, 청조에 압력을 가하여 자신의 세력범위 내에 위치한 소항용철로에 대한 차관권을 획득하였다. 영국으로서는 호녕철로(滬寧鐵路)와 함께 호항용철로 부설권을 획득한 셈이다. 1898년 10월 철로총공사의 성선회는 영국 이화양행과 일종의 가계약 형식인 '소항용철로차관초합동'을 체결하여 소주 - 항주 간 노선을 부설하기로 결정하고, 나아가 영파로까지 철로 노선을 연장하기로 하였다. 이 차관은 호녕철로에 대한 차관 조건과 동일하게 처리하기로 합의하였다. 그러나 두 성의 신상(紳商)들은 청조에 계약 폐지를 요구하는 동시에, 스스로 자본을 모집하여 소항용철로를 부설할 예정임을 천명하였다. 1903년 5월 성선회는 영국에

---

* 영파(寧波)는 절강성 제일의 항구도시로서, 항주만 남쪽 해안에 용강(甬江)과 여요강(餘姚江)이 합류하는 지점에 있어 용(甬)이라 불려왔다.

34-1 • 호항용철로 철교
출처: 「滬杭甬鐵路鐵橋」, 『東方雜志』 8卷 8
號, 1911.10, p.1.

6개월 이내에 노선을 측량하고 부설 비용을 산출한 후 조약을 체결할 것을 요구하였다. 만일 이것이 실현되지 못할 경우 가계약의 효력이 상실될 것임을 통보하였다.

1905년 8월 상판의 절강철로공사가 성립되면서 탕수잠(湯壽潛)이 총리로, 유금조(劉錦藻)가 부총리로 임명되었다. 이후 공사는 초합동(草合同)[가계약]의 폐지를 요구하는 한편, 강소성과 공동으로 소항용철로를 자력으로 부설하도록 요구하였다. 이에 청조는 이를 승인하였다. 이를 위해 성선회는 자력으로 이 철로를 부설할 의사를 영국 측에 전달하고, 한편으로는 영국의 반발을 의식하여 비공개로 가계약의 폐지를 선언하였다. 강소성에서도 1906년 5월 상판의 강소철로공사가 설립되어 왕청목(王淸穆)이 총리로, 장건(張謇)이 부총리로 임명되었다.

1906년 10월과 1907년 3월에 호항용철로의 절단(浙段, 절강 구간)과 소단(蘇段, 강소 구간)의 철로 부설이 시작되었다. 절단은 항주 전당강 갑구(閘口)로부터 항주성역을 거쳐 가흥부(嘉興府) 풍경(楓涇)에 이르는 총연장 124킬로미터에 달하며, 1909년 5월 준공되었다. 소단은 상해남역(上海南驛)으로부터 송강(松江)을 거쳐 풍경에 이르는 총연장 70.7킬로미터로서, 1908년 11월에 완공되었다. 1910년 6월에 절단(浙段)에서는 항주에서 영파에 이르는 철로 노선의 부설에 착수하였으며, 1914년에 영파에서 조아강단(曹娥江段)에 이르는 노선이 완성되었다. 이 결과 절강 구간의 노선은 총연장 77.9킬로미터에 달하게 되었다. 1908년 호녕철로의 준공을 앞두고 소항용철로의 기점이 소주로부터 상해로 변경되었다.

영국은 청조가 철로공사의 성립과 호항 구간[단(段)]의 부설을 비준하자 차관 초약이 폐기되기 이전에 철로 부설권이 여전히 영국 측에 있음을 주장하며, 정약(본계약)을 체결할 것을 요구하였다. 1908년 3월 6일 청조 외무부와 우전부는 중영은공사와 '호항용철로차관합동'을 체결하고 중국 측이 영국으로부터 차관을 도입하기로 결정하였다. 차관의 주요한 내용은 아래와 같다.

① 차관의 액수는 150만 파운드이며, 93퍼센트 실부(實付, 실수령)로 수취하며 연리 5리(厘)로 정한다.

② 이 차관은 상해를 출발하여 가흥(嘉興), 항주를 거쳐 영파에 이르는 철로를 부설하는 용도로 사용한다.

③ 차관은 30년 기한으로 10년 거치 이후 11년째부터 20년간 상환한다.

④ 차관의 담보로 관내외철로의 잉여(수익)를 제공한다.

⑤ 부설 공정 시에 중국 측 총판이 영국인 총공정사 1명을 선임거나 혹은 영국이 선임거나 아니면 중국철로에서 근무하는 영국인 공정사 가운데에서 선발한다. 부설 공정이 완료된 이후 차관의 기한 내에는 마찬가지로 영국인 총공정사를 1명 둔다.

그러나 호항용철로차관합동이 체결된 이후 강소와 절강 상민들의 강력한 반대가 제기되었으며, 각지에서 영국차관 거부운동이 광범위하게 전개되었다. 더욱이 차관에 관계없이 두 철로는 민간자본의 모집을 통해 부설이 추진되었다. 두 철로공사의 자본 모집은 매우 순조로웠다. 절강철로공사는 자본 모집시에 100원(元)을 정고(整股)로 하고 10원을 영고(零股)로 하여* 600만 원의 모집 공고를 냈으며, 연리는 7리로 규정하였다. 이러한 결과 1년 만에 484만 원의 자본을 모집할 수 있었다. 강소철로공사는 1주(股)당 5원, 연 이자 7리로 388만 원에 달하는 자금을 모집하였다. 강소철로공사는 새로운 자본[新股]의 모집으로 5원, 1원의 단주(端株)**를 증설 발주하고, 이를 통해 일반인의 주식

---

* 근대 중국기업은 보다 많은 출자자를 유치하기 위해 정고(整股)와 영고(零股) 두 종류의 액면주식을 발행하기도 하였다. 영고는 대체로 정고의 1/10 규모로 발행되었다. 특히 철로와 광업의 경우 자본 총액이 비교적 많았기 때문에 많은 출자자를 확보하기 위해 적은 금액의 영고를 많이 발행하였다.

매입을 확대하고자 하였다. 얼마 후 모집된 자본은 535만여 원에 달하여 항용 구간의 부설 비용으로 충당하였다. 호항용철로는 풍경(楓涇)을 경계로 절강과 소주 구간으로 나눈다.

소로(蘇路)는 1908년 11월에 부설되어 열차를 개통하였다. 상해남역(호녕철로역을 상해북역이라 하였다)으로부터 출발하여 용화(龍華), 장신(莊莘), 송강을 거쳐 풍경(楓涇)에 이르는 61.2킬로미터에 달하였다. 용화에서 일휘항(日暉港) 사이에 3.8킬로미터의 지선이 있어 부설 자재를 운반하기 편리하도록 하였다. 절로(浙路) 항풍(杭楓) 구간은 1909년 5월 부설이 완료되어 열차를 개통하였다. 전당강(錢塘江) 북쪽 기슭의 갑구로부터 남성교(南星橋), 항주, 간산문(艮山門), 여항(余杭), 해녕(海寧), 가흥을 거쳐 풍경에 이르는 총연장 125킬로미터에 달하였다. 항주의 간산문과 공신교하문(拱宸橋河運) 부두 사이에 5.9킬로미터에 달하는 지선이 부설되었다.

호항 구간의 간선은 총연장 186.2킬로미터로 단선이고 표준궤간을 사용하였으며, 1미터당 레일 중량은 37킬로그램이었다. 레일은 한양철창에서 생산된 강궤를 사용하였다. 항용(杭甬) 구간은 1910년 6월에 기공하여 영파에서 조아강(曹娥江)에 이르는 구간을 부설하였다. 1906년 철로총공사가 철폐되자 성선회가 호항용철로의 업무를 관할하지 않았다. 그러나 1910년 8월 성선회는 다시 우전부 우시랑으로 임명되어 철로업무를 주관하였다.

강소철로공사와 절강철로공사는 1913년과 1914년에 주주총회의 결정에 의거하여 이 철로를 국유화하기로 결정하였다. 교통부는 이 두 공사와 접수 방법을 협의하고, 소로의 경우는 주식 일체를 347만 원으로 평가하였으며, 이 밖에 이자 107만 원을 추가로 지불하기로 하였다. 절로의 경우는 상해규은(上海規銀) 800만 량으로 평가되었다. 이들 자금은 모두 호항용차관으로부터 발부하기로 하였다. 소단과 절단은 합병되어 호항용철로가 되었으며, 교통부는 호녕철로

** 거래단위 미만의 주식. 증권거래에서는 매매단위에 미치지 않는 수의 주식을 말한다. 예를 들어 한국증권거래소의 매매 수량 단위는 10주이므로 이에 미달되는 주는 단주가 된다.

34-2 • 호항용철로 항주역

출처: 「滬杭甬鐵路杭州城站」, 『鐵路協會會報』第33期, 1915, p.3(上海圖書館 《全國報刊索引》 數据庫).

총판 종문요(鍾文耀)를 파견하여 호항용 총판을 겸임하도록 하였다. 이 밖에 호녕철로 총공정사가 호항용철로의 총공정사를 겸임하도록 하였다. 합병 이후 양로관리국을 설립하였다.

이 철로의 수입은 여객이 대종이었으며, 영업 수지는 경호철로와 비교하여 다소 부진한 편이었다. 1936년 소가철로의 부설이 완료된 이후 가흥에서 서로 연결되었다. 절공철로(浙贛鐵路)가 완공된 이후에는 철도부와 절강성정부가 힘을 모아 전당강대교(錢塘江大橋)를 가설하여 1937년이 되면 열차를 개통할 수 있게 되었다. 이로써 호항용철로는 절공철로와 연결되어 연계운수도 실행할 수 있게 되었다. 전당강대교를 가설할 때에 자금 부족으로 인해 철도부는 다시 중영공사(中英公司) 및 중국건설은공사로부터 110만 파운드의 차관을 도입하지 않을 수 없었다.

호항용철로는 특히 송호항전, 즉 제2차 상해사변을 비롯하여 항전의 과정에서 중요한 역할을 수행하였다. 전당강대교가 가설된 1937년은 마침 중일전쟁

(단위: 법폐원)

	1931.9.18~1945.8.15		1932
	직접손실	간접손실	직접손실
경호철로	37,202,100	24,977,900	8,049,736
호항용철로	28,196,500	7,093,700	1,159,314

이 발발한 시기이기도 하다. 1937년 중일전쟁(노구교사변)이 발발하자 7월 15일 국민정부 철도부장 장가오(張嘉璈)는 남경에서 비행기를 타고 상해에 도착하여 경호철로 및 호항용철로국장 황백초(黃伯樵)와 철로 운수를 통한 병력의 이동 문제를 협의하였다. 이 밖에 호항용철로국은 상해, 진강(鎭江), 항주 등 지역에 병원을 설립하고 객차를 의무위생차로 개조하여 전쟁에 대비하였다. 7월 23일 국민당 경호호항용철로특별당부는 항적후원회를 조직하고 전체 철로 직원들에게 일치항일 및 한간의 심판 등을 당부하기도 하였다.

7월 24일 국민정부는 전시운수판법(戰時運輸辦法)을 반포하고 이어서 철로운수사령부(鐵路運輸司令部)를 창립하였다. 그리하여 전종택(錢宗澤)을 사령으로 임명하고, 아울러 당시 철도부 철도대경총국 국장인 장서구(蔣鋤毆)와 하경무(何竟武)를 부사령으로 임명하였다. 경호철로, 호항용철로의 군수 업무는 운수사령부가 파견한 선구사령(線區司令)이 주관하였으며, 군사위원회에 직속되었다. 객화 운수는 여전히 경호철로국과 호항용철로국이 주관하였다. 제2차 상해사변 당시 경호철로와 호항용철로(상해의 소가철로를 포함하여)는 병력의 수송을 통해 중국의 항전에 크게 기여하였다. 제2차 상해사변 당시 군사위원회 위원장 장개석도 경호철로를 이용하여 수차례 상해를 중심으로 한 전구를 방문하였다.

1937년 항전 중에 경호철로는 8월 13일부터 12월 7일까지 총 118일 동안 군수업무에 종사하였으나, 마침내 12월 7일에 이르러 업무를 중단하지 않을 수 없었다. 호항용철로는 135일 동안 군수업무에 종사하였으며, 12월 24일에 이르러 운수업무를 중단하지 않을 수 없었다. 이러한 가운데 호항용철로에 대한 일본 전투기의 공습이 수시로 전개되어 큰 피해를 입었다. 2차대전 종결 이후

34-4 • 제2차 상해사변[송호항전(淞滬抗戰)] 시 일본군의 폭격으로 폐허가 된 호항용철로 상해남역

위: 폭격당한 상해남역/ 아래: 폭격으로 파괴된 호항용철로의 객차

출처: 『東方雜志』 34卷 16/17號, 1937.9, p.9.

繪鑑金徐 （員眾）生寫作工工員路鐵

34-5 ● 호항용철로 매표소 창구의 직원

출처: 徐金鑑, 「鐵路員工工作寫生」, 『京滬滬杭甬鐵路週間』19期, 1930, p.1(上海圖書館《全國報刊索引》數据庫).

34-6 ● 손문의 운구를 운송하는 호항용철로

출처: 「鐵道部: 南京新建鐵路部壯觀」, 『中國大觀圖畫年鑑』, 1930, p.135(上海圖書館《全國報刊索引》數据庫).

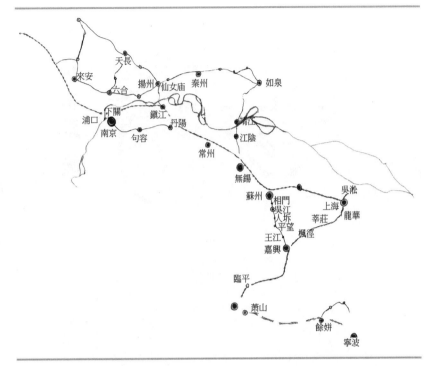

34-7 ● 호항용철로 노선도 1

상해에서 영파에 이르는 호항용철로 노선과 가흥에서 소가철로(蘇嘉鐵路)와 연결되는 모습이
보인다.

참고문헌

「滬寧鐵路上海車站」,『東方雜志』8卷 8號, 1911.10.

『東方雜志』31卷 1號, 1934.1.

『東方雜志』34卷 16/17號, 1937.9.

『東方雜志』23卷 5號, 1925.3.

정지호, 「근대 중국 회사기업의 제도실태」,『중국학보』60집, 2009.12.

徐金鑑, 「鐵路員工工作寫生」,『京滬滬杭甬鐵路週間』19期, 1930.

「滬杭甬鐵路杭州城站」,『鐵路協會會報』33期, 1915.

楊玄博, 「試析滬杭甬鐵路職工衛生事業的發展(1928-1937)」,『民國檔案』2012年 4期.

岳欽韜, 「近代鐵路建設對太湖流域水利的影響」,『中國歷史地理論叢』2013年 1期.

34-8 ● 호항용철로 노선도 2

상해 - 영파 간의 호항용철로 노선도(점선 부분).

黃文, 「晩淸滬杭甬鐵路對英借款趨議」, 『牡丹江師範學院學報』 2007年 4期.

楊玄博, 「從商辦到國有化: 試論淸末民初滬杭甬鐵路的發展槪況」, 『湖州師範學院學報』 2011年 33期.

姚竹明, 「晩淸滬杭甬鐵路的集資硏究」, 『內蒙古農業大學學報』 2011年 13期.

栗林幸雄, 「浙江鐵路公司硏究についての覺書」, 『史峯』 10號, 2004.

佐野實, 「滬杭甬鐵道借款契約實效性を巡るイギリスと地方の關係」, 『史學』 78卷 4號, 2009.

35장

남심철로(南潯鐵路)
국민정부 철도부가 국영화한 강서성의 민영철로

연 도	1907~1916(1916년 6월 개통)
노 선 명	남심철로
구 간	남창(南昌) - 구강(九江)
레일 궤간	1.435미터
총 연 장	128킬로미터
기 타	

남심철로는 구강(九江)에서 남창(南昌)에 이르는 총연장 128킬로미터의 철로이다. 남심철로는 일본자본을 도입하여 부설한 민영철로이나 국민정부 수립이후 국유로 전환되어 철도부의 직할로 경영된 철로이다. 1904년 강서성의 이성탁(李盛鐸) 등이 민간자본을 모집하여 철로를 부설할 계획을 수립하고, 이를 위해 상판(商辦)의 강서철로공사(江西鐵路公司)를 설립하였다. 남심철로는 열강이 보유하고 있던 중국철로의 부설권을 회수한다는 슬로건하에서, 강서성 성민의 자본을 모집하여 자력으로 철로를 부설한다는 취지로 추진되었다. 이에 청조는 강서의 자판(自辦) 철로 부설을 승인하였다.

강서철로공사는 강서성 평향인(萍鄉人)인 이유유(李有棻)를 총판(總辦)으로, 진삼립(陳三立)을 회판(會辦)으로 선임하였다. 1905년 초 이유유는 영국인과 덴마크인을 총공정사와 부공정사로 임명하여 노선을 측량하도록 하였다. 이 철로는 당초 자본 700만 원을 모집할 계획을 수립하였다. 당시 상법에 따르면 상판공사(商辦公司)의 경우 반드시 동사회(이사회)의 조직을 갖추도록 규정되어 있었다. 이에 1909년 10월 8일 공사는 제1차 고동회의(주주회의)를 개최하고 나조동(羅兆棟), 사패현(謝佩賢) 등 9명을 동사로, 이성탁(李盛鐸), 주익번(朱益藩) 등 91명을 명예동사로 선출하였다.

1906년 일반으로부터 자본을 모집하였으나, 모집된 자금이 50만 량에 지나지 않았다. 이에 이유유는 어쩔 수 없이 일본자본 대성공상회사(大成工商會社) 경리 오단백(吳端伯)으로부터 연리 7리(厘), 10년 상환을 조건으로 100만 량의 차관을 도입하였으며, 철로공사는 주식 27만 7,777고(股)를 담보로 제공하였다. 다음 해 일본인을 총공정사로 임명하였다. 철로 부설과 관련하여 모든 자재의 구입 및 교량, 건축공사를 일본의 대창양행(大倉洋行)에 위탁하였다.

이 철로는 당초 구강에서 남창에 이르는 구간을 우선 부설한 이후에 남창에서 길안(吉安)으로 노선을 연장해 나가고 다시 길안에서 공남(贛南)에 이르는 노선을 부설하여 광동성의 철로와 서로 연결하려는 계획을 수립하였다. 1908년 먼저 남창으로부터 구강에 이르는 구간에 대한 부설공사에 착수하여 1911년에 구강으로부터 덕안(德安)에 이르는 구간이 완공되자 이 구간에서 열차의 운행을 개시하였다. 그러나 나머지 구간에 대한 부설공사는 자금 부족으로 말미암아 중단된 상태였다.

1911년 공사의 명칭이 남심철로공사(南潯鐵路公司)로 개명되었다. 1911년 남심철로공사는 일본동아홍업회사와 차관을 도입하기 위한 협상을 개시하였다. 동아홍업회사는 1909년 7월에 미쓰이(三井), 미쓰비시(三菱), 일본홍업은행(日本興業銀行)이 공동으로 출자하여 설립한 회사였다. 이 회사는 겉으로 보기에는 상업조직이지만 실상 일본정부가 깊이 관여하여 중국에 자본을 수출하여 투자한 회사였다.

1912년 7월 남심철로공사는 동아홍업회사와 계약을 체결하여 500만 엔(円)을 차입하고 연리 6리, 10년 거치 이후 11년째부터 원금과 이자를 상환하도록 하였다. 만일 이자의 지급이 지체되거나 원금, 이자의 상환이 어려울 경우 회사가 공사의 경영을 대행하도록 하였다. 더욱이 계약에서는 동아홍업회사가 공정사를 추천할 권리, 차관의 우선 대여권 및 장부의 감찰권, 철로 부설 자재의 구매권 및 기차역과 교량 등 중요 공사를 청부할 권리 등을 획득하였다. 이 차관의 내원은 바로 일본대장성의 자본이었다. 차관을 도입한 이후 비로소 철로의 부설공사를 재개할 수 있었다. 그러나 얼마 지나지 않아 다시 자금 부족이 심화되었으며, 어쩔 수 없이 동아흥업회사로부터 재차 후속 차관 250만 엔을 차입하였다.

구강에서 도가부(涂家埠) 사이의 구간에서 부설된 레일은 한양 철창에서 생산된 제품으로서 중량이 76파운드에 달하였다. 도가부에서 남창에 이르는 구간은 일본에서 생산된 레일을 부설하였으며, 침목은 대부분 일본소나무 그리고 현지에서 생산된 녹나무와 밤나무를 사용하였다.

마침내 1915년 2월 3일 남심철로공사는 영업의 조기 실현을 위해 각계 대표를 불러들여 철로

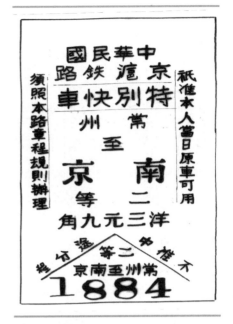

35-1 • 2등석 열차표

의 개통식을 거행하였다. 그리고 다음 해인 1916년 6월 마침내 남심철로 전 노선이 개통되었다. 여객운수에서는 객차를 1등(頭等)석, 2등석, 3등석으로 나누고, 이후 다시 4등석 열차표를 추가하였다. 1916년 남심철로는 19만여 명을 운송하였으며, 1917년에는 28만 명, 1922년에는 34만 명을 운송하였다.

화물운수는 1916년에 5만여 톤이었고, 1918년 이후 대체로 10만 톤 이상의 수량을 유지하였다. 1922년에는 화운이 43만 톤에 달하였다. 1926년까지 남심철로의 객운 수입은 총 379만 6,393원이었으나 화운 수입은 297만 2,566원에 지나지 않았다. 화운의 주요한 내역은 농산품, 특히 쌀의 운송이 많았다. 남심철로가 개통되기 이전에 수출된 구강의 쌀 수량은 매년 10만 담(擔)에도 미치지 못하였으나, 개통 이후 1916년에 일약 36.6만 담으로 증가하였으며, 1924년에는 244.8만 담으로 대폭 증가하였다.

1916년 남심철로의 직원 총수는 총 1,040명으로서, 이 가운데 정식직원이

등급	1916	1917	1918	1919	1920	1921	1922	1923	1924
1등	165	542	554	1,054	828	890	802	602	449
2등	1,379	4,960	5,893	7,846	7,502	7,917	7,209	6,384	5,764
3등	185,106	274,685	252,886	304,543	306,325	297,744	334,404	284,329	319,158
4등	5642								
총계	192,292	280,187	259,333	313,439	314,665	306,551	342,415	291,315	325,371

출처: 交通鐵道部交通史編纂委員會編, 『交通史路政編』 16冊, 1935, pp.660~661.

146명, 임시고용인이 894명에 달하였다. 선로는 총 128킬로미터로서 1킬로미터당 직공이 8.5명인 셈이다. 1938년 원공(員工)은 총 1,100여 명, 노경(路警)이 400여 명에 달하였다. 여객인수가 해마다 증가하여 1916년에는 19.23만 명, 1917년에는 28.02만 명, 1922년에는 32.54만 명, 1935년에는 46.84만 명에 달하였다.

이 노선은 여객 위주로 운영되었으며 화물 운송량은 비교적 적었다. 1916년에는 29만 톤, 1924년에는 21만 톤이었다. 주요한 원인은 노선의 거리가 짧고, 북쪽으로 장강이 위치하고 남쪽으로는 공강(贛江)이 위치하여 기타 철로와의 연계운수가 어려웠기 때문이다. 또한 수운(水運)을 담당하고 있던 파양호항운(鄱陽湖航運)과 물류 유통 루트가 평행하여 수운과의 경쟁으로 말미암아 경영이 어려웠다.

남심철로는 1916년부터 1922년까지 사이에 운수 수입이 가장 좋은 해가 1931년으로 167.28만 원에 달하였는데, 이 가운데 객운이 112.18만 원, 화운이 47만 7,200원이었으며, 기타 수입이 7만 3,900원에 달하였다. 이 해 운수 지출은 123만 원으로 순익이 39만 원이었다. 기타 연도의 경우 수지가 대체로 비슷하여 순익은 적은 편이었다.

중화민국 성립 이후 계속해서 철로국유화정책이 추진되었으며, 1926년 북벌전쟁이 폭발한 이후 북벌군이 남심철로를 장악하였다. 1926년 11월 장개석

35-3 • 국민정부 철도부 본관 전경

출처: 「鐵路部: 南京新建鐵路部壯觀」, 『中國大觀圖畫年鑑』, 1930, p.135(上海圖書館 《全國
報刊索引》 數据庫).

은 철로의 조속한 복구와 개통을 명령하였다. 1927년 남심철로의 적자가 이미
747만 3,716원에 달하였다. 일본은 대장성 재무관을 파견하여 차관을 기한 내
에 상환하도록 독촉하였다. 남심철로는 국고(官股), 민간자본, 지방자본(地方公
款) 등 내역이 복잡하였으며, 일본으로부터 도입한 차관은 총 1,000만 엔에 달
하였다. 부설 비용은 국폐 1,200만 원에 달하였다. 이에 강서성과 국민정부는
철로의 국유화를 본격적으로 추진하였다.

이에 대해 1928년 5월 일본은 남심철로의 국유화를 승인하지 않겠다는 방침
을 중국정부에 전달하였다. 그러나 국민정부는 철도부가 성립된 이후 최종적
으로 남심철로를 철도부 관할로 이관하기로 결정하였다. 강서성정부는 1929
년 1월부터 12월까지 매월 3만 원을 외채 상환을 위해 출자하기로 결정하였다.
또한 주주의 자본은 경영이 호전되어 수익이 창출된 이후에 점차 상환하기로
하였다. 1929년 1월 20일 철도부는 정식으로 남심철로를 접수하였으며, 철로
의 국유화를 실현하였다.

35-4 • 남심철로관리국 철도부 1주년 기념식
출처: 「南潯鐵路管理局慶祝鐵道部週年紀念會撮影」, 『鐵道公報』(铁道部成立一周年纪念特刊),
      1929, p.10(上海圖書館《全國報刊索引》數据庫).

국유화 이후의 변화

1929년 1월 남경국민정부는 남심철로를 국유화하는 동시에 남심철로관리
국을 설립하고 공학수(龔學遂)를 국장으로 임명하였다. 관리국은 성립 이후 정
책을 정돈하고 경영을 개선하였다. 우선 불필요하게 남아도는 60여 명의 과잉
인원[冗員]을 정리하고, 관리를 강화하여 부패를 청산하였다. 또한 감찰위원회
를 설립하여 자재의 구매를 공개적으로 시행함으로써 경영의 투명성을 제고하
였다. 동시에 경상예산과 임시예산을 모두 표로 만들어 공개하였다. 이 밖에
승차권을 구입하지 않고 탑승하는 행위를 방지하기 위하여 구강과 남창 등에
검표소를 설치하여 검표를 한 이후 비로소 승차하도록 하는 제도를 만들었다.
이전에는 열차에 탑승한 이후 차내에서 검표하는 관행이 있었다. 철로직원이
열차에 탑승할 경우에도 열차의 등급을 준수하도록 하고 상급열차를 허가 없
이 이용할 경우 규정에 따라 징계하도록 하였다.
남심철로는 수운과의 경쟁이 있어, 철로의 경쟁력을 제고하기 위해 관리국
은 화물운수 요금을 대폭 인하하였다. 구체적으로 살펴보면, 수입품의 대종은
소금, 설탕, 밀가루였으며, 대체로 운임을 30퍼센트 정도 인하하였다. 수출의
대종은 쌀, 잡곡으로서 40퍼센트 인하하였다. 이 밖에 차, 석탄, 대나무, 목재
의 운임은 30퍼센트 인하하여 수운과의 경쟁력을 제고하였다.

35-5 • 객운 수입 비교표

분류	1923	1931	1932	1933	1934	1935
객운수입(원)	429,481.39	1,034,390.02	646,610.70	961,960.90	1,133,083.35	727,344
지수(퍼센트)	100	241	151	224	254	169

출처: 交通鐵道部交通史編纂委員會編, 『交通史路政編』 16冊, 1935, p.886.

35-6 • 1933, 1934년도 남심철로 손익표

연도	총수입	총지출	결손(元)
1933	638,230.48	675,883.81	37,653.33
1934	597,757.04	645,991.54	48,234.50

출처: 國民政府鐵道部, 『鐵道年鑑』 3卷, 1936, pp.928-930.

1936년 절공철로의 개통으로 남심철로와 남창에서 서로 연결되었다. 이에 양 철로 사이에 연운(聯運)의 필요성이 제기되었다. 1936년 12월 양 철로는 '여객연운판법'에 서명하고 절공철로의 남창남역과 남심철로의 남창역을 연결역으로 지정하였다. 또한 구강, 덕안, 영수(永修), 도가부, 남창 등 5개 역을 연운역(연계운수역)으로 지정하였다. 남심철로는 절공철로와의 연운업무가 개시되면서 전국철로의 네트워크로 편입되었다. 또한 이에 따라 여객 운수 수입도 함께 증가하였다.

군사수송과 영향

남심철로는 특히 군사 관련 객화의 운송 비중이 매우 높았다. 이것이 비록 국가경영과 관련하여 기여한 바가 적지는 않았지만, 철로 경영과 관련하여 보자면 부정적인 영향이 적지 않았다. 예를 들어 1933년과 1934년의 상황을 살펴보면, 남심철로의 경우 군운업무의 비중이 매우 높았다. 1933년을 보자면 남심철로의 총수송 여객수가 63만 명이었는데, 이 가운데 군인이 약 53만 명으로

南潯鐵路
車輛次數表
民國十九年八月

日期	上行 客車 次數	輛數	貨車 次數	輛數	專車 次數	輛數	業務車 次數	輛數	空車 次數	輛數	記事	下行 客車 次數	輛數	貨車 次數	輛數	專車 次數	輛數	業務車 次數	輛數	空車 次數	輛數	記事
1	1	9									本日因軍隊運輸快車停開型車停開	1	9									本日因軍隊運輸快車停開型車停開
2					4	34					本日因匪患快車停開　徐一南兵車四次					4	34					本日因匪患快車停開　南一…
3	1	14			6	36					快車停開　關一南兵車二次	1	12			6	36					快車停開　南一鎮兵車二次
4	1	8			3	22					″ ″　徐一南兵車一次	1	15			3	22					″ ″　南一永…
5	1	8			1	7			1	10	常車停開 九一徐貨車聯道 ″ 永一南兵車一次	1	7			2	11					南一九貨車一次　南一永兵…
6	2	14	1	2							九一徐貨車一次	2	18			1	7					
7	″	14	1	12	1	7					徐一南兵車一次	″	21	1	7	1	7					南一徐兵車一次
8	″	17	1	9							九一鎮兵車一次	″	15	1	9							鎮一九兵車一次
9	″	19	1	13								″	22	1	8							
10	″	15	1	14								″	20	1	7							
11	″	15	1	13	1	7					馬・德兵車一次	″	13	1	15	1	5					德一馬兵車一次
12	″	19	1	10								″	14	1	16							
13	″	14	1	12								″	18	1	11							
14	″	15	1	7								″	14	1	14	1	4					護甲車直達一次
15	″	17	1	8	1	4					護甲車一次	″	21	1	9	1	4					″ 一次
16	″	14	1	7								″	14	1	15	1	5					南一…一次
17	″	20	2	20	1	3					九一德貨車一次 九一南兵車八次	″	18	2	19							九一九貨車一次
18	″	17	1	10								″	20	1	15							
19	″	15	1	7								″	24	1	12							
20	″	17	1	14	1	6					載旅員赴南一次	″	14	1	14	1	6					南一九兵車一次
21	″	15	1	8								″	14	1	12							
22	″	15	1	9							貨車直達一次	″	15									
23	″	15			5	35					徐一南兵車五次	″	24			5	46					南一徐兵車五次
24	″	19										″	16									
25	″	17					1	1			九一貴修電線一次	″	25					1	1			黃一九閘一次
26	″	20			2	6					九一沙兵車二次	″	24			2	6					沙一九兵車二次
27	″	24										″	20									
28	″	17										″	16									
29	″	25										″	26									
30	″	19			2	22					九一南兵車一次　徐一南兵車一次	″	24			2	22					南一九兵車一次　南一…
31	″	19			3	36					″ ″ 三次	″	20			3	34					″ ″ 三次
合計	56	482	17	166	32	232	1	1	1	10		59	533	16	181	34	251	1	1			

35-7 ● 남심철로 열차운행관리표(1930)

출처: 「鐵道部南潯鐵路管理局十九年八月份工作報告: 關于車務事項」, 『南潯鐵路月刊』 8卷 8 期, 1930, p.11(上海圖書館《全國報刊索引》 數据庫).

서 전체의 84퍼센트를 차지할 정도였다. 군 당국은 기장의 방식으로 대금을 지불하였다.

남심철로의 개통과 사회경제적 영향

철로의 개통으로 인해 구강 지역에서 생산된 쌀의 반출과 유통이 크게 활성화되었다. 남심철로가 개통된 첫해에 구강을 통해 수출된 쌀과 잡곡은 36만 6,497담(擔)으로서 1914년의 7만 2,442담을 크게 초과하였다. 1936년 전국 27개 해관을 통해 수출된 쌀이 723.7만 공담(公擔, 100킬로그램)이었는데, 이 가운데 구강에서 수출된 것이 183.7공담으로 가장 많았다.

중일전쟁과 남심철로

1938년 6월 초 일본군이 장강으로 진격해 들어오면서 무한회전(武漢會戰)이 시작되었다. 이후 남심철로 구간이 부분적으로 절단되면서 6월 12일부터 모든 객운과 화운이 중단되고 말았다. 이에 국민정부는 6월 15일 레일을 해체하고 교량을 파괴하였으며, 모든 기관차와 화물차, 그리고 해체한 레일 및 전신재료 등을 남창으로 이전하여 절공철로(浙贛鐵路)를 통해 내지로 운송하였다. 남심철로의 직공 1,100여 명과 노경(路警) 400여 명은 대부분 절공철로, 월한철로, 상검철로 및 각 성으로 전보되었다. 같은 해 9월 중순 남심철로관리국의 모든 당안(檔案)[내부문건]과 잔류해 있던 직공들이 수천(遂川)으로 이관되었다. 1938년 7월부터 10월까지 중국군과 일본군이 남심철로 연선에서 전투를 전개하였는데 이것이 이른바 남심회전(南潯會戰)이다. 전투가 발생하자 중국군의 작전을 지원하기 위해 남심철로의 직원들은 정부의 명령에 따라 필요시 때로는 선로를 복구하고 때로는 해체하는 작업을 반복하였다.

남심회전은 남창에서 구강 사이의 철로 연선에서 전개된 중일 주력부대의 교전을 가리키며 공북전역(贛北戰役)이라고도 부른다. 1938년 10월 7일 중국군대 제일병단(第一兵團)은 설악(薛岳) 장군의 지휘하에 덕안으로 총공격을 감행하여 장고산(張古山)을 점령하였다. 10월 9일 중국군대는 일본군 106사단의 1만여 명의 병사를 섬멸하고 대승을 거둔 이후 마회령(馬回嶺)을 수복하였다. 1938년 10월 20일 일본군은 박양하(博陽河)를 따라 덕안으로 진공하였다. 이에 중국군은 남심철로 노선을 통해 덕안으로 건너는 박양하철교(博陽河鐵橋)를 폭파하였다. 26일 일본군은 전투기를 동원하여 덕안성을 폭격하였다. 중국군의 완강한 저항 앞에서 29일 일본군은 2,000여 명의 사상자를 낸 끝에 덕안을 함락하였다. 이에 중국군대는 어쩔 수 없이 영수(永修), 오성(吳城)으로 퇴각하여 방어진을 쳤다.

1939년 3월 28일 일본군이 남창을 점령하면서 남심철로의 전 노선이 적의 수중에 들어가고 말았다. 1939년부터 10개월에 걸쳐 일본군은 남심철로의 복구에 착수하였다. 1938년부터 1940년 1월에 걸쳐 중국군대는 남심철로를 장악하고 있던 일본군을 무려 79차례에 걸쳐 습격을 감행하였으며, 이 가운데 선로의 폭파가 32차례, 교량의 폭파가 8차례, 열차의 습격이 6차례 등으로 집계되었다. 1944년 6월 일본은 남심철로의 레일과 침목 등을 해체하여 평한철로를 복구하기 위한 용도로 전용하였다.

1945년 8월 일본의 항복 이후 절공철로국(浙贛鐵路局)은 전시 파괴가 엄중했던 절공철로, 남심철로 두 철로에 대한 복구작업에 착수하였다. 1946년 5월 1일 정공철로국은 남심, 요항(饒向), 남평(南萍), 평주(萍株) 등의 공정처를 발족하고 복구작업에 착수하도록 하였다. 이를 위한 예산으로 총 783여억 원이 소요될 것으로 추산되었다. 이 밖에 국외로부터 철교 자재 15,404톤, 강철레일 및 부속품 127,935톤, 침목 205만 개, 시멘트 8만 7,000통(桶)을 수입하기 위해 거액의 재원이 필요하였다. 이는 마치 새로운 철로를 부설하는 것과 대등한 액수였다.

1945년 9월 중국교통부는 정식으로 남심철로를 절공철로국의 관리하로 이

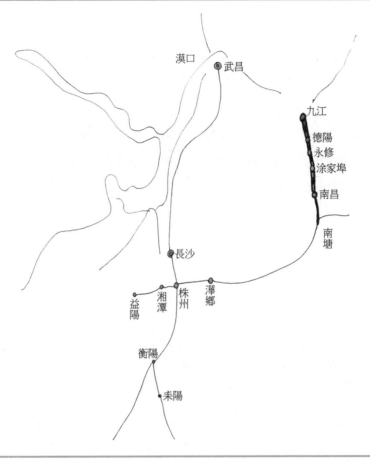

漢口
武昌
九江
德陽
永修
涂家埠
南昌
南塘
長沙
株州
萍鄉
益陽
湘潭
衡陽
耒陽

35-8 • 남심철로 노선도

전하고 절공철로 남심구간으로 명명하였다. 1946년 6월 남심수복공정처를 발족하여 이소덕(李紹德)을 처장으로, 윤지임(尹之任), 정사영(丁士英)을 부처장으로 임명하고 복구공정에 착수하도록 하였다. 10월에 이르러 절공철로국은 공사비 및 부설재료를 발급하였다. 교량은 1946년 8월에 기공하여 1947년 3월에 모두 준공하였다. 노반공사는 9월에 기공하여 13개월간의 부설공사를 거쳐 마침내 1947년 6월 15일 남심철로를 개통할 수 있게 되었으며 우행(牛行)에서 개통식을 성대히 거행하였다. 개통식에는 수만 명에 달하는 남창 시민들이 참석하였다. 이후 임시로 가설한 목교와 레일은 정식의 교량과 강철레일로 교체되었다. 1947년 6월에 남심철로 공정처의 인원은 노경(路警)을 포함하여 1,164명에 달하였다.

국공내전이 진행되는 가운데 1949년 5월 16일 중국공산당이 구강을 접수하자 국민정부 군대는 도주하면서 구강의 기관차 등 차량을 반출해 갔으며, 남심철로의 대표적인 철교인 새호(賽湖), 덕안(德安), 양류진(楊柳津), 산하도(山下渡)의 4개 교량을 절단하였다.

참고문헌

交通鐵道部交通史編纂委員會編, 『交通史路政編』16冊, 1935.

鐵道部, 『鐵道年鑑』3卷, 1936.

「南潯鐵路管理局慶祝鐵道部週年紀念會撮影」, 『鐵道公報』(鐵道部成立一周年紀念特刊), 1929.

「鐵道部南潯鐵路管理局十九年八月份工作報告: 關于車務事項」, 『南潯鐵路月刊』8卷 8期, 1930.

尹承國, 「修築南潯鐵路始末」, 『江西社會科學』1982年 5期.

楊會淸, 「略論南潯鐵路興衰的歷史命運」, 『東華理工大學學報』2001年 1期.

杜德鳳, 「從南潯鐵路看中國民族資本發展的艱難和曲折」, 『江西師範大學學報』1989年 2期.

張求會, 「略論日資對南潯鐵路的滲入與壟斷」, 『華南師範大學學報』2000年 3期.

雷麥著, 蔣學楷譯, 『外人在華投資』, 商務印書館, 1959.

36장

제앙철로(齊昂鐵路)

흑룡강성 상민의 요구로 부설된 철로

연 도	1908~1909(1909년 9월 26일 개통)
노 선 명	제앙철로, 앙제철로(昂齊鐵路)
구 간	치치하얼(齊齊哈爾) - 앙앙계(昂昂溪)
레일 궤간	1미터 단선
총 연 장	29킬로미터
기 타	

치치하얼(齊齊哈爾) 부근에는 중러 합판 형식의 동청철로가 설립한 치치하얼역이 있었지만, 실상 흑룡강성의 성도인 치치하얼로부터 약 29킬로미터나 떨어져 있는 앙앙계(昂昂溪)에 위치하고 있어 교통이 불편하였다. 흑룡강성의 물류는 이미 대통철로(大通鐵路)가 통료(通遼)에 접속한 이후 통료로부터 일본이 부설한 사조철로, 정통철로를 경유하여 정가둔(鄭家屯)에 도달할 수 있었다. 더욱이 사조철로, 조앙철로 양 철로를 거쳐 앙앙계에 도달하여 이미 흑룡강성 치치하얼과 매우 근접하였다.

당초 조앙철로는 일본자본을 차입하여 치치하얼까지 부설될 예정이었으나, 이 경우 앙앙계에서 중동철로를 가로질러 넘어가야 하였다. 이에 중일 양국은 중동철로를 넘어 바로 흑룡강성 성회 치치하얼에 도달하는 방안을 러시아 측에 적극 타진하였다. 그러나 러시아는 이를 받아들이지 않았다. 따라서 조앙철로 북단 종점은 앙앙계 중동철로역 이남의 소촌락에 위치하여 앙앙계역과는 상당한 거리가 있었다.

이러한 이유로 흑룡강성의 성도인 치치하얼의 교통은 매우 불편하였다. 이에 1906년 흑룡강성 순무(巡撫) 정덕전(程德全)이 청조에 치치하얼로부터 앙앙계에 이르는 철로의 부설을 상신하였다. 1906년 흑룡강 장군 정덕전은 상민의 운수 편의 및 지역의 상업 활성화라는 취지에서 치치하얼에서 앙앙계에 이르는 1미터 궤간의 경편철로를 부설할 것임을 청조에 상신하였다. 이후 흑룡강성은 청조의 승인을 득하여 관판의 흑룡강성철로공사를 설립하여 제앙철로의 부설에 착수하였다. 철로의 부설공사와 자재의 구매는 모두 독일상 태래양행(泰來洋行)이 청부하여 주관하였다.

1908년 1월 부설공사에 착수하여 1909년 8월 13일 준공하였으며, 같은 해 9월 26일 정식으로 열차를 개통하였다. 기차역은 모두 3개로서, 치치하얼역, 오호마역(五湖馬驛), 앙앙계역이 설치되었다. 치치하얼역은 성성(省城) 서남쪽 3리 정도에 위치하였고, 앙앙계역은 홍기영둔(紅旗營屯)에 위치하였으며, 오호마역은 이들 사이에 위치하였다. 이 노선은 치치하얼을 출발하여 눈강(嫩江) 동쪽 기슭을 따라 오호마둔(五湖馬屯)을 거쳐 앙앙계에 이르는 총연장 25.9킬로미터의 철로이다.

당초 부설 비용은 토지 수용비를 포함하여 총 32만 량으로 책정되었으며, 국고와 성고로부터 충당하여 차관을 도입하지 않고 중국의 자력으로 부설을 추진하였다. 그러나 실제 부설공사 중에 자금이 부족해지자, 부족분을 보충하기 위해 주식[고(股)]을 발행하여 민간으로부터 자본을 모집하였다. 50량(兩)을 1정고(整股), 5량을 1영고(零股)로 하여 총 6,400고(股)를 발행하였다.

제앙철로는 부설 과정에서 두 개의 급수탑을 건설하였으며, 이 가운데 하나가 앙앙계에 설치되었다. 급수탑은 증기관차에 물을 공급하기 위해 세운 장치로서, 대체로 시발역이나 종착역 또는 주요한 중간 기착지역 구내에 설치된다. 그런데 중국이 급수탑을 가설할 당시에 러시아는 이를 인지하였음에도 짐짓 모른 체하다가 급수탑이 완성된 후에야 비로소 설치 지점이 중동철로의 부속지 내에 위치한다며 중국 측에 항의하였다. 당시 철로 부속지는 마치 조계(租界)와 유사한 성격을 지니고 있었으며, 러시아는 부속지 내에 행정기관, 법원, 군대 등을 배치하여 사실성 중국정부가 간섭할 권한이 없었다. 결국 청조는 이와 같은 항의에 어쩔 수 없이 급수탑(給水塔)의 소유권을 포기하지 않을 수 없었다.

36-1 • 제앙철로 노선을 운행하는 열차

출처: 「嫩江流域风景: 齊昻鐵路小火車抵站时之情形」, 『國聞週報』 7卷 19期, 1930, p.1(上海圖書館《全國報刊索引》數据庫).

　　기차역 종점은 홍기영자둔(紅旗營子屯)으로서 앙앙계로부터 1킬로미터 떨어진 지점에 위치하였다. 1914년 중동철로국과 협상하여 종점으로부터 서쪽으로 연장하여 지선을 부설하고, 이를 중동철로 앙앙계역으로 연장하는 데 비로소 러시아의 동의를 받아냈다. 1909년 8월 열차가 개통된 이후 영업 성적이 좋지 않았다. 노선이 짧아 객운이 적었으며, 화운은 더욱 적어 늘 적자에 허덕였다. 마침내 1918년 흑룡강성 당국은 이 철로를 관독상판으로 전환하였다.

　　제앙철로 궤간의 개축 문제는 일찍이 조앙철로의 부설이 막 시작되었을 무렵부터 이미 대두되었다. 1928년 흑룡강성 당국이 제극철로(齊克鐵路)를 부설하기로 결정한 이후 연이어 제앙철로의 개축 문제가 대두되었다. 개축의 핵심적인 내용은 제앙철로를 표준궤로 개량하는 것으로서, 120만 원의 비용이 책정되었다. 외자를 차입하지 않고, 봉천성, 흑룡강성 양성이 각각 40만 원씩을 부담

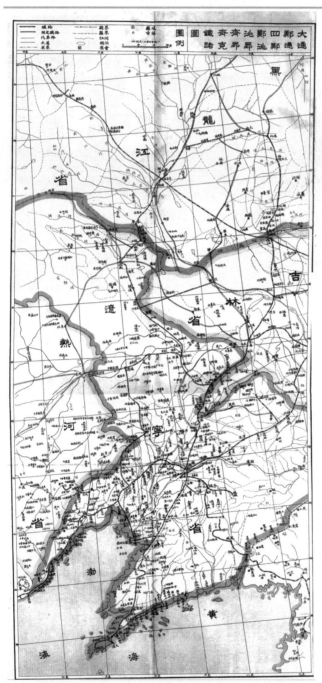

36-2 ●

동북철로 전체 노
선도(1930년)

출처:「大通鄭通四
鄭鄭洮洮昂
齊昂齊克鐵
路圖」,『中東
經濟月刊』 6
卷 11期, 1930,
p. 1(上海圖
書館《全國報
刊索引》數据
庫).

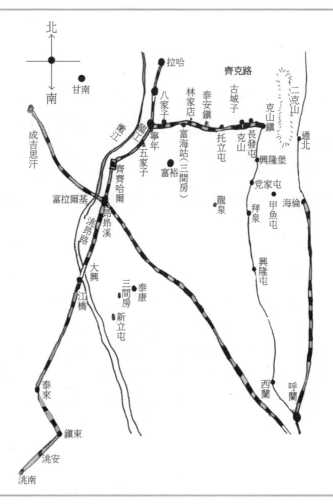

36-3 • 제앙철로 노선도

하고 나머지 40만 원은 교통부가 경봉철로의 자재를 지원하는 형식으로 출자하였다.

부설공사는 조앙철로국이 일체를 책임지고 진행하였으며, 공사가 완료된 이후에는 교통부가 인원을 파견하여 철로의 모든 공정을 감독하도록 하였다. 1928년 6월부터 제앙철로의 개축 공사가 시작되었다. 기점은 조앙철로 종점인 삼간방(三間房)으로부터 치치하얼까지였다. 같은 해 7월 제극철로와 함께 개축 공사에 착수하였다.

1935년 9월 이 철로는 만주국에 의해 매수되었다. 만주사변이 발발하고 만주국이 수립된 이후인 1934년 일본은 기존의 역사(驛舍)를 허물고 신축에 착수하여 1936년에 완공하였다. 당시 일본이 부설한 치치하얼의 역사(驛舍)에 관한 이야기가 현재도 전해 내려온다. 제앙철로의 기차역을 설계한 사람은 애국심이 충만한 중국인으로서, 당초부터 평면도에서 보면 명확히 '중(中)'자의 모습을 형용하도록 기차역을 설계하고 건설하였다. 이는 비행기에서 내려다보면 더욱 명확하게 드러났다고 한다. 일본은 기차역이 완공된 후에야 이러한 사실을 뒤늦게 발견하게 되었다. 그 결과 일설에는 도면을 설계한 공정사가 일본에 체포되어 살해되었다는 말도 전하고, 또 다른 일설에는 도주하였다고도 한다.

1972년 중일 간에 국교가 정상화된 이후 수많은 일본의 노병과 관광객들이 이 지역에 몰려들었으며, 치치하얼은 여전히 1936년 일본이 건설한 오래된 기차역을 사용하고 있었다. 이에 중국정부는 기존의 역사(驛舍) 바로 옆에 새로운 기차역을 건설하였는데, 구(舊)역사에 비해 반드시 더 높고 외관도 빼어나게 설계하도록 요구하였다고 한다. 이것이 바로 현재 사용되는 역사로서, 현재는 고속철로[高鐵]가 통과하는 지역으로 변모하였다.

참고문헌

「嫩江流域风景: 齊昂鐵路小火車抵站时之情形」, 『國聞週報』 7卷 19期, 1930.
「大通鄭通四鄭鄭洮洮昂齊昂齊齊克鐵路圖」, 『中東經濟月刊』 6卷 11期, 1930.
杜品, 「齊齊哈爾城市近代發展史」, 『學問』 2013年 2期.

37장

조대철로(棗臺鐵路)
산동성 최초의 석탄운반 전용철로

연 도	1908~1912(1912년 1월 개통)
노 선 명	조대철로, 조태철로(棗台鐵路), 태조철로(台棗鐵路)
구 간	조장(棗莊) - 대아장(臺兒莊)
레일 궤간	1.435미터 단선(單線)
총 연 장	41.5킬로미터
기 타	

　조장(棗莊)은 산동성의 남부에 위치하여 명·청 시기부터 역현(嶧縣)의 관할로 소속되어 있었으며, 여기에서 생산되는 석탄의 품질이 뛰어나 전국적으로 명성이 자자하였다. 1897년 독일은 교주만을 강점한 이후 청조를 강박하여 '교오조계조약(膠澳租界條約)', '산동매광장정(山東煤鑛章程)' 등을 체결하고, 이와 함께 산동성 경내에서의 철로 부설권과 연선 30리 이내 지역에서 광산을 채굴할 수 있는 권리를 획득하였다.

　조장 일대에는 정비된 도로가 부재하였을 뿐만 아니라, 철로도 개통되지 못하였고 운하에 증기선도 운행되지 않았다. 더욱이 진포철로가 개통되기 이전이라 교통이 매우 불편하였다. 대아장(臺兒莊)에 도달하기 위해서는 반드시 상해로부터 진강(鎭江)으로 들어가 진강에서 다시 목선에 화물을 옮겨 싣고 경항운하(京杭運河)를 통해 갈 수밖에 없었다.

　산동성 역현(嶧縣) 조장에 위치한 상판(商辦) 중흥매광공사(中興煤鑛公司)의 총경리 장연분(張蓮芬)은 외국자본에 의해 산동 지역의 광산이 침탈될 것을 우려하여 긴급 주주회의를 개최한 이후 대책을 논의하였다. 이러한 결과 1898년 4월 당시 직예총독이었던 왕부당(王部堂)에게 기존 광산 개발권의 수호와 새롭게 관부의 자본을 투자하여 광산을 개발하도록 청원하였다. 또한 조장으로부

37-1 • 조대철로 전경
출처: 郭保君, 「台棗鐵路風
景」, 『導光』 3卷 24
期, 1935, p.2(上海圖
書館《全國報刊索引》
數据庫).

터 대아장에 이르는 철로의 부설을 통해 석탄을 대아장으로 운반한 이후, 다시 운하를 통해 판로를 확장해야 한다고 주장하였다.

같은 해 11월 15일 직예총독과 광무독판 역시 조대철로의 부설을 조정에 상신하여 광서제와 서태후의 비준을 얻었다. 비록 중앙의 승인을 획득하기는 하였지만 자금이 부족하여 철로 부설에 바로 착수하기는 어려웠다. 이에 장연분은 조장철로의 부설을 실현하기 위해 산동순무 및 상부(商部)에 국고나 혹은 독일로부터 차관을 도입하여 부설 자금으로 충당할 것을 요청하였으나, 실현에 이르지는 못하였다.

1907년 중흥매광공사는 독일상 예화양행(禮和洋行), 서기양행(瑞記洋行)과 차관계약을 체결하고, 이들로부터 강궤, 침목 및 50톤 석탄을 운반할 수 있는 열차 등을 구매하기로 합의하였다. 1908년 11월 조장으로부터 대아장(臺兒莊, 대운하 북쪽 기슭)에 이르는 석탄 운반용 철로를 부설하기 시작하였다. 마침내 1911년 12월 준공되었으며, 1912년 1월부터 전 노선에 걸쳐 열차를 운행하였다. 기차역은 대아장, 이구(泥溝), 역현, 조장의 네 곳에 설치되었다. 총연장이 41.5킬로미터에 이르렀으며, 레일은 단선의 표준궤로서, 레일 중량은 1미터당 30킬로그램이었다.

1912년 임성(臨城)[현재의 설성(薛城)]으로부터 조장에 이르는 지선과 서로 연결하였다. 이후 중흥매광공사는 농해철로국과 계약을 체결하고 농해철로로부터 100여만 원을 차입하여 조대철로의 연장선인 대조지선을 부설하기로 결정하였다. 1935년 2월에는 대아장에서 조돈(趙墩)에 이르는 지선과 서로 연결하여 임조선(臨趙線)이라 불렀으며, 진포철로와 농해철로의 연락선이 되었다.

조대철로가 완공된 이후 운수가 크게 개선되면서 중흥매광공사에서 생산된 석탄의 수량도 크게 증가하였다. 더욱이 석탄뿐만 아니라 일반 객화의 운수도 겸하였다. 이 지역에서 생산된 석탄은 철로를 통해 진포철로의 연선 각 도시로 운송되어 소비되었으며, 남쪽으로는 운하 연안의 각 항구로 운송되었다. 1933년 중흥공사가 하루 생산하는 석탄의 수량이 무려 3,000톤에 달하였다.

1938년 10월 11일 일본군이 조장역을 점령하고 조장이 일본의 세력권으로 편입되면서 조대철로 역시 일본의 통제하에 들어갔다. 일본은 조대철로를 수중에 넣은 이후 철로 운영에 대한 기술적 개량을 거듭하여 1939년에는 최신기종의 신호기를 설치하였으며, 1941년에는 일제 대형열차를 운행하였다. 일본은 철로를 통해 조장 지역의 석탄자원을 외부로 반출하였으며, 이러한 결과 조대철로는 일제의 '흡혈관'으로 탈바꿈하였다. 이에 1940년 1월 홍진해(洪振海), 왕지승(王志勝) 등의 광산노동자 및 철로노동자들이 주축이 되어 노남철로대대(魯南鐵路大隊)를 창설하여 일본군과 치열한 유격전을 전개하였다. 이러한 결과 조대철로는 곧 항일세력의 격전지로 변하였다. 일본군의 통치하에 있던 기차역과 레일은 이들의 공격으로 상당 부분 파괴되었다.

종전 이후 1946년 팔로군은 노남지구(魯南地區)에서 국민정부의 군대가 조대철로를 이용하여 공산구로 진격해 들어올 것을 우려하여 군중을 동원하여 전

37-2 ● 조대철로 노선도

조장에서 대아장까지의 조대철로와 조장에서 임성까지 부설된 임조지선이 나타나 있다. 임성에서 진포철로와 연결하여 석탄을 각 도시로 분산 운송하였다. 이후 대아장에서 조돈(趙墩)까지의 대조지선이 부설되었으며, 농해철로(隴海鐵路)가 완공된 이후 조돈에서 서로 연결되었다.

노선을 해체하였다. 1957년 설조철로(薛棗鐵路)가 개통된 이후 조대철로는 마침내 완전히 폐기되고 말았다. 조대철로는 산동에서 처음으로 부설된 상판철로였다. 조대철로의 부설과 운행에 힘입어 조장은 교통의 요지로 급부상하였으며, 석탄 역시 국내뿐만 아니라 해운을 통해 해외로까지 소비를 확대할 수 있었다.

한편 1948년 11월 중국공산당은 조장을 접수한 이후 중흥매광공사의 복구에 착수하여 1952년 4월 1일 광산의 채굴을 개시하였다. 1957년 광산 설비를 개량하기 위해 2,504.2만 원을 투자하고 다음 해 공사합영으로부터 국영으로 전환되었다. 석탄 생산량은 1959년의 연 연 168만 톤, 1960년에는 192.3만 톤으로 증가하였다.

참고문헌

「魯中興公司棗台鐵路」, 『新聞報』, 1936.11.29.
韓復榘, 「通知嶧縣棗莊中興煤礦公司: 爲該公司將台棗鐵路附設電話」, 『山東省政府公報』 411期,
      1936.
郭保君, 「台棗鐵路風景」, 『導光』 3卷 24期, 1935.
鄭學富, 「山東省第一條商辦鐵路」, 『春秋』 2016年 4期.
賀懋燮, 「運河抗日支隊」, 『春秋』 1995年 6期.
馬素, 「商辦的台棗鐵路」, 『鐵道知識』 1989年 1期.
李海流, 「消失的棗台鐵路」, 『文史精華』 2014年 10期.

38장

진포철로(津浦鐵路)[진진철로(津鎭鐵路)]
산동과 하북을 잇는 영국, 독일의 합자철로

연 도	1908~1912
노 선 명	진포철로, 진진철로
구 간	천진(天津) - 포구(浦口)
레일 궤간	1.435미터
총 연 장	1,106킬로미터
기 타	

일찍이 1880년 말 유명전(劉銘傳)은 조량(槽糧) 운수의 편의를 위해 차관을 도입하여 북경에서 청강(淸江)에 이르는 철로를 부설할 것을 주장하였다. 당시 유명전은 구체적으로 두 노선을 제시하였는데, 하나는 청강을 출발하여 산동을 거쳐 북경에 이르는 노선이며, 다른 하나는 한구(漢口)를 출발하여 하남(河南)을 거쳐 북경에 이르는 노선이었다. 그러나 조정 내 장가량(張家驤) 등 수구파 대신들의 반대로 말미암아 실현에 이르지는 못하였다. 이후 1898년 1월 용굉(容宏)은 총리아문에 진진철로[천진(天津) - 진강(鎭江)]의 부설을 주청하였다. 그러나 독일공사가 산동은 독일의 세력범위로서 어떠한 경우에도 자국의 동의 없이는 철로를 부설할 수 없다는 입장을 총리아문에 전하여 결국 철로 부설 계획은 무산되고 말았다.

1898년 8월 주중 영국공사는 총리아문에 독일과의 합작 형식으로 진진철로의 부설을 추진하겠다는 의사를 전달하였다. 같은 해 9월 영국의 중영공사(中英公司), 회풍은행(匯豊銀行) 대표는 독일 측과 런던에서 회담을 개최하고 최종적으로 양국이 공동으로 진진철로를 부설하기로 합의하였다. 이에 1899년 5월 8일 총리아문은 허경징(許景澄)을 진진철로독판으로 파견하여 영국상 회풍은행, 독일상 덕화은행(德華銀行)과 '진진철로차관초합동'을 체결하였다. 주요한 내용은 차관 740만 파운드, 9절(折), 연리 5리, 상환기한 50년으로 정하고, 철로 부설 및 경영에 관한 모든 사항은 노한철로의 사례를 준거하도록 하였다. 또한 산동 남쪽을 경계로 북단은 독일 측이, 남단은 영국 측이 책임지고 부설하도록 하였다.

이후 의화단운동이 발생하고, 이와 동시에 직예, 산동, 강소 3성의 관리들과 지방신상(地方紳商), 그리고 일본유학생 등이 진진철로의 부설권을 회수하여 자판(自辦)으로 해야 한다고 목소리를 높였다. 1908년 1월 13일 외무부 우시랑 양돈언(梁敦彦)은 덕화은행, 화중철로유한공사(華中鐵路有限公司, 1904년 중영은공사와 복공사가 합병하여 성립)와 '천진포구철로차관합동'을 체결하였다. 차관 계약의 주요한 내용은, 먼저 기존 천진을 출발하여 진강(鎭江)을 종점으로 하는 진진철로의 노선을 천진을 출발하여 포구를 종점으로 하는 진포철로를 부설하는 것으로 변경하였다.

38-1 • 진포철로 휘장의 변화

이를 위해 500만 파운드의 차관을 도입하였는데, 이 가운데 독일이 63퍼센트, 영국이 37퍼센트를 분담하며, 연리는 5리, 상환 기한은 30년으로 정하였으며, 10년 거치 후 11년째부터 상환하도록 하였다. 제1기 300만 파운드는 93절(折)[93퍼센트 실부(實付)]이며,[*] 제2기 200

---

[*] 93절(折)이란 300만 파운드의 차관을 실제로는 93퍼센트인 279만 파운드만을 차입하는

▲ 38-2 ● 진포철로의 임조(임성 - 조장) 지선
진포철로의 임성 - 조장 지선은 산동성의 조대철로
[조장(棗莊) - 대아장(臺兒莊)]와 서로 연결된다.

◀ 38-3 ● 진포철로국 휘장

만 파운드는 94.5절 실부(實付)로 합의하였다. 직예(하북), 산동, 강소 3성의 이

금세를 담보로 하여 직예 120만 량, 산동 160만 량, 남경 90만 량, 회안(淮安) 10

....

것이다. 그러나 상환 시에는 300만 파운드를 상환해야 한다. 따라서 차관을 공여하는 측에
서는 이미 7퍼센트가 이윤을 확보한 셈이다. 더욱이 이자까지 포함한다면 더욱 많은 이윤
을 획득하게 될 것이다. 중국에서는 차관의 도입 과정에서 이와 같은 할인관행이 보편적으
로 시행되고 있었다.

38-4 • 진포철로관리국

출처: 「國民政府交通部津浦鐵路管理局」, 『津浦之聲』 3期, 1928, p.11(上海圖書館 《全國報刊
索引》 數据庫).

만 량 등 총 380만 량을 제공하기로 하였다.

철로를 부설하기 위해 영국정부와 독일정부는 총공정사를 각각 1명씩 임명
할 수 있는 권리를 보유하였다. 1910년 9월 28일 진포철로의 부설 자금이 부족
하여 다시 영국과 독일로부터 300만 파운드를 차입하였다. 영·독 양국은 차관
의 공여를 통해 진포철로 부설권을 획득하였으며, 자국의 총공정사 각 1명씩

38-5 ●
진포철로 석점철교(石店鐵橋)
출처: 「津濟通車感言(續): 齊南
小彭照相館贈津浦鐵路石
店最高之鐵橋圖」, 『協和
報』 28期, 1911, p.5(上海
圖書館 《全國報刊索引》
數据庫).

에 대한 임명권을 보유하였다.

진포철로는 남북 양단으로 나뉘어 부설이 진행되었으며, 남단과 북단에 각
각 총국이 설립되었다. 남단은 영국인 총공정사의 책임하에 역현(嶧縣)에서 남
경(南京)의 건너편인 포구(浦口)에 이르는 구간을, 북단은 독일인 총공정사가
천진을 출발하여 덕주(德州)와 제남(濟南)을 거쳐 역현에 이르는 구간을 부설하
였다. 1908년 8월과 1909년 1월에 천진과 포구에서 각각 철로의 기공식이 거
행되었으며, 1911년 9월 남북 노선이 연결되어 개통되었다. 1912년 총연장
1,255미터의 황하철교가 가설됨으로써 진포철로의 전선이 준공을 마치고 개
통되었다.

북단의 경우 한양철창에서 제조된 레일과 독일제 레일 2종을 사용하였으며,
독일제 레일은 1미터당 중량 33~41킬로그램에 달하였다. 한양철창에서 제작
된 레일의 중량은 37킬로그램이었다. 남단의 경우 영국제 레일을 사용하였으
며, 1미터당 중량은 85파운드에 달하였다. 침목은 대부분 일본과 미국으로부
터 수입하였다. 단 북단의 수 킬로미터에서는 독일제 침목도 사용되었다.

진포철로는 총연장 1,009.5킬로미터이며, 지선이 총 96.5킬로미터에 달하
였다. 지선으로는 첫째, 임성(臨城)에서 조장(棗莊)에 이르는 32킬로미터의 임
조지선(臨棗支線)이 있는데 주로 조장의 석탄을 운반하는 데 활용되었다. 둘째,
자양(滋陽)으로부터 제녕(濟寧)에 이르는 곤제지선(袞濟支線)으로서, 운하와 통

하도록 설계되었다. 셋째, 난구(灤口)에서 청포황대교(淸浦黃臺橋)에 이르는 황대교지선(黃臺橋支線)으로서 소청하(小淸河)의 식염(食鹽)을 주로 운반하였다.

북단의 황하, 대문하(大汶河) 등에는 철교가 가설되었으며, 남단에서도 회하(淮河) 등에 철교가 가설되었다. 지세가 평탄하여 공사가 무리 없이 진행되었으며, 부설 비용은 북단이 3,700만 량, 남단이 2,460만 량으로서, 1리 평균이 모두 10만 량 이상(차관 이자를 포함)에 달하였다.

1912년에 독판대신을 진포독판(津浦督辦)으로 바꾸고 이 해 12월 전 노선에서 열차가 개통되었다. 1914년 진포철로관리국이 성립되었다. 완공 직후 영업 성적은 대운하와의 운수 경쟁으로 말미암아 양호하지 못하였으며, 특히 1917년 이전까지는 화물 운송이 많지 않아 외채의 이자 지불조차 곤란하였다.

그러나 이후 점차 호전되어 1920년에는 총수입 1,600여만 원, 총지출은 760만 원으로서, 차액이 850여만 원에 달하여 외채 이자를 지불하고도 상당한 수익을 거둘 수 있었다. 화물과 여객의 비율은 1919년에 화물 수입이 700만 원, 여객 수입이 640만 원으로서, 회하 유역에서 생산된 농산물 등도 이 철로를 통해 운송되었다.

진포철로는 임성역(臨城驛) 부근에서 당시 세계를 떠들썩하게 만든 임성사건(임성사변)이라는 열차강도사건으로 일약 세인의 이목을 집중시킨 철로이기도 하다. 1923년 5월 6일 새벽 3시경 포구(浦口)를 출발하여 천진으로 달리던 진포철로의 열차가 산동성의 임성에서 사구 사이의 구간에서 토비(土匪, 지방의 무장 도적떼)의 습격을 받아 중국인 71명과 외국인 승객 39명이 납치되는 소위 임성사건이 발생하였다. 습격을 받은 열차는 당시 미국으로부터 막 수입된 최신식 차종으로서, 차량 전체가 남색의 강철로 만들어져 '남강피(藍鋼皮)'라 불렀다. 따라서 당시 사람들은 이 사건을 '남강피사건'이라고 부르기도 하였다. 임성사건은 중국뿐 아니라 세기의 대사건으로 전 세계인의 이목을 집중시켰으며, 열강은 이 사건을 의화단운동 이후 최대의 배외사건으로 규정하여 중국정부가 사태의 해결에 적극 나서도록 촉구하였다.

1920년 화북 지역에서는 근대 사상 가장 엄중한 한재(旱災)가 산동, 직예, 하

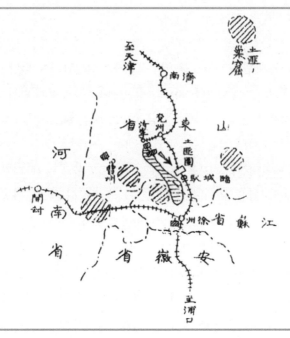

38-6 ● 진포철로 연선에서 발생한 임성사건 상황을 표시한 지도

위 지도에서 진포철로는 포구를 출발하여 서주, 임성, 연주, 제남을 거쳐 천진으로 향하고 있음을 알 수 있다. 지도에서 빗금 친 부분이 바로 토비의 소굴이며, 이 지역에서 토비의 발호가 극심하였음을 알 수 있다. 임성사건이 발발한 지역은 산동성, 하남성, 강소성, 안휘성의 경계지역으로서, 이들 지역의 지리적 조건을 보면 관방의 통제가 쉽지 않았음을 짐작할 수 있다. 또한 토비들이 열차를 습격한 방향과 위치도 잘 나타나 있다.

남, 산서, 섬서의 5성을 휩쓸었으며, 이에 따른 사망자가 무려 1,000만 명에 달하였다. 진포철로 연선지역에서는 특히 대한재가 발생하여 농업의 작황에 심각한 결과를 초래하였다. 당시 신문기사를 살펴보면, "콩의 싹이 3촌(寸)에 지나지 않으며, 옥수수의 키도 1척 여밖에 되지 않았고 1척이 되지 않는 것도 허다하였다. 고량은 낱알이 영글지 않았을 뿐만 아니라 속이 비어 있었다. 한해가 휩쓴 결과이다"라고 보도하였다.

수많은 사람들이 기아에 허덕여 초근목피, 솜(면화), 겨 등으로 연명하였으며, 심지어 식량을 빼앗기 위해 사람을 해치는 일마저 발생하였다. 식량과 사

38-7 • 토비의 습격을 받은 직후 진포철로 열차의 모습

출처: 「臨城大劫案寫眞」, 『時報 圖畫週刊』 150期, 1923, p.1(上海圖書館 《全國報 刊索引》 數据庫).

료가 부족해지자 가축들이 대량으로 도살되었다. 평소 50~80원 하던 소 한 마리 가격이 15~20원으로 폭락하였다. 이재민들은 가지고 있던 밭뙈기마저 저당 잡히거나 팔아버렸으며, 일상 생활용품도 모두 내다 팔았다. 자식이나 처를 팔아버리는 일조차 있었으며, 특히 여아의 경우가 심하였다. 재민들은 자녀를 겨우 몇 원의 가격으로 팔아버렸으며, 심지어 1, 2원에 팔기도 하였다.

진포철로 양쪽에 늘어선 양회나무의 이파리들은 난민들이 모두 가루를 내어 떡으로 만들어 먹었다. 진포철로를 경비하던 철로경찰들도 난민들의 처지를 동정하여 이를 방기하였다. 양회나무 이파리도 모두 사라지고, 기아에 지친 사람들은 병들고 사망하여 길가에는 시체들이 가득하였다.

이러한 상황에서 전염병이 창궐하자 북경정부 교통부는 방역원을 파견하였으나, 이 지역을 시찰하던 방역원마저 전염병에 감염되어 사망하고 말았다. 이에 정부는 진포철로 각 역사를 폐쇄하기 시작하였다. 수많은 주민들이 생존을 위해 토비로 전락하였으며, 이들 토비가 바로 진포철로의 열차를 습격하여 약탈하고, 서양인 인질을 납치하여 성(省)정부에게 식량 제공과 병기 지급, 관향(官餉, 나라에서 주는 녹봉, 국록) 제공 등을 요구하였다.

38-8 ● 진포철로 소방대
출처: 「津浦鐵路消防隊」, 『津浦
之聲』第4期, 1928, pp. 14~
15(上海圖書館 《全國報刊
索引》 數据庫).

38-9 ● 화북 지역을
종단하는 양대 간선철로
경한철로(평한철로)와
진포철로

당시 세간에서는 외국인 승객 가운데 일본인이 한 명도 없다는 사실과 토비들이 일본제 무기를 소지하고 있다는 점을 근거로 일본 사주설이 파다하였다. 임성사건이 발생한 산동 지역은 바로 일본이 1차대전 직후 독일의 이권을 승계하여 자신의 세력권으로 확보하고자 시도하였으나 결국 뜻을 이루지 못했던 곳이기도 하다. 실제로 일본정부 대변인은 사건 직후 발표한 담화문에서 "열강이 워싱턴회의에서 일본의 철병을 강요하였는데, 만일 일본군이 여전히 산동에서 질서를 유지했더라면 임성사건은 애초부터 발생하지 않았을 것"이라고 강변하기도 하였다.

당시 일본인 관련설을 조사하기 위해 상해의 대한민국임시정부 임시의정원 의원이었던 여운형이 1923년 5월 25일 산동성 임성을 직접 방문하여 이 사건

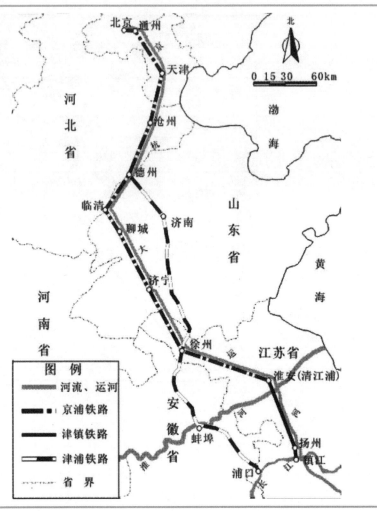

38-10 ● 진포철로(천진 - 포구)와 당초 계획된 진진철로(천진 - 진강) 노선의 비교

진포철로의 노선은 당초 천진을 출발하여 진강(鎭江)에 도달하는 진진철로로 부설 계획이 수
립되었다. 그러나 1908년 1월 13일 외무부 우시랑 양돈언과 덕화은행, 화중철로유한공사(華中
鐵路有限公司)[1904년 중영은공사와 복공사가 합병하여 성립]는 '천진포구철로차관합동'을 체
결하였다. 여기서 기존 천진을 출발하여 진강을 종점으로 하는 진진철로의 노선을 천진을 출발
하여 포구(浦口)를 종점으로 하는 진포철로를 부설하는 것으로 변경하였다. 위의 노선에서 진
강으로 뻗어나간 선로가 바로 당초에 계획된 진진철로이고, 포구로 뻗어나간 선로가 바로 진포
철로이다. 이후 천진에서 북경까지 이어지면서 경포철로(京浦鐵路)라 불렸다.

출처: 安徽師範大學 馬陵合 敎授 提供.

38-11 ●
진포철로 노선도
진포철로는 천진을 출발
하여 포구(浦口)에 이른
이후 선박에 실려 장강을
건넌 이후 호녕철로 남경
역으로 연결된다.

을 조사한 이후 탐방기록을 남기기도 하였다. 여운형은 자신이 직접 보고 듣고
경험한 내용을 시시각각으로 기사형식으로 한국의『동아일보』와『조선일보』
등에 기고하기도 하였다.

여운형은 임성사건을 조사하기 위해 현지를 답사한 경위에 대해 다음과 같
은 입장을 밝혔다.

내가 이곳에 온 동기는 모국인이 이 사건과 긴밀한 관계가 있다는 소문이 있
어, 일종의 호기심이 발동하여 그 진상을 조사하기 위한 것으로, 개인자격으로

어제 이곳(임성)에 도착하였다. 오늘 오전 9시에 출발하여 토비 소굴로 들어가 실제 상황을 시찰하고 오후 10시에 돌아와 저녁 식사를 기다리는 틈을 타 객차 안에서 급히 몇 자 기록하였다.

한편, 중화인민공화국 수립 이후 철도부는 진포철로의 물류 운수 능력을 제고하기 위해 대대적인 개조작업에 착수하였다. 1957년 5월 철도부는 덕주(德州)에서 모촌(茅村) 구간을 새롭게 설계하고 개조 비용으로 총 1억 2,701.3만 원의 예산을 편성하였다. 그러나 이는 대약진운동으로 인해 일시 중단되었다. 이러한 가운데 1958년 '전당전민(全黨全民)의 철로 부설'이라는 구호 아래 전국에 걸쳐 철로의 부설이 대대적으로 추진되었다.

산동성정부의 지원하에 제남철로국은 8개 공정대 및 민공(民工) 20만 명을 징발하여 덕주역으로부터 방부(蚌埠)에 이르는 구간을 전면적으로 재시공하였다. 1958년 7월 25일 공사에 착공하여 1960년에 392킬로미터의 노선을 완성하였다. 이후 1969년 남경대교가 완성되고 남경이 북경과 상해 양대 도시의 중간역이 되면서 진포철로도 경호철로로 명칭이 변경되었다.

참고문헌

金志煥, 『철도로 보는 중국역사』, 학고방, 2014.

「國民政府交通部津浦鐵路管理局」, 『津浦之聲』 3期, 1928.

「津浦鐵路消防隊」, 『津浦之聲』 第4期, 1928.

「臨城大劫案寫眞(5月 6日)」, 『時報圖畵週刊』 150期, 1923.

範鑛生, 「近代路鑛關係新探: 以津浦鐵路與中興煤礦爲中心的考察」, 『社會科學』 2011年 11期.

姜新, 「津浦鐵路借款合同評議」, 『江蘇師範大學學報』 1994年 1期.

金志煥, 「韓國人眼中的臨城劫車案」, 『近代史資料』 118號, 2008.9.

李强, 「近代皖北交通中心變遷再探 — 以津浦鐵路淮河大橋選址變更爲中心」, 『安徽史學』 2016年 4期.

何玉疇, 「淸末津鎭路權的收回和自辦運動」, 『歷史敎學』 1885年 5期.

39장

장수철로(張綏鐵路)

화북 지역과 몽골을 연결하는 북방의 간선철로

연 도	1909~1920
노 선 명	장수철로
구 간	장가구(張家口) - 수원(綏遠)
레일 궤간	1.435미터
총 연 장	816킬로미터
기 타	

경장철로를 부설하는 기간 중에 몽골은 1906년 장가구(張家口)에서 고륜(庫倫, 울란바토르)에 이르는 철로를 부설해 주도록 청조에 요청하였다. 다음 해 청조의 울란바토르 판사대신(辦事大臣) 역시 이 철로의 부설을 중앙정부에 건의하였다. 이에 대해 우전부(郵傳部) 노정사(路政司)는 장가구에서 귀화수원성(歸化綏遠城, 현재의 후허하오터)에 이르는 철로의 부설을 주장하며, 북으로 울란바토르, 캬흐타, 서로는 감숙, 신강으로 통하는 간선을 부설해야 한다고 주장하였다. 후허하오터는 내몽골의 성도로서, 북경 서북의 장벽이라 할 수 있다.

경장철로국은 청조의 지시에 따라 철로 노선을 실측하였는데, 이 철로의 총 연장이 지나치게 긴 반면 연선지역의 인구는 희박하여 화물의 운송이 부족할 것으로 예상되어 철로 부설이 적합하지 않다고 판단하였다. 이에 장가구 - 울란바토르 노선보다는 우선 후허하오터와 연결하는 것이 타당하다고 보고하였다. 이러한 결과에 따라 장가구 - 수원(綏遠) 사이의 노선을 우선 부설하기로 결정하였다.

1908년 우전부는 첨천우에게 장수철로 총공정사를 겸임하게 하고 경장철로 부공정사 유인봉(兪人鳳), 방공정사(幇工程師) 유용(劉庸) 등에게 장수철로 노선을 측량하도록 지시하였다. 1909년 7월 장수철로의 측량이 완료되었는데, 간

선의 총연장은 300킬로미터, 지선은 70킬로미터였다. 1909년 8월 첨천우는 유
인봉 등의 측량 결과를 우전부에 보고하였다.

여기서 장수철로의 노선을 장가구로부터 천진(天鎭), 양고(陽高)를 거쳐 남으
로 대동(大同), 북으로 풍진(豊鎭)에 이르고 다시 서로 후허하오터에 이르는 총
연장 344.5킬로미터로 보고하면서 부설 비용을 1,606만 량, 부설 기간을 8년으
로 예측하였다. 보고에서 이 노선을 통해 대동의 석탄을 운송하고 남북의 조량
을 수송하며 장래 동포철로(同蒲鐵路)[대동 - 포주(蒲州)]와 접속하는 데 유리하다
고 지적하였다. 마침내 우전부의 비준을 얻어 관내외철로의 이윤을 일부 전용
하여 장수철로의 부설 비용으로 충당하도록 하였다. 이와 함께 장수철로국이
설립되었으며, 경장철로국의 인원이 이를 함께 관장하였다.

1909년 10월 공사에 착수하여 먼저 장가구에서 천진까지의 구간을 부설하
였다. 1911년 11월 산서(山西) 양고에까지 총연장 120여 킬로미터의 구간을 부
설하였다. 이때 마침 신해혁명이 발발하여 철로를 부설하기 위한 자금 조달이
어렵게 되면서 공사는 중단되고 말았다. 1912년 겨울 장수철로의 2차 부설공
사가 시작되어 1914년 1월에 대동까지 열차를 개통하였다.

1915년 9월 철로가 풍진까지 부설된 이후 1차대전의 발발로 말미암아 경비
조달이 어려워져 공사가 다시 중단되었다. 1918년 8월에 이르러 대동 - 구천
(口泉)의 석탄운반용 지선이 부설되었다. 이 밖에 풍진 - 수원에 이르는 선로를
측량하고 다시 부설을 준비하여, 1919년 8월에 이르러 3차 공사에 착수하였다.

장수철로의 공정은 여러 가지 이유로 13년이나 소요되었으며, 공사가 정지
되고 재개됨을 두 차례 반복한 끝에 마침내 1920년에 이르러 완공되었다. 철로
의 총연장은 816킬로미터이고 이 가운데 산서성 경내의 원북단(愿北段)이 147
킬로미터였으며, 이 밖에 대동 - 구천의 지선 20킬로미터가 있다. 전선에는 기
차역이 65개 있으며, 이 가운데 산서성 경내에 10개의 기차역이 설치되었다.

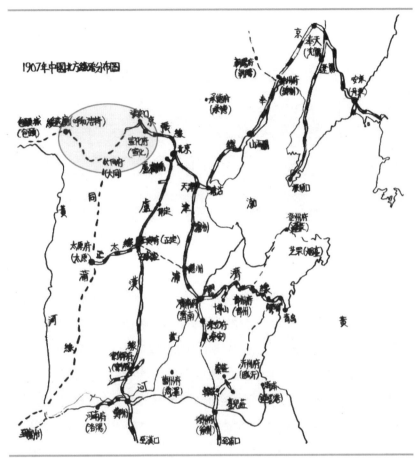

39-1 ● 장수철로 노선도

참고문헌

楊文生,「平綏鐵路與商人的遷移及其社會影響」,『歷史教學問題』2006年 3期.

段海龍,「京綏鐵路對內蒙古地區經濟的影響」,『財政理論研究』2014年 2期.

段海龍,「詹天佑與張綏鐵路」,『蘭台世界』2013年 28期.

段海龍,「張綏鐵路對內蒙古城鎮近代化的影向」,『內蒙古社會科學』2014年 35期.

段海龍,『京綏鐵路研究(1905-1937)』, 內蒙古師範大學, 2011.

呂世微,「詹天佑和京張鐵路」,『歷史教學』1984年 1期.

40장

천한철로(川漢鐵路)

호북성과 사천성을 연결하는 장강유역의 철로

연 도	1909~1937
노 선 명	천한철로
구 간	한구(漢口) - 성도(成都)
레일 궤간	1.435미터
총 연 장	1,511킬로미터
기 타	

천한철로는 청말에 부설이 추진되어 동으로는 호북성 광수(廣水)[후에 한구부(漢口埠)로 변경]로부터 창부(昌府), 기주부(夔州府)[현재의 봉절(奉節)], 중경부(重慶府)를 거쳐 서로 사천성 성도부(成都府)에 이르는 호북성, 사천성 양 성을 연결하는 철로로서, 장강 중상류지역의 중요한 철로 명맥이라 할 수 있다.

일찍이 청일전쟁 이후 청조에 철로를 시급히 부설해야 한다고 건의한 대표적인 인물이 바로 이홍장의 외교고문인 미국인 포스터(John W. Foster)였다. 포스터는 중국의 가장 시급한 현안이 군대를 서양식으로 편제하여 훈련시키는 것이고, 그다음이 바로 철로를 부설하는 일이라 역설하였다. 더욱이 1895년 5월 2일, 강유위 등 603명은 조정에 공거상서(公車上書)를 올려 철로를 부설해야 한다는 뜻을 상주하였다.

이와 같은 요구에 부응하여 1895년 청조는 상해에 중국철로총공사를 설립하고 성선회를 철로대신으로 임명하여 전국의 철로 관련 업무를 총괄하도록 하였다. 그리하여 청일전쟁 이후 노한철로, 호녕철로, 변락철로, 월한철로 등을 부설하였으며, 1903년에는 경장철로(북경 - 장가구)를 부설하였다. 이와 같이 1895년 이후 철로의 부설은 청조의 핵심적인 사업이 되었다.

이와 함께 1903년 청조는 상부(商部)를 설립하는 동시에 철로의 발전을 위해

'철로간명장정(鐵路簡明章程)' 24조를 반포하였다. 장정의 주요한 내용은 철로의 경영을 희망하는 자가 주식을 모집하여 철로공사를 설립할 수 있도록 하는 것이다. 정부로부터 철로 경영을 허가받은 자는 6개월 이내에 철로의 부설에 착공해야 하며, 50만 량 이상의 자금을 모집해야 한다고 규정하였다. 이를 통해 예정 철로 노선의 부설을 완료할 경우 상부가 정한 12등급의 장려정책에 따라 이를 포상하도록 하였다. 그뿐만 아니라 '철로간명장정'은 철로를 차관의 담보로 제공하는 행위를 금지함으로써 철로 이권의 유출을 방지하였다. 이러한 정책은 명확히 철로의 부설에 민간의 자본을 흡수하여 열강으로부터 철로의 부설권을 회수하기 위한 목적이었음을 알 수 있다.

천한철로는 청말에 부설 계획을 수립한 주요 철로 노선의 하나이다. 동으로는 호북성의 무한(武漢)으로부터 서로는 사천성의 성도(成都)에 이르러 호북, 사천의 두 성을 연결하며, 장강 중상류지역을 관통하는 주요 철로 노선이었다. 사천성은 중국 서남부 장강 상류에 위치하여 인구가 조밀하고 물산이 풍부한 지역이다. 그러나 주위가 산으로 둘러싸여 교통이 불편하고 물류의 운수가 곤란하였다. 이러한 이유에서 일찍부터 철로를 부설해야 할 필요성이 제기되었으며, 영국과 프랑스 등도 이 지역에 대한 철로 부설권을 획득하기 위해 많은 노력을 경주하였다.

그러나 사천성민들은 열강에 의한 철로의 부설에 반대하고, 성민 스스로의 역량으로 철로를 부설해야 한다고 주장하였다. 1903년 7월 사천성 총독 석량(錫良)은 조정에 천한철로공사의 설립을 청원하였다. 1903년 청조가 '철로간명장정' 24조를 반포한 이후 1904년 1월 최초로 설립된 국영철로공사가 바로 천한철로공사였다.

공사(公司)가 제정한 '천한철로공사 속정장정(川漢鐵路公司續訂章程)'의 규정을 살펴보면 오직 중국인의 자금만을 모집하여 충당하며 서양인의 자금은 불가하도록 명시함으로써 민족주의적 색채를 노골적으로 표방하고 있다. 그런데 문제는 막대한 철로 부설 자금을 어떻게 조달할 것인가에 있었다. 장정에서 외국인의 투자를 불허하였기 때문에 자연히 사천성 내에서 자체적으로 필요한 자금을 조달하지 않으면 안 되었다.

더욱이 사천에서는 민족자본에 의한 산업의 발전이 극히 미미한 수준이었기 때문에 이들의 역량을 철로 부설을 위해 동원하기도 역부족이었다. 이미 철로공사가 창립되었음에도 1904년까지 자금이 모집되지 않자 사천 출신의 재일유학생들을 중심으로 한 300여 명은 일본 도쿄에서 이 문제를 해결하기 위한 대책을 논의하였다. 회의 결과 사천성의 모든 주와 현을 조세의 다과에 따라 상, 중, 하로 나누어 철로 부설에 필요한 자금을 국가권력에 의해 강제 할당하자는 쪽으로 의견이 모아졌다.

1905년 7월 천한철로공사는 민영의 천한철로유한공사로 개조되어 1909년 12월 18일 주식을 발행하였으며, 사천성 각계 인사가 다투어 자본을 투자하였다. 천한철로공사는 외국자본이나 차관의 도입을 지양하고 주로 성민으로부터 공개적으로 자본을 모집하였다. 자금의 모집은 자경농과 전호를 불문하고 수조(收租)가 10석(石) 이상일 경우 실수(實收)에서 3퍼센트를 징수하며, 10석 미만인 경우에는 징수를 면제하였다. 철로 주식은 1주의 가격이 은 50량으로서 부유한 사람은 혼자서도 여러 장을 매입할 수 있었지만, 빈한한 사람들은 여러 사람이 1매의 주식을 공동으로 매입하는 경우도 많았다. 주식 대금을 납부할 때마다 영수증을 발부하고, 총액이 50량에 이르면 영수증을 철로 주식 1매와 교환해 주었다. 징수의 대상은 농촌의 각계각층을 망라하였기 때문에, 빈한한 농민에게는 정세(正稅) 이외의 또 다른 부담이 아닐 수 없었다. 이들 농민으로부터 징수된 자금이 1908년과 1909년 두 해에 징수된 총액의 약 80퍼센트와 81퍼센트를 차지할 정도로 중요한 자금원이 되었다. 사천성정부는 부설 자금을 염출하기 위해 염부가세, 곡물세, 토지부가세, 양식부가세, 가옥부가세 등 무려 18종에 이르는 각종 잡세를 강제적으로 할당하여 부과하였다.

이와 같이 농민으로부터 징수한 부분이 철로 부설 자금의 절대 다수를 차지하였음에도, 공사의 실권은 정부가 장악하고 있는 모순이 노정되면서 사천성의 신사들은 공사의 민영화를 주장하였다. 이에 호응하여 마침내 1905년 7월 청조는 철로공사를 관상합판으로 경영하기로 결정하였으며, 이후 1907년 3월에 이르러 상판으로 개조하였다. 비록 철로공사의 경영에 대한 사천인들의 상판(商辦)[민영(民營)] 요구가 어느 정도 관철되기는 하였지만, 철로 부설 자금의 조달이 곤란하자 여전히 조세라는 강제적 수단에 의지할 수밖에 없었다.

1906년 호광총독 장지동과 사천총독 석량((錫良)은 협상을 통해 천한철로 노선을 다음과 같이 설계하였다. 천한철로는 성도(成都)에서 중경(重慶)을 거쳐 무산현(巫山縣)의 변계(邊界)에까지 이르는 총 2,000여 리에 달하였다. 다시 무산으로부터 호북성으로 들어가 파동(巴東), 흥산(興山)의 두 현을 거쳐 의창(宜昌)에 도달하는 500여 리에 달하였다. 다시 의창으로부터 양현(陽縣), 형문주(荊門州), 양양(襄陽)을 거쳐 응산현(應山縣)의 광수역(廣水驛)으로 도달하여 경한철로와 접속하게 된다.

전체적으로 보아 천한철로의 노선은 크게 광수역 - 의창, 의창 - 만현(萬縣), 만현 - 중경(重慶), 중경 - 성도(成都)의 네 구간으로 구성되었다. 아울러 광수역에서 경한철로와 접속하여 전국의 남북철로가 상통하는 교통의 대동맥을 형성하게 된다. 천한철로의 부설계획에서는 한구에서 성도까지의 총연장 1,511킬로미터에 달하였다. 성도에서 의창에 이르는 구간은 사천성이 부설하고, 의창에서 광수역에 이르는 구간은 호북성이 부설을 담당하도록 하였다.

강제로 자금을 할당했음에도 천한철로를 비롯하여 이권회수운동의 대상이 된 지역에서 철로를 부설하기 위한 자금은 당초 계획대로 모집되지 못하였으며, 이러한 이유에서 철로의 부설은 계속 지연되었다. 이에 청조는 차관 도입을 통해 철로 국유화를 실현함으로써 철로를 조속히 부설하고자 하였다.

철로의 부설이 지연되자 청조는 외채를 차입하여 철로를 부설할 수밖에 없다고 여겨, 1908년 영국, 프랑스, 독일 등의 3개국과 철로차관의 문제를 논의하였다. 이러한 결과 마침내 1909년 6월에 550만 파운드의 차관을 도입하기로 합의하고, 이 가운데 250만 파운드를 천한철로를 부설하는 비용으로 사용하기로 결정하였다. 이후에 미국도 여기에 참가하여 4개국은행단을 조직하였다.

1909년 12월 10일 천한철로는 기공식을 거행하고 전 노선을 10개 구간으로 나누어 부설공사에 착수하였다. 의창에서부터 부설공사를 시작하였으나 1911

40-1 • 천한철로의 교량 공사

출처:「旅宜追記: 川漢鐵路已成的橋梁」,『柯達雜志』7卷 11期, 1936, p.8(上海圖書館《全國報刊索引》數据庫).

년 5월 보로운동(保路運動)이 폭발하면서 공사가 중단되었다. 1912년 중화민국이 수립된 이후 손중산 등의 적극적인 보호 아래 첨천우는 1912년 12월 국유한월천철로(漢粤川鐵路) 회판(會辦)에 취임하여 새로운 천한철로의 부설에 착수하였다. 그러나 민국 초년의 군벌 전쟁으로 인해 천한철로의 부설공사는 장기 정체 상태에 빠졌다.

1911년 급사중 석장신은 전국 철로의 국유화를 주장하며, 이를 통해 철로자판운동으로 자금의 모집이 부진하여 부설이 지체되고 있던 사천 등의 철로를 조속히 부설해야 한다는 방안을 제시하였다. 이렇게 볼 때, 농민의 수중으로부터 모집된 자금만으로 운영되던 상판철로공사의 경영 부진이 국유화를 추진하도록 만든 주요한 원인이었음을 알 수 있다.

청조는 상판철로의 부설이 부진하자 외채를 도입하여 철로를 부설하기로 결정하고 이를 위한 선행조치로서 철로 국유화를 단행하였던 것이다. 마침내 청조는 1911년 5월 9일 철로 국유화의 칙령을 반포하였으며, 한편으로는 영, 미, 프, 독의 4개국과 교섭하여 월한철로(粵漢鐵路)의 상악선(湘鄂線)을 더하여 이른바 월한철로차관계약의 체결을 단행하였다. 결국 철로의 국유문제는 마침내 무창기의(武昌起義)와 신해혁명의 도화선이 되었다.

국유화의 과정에서 그 동안 각지 상판철로공사에 모집된 자금을 어떻게 처리할 것인가가 주요한 문제로 대두되었다. 특히 국유화의 직접적인 대상이었던 월한철로와 천한철로가 통과하는 광동성, 호북성, 호남성, 사천성 등 4개 성 민들은 크게 반발하였다. 철로 국유화가 선포되자 각지의 주주들은 적극적으로 반대의 의사를 표시하였다. 철로 국유화의 소식이 사천성에 전해지자 주주들은 회의를 개최하여 대책을 논의하였는데, 회의에서 동맹회 관계 인사들은 청조에 강력하게 투쟁할 것을 주창하였다.

청일전쟁 이후 제국주의가 중국을 침략하는 과정에서 여지없이 노정된 청조의 무능함과 매판성을 목도한 성민들은 철로의 이권회수운동 과정에서 자신들의 이해를 침해하는 정권에 큰 불만을 품었으며, 이는 결국 보로운동으로 비화되어 청조의 멸망을 초래하고 말았다. 신해혁명의 도화선이 된 보로운동이 호북, 호남, 광동, 사천성 등 4개 성에서 진행되었지만, 가장 격렬하게 전개된 지역이 바로 사천성이었다. 최초 사천보로운동은 경제적인 요인으로 말미암아 촉발되었지만, 이후 점차 청조 타도의 반청투쟁으로 확대된 것이다. 손문은 "만일 사천에서 보로운동이 없었다면 신해혁명은 1년 반이나 늦어졌을 것"이라고 이를 높게 평가한 바 있다.

1911년 6월 16일, 주주 20여 명은 보로동지회를 결성하여 공개적으로 청조에 선전할 것을 결정하고 구체적인 행동 방침을 결정하였다. 마침내 다음 날인 6월 17일 성도(成都)에서 사천보로동지회가 정식으로 결성되었는데, 여기에 사천성민들이 물밀듯이 몰려들어 북새통을 이루었다. 이후 이 열기는 사천 각지로 확산되어 9월 7일까지는 64개 현에서 동지회분회가 조직되었다. 1911년 8월 24일 보로동지회는 긴급특별주주총회를 개최하여 청조에 강력히 항의하였다. 이와 함께 오후 4시가 되자 사천의 상점들은 항의의 뜻으로 일제히 문을 걸

40-2 • 손문

어 잠갔다. 분노한 사천성민들은 보로동지회를 중심으로 무장항거의 반청운동을 대대적으로 전개해 나갔다.

보로운동이 확산되자 9월 7일 청조는 군대를 철로공사에 보내 주모자들을 체포하여 감금하였다. 이 소식을 들은 군중들이 총독 관아로 몰려가 이들의 석방을 요구하자 이 과정에서 관병이 청원 군중에 발포하여 26명이 사망하였으니 이것이 바로 '성도혈안(成都血案)'이다. 성도혈안을 계기로 보로운동은 본격적인 반청의 무장투쟁으로 발전하게 되어 9월 하순 민군의 수는 이미 10만 명을 넘어섰다. 이어 현 단위의 독립이 줄을 잇고, 나아가 사천성을 비롯한 전국 각 성이 독립을 선포하면서 청조는 스스로 퇴위를 선포하지 않을 수 없었다. 결국 2,000여 년에 걸친 황제통치가 몰락하고 공화정이 수립되게 된 것이다.

신해혁명으로 중화민국이 수립된 이후 철로행정은 대부분 손문에 의해 관할되었다. 손문은 '교통은 실업의 어머니, 철로는 교통의 어머니'라는 슬로건하에 철로의 국영을 주창하였다. 민국 이후에 이르러 중앙정부는 사천철로공사와 협의한 끝에 1914년 9월에 마침내 1,206만 량으로 이 철로를 매입하고, 이를 위해 공채(5리 6분, 15년 상환)를 발행하기로 결정하였다. 이후 부설공사는 순조롭게 진행되지 못하였다. 혁명의 혼란도 있었으며, 특히 1차대전의 발발로 인해 공사가 중단되고 말았다.

천한철로는 호북성의 한구(漢口)로부터 사천성으로 통하는 일대 간선으로서, 성도에 이르는 노선이다. 1914년 1월 영국, 미국, 독일, 프랑스의 4개국으로부터 차관을 도입하여 이들 국가로부터 공정사를 선발하고 이를 통해 철로를 부설하기로 결정하였다. 이후 독일이 이로부터 탈퇴하고 각국도 일체의 권리를 신차관단에 인계함과 동시에 일본도 당연히 이에 참가해야 한다고 결정하였다. 처음에 이 노선에 대해서는 영국, 프랑스 양국이 중국정부로부터 우선권을 획득하였다.

1914년 6월 북양정부는 첨천우를 북양정부교통부(北洋政府交通部) '월한천철로독판(粤漢川鐵路督辦)'으로 임명하여 천한철로와 월한철로의 최고 행정수장으로 임명하였다. 첨천우는 호북성 의창에서 사천성 기주(夔州)에 이르는 구간의 철로를 부설하기 위해 의기(철로)공정국(宜夔(鐵路)工程局) 국장 이직훈(李稷勛)과 미국인 총공정사 랜돌프(Randolph)를 중심으로 7개 측량대를 조직하여 천한철로의 사천성 승건단(承建段)[의창 - 봉절(奉節) - 중경(重慶) - 성도(成都)]를 구간별로 나누어 측량을 다시 실시하였다.

1915년 11월 승건 구간의 측량이 완료되자 첨천우는 연선지역의 인구, 경제, 지질 조건, 부설 비용 등의 제반 요인을 종합적으로 고려한 이후 최종적으로 노선을 다음과 같이 결정하였다. 즉 성도 - 간주(簡州)[간양(簡陽)] - 자양(資陽) - 자주(資州)[자중(資中)] - 내강(內江) - 융창(隆昌) - 영창(榮昌) - 영천(永川) - 강진(江津) - 중경(重慶) - 장수(長壽) - 점강(墊江) - 양산(梁山)[양평(梁平)] - 개현(開縣) - 소강(小江)[운양(雲陽)] - 기주(夔州)[현재의 봉절(奉節)] - 무산(巫山) - 파동(巴東) - 귀주(歸州)[자귀(秭歸)] - 의창 - 하용(河溶) - 건양(建陽) - 양홍(楊洚) - 조시(皂市) - 응성(應

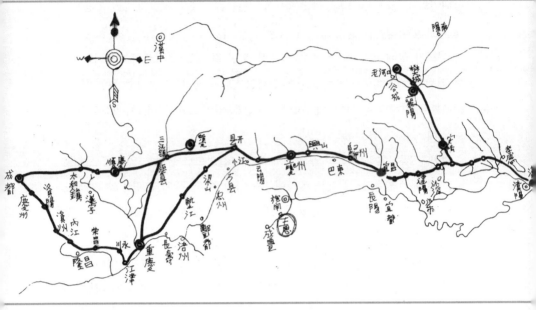

40-3 • 첨천우가 설계한 천한철로 노선도

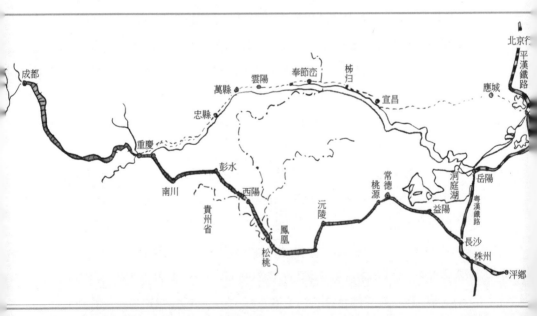

40-4 • 천한철로 노선도

城) - 한구 노선이다. 이것이 바로 첨천우가 실측을 거쳐 확정한 천한철로의 노선이다.

1919년 '중국철로의 아버지' 첨천우가 세상을 떠난 이후 1920년 손문은 『건국방략(建國方略)』 속에서 천한철로를 비롯한 서남 7로의 구상을 밝히며, 이 가운데 천한철로를 매우 중요한 노선으로 간주하였다. 1928년 남경국민정부 철도부가 성립된 이후 재차 전국의 철로에 대한 체계적인 계획이 만들어졌다. 1931년 남경국민정부는 '철로5개년건설계획'을 발표하고, 여기서 전국의 철로를 총 8,000킬로미터에 이르는 4대 철로망 및 그 연락 간선으로 부설하는 계획을 발표하였다. 이 가운데 천한철로의 부설 노선으로 성도 - 자양 - 융창 - 영천 - 중경 - 만현 - 기주 - 의창 - 사시(沙市)[현재의 형주(荊州)] - 한구를 연결하는 첨천우의 계획을 그대로 받아들였다.

중일전쟁 발발 이후인 1938년 1월 전시 운수의 통일적 관제가 필요한 상황에서 국민정부는 '조정중앙행정기구령(調整中央行政機構令)'을 반포하고 원래의 철도부와 전국경제위원회 관할하의 공로처(公路處), 군사위원회 관할의 수륙운수연합판사처(水陸運輸聯合辦事處)를 모두 교통부 소속으로 이관하였다.

참고문헌

「旅宜追記: 川漢鐵路已成的橋梁」, 『柯達雜志』 7卷 11期, 1936.

金志煥, 「철도를 통해 중국을 지배한다: 川漢鐵道」, 『철도로 보는 중국역사』, 학고방, 2014.

李宏旭, 謝元魯, 「川漢鐵路線路變遷論析」, 『綿陽師範學院學報』 34卷 7期, 2015.7.

林家有, 「論孫中山鐵路建設的思想與主張」, 『近代史研究』 1991年 5期.

李宏旭, 「川漢鐵路線路變遷論析」, 『綿陽師範學院學報』 2015年 34期.

李際, 「商辦川漢鐵路的租股與保路運動」, 『工程研究』 2011年 3期.

曾田三郎, 「20世紀初頭における中國の鐵道資本: 鐵道利權回收運動との關聯において」, 『アジア經濟』 20卷 5號, 1979.

岸田修, 「孫文の鐵道論」, (藤井昇三, 横山宏章編), 『孫文と毛澤東の遺産』, 研文出版社, 1992.

41장

길장철로(吉長鐵路)
동북 부원인 길림성을 관통하는 장춘과 길림의 연결 철로

연　도	1910~1912(1912년 10월 20일 개통)
노 선 명	길장철로
구　간	길림(吉林) - 장춘(長春)
레일 궤간	1.435미터
총 연 장	127.7킬로미터
기　타	

　길장철로는 동북 제일의 부원인 길림성을 관통하는 노선으로서, 길림에서 장춘에 이르는 총연장 127.7킬로미터의 노선이다. 길장철로는 1910년 5월에 착공하여 1912년 10월에 준공되어 영업을 개시하였으며, 이후 1917년 10월 남만주철도주식회사에 경영을 위임하였다. 이 철로는 장춘(長春)의 두도구(頭到溝)를 출발하여 잡륜하구태(卡倫下九台)[현재의 구태시(九台市)]를 거쳐 길림에 이르는 노선이다. 길장철로는 길림성과 남만주철로를 연결하는 노선으로서 물류 유통량이 매우 많았다.

　일찍이 1894년 길림장군 장순(長順)이 길장철로가 지역 발전을 위해 매우 긴요하다고 여겨 청조에 철로의 부설을 청원하였다. 만주의 간선철로인 동청철로는 당시 길림성의 성회인 길림시를 지나지 않았다. 따라서 제정러시아는 동청철로가 길림을 통과할 수 있도록 하기 위한 목적에서 누차 청조에 길림에서 장춘에 이르는 동청철로 지선의 부설을 요청하였다. 당시 길림장군 장순은 철로 부설권이 외국에 넘어갈 것을 우려하여 1902년 6월 청조에 상주하여 260만 량을 국고에서 염출하여 중국이 자력으로 길장철로를 부설해야 한다고 주장하였다.

　이러한 가운데 1903년 러시아는 청조를 강박하여 동성철로공사와 16개 항에 달하는 차관초약을 체결하여 길림과 통하는 동청철로 지선의 부설을 기도하였다. 그러나 마침 러일전쟁이 발발하여 계약은 실현될 수 없었다. 이러한 가운데 길림장군 달계(達桂)는 계약 기한이 이미 경과하여 효력을 상실하였으므로, 중국이 자력으로 길장철로를 부설해야 한다고 조정에 주청하였다. 그러나 일본은 러시아로부터 남만주철로 및 그 지선의 부설권을 승계받았다는 점을 상기시키며 길장철로의 부설권을 주장하였다.

길장철로의 부설권을 둘러싼 일본과 러시아의 협상과정은 앞서 남만주철로의 종착역을 결정하는 문제와 관련하여 설명하였지만, 이 문제가 바로 길장철로의 부설권 양여와 관련되므로 간단히 다시 설명하자면 다음과 같다. 포츠머스강화조약 제6조는 "러시아정부는 장춘 - 여순 간의 철로 및 일체의 지선, 그리고 이 지역에서 이에 부속한 일체의 권리, 특권 및 재산, 그리고 이 철로에 속하거나 그 이익을 위해 경영되는 일체의 탄광을 인계한다"라고 규정하였다. 포츠머스강화조약이 진행되던 1905년 8월 16일 러일 간의 제8차 회의에서 동청철로(중동철로)의 남만주지선, 즉 이후 남만주철로의 종착역과 관련된 협상이 진행되었다.

회담에서 일본은 중동철로 간선의 중추역인 하얼빈을 남만주철로 종착역으로 희망하였다. 그러나 러일전쟁에서 일본이 점령한 최북단 지역은 하얼빈에 훨씬 미치지 못하는 공주령(公主嶺)이었다. 이에 러시아대표 세르게이 비테는 "러시아정부로서는 현재 일본군대가 점령한 지역 이외의 철로를 포기할 수 없다. 일본군대가 하얼빈까지 도달하지 못하였기 때문에 철로의 종착역은 양국이 다시 협상하여 결정해야 한다"라고 주장하였다.

이에 대해 일본 측 협상대표였던 고무라 주타로(小村壽太郎)는 하얼빈까지 일본군대가 도달하지 못했더라도 지세와 자연환경의 중요성을 고려하여 송화강을 통과하는 지점을 경계로 정해야 한다고 주장하였다. 이에 러시아 측 협상대표 비테는 양국 간 경계를 지세의 측면보다는 주요 도시를 고려해 선택해야 한다고 주장하였다. 쌍방이 치열한 논쟁을 전개한 끝에 비테는 한발 양보하여 일본군이 점령한 최북단인 공주령보다 더 북쪽에 위치한 상업도시 장춘을 일본

측에 제안하였다.

이에 고무라는 당초 예상했던 하얼빈보다 남쪽의 장춘을 받아들이는 대신 이전부터 호시탐탐 눈독을 들이던 장춘 - 길림 구간의 철로 부설권을 요구하였다. 다시 말해 러시아가 길장철로의 부설권을 일본에 양여한다면 일본도 하얼빈 대신 장춘을 종착역으로 하여 경계로 정하는 것에 동의한다는 타협안이었다.

청일전쟁 이후 일반인은 물론 일본의 정부관료들도 장춘의 지리적 중요성에 대해 상세히 알지 못하였지만, 외상 고무라 주타로와 육군대좌 후쿠시마 야스마사(福島安正)는 장춘의 중요성을 이미 잘 알고 있었다. 일본은 자신이 점령한 최북단인 공주령보다 더 북쪽에 위치한 장춘을 얻어낸 것만 해도 손해를 보는 거래가 아니었는데, 여기에 길장철로의 부설권까지 얻어내는 노련한 담판을 보여준 것이다.

이에 대해 고무라가 "내가 알기로는 장춘 - 길림 구간의 철로는 아직 레일을 부설하지 않았다"라고 지적하자, 비테는 "자세한 사정은 알 수 없으나 전보로 본국 정부에 문의하여 만일 이 지선에 레일이 아직 부설되지 않았다면 요구를 수용할 수 있지만, 이미 존재한다면 현재의 소유자가 소유해야 한다"라고 회답하였다. 따라서 양국 전권위원은 장춘을 경계로 하는 것에 합의하고, 러시아 전권대사가 본국정부로부터 회신을 얻어 확인될 때까지 길장철로 부설권의 양여 문제를 보류하기로 정리하였다.

결국 이 문제는 강화회담의 마지막에 이르러서야 해결되었다. 8월 29일 오전 마지막 회의에서 러시아전권은 "장춘 - 길림 구간의 철로 레일이 아직 부설되지 않아 존재하지 않는다"라는 회신을 받았다. 이에 따라 양국 전권위원은 장춘을 철로의 경계점으로 확정하는 동시에, 장춘 - 길림 간의 철로 부설문제를 사실상 일본에 양여하였다.

그러나 일본과 러시아 사이의 강화조약은 다시 일본과 청조 사이의 북경회담이라는 절차를 통해 청조의 승인을 거치지 않으면 안 되었다. 양국의 회담은 1905년 11월 17일 북경에서 거행되었으며, 양국의 전권은 일본 측의 고무라 주타로와 청조의 원세개였다. 고무라는 일본과 러시아 사이에 길장철로의 부설권을 일본에 양여하기로 합의하였음을 근거로 제시하였으나, 원세개는 그러한 부설권을 러시아에 허용한 적이 없다고 일축하였다. 더욱이 길장철로는 이리 길림장군 달계(達桂)가 수차례 요청하여 청조가 철로 부설을 결정하였을 뿐만 아니라, 이미 자금의 편성까지 마친 상태였다.

안봉철로가 러일전쟁 중에 청조의 허락 없이 일본이 무단으로 부설한 군용 철로라는 사실을 강조하며, 조약을 근거로 부설된 합법적인 동청철로의 남만 주지선과는 본질적으로 다르기 때문에 전쟁이 끝나면 당연히 철거해야 한다고 지적하였다. 따라서 원세개는 길장철로 부설권을 일본에 허용할 수 없다고 거절하는 한편, 대신 차관의 도입, 전문 기사의 고용, 자재의 구입 등에서 우선적으로 배려하겠다고 일본을 설득하였다.

또한 일본에게 허용한 5년이라는 기한도 양국 간의 우의를 고려한 결과로서, 협상에 따라 어느 정도 연장은 가능하겠지만 동청철로 남만주지선과 같은 방식으로 처리하자는 주장은 수용할 수 없다고 강경한 태도로 일관하였다. 청조의 강경한 저항에 직면한 고무라는 안봉철로를 완전히 장악하기 어렵다고 판단하여 사용 연한을 연장하는 쪽으로 방향을 선회하였다. 그리하여 사용 연한을 5년에서 25년으로 연장해 줄 것을 요구하였으나 그럼에도 청조는 이를 수용하지 않았다.

11월 26일 제5차 회의에서 원세개는 안봉철로에 대한 타협안을 제시하였다. 원세개는 사용 연한을 5년에서 10년으로 연장해 주겠다고 하였으나 고무라는 여전히 부족하다고 여겨 수용하지 않았다. 철로의 개량 공사를 완료한 후에 최소한 15년간 사용해야 한다고 강경한 태도로 임하였다. 이후 원세개는 일본이 주장한 사용 연한 15년에 2년의 공사 기간을 추가하여 17년의 사용을 허용하되, 그 이후에는 적당한 가격으로 중국 측이 안봉철로를 매수하는 방안을 제시하였다. 고무라는 일본이 만주의 군대를 국내로 운송하고 있어 개량 공사에 바로 착수할 수 없으니 기한을 3년으로 연장해달라고 요구하였다.

이후 고무라는 수정안을 제출하여, 길장철로의 중국 소유권을 인정하지만 철로 부설과 일정 기간 동안 모든 철로의 경영을 일본의 남만주철도주식회사에 위탁해야 한다고 제안하였다. 이는 형식상 청조의 철로 소유권을 인정할 뿐 실질적인 철로의 운영과 수익은 일본이 장악하겠다는 심산이었다. 그러나 청조가 이를 받아들이지 않자, 고무라는 길장철로를 청일 양국의 공동사업으로 추진하되 일본회사가 자본의 절반을 제공해야 하며, 구체적인 방법은 이후 다시 논의하자는 타협안을 제시하였다.

그러나 청조의 경친왕(慶親王)은 길장철로의 자주 부설권을 침해하는 일본의 공동사업안을 받아들이지 않았다. 또한 자본의 절반을 일본으로부터 차입해야 한다는 제안도 수용하지 않았다. 대신 "자본이 부족하면 일본으로부터 차관을 도입하며, 차관의 조건은 경봉철로를 부설하였을 당시 영국차관의 선례에 준거하도록 하겠다"라고 회답하였다.

이에 고무라는 청조의 주장을 수용하는 타협안을 제시하였다. 즉 길장철로를 청조가 독자적으로 부설하는 것에 동의하지만, 반드시 일본인 공정사를 고용해야 하고, 부족한 자금의 절반까지 일본회사가 제공하도록 하면서 상환 기한은 25년으로 정하며, 차관은 경봉철로 중영공사(British & Chinese Corporation)와 체결한 계약과 같은 방식으로 한다는 내용이었다.

이와 함께 중국정부는 길림 일대의 철로 부설권을 여타 국가에게 허용하거나 합작하지 않겠다는 단서를 수용해야 한다는 조건을 덧붙였다. 이러한 타협안에 대해 청조는 중국인을 철로공정사로 임명할 수 없다는 뜻으로 잘못 해석할 소지가 있다고 문제를 제기하였다. 이에 고무라는 청조와 중영공사의 계약에서도 영국인을 총공정사로 고용해야 한다고 규정했기 때문에 길장철로의 총공정사도 일본인으로 선임해야 한다고 반박하였다.

이에 청조는 길장철로는 중국이 자금을 조달하여 독자적으로 부설하고, 부족한 자금은 절반 이내로 일본의 차관을 도입한다는 수정안을 제시하였다. 다시 말해 청조가 길장철로를 부설할 때 자금이 부족하지 않을 경우 일본으로부터 차관을 도입하지 않을 수도 있음을 의미하였다. 아울러 원세개는 일본이 요구한 길림 지역의 철로 부설권에 대해 명시적으로 선언할 수는 없지만 이 지역의 철로 부설권을 다른 나라에 결코 허용하지 않을 것임을 약속하였다. 결국 고무라는 안봉철로도 동청철로 남만주지선과 같이 독점적으로 장악하고자 하였지만 청조의 저항에 부딪혀 15년간 경영권을 얻어내는 데 만족해야 하였다.

마침 중일 사이에는 신봉철로 부설권을 둘러싸고 협상이 진행되고 있었다. 신봉철로는 신민에서 봉천에 이르는 철로로서, 원래 중국 경봉철로의 한 구간이었다. 그러나 러일전쟁 기간에 일본이 군사적 필요에서 1905년 3월 봉천을 점령한 이후 청조가 반대를 했음에도 마음대로 남만주철로 봉천역에서 황고둔(皇姑屯)을 거쳐 신민(新民)에 이르는 총연장 60킬로미터의 경편철로를 부설하였다.

1905년 12월 22일 중일은 '회의동삼성사의조약'을 체결하였는데, 조약 가운데 봉천성에서 신민부에 이르는 일본이 부설한 군사용 철로를 양국이 가격을 산정하여 중국에 매각한다는 조항이 있었다. 중국이 철로 부설권을 매입함으로써 스스로 철로를 부설할 수 있도록 한다는 조항인 것이다.

그러나 일본은 이러한 조항의 대가로서 청조에 길장철로에 대한 권리를 요구하였다. 일본은 1907년 4월 15일 '신봉 및 길장철로에 관한 협약'을 체결하였다. 이 가운데 중국은 일본이 부설한 신민부 - 봉천부 간의 철로를 매입하기로 합의하고, 금액은 일화 166만 엔으로 정하였다. 1908년 11월 중일 양국은 '신봉·길장철로 차관속약'을 체결하였는데, 길장철로의 부설 비용 530만 원 가운데 절반에 상당하는 215만 엔을 일본의 남만주철도주식회사로부터 차용하고, 나머지는 중국정부가 국고로부터 지출하기로 합의하였다. 연리는 5리이며 93 실부(實付)[93절구(折口)]에 따라 실수령액은 199만 9,500원에 달하였다.

이 조약의 세부 내용은 1909년 8월 18일에 남만주철도주식회사와 청조 우전부 사이에 확정되었다. 여기서 상환 기한을 25년으로 하고 5년 거치 20년 상환으로 정하였으며, 일본인 총공정사 및 회계주임의 고용을 명시하였다. 이것이 소위 제1차 길장철로 차관계약이다.

이미 1907년 12월에 청조 우전부가 일본 측이 파견한 기사와 함께 실지를 측량하였다. 기점은 남만주철로의 장춘역을 출발하여 동으로 이통하(伊通河)를 건너 장춘역에 도달하였다. 중간에 안룡천(安龍泉), 잡륜(卡倫), 음마하(飮馬河),

토문령(土們嶺), 화피창(樺皮廠), 구참(九站)을 거쳐 다시 송화강 왼쪽 기슭을 따라 길림에 도달하는 총연장 127.7킬로미터의 노선이었다. 길장철로는 1910년 기공하여 1912년 10월 20일 전선을 완공하고 열차를 개통하였다. 남만주철도주식회사는 길장철로에 대한 감독권을 보유하고 있었지만, 경영 관리권은 중국에 있었다.

그러나 1909년 부설공사에 착수한 이래 여러 차례 자금 부족과 중국혁명, 그리고 철로공사 총판 이방년(李方年)의 부정행위 등으로 수차례 부설공사가 지연되는 등 우여곡절 끝에 마침내 1912년 점차 전선을 개통하기에 이르렀다. 그러나 개통 이후 철로의 보수를 요하는 곳이 적지 않았다. 더욱이 운임이 지나치게 높았으며, 설비의 불량 등으로 연선의 화물은 철로보다 마차를 이용하는 회수가 증가하였다. 결국 상당한 자본을 투입하여 이와 같은 불편을 개선하지 않으면 안 되었다.

1차대전 기간 중인 1916년 2월 21일 남만주철도주식회사는 이사 가와카미 도시히코(川上俊彦)를 파견하여 북경에서 북양정부 교통부와 길장철로협약을 개정하기 위한 회담에 착수하였다. 9개월여의 교섭 끝에 최종적으로 같은 해 11월에 협약초약을 체결하였다. 주요한 내용은 다음과 같다.

① 차관 금액은 일화 500만 엔(이미 250만 원을 교부), 이자는 5리로 정한다.
② 차관 담보는 이 철로의 자산 및 수입금으로 충당한다. 상환 이전에 다른 곳에 이를 담보로 제공할 수 없으며 기한은 50년으로 한다.
③ 중국정부가 만일 차관의 원금 이자를 상환하지 못할 경우, 이 철로의 모든 자산 및 수입은 남만주철도주식회사가 관리한다.
④ 차관 기한 내에 남만주철도주식회사에 경리, 영업 및 서무 등 일체의 경영을 위탁한다.
⑤ 남만주철도주식회사는 간사를 선임하고, 철로 사무 및 인원의 채용, 자재 구매 등의 권한을 행사한다.
⑥ 중국정부는 대표 1명 및 회계 1명, 통역 1명을 파견하여 철로의 재정을 감독한다. 그러나 중국직원은 모두 일본직원의 부(副)에 상당하며, 중국대

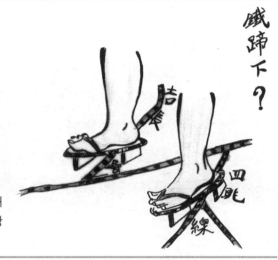

41-1 ● 일본이 차관을 통해 길장철로와 사조철로를 장악한 사실을 풍자한 삽화

표가 선임한 중국직원은 반드시 일본간부의 지휘에 복종해야 한다.

⑦ 이 철로의 모든 방법은 남만주철로와 동일하게 처리한다. 이 밖에도 장춘의 길장철로 원래의 역을 철거하여 남만주철로의 역과 병합하여 서로 연결한다.

1915년 5월 일본은 중국에 21개 조약의 요구안을 강요하였는데, 이 가운데 길장철로를 일본정부의 관리로 귀속시켜 99년간 경영하도록 한다는 내용이 포함되어 있었다. 이러한 강압적 요구에 굴복하여 6월 10일 중국 재정부와 교통부는 남만주철도주식회사와 20개 조항에 달하는 길장철로차관계약을 체결하였다. 1915년 5월 말의 계산에 의하면 이 철로의 자본 총액은 618만 2,047원으로서, 일본화폐로 약 500만 엔에 상당하였다. 이후 1917년 10월 12일 '남만주 및 동부 내몽골에 관한 조약' 제7조에 기초하여 중국정부와 남만주철도주식회사 사이에 '개정길장철로차관합동'이 체결되었다.

주요한 골자는 650만 엔 상당의 차관을 도입하며, 이 가운데 제1차 차관의 미상환액 198만 8,750원을 제하여 실제로는 451만 1,250원을 교부하기로 하였

41-2 • 길장철로 역사(驛舍)와 터널

출처: 「吉長鐵路黑熊溝山峒之南峒口」, 『東三省官銀號經濟月刊』 3卷 8期, 1931, p.1(上海圖
書館《全國報刊索引》數据庫).

다 연리는 5리이며, 매 100원은 91원 5각으로 수령하였다[91.5퍼센트 실부(實付)]. 이 밖에 상환 기한을 30년으로 연장하였다. 매년 지출을 제외하고, 여기에 20퍼센트의 홍리(紅利)를 제외한 수입을 남만주철도주식회사에 송금하였다.

차관기간 내에 중국정부는 남만주철도주식회사에 일본인 3명의 선임을 위탁하여 길장철로의 공무, 운수, 회계주임으로 임명하였다. 3명 가운데 1명을 회사의 대표로 임명하여 계약 기간 내 일체의 권리 및 의무를 집행, 행사하도록 하였다. 이 밖에 길장철로 영업 수입의 잔액은 일본의 요코하마쇼킨은행(橫濱正金銀行) 장춘분행(長春分行)에 예치하도록 하고, 1914년 3월에 동삼성은행과 길장철로 사이에 체결된 계약을 취소하였다. 같은 해 12월 남만주철도주식회사는 무라다 가쿠마(村田恋磨)를 파견하여 대표 겸 운수주임을 겸하도록 하였다. 이 밖에 마루야마 요시키(丸山芳樹)와 지영신(地永辰)을 각각 공무주임과 회계주임을 담당하도록 하였다. 이에 이르러 길장철로 경영권은 완전히 남만주철도주식회사의 수중에 떨어지고 길장철로는 남만주철로의 한 노선으로 명실상부한 배양선이 되었다.

철로의 부설 비용은 당초 362만 량으로서, 1리당 평균 4만 5,000량이었으나, 이후 토문령터널 공사에 27만 원이 추가로 소요되었다. 이 터널이 완성되기 이전에는 길림, 장춘 간에 1일 6회 이상의 왕복이 불가능하였으나, 터널이 개통된 이후 하루 12회 왕복이 가능하게 되어 운송량도 대폭 증가하였다. 1916년에는 총수입 93만 원, 총지출 75만 원이었으며, 이후 계속 증가하여 1920년에는 총수입이 218만 원, 총지출이 143만 원으로 순익이 75만 원에 달하였다. 여객과 화물의 비율은 1920년에는 여객의 수입이 70만 원, 화물은 147만 원이었다. 종래 하얼빈으로 향했던 길림 및 연선지역으로부터 운송되는 목재와 농산물 등이 이후 길장철로를 통해 운송되는 경우가 증가하였다. 길장철로의 양호한 경영 성적에 힘입어 남만주철로의 수익도 증가하였다.

길장철로는 창업 이래 줄곧 경영이 어려웠으나, 1917년부터 남만주철도주식회사에 경영을 위임하면서 수지가 개선되었다. 특히 시베리아로부터 남하하는 목재가 감소함에 따라 길장철로를 통해 길림으로부터 수출되는 목재가 급증하고, 장춘으로부터 길림으로 유입되는 화물도 크게 증가하였다. 이에 따라 1918년부터 수입은 70만 원으로 증대되었으며, 이후에도 계속 증가하여 1931년이 되면 360만 원에 달하였다.

봉길철로(奉吉鐵路), 길돈철로(吉敦鐵路)의 출발점이었던 길림은 동청철로(중동철로)가 부설되기 이전에는 영고탑, 치치하얼(齊齊哈爾), 훈춘(琿春) 등으로 가는 물류의 중계지로서 번영을 구가하였다. 인구도 1908년에는 약 8만 명으로 당시 동북에서 대도시의 하나였다. 그러나 동청철로가 개통된 이후 물자가 하얼빈과 장춘에 집중되자 자연히 상업상 길림의 세력은 저하될 수밖에 없었다. 그런데 1912년 길림 - 장춘 간의 길장철로가 개통되자 길림의 상업적 지위는 다시 제고되었다.

길장철로가 개통되기 이전에 길림 - 장춘 간의 마차수송은 편도로 겨울에는 2일, 여름에는 4~7일 정도 소요되었는데, 철로를 이용하게 되어 3시간 반이면 도달할 수 있었다. 이로 인해 길림으로 출하되는 농산물의 수량과 목재의 반출량도 크게 증가하였다. 특히 목재는 송화강을 통해 부여(扶餘)[(백도눌(伯都訥)] 방면으로 공급되었고, 길장철로가 개통된 이후에는 철로를 통해 남만주철로 연선으로도 출하되었다. 길림역에서 발송된 수량 가운데 목재가 차지하는 비중이 매우 높았는데, 1926년의 경우를 살펴보면 목재가 약 11만 톤으로 가장 많았음을 알 수 있다(콩 발송 수량은 약 4만 5,000톤).

1931년 11월 1일 길림성장 희흡(熙洽)은 종래 남만주철도주식회사의 위임 경영하에 있던 길장철로와 길돈철로를 합병하여 길장·길돈철로국을 설립하고 길돈철로도 남만주철도주식회사가 경영하도록 위임하였다. 이와 함께 김벽동(金璧東), 제요당(齊耀塘)을 국장 및 부국장으로 임명하여 국(局)의 산하에 총무처, 운수처, 공무처, 회계처, 경무처 등 5처(處)를 두고 총무처장 및 경무차장을 제외하고 다른 처장은 남만주철도주식회사의 직원을 파견하여 임명하였다. 이러한 결과 12월 1일부터 장춘 - 돈화 간 직통열차가 개통되기에 이르렀다. 이 합병으로 길돈철로의 부설 비용은 차관으로 대체하여 길장철로분과 합쳐 연리 7분 5리로 10년간 거치 조건으로 희흡과 우치다 고사이(內田康哉) 남만

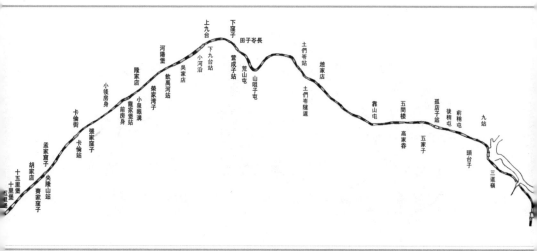

41-3 ● 길장철로 노선도 1

주철도주식회사 총재 사이에 새로운 차관계약이 체결되었다.

이후 길해철로(吉海鐵路)도 남만주철도주식회사의 위임 경영으로 이관되어 1931년 11월 28일 길림성장 희흡과 남만주철로 간에 길해철로경영계약이 체결되어 길장, 길돈철로와 합병하여 경영하도록 하였다. 1932년 1월부터 길장철로 측은 중국인 직원 7명을 길해철로 측에 파견하여 회계 및 운수업무를 감독하도록 하였다. 4월 1일부터 이 협정을 점차 실시하게 되고 앞서 길해철로의 화객운임은 길장철로와 동일하게 원대양(元大洋) 본위로 개정하고, 이와 함께 열차의 길림 측 종점은 길장철로 길림역으로 변경되었다. 길해철로의 길림총역과 길장철로의 길림역과의 사이에 연락선은 사변전 구동북정권(舊東北政權)의 손에 의해 길장철로 길림역 전방 약 1킬로미터 지점까지 부설공사가 진전되었는데, 사변 이후 잔여 부분도 완공되었다.

이후 일본은 간도협약을 통해 간도의 영유권을 중국에 넘기는 대가로 길회철로의 부설권을 획득할 수 있었다. 길회철로는 길장철로의 연장선상에서 부설된 만주 횡단철로로서, 이후 길돈철로, 돈도철로(敦圖鐵路)의 완성을 통해 사실상 길회철로 전 노선의 부설이 완성되게 된다.

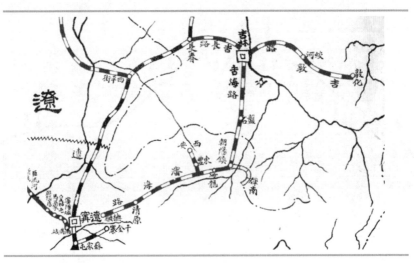

41-4 ● 길장철로 노선도 2

참고문헌

「吉長鐵路黑熊溝山峒之南峒口」,『東三省官銀號經濟月刊』3卷 8期, 1931.
佟銀霞,「吉長鐵路的修建與清末民初吉林省中部地區的城市化進程」,『歷史敎學』2010年 8期.
尹新華,「吉長鐵路護路鬪爭探析(1902-1918)」,『東北師範大學學報』2002年 3期.
高樂才,「日本帝國主義對吉長鐵路的攫取與侵華戰略」,『東北師範大學學報』1989年 5期.
江沛,「吉長鐵路工程延誤事件初探」,『史學月刊』2016年 10期.
李之吉,「長春近代吉長鐵路站區建築的歷史文化價値分析」,『北方建築』2017年 1期.

찾아보기

철로명 찾아보기/ 인명 찾아보기/ 사항 찾아보기

철로명 찾아보기

인명 찾아보기

444

371